고시넷

KT그룹 종합인적성검사 기출예상모의고사

인문계·이공계
최신 기출 유형

언어/언어 · 수추리/수리/도식추리
+ 인성검사

4회분

- 2022년 하반기 KT그룹 종합인적성검사 대비
- 최신 기출유형의 모의고사 4회분

gosinet
(주)고시넷

정오표 및 학습 질의 안내

정오표 확인 방법

고시넷은 오류 없는 책을 만들기 위해 최선을 다합니다. 그러나 편집에서 미처 잡지 못한 실수가 뒤늦게 나오는 경우가 있습니다. 고시넷은 이런 잘못을 바로잡기 위해 정오표를 실시간으로 제공합니다. 감사하는 마음으로 끝까지 책임을 다하겠습니다.

고시넷 홈페이지 접속 〉 고시넷 출판-커뮤니티 〉 정오표

www.gosinet.co.kr

모바일폰에서 QR코드로 실시간 정오표를 확인할 수 있습니다.

학습 질의 안내

학습과 교재선택 관련 문의를 받습니다. 적절한 교재선택에 관한 조언이나 고시넷 교재 학습 중 의문 사항은 아래 주소로 메일을 주시면 성실히 답변드리겠습니다.

이메일주소 qna@gosinet.co.kr

차례

KT그룹 정복

파트 1 KT그룹 종합인적성검사 기출예상모의고사

파트 2 인성검사

파트 3 면접가이드

책속의 책

파트 1 KT그룹 종합인적성검사 기출예상모의고사 정답과 해설

구성과 활용

1 KT그룹 소개

KT그룹에서 추구하는 경영이념, 비전, 핵심가치, 인재상 등을 수록하였으며 KT그룹 계열사들에 대한 정보를 한눈에 파악할 수 있도록 구성하였습니다.

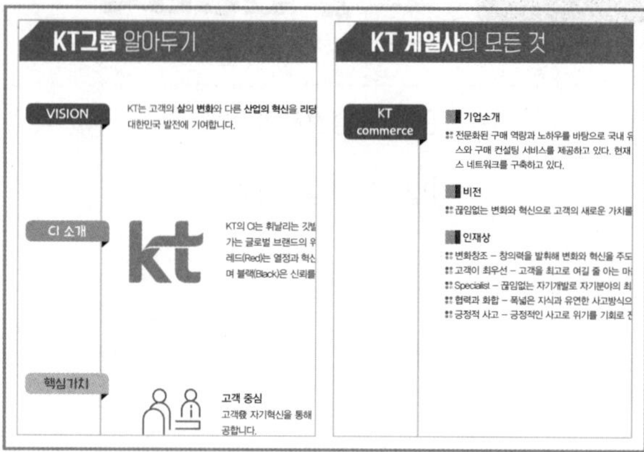

2 KT그룹 채용 분석

KT그룹의 채용절차와 특징, 시험영역 등을 쉽고 빠르게 확인할 수 있게 구성하였습니다.

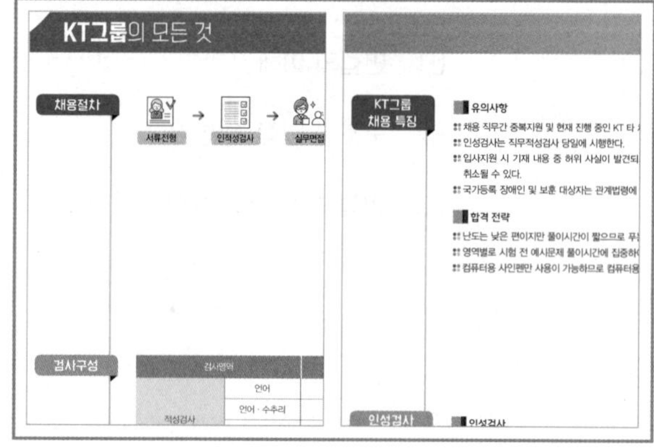

3 기출예상문제로 실전 연습 & 실력 UP!!

최신 기출문제 유형에 맞게 구성한 총 4회분의 기출예상문제로 자신의 실력을 점검하고 완벽한 실전 준비가 가능하도록 구성하였습니다.

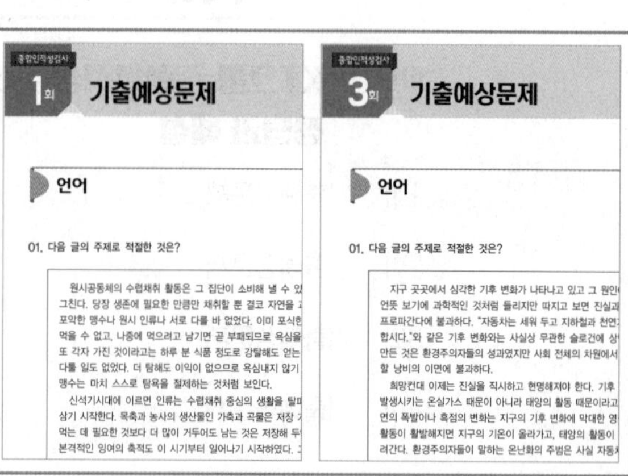

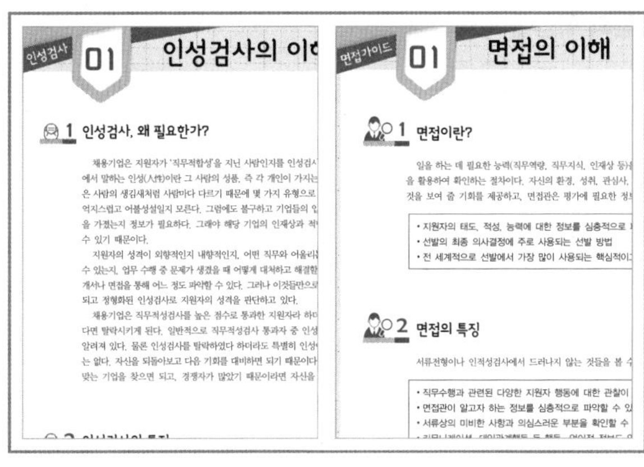

4 인성검사 & 면접으로 마무리까지 OK!!!

채용 시험에서 최근 점점 중시되고 있는 인성검사와 면접 질문들을 수록하여 마무리까지 완벽하게 대비할 수 있도록 하였습니다.

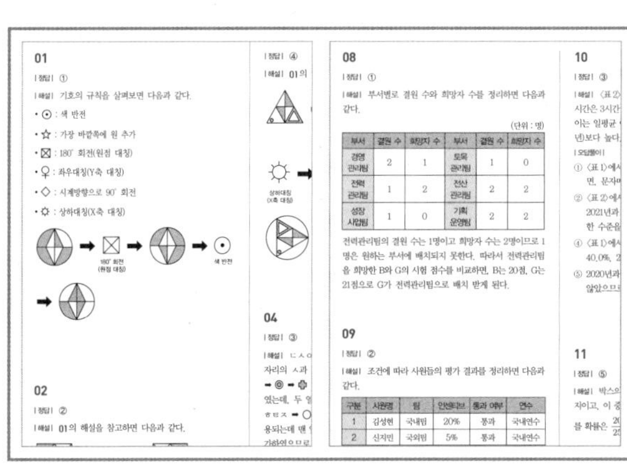

5 상세한 해설과 오답풀이가 수록된 정답과 해설

기출예상문제에 대한 상세한 해설을 수록하였고 오답풀이 및 보충 사항들을 수록하여 문제풀이 과정에서의 학습 효과가 극대화될 수 있도록 구성하였습니다.

KT그룹 알아두기

VISION

KT는 고객의 **삶**의 **변화**와 다른 **산업의 혁신**을 **리딩**하여
대한민국 발전에 기여합니다.

CI 소개

KT의 CI는 휘날리는 깃발의 모습을 형상화하였으며, 세계로 뻗어 나가는 글로벌 브랜드의 위상을 나타냅니다.
레드(Red)는 열정과 혁신 그리고 고객을 향한 따뜻한 감성을 의미하며 블랙(Black)은 신뢰를 상징합니다.

핵심가치

고객 중심

고객發 자기혁신을 통해 고객이 원하는 것을 민첩하고 유연하게 제공합니다.

주인정신

임직원 모두가 자부심과 실력을 갖춘 당당하고 단단한 KT의 한 주인으로서 생각하고 행동합니다.

소통/협업

조직의 벽을 넘어서는 수평적인 소통과 유연한 협업 체계를 강화합니다.

본질/과정

業의 본질에 집중하고 최선의 결과를 위해 과정까지 중요하게 생각합니다.

ESG경영

E	S	G
디지털 기술 활용한 환경경영 선도	디지털 기술 활용한 사회적 책임경영 실천	국내 최고의 준법 · 공정 이행으로 투명경영 실현
에너지 BM 연계 강화로 Net-Zero 실현 가속화	**DIGICO 기술을 활용한 사회적 가치 창출 확대**	**KT그룹의 ESG경영 확산 및 노사간 협력 강화**
1. RE100이행모델 확립 및 국내확산 2. 그린DX솔루션 기반 에너지 효율 3. 탄소중립 이행 체계 강화	4. 포용적 협업기반 소셜임팩트 극대화 5. ABC 기술 활용 사회적 책임 이행 6. 파트너사 ESG경영 지원 7. ICT 기반 안전최우선 일터 확립	8. 그룹사 지배구조 개선 지원 9. 컴플라이언스 체계그룹사 확산

10. 노사 공동 ESG경영 및 임직원 자부심 고취

인재상

끊임없이 도전하는 인재
시련과 역경에 굴하지 않고 목표를 향해 끊임없이 도전하여 최고의 수준을 달성한다. 변화와 혁신을 선도하여 차별화된 서비스를 구현한다.

벽 없이 소통하는 인재
동료 간 적극적으로 소통하여 서로의 성장과 발전을 위해 끊임없이 노력한다. KT의 성공을 위해 상호 협력하여 시너지를 창출한다.

고객을 존중하는 인재
모든 업무 수행에 있어 고객의 이익과 만족을 먼저 생각한다. 고객을 존중하고, 고객과의 약속을 반드시 지킨다.

기본과 원칙을 지키는 인재
회사의 주인은 '나'라는 생각으로 자부심을 갖고 업무를 수행한다. 윤리적 판단에 따라 행동하며 결과에 대해 책임을 진다.

KT 계열사의 모든 것

KT commerce

기업소개

- 전문화된 구매 역량과 노하우를 바탕으로 국내 유수 기업 고객들에게 차별화된 통합구매서비스와 구매 컨설팅 서비스를 제공하고 있다. 현재 3,000여 개의 공급 협력사로 이뤄진 비즈니스 네트워크를 구축하고 있다.

비전

- 끊임없는 변화와 혁신으로 고객의 새로운 가치를 창출하는 1등 기업

인재상

- 변화창조 – 창의력을 발휘해 변화와 혁신을 주도하는 사람
- 고객이 최우선 – 고객을 최고로 여길 줄 아는 마음을 소유한 사람
- Specialist – 끊임없는 자기개발로 자기분야의 최고가 되고자 하는 사람
- 협력과 화합 – 폭넓은 지식과 유연한 사고방식으로 조직문화를 주도하는 사람
- 긍정적 사고 – 긍정적인 사고로 위기를 기회로 전환시킬 수 있는 사람

KT telecop

기업소개

우리나라 통신시장에서 130년의 역사를 쌓아온 KT그룹의 정보통신기술(ICT)과 시큐리티를 융합한 첨단 ICT를 기반의 시큐리티 전문회사로, 고객의 안전과 행복을 최우선 가치로 고객가치 향상을 위해 최첨단의 보안 상품 및 서비스를 제공하고 있다. 무인방범을 기반으로 고화질 영상보안, 시스템통합(SI), 빌딩관리(BMS), 인력경비 등이 포함된 통합보안, 차세대 신기술과 보안기술을 접목한 융합보안 등 다양한 서비스를 제공한다.

미션

ICT를 기반으로 세계에서 가장 안전하고 혁신적인 보안과 융합서비스를 제공, 국민의 편익을 도모하는 최고의 국민기업

비전

Global No.1 convergence Safety company

목표

Safety Korea 실현

KT linkus

기업소개

- 공중전화를 비롯해 전보 등 생활편의 서비스를 제공하는 통신, 서비스, 물류 전문회사로서 30여 년의 오랜 역사를 가진 기술력과 전국적인 인프라를 바탕으로 보편적 서비스를 제공하고 있다. 금융 · 의료 · 안전 등의 다양한 융합서비스 제공 확장하고 있다.

비전

- KT linkus는 고객 삶의 변화와 다른 산업의 혁신을 리딩하여 대한민국 발전에 기여한다.

인재상

- 윤리적 가치관 – 고객과 자신을 바라보는 눈이 보편적이면서 균형이 잡혀있고, 올바른 도덕성과 사회에 대한 봉사정신이 충만하여 신뢰를 받는 사람, 윤리적 가치관을 지닌 몸과 마음이 건강한 인재
- 미래지향적 사고, 책임있는 행동 – 자신의 역할에 최선을 다하여, 주인 의식을 가지고 주어진 일을 충실히 해내는 자세를 가진 인재
- 목표의식이 있는 도전자 – 자기 분야에서 최고의 전문가가 되겠다는 목표 의식과 프로 근성을 가진 인재

KT submarine

기업소개

- 해저케이블에서 Offshore와 해양에너지까지 Marine Soulution Provider로써 내일을 창조하고 미래를 열어가는 kt submarine은 국내 유일의 해저케이블 건설회사이다. 최첨단 해저케이블 선박 3척, 해저 특수 매설기(Plogh), 무인 수중 로봇(ROV) 등의 수중 장비를 다수 보유하고 있다.

비전

- 해저케이블에서 해양에너지까지 세계를 연결하고 미래를 열어가는 대한민국 해양전문 대표기업 Total Marine Solution Provider

KT 계열사의 모든 것

KT skylife

기업소개

- 국내 유일의 위성방송 사업자로, 방송의 제작부터 송출까지 아우르는 종합 미디어 기업이다. 국내최초 24시간 HD채널, IPTV 결합 서비스 'OTS' 상품, 최다 채널 UHD 서비스, 세계최초 위성 Android TV 등이 있다.

미션

- 고품질 콘텐츠 제공과 끊임없는 창조적 기술혁신으로 고객이 신뢰하고 선택하는 글로벌 미디어 기업

비전

- No.1 Convergence Media Company

목표

- UHD 방송시장의 선도 기업

핵심가치

- 1등 KT skylife, Single KT, 고객 최우선, 정도 경영

GENIE MUSIC

기업소개

감정지능 큐레이션 음악서비스로, 통신사 KT와 결합한 컨버전스 음악서비스를 제공하며, 국내 최고 음악콘텐츠를 독점 유통하여 콘텐츠와 플랫폼 간 시너지를 창출하고 있다.

핵심가치

컨버전스 시대의 최적의 콘텐츠, 제휴사 네트워크를 통한 효과 극대화, 음악 콘텐츠 경쟁력을 통한 마켓리더

비씨카드

기업소개

1982년 5개 시중은행의 신용카드 업무를 수행하는 사업자로 출범한 비씨카드는 현재 31개로 확대되었으며, 업계 최초 g-CRM 시스템 구축, 인터넷 지불결제 보안 솔루션 보유, 모바일카드 국가 표준 모델 개발 등을 통해 국내 결제 서비스를 제공하고 있다.

비전

Asia No.1 Payment Platform Company

KT NexR

기업소개

빅데이터 end-to-end 서비스를 제공하여 빅데이터 시스템 구성부터 분석까지 기업에서 데이터를 활용할 수 있도록 서비스를 제공한다.

비전

국내 No.1 Big data solution company

KT그룹의 모든 것

채용절차

검사구성

검사영역		문항 수	검사시간
적성검사	언어	20	20분
	언어 · 수추리	20	25분
	수리	20	25분
	도식추리	15	20분
인성검사	PART 1	333	45분
	PART 2	160	20분

KT그룹 채용 특징

유의사항

- 채용 직무간 중복지원 및 현재 진행 중인 KT 타 채용과 중복지원이 불가하다.
- 인성검사는 직무적성검사 당일에 시행한다.
- 입사지원 시 기재 내용 중 허위 사실이 발견되거나 고의로 누락하여 기재한 경우 합격이 취소될 수 있다.
- 국가등록 장애인 및 보훈 대상자는 관계법령에 의거 우대한다.

합격 전략

- 난도는 낮은 편이지만 풀이시간이 짧으므로 푸는 시간을 줄이는 연습이 필요하다.
- 영역별로 시험 전 예시문제 풀이시간에 집중하여 문제 유형을 파악하도록 한다.
- 컴퓨터용 사인펜만 사용이 가능하므로 컴퓨터용 사인펜으로 문제를 푸는 연습이 필요하다.

인성검사 및 면접

인성검사

- 지원자의 인성과 적성이 KT그룹 조직과 인재상에 부합하는지를 종합적으로 평가하는 검사로, 문항을 읽은 다음 각각의 문항에 대해 자신의 생각에 따라 '예' 또는 '아니오'를 표시하면 된다.

면접

- 실무면접은 해당 직무에 맞는 인재를 찾기 위한 평가이며 상황에 따라 비대면으로 진행될 수 있다.
- 임원면접의 경우 지원자의 자질, 인성 및 태도 등을 종합적으로 관찰하여 평가한다.

파트

1

KT그룹 종합인적성검사 기출예상모의고사

*주어진 상황을 유연하게 대처하고 해결할 수 있는 종합적인 능력을 평가하는 인적성 검사.

문항 수 · 시험 시간

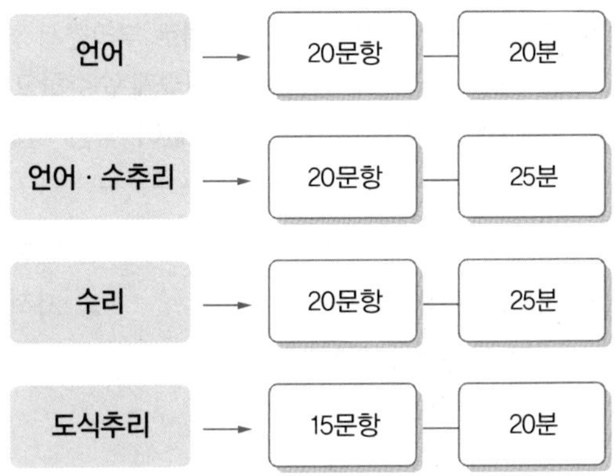

1회 기출예상문제

시험시간	90 분
문항수	75 문항

▶ 정답과 해설 2쪽

언어

01. 다음 글의 주제로 적절한 것은?

> 원시공동체의 수렵채취 활동은 그 집단이 소비해 낼 수 있는 만큼의 식품을 얻는 선에서 그친다. 당장 생존에 필요한 만큼만 채취할 뿐 결코 자연을 과다하게 훼손하지 않는 행태는 포악한 맹수나 원시 인류나 서로 다를 바 없었다. 이미 포식한 뒤에는 더 사냥하더라도 당장 먹을 수 없고, 나중에 먹으려고 남기면 곧 부패되므로 욕심을 부릴 까닭이 없기 때문이었다. 또 각자 가진 것이라고는 하루 분 식품 정도로 강탈해도 얻는 것이 별로 없으니 목숨을 걸고 다툴 일도 없었다. 더 탐해도 이익이 없으므로 욕심내지 않기 때문에 원시공동체의 사람이나 맹수는 마치 스스로 탐욕을 절제하는 것처럼 보인다.
>
> 신석기시대에 이르면 인류는 수렵채취 중심의 생활을 탈피하고 목축과 농사를 주업으로 삼기 시작한다. 목축과 농사의 생산물인 가축과 곡물은 저장 가능한 내구적 생산물이다. 당장 먹는 데 필요한 것보다 더 많이 거두어도 남는 것은 저장해 두었다가 뒷날 쓸 수 있다. 따라서 본격적인 잉여의 축적도 이 시기부터 일어나기 시작하였다. 그리고 축적이 늘어나면서 약탈로부터 얻는 이익도 커지기 시작했다. 많이 생산하고 비축하려면 그만큼 힘을 더 많이 들여야 한다. 그런데 그 주인만 제압해 버리면 토지와 비축물을 간단히 빼앗을 수 있다. 내 힘만 충분하면 토지를 빼앗고 원래의 주인을 노예로 부리면서 장기간 착취할 수도 있으니 가장 수익성 높은 '생산' 활동은 약탈과 전쟁이다. 이렇게 순수하고 인간미 넘치던 원시 인류도 드디어 탐욕으로 오염되었고 강한 자는 거리낌 없이 약한 자의 것을 빼앗기 시작하였다.

① 잉여의 축적과 약탈의 시작
② 인류에게 내재된 탐욕의 기원
③ 목축과 농사의 인류학적 가치
④ 사적 소유의 필요성
⑤ 약탈 방법의 다양성과 진화

02. 다음 글을 통해 추론할 수 있는 내용으로 적절하지 않은 것은?

'핸드오버'란 이동단말기가 이동함에 따라 기존 기지국에서 이탈하여 새로운 기지국으로 넘어갈 때 통화가 끊기지 않도록 통화 신호를 새로운 기지국으로 넘겨주는 것을 말한다. 이런 핸드오버는 이동단말기, 기지국, 이동전화교환국 사이의 유무선 연결을 바탕으로 실행된다. 이동단말기가 기지국에 가까워지면 그 둘 사이의 신호가 점점 강해지는 데 반해, 이동단말기와 기지국이 멀어지면 그 둘 사이의 신호는 점점 약해진다. 이 신호의 세기가 특정값 이하로 떨어지게 되면 핸드오버가 명령되어 이동단말기와 새로운 기지국 간의 통화 채널이 형성된다. 이 과정에서 이동전화교환국과 기지국 간 연결에 문제가 발생하면 핸드오버가 실패하게 된다.

핸드오버는 이동단말기와 기지국 간 통화 채널 형성 순서에 따라 '형성 전 단절 방식'과 '단절 전 형성 방식'으로 구분될 수 있다. FDMA와 TDMA에서는 형성 전 단절 방식을, CDMA에서는 단절 전 형성 방식을 사용한다. 형성 전 단절 방식은 이동단말기와 새로운 기지국 간의 통화 채널이 형성되기 전에 기존 기지국과의 통화 채널을 단절하는 것을 말한다. 이와 반대로 단절 전 형성 방식은 이동단말기와 기존 기지국 간의 통화 채널이 단절되기 전에 새로운 기지국과의 통화 채널을 형성하는 방식이다. 이런 핸드오버 방식의 차이는 각 기지국이 사용하는 주파수 간 차이에서 비롯된다. 만약 각 기지국이 다른 주파수를 사용하고 있다면, 이동단말기는 기존 기지국과의 통화 채널을 미리 단절한 뒤 새로운 기지국에 맞는 주파수를 할당받은 후 통화 채널을 형성해야 한다. 그러나 각 기지국이 같은 주파수를 사용하고 있다면, 그런 주파수 조정이 필요 없으므로 새로운 통화 채널을 형성하고 나서 기존 통화 채널을 단절할 수 있다.

① 핸드오버가 명령되었다는 것은 이동단말기와 기지국 사이의 거리가 멀어졌음을 의미한다.
② 단절 전 형성 방식은 각 기지국이 같은 주파수를 사용할 때 가능하다.
③ FDMA는 CDMA보다 더 빠르게 핸드오버가 명령되며 연결이 더 간편하다.
④ CDMA에서는 하나의 이동단말기가 두 기지국과 동시에 통화 채널을 형성할 수 있다.
⑤ 이동단말기와 기지국 사이의 신호가 특정 값 아래로 떨어지지 않으면 핸드오버가 명령되지 않는다.

[03 ~ 05] 다음 문장들의 순서로 적절한 것을 고르시오.

03.

(가) 자신의 이름을 따 상트페테르부르크로 도시명을 정한 그는 1712년 이곳으로 수도를 옮길 정도로 애착과 기대가 컸다.
(나) 그는 발트 해 연안의 이곳을 '유럽으로 향한 항'으로 삼기로 하고 새로운 도시건설에 착수하였다.
(다) 지금도 학술, 문화, 예술 분야를 선도하며 그러한 위상에는 변함이 없다.
(라) 제정 러시아의 표트르 1세는 스웨덴이 강점하고 있던 네버 강 하구의 습지대를 탈환하였다.
(마) 이렇게 시작된 이 도시는 이후 발전에 발전을 거듭하여 러시아 제2의 대도시가 되었다.

① (다)−(가)−(라)−(나)−(마)
② (다)−(나)−(가)−(라)−(마)
③ (라)−(나)−(가)−(마)−(다)
④ (라)−(나)−(다)−(가)−(마)
⑤ (라)−(나)−(다)−(마)−(가)

04.

(가) 문화를 이루는 인간 생활의 거의 모든 측면은 서로 관련을 맺고 있기 때문이다.
(나) 20세기 인류학자들은 이러한 사실에 주목하여 문화 현상을 바라보았다.
(다) 그러나 이 입장은 20세기에 들어서면서 어떤 문화도 부분만으로는 총체를 파악할 수 없다는 비판을 받게 되었다.
(라) 19세기 일부 인류학자들은 결혼이나 가족 등 문화의 일부에 주목하여 문화 현상을 이해하고자 하였다.
(마) 그들은 모든 문화가 '야만 → 미개 → 문명'이라는 단계적 순서로 발전한다고 설명하였다.

① (라)−(가)−(다)−(나)−(마)
② (라)−(나)−(가)−(다)−(마)
③ (라)−(다)−(나)−(마)−(가)
④ (라)−(마)−(가)−(다)−(나)
⑤ (라)−(마)−(다)−(가)−(나)

05.

㉠ 농촌에서 태어나는 아이도 없을뿐더러 그나마 있는 청년들도 도시로 떠나고 있기 때문이다.
㉡ 이러한 상황에서 고령층은 새로운 소득 작물을 재배하기도 하고 지역 농산물을 활용해 독창적인 상품을 만들어 내기도 한다.
㉢ 그럼에도 급속한 고령화와 영농 후계 인력의 단절 등으로 농어촌의 생산성과 수익은 점점 줄어들어 문제는 해결되지 못하고 있다.
㉣ 사회 전반적으로 고령화가 진행되고 있지만 농촌은 특히나 심각하다.

① ㉣－㉠－㉡－㉢ ② ㉣－㉠－㉢－㉡ ③ ㉣－㉡－㉠－㉢
④ ㉣－㉡－㉢－㉠ ⑤ ㉣－㉢－㉡－㉠

06. 다음 (가) ~ (마) 문단을 문맥에 따라 순서대로 나열한 것은?

(가) 멜라민을 다량 섭취할 경우, 멜라민으로 이루어진 작은 결정체들이 신장에 존재하는 소변이 지나가는 작은 관을 막게 되는데, 이것이 소변의 생성을 막아 신장 기능을 악화시켜 요로 결석, 급성신부전 등의 신장 질환을 일으킨다.
(나) 이번에 문제가 된 것은 중국 공장에서 우유에 멜라닌을 첨가한 것이다. 우유의 부피를 증가시키기 위해 우유에 물을 섞어 우유에 포함된 단백질이 묽어졌는데 이럴 경우 우유의 단백질 농도를 측정하는 질소의 함량이 기준치보다 낮아지므로 이를 방지하기 위해서 멜라민을 첨가한 것이다.
(다) 미국 FDA에서는 유해 기준으로 멜라민 및 관련 화합물에 대한 식품 및 사료의 내용 일일 섭취량(TDI)을 일일 체중 1kg당 0.63mg으로 적용할 것을 권고하고 있다.
(라) 이로 인해 중국에서 분유를 주식으로 하는 유아가 최고 2,563mg/kg 고농도의 멜라민 독성에 노출되어 신장 질환으로 사망한 바 있다.
(마) 멜라민은 질소 함량이 풍부한 흰 결정체의 유기물로 주로 플라스틱, 접착제, 접시류, 화이트보드, 화학 비료, 주방용 조리대 등에 사용되는 공업용 화학 물질이다.

① (나)－(라)－(마)－(가)－(다) ② (나)－(마)－(다)－(가)－(라)
③ (마)－(가)－(다)－(나)－(라) ④ (마)－(나)－(다)－(가)－(라)
⑤ (마)－(다)－(나)－(가)－(라)

07. 다음 중 글의 내용과 일치하는 것은?

향수는 원액의 농도에 따라 퍼퓸, 오드 퍼퓸, 오드 뚜왈렛, 오드 콜로뉴 등으로 나뉜다. 퍼퓸은 알코올 85%에 향 원액이 30% 정도 함유되어 있고, 향은 약 12시간 정도 지속된다. 퍼퓸 다음으로 농도가 짙은 오드 퍼퓸은 알코올 92%에 향 원액이 15% 정도 함유되어 있으며 향의 지속시간은 7시간 정도이다. 오드 뚜왈렛은 알코올 80%, 향료 8%에 3 ~ 4시간 정도 향이 지속되고, 오드 콜로뉴는 알코올 95%, 향료 5%에 1 ~ 2시간 정도 향이 지속된다.

향취는 톱 노트, 미들 노트, 라스팅 노트의 3단계로 변하는데 먼저 톱 노트는 알코올과 함께 섞인 향으로 향수 뚜껑을 열자마자 처음 맡게 되는 냄새이다. 미들 노트는 알코올 냄새가 조금 느껴지면서 원래 향수의 주된 향기가 맡아지는 단계이고, 라스팅 노트는 맨 마지막에 남는 냄새로 향수 본래의 향취가 나는 단계이다. 향수는 라스팅 노트가 6시간 정도 지속되는 것이 가장 좋으므로 알코올이 어느 정도 날아가고 난 상태에서 향을 맡아 보고 고르는 것이 좋다. 또한 향취는 밑에서 위로 올라오는 성질이 있기 때문에 잘 움직이는 신체 부분에 발라야 하며 귀 뒤나 손목, 팔꿈치 안쪽 등 맥박이 뛰는 부분에 뿌리면 향의 지속력이 더 좋아지고 은은하게 발산된다.

① 향수는 원액의 농도가 높을수록 가격이 비싸다.
② 톱 노트가 오래 지속되는 향수를 골라야 한다.
③ 향수를 목에 뿌리면 향이 오래 지속되지 않는다.
④ 아침에 뿌리고 밤까지 향이 지속되기를 원한다면 퍼퓸을 구입한다.
⑤ 알코올은 향수 본래의 향취를 다 날아가게 한다.

08. 다음 글의 빈칸에 들어갈 접속 부사로 적절한 것은?

최근 대표적인 게임 캐릭터인 '○○'와 '△△'를 합친 캐릭터 '△○'의 디자인 등록 결정에 대한 논란이 일고 있다. ○○ 제작사의 변호사 A는 "인기 캐릭터를 살짝 변형한 디자인만으로 디자인 등록이 가능하다면 향후 유사한 불법 복제가 발생할 경우 더 막기 어려워진다."고 주장하였다. (　　　) △○ 제작사의 변호사 B는 "△○는 신규성과 창작성 등 디자인 등록 요건을 충족하였으므로 ○○ 제작사의 주장은 옳지 않다."라는 입장을 밝혔다.

① 그리고　② 또한　③ 이처럼
④ 반면　⑤ 따라서

09. 다음 밑줄 친 ㉠ ~ ㉣ 중에서 가리키는 것이 다른 하나는?

> 로빈슨은 '상응하는 신체기관을 가지지 않는다고 알려진 ㉠ 능동적 지성'에 주목하여 아리스토텔레스가 신체로부터 독립되어 존재할 수 있는 ㉡ 비물질적인 지성을 인정한다고 주장한다. 아리스토텔레스 이전에 이러한 이론의 대표자는 오르페우스교와 피타고라스 학파의 이론을 수용한 플라톤이다. 근대에 들어와 데카르트가 이 같은 이론을 재조명해 많은 영향을 미쳤다. 이 이론은 영혼(정신, 마음 또는 지성)과 신체는 같은 속성들을 전혀 공유하지 않는 두 개의 실체들이며, 따라서 신체로부터 독립되어 정신만이 존재하는 것은 논리적으로 가능하다고 보는 입장이다. 로빈슨은 아리스토텔레스가 '능동적 지성'이 신체로부터 단지 논리적으로 분리 가능한 것이 아니라 실제로 분리 가능한 것으로 본다고 여긴다. 아리스토텔레스의 심신론에 대해 다른 입장도 존재한다. 코드는 아리스토텔레스의 심신론은 몸과 마음을 이원론적으로 분리하는 것이 아니라고 지적한다. 살아 있는 생물 자체는 자연적 또는 본질적으로 ㉢ 심신의 유기체인 것이다. 코드에 따르면 물질적 신체와 ㉣ 비물질적 영혼을 구분하는 것은 데카르트 이후의 근대적인 구분법이며, 아리스토텔레스는 그러한 구분을 생각조차 할 수 없었다는 것이다. 또한 그는 '환원'개념도 아리스토텔레스에게는 적용될 수 없다고 주장한다. '환원'은 생명이 없는 물질을 인정할 때 사용하는 반면에, 아리스토텔레스가 논의했던 물질은 생명이 있는 물질이기 때문이다.

① ㉠ ② ㉡ ③ ㉢
④ ㉣ ⑤ 모두 같다.

10. 다음 글의 짜임으로 적절한 것은?

> 글의 구조적 특징은 이야기를 이해하고 기억하는 데에도 영향을 주게 된다. 이야기의 구조는 상위 구조와 하위 구조들로 이루어지는데, 상위 구조에 속한 요소들, 즉 주제, 배경, 인물 등의 중요한 골자는 더 잘 그려지고 더 오래 기억된다. 우리가 옛날에 읽었거나 들었던 심청전을 기억할 때, 심청이 효녀라는 점, 뺑덕 어멈의 품성이 좋지 못하다는 점이 이를 뒷받침해 주는 하나하나의 구체적인 행동보다 더 잘 기억나는 것처럼 말이다.

① 전제－주지－예시 ② 전제－예시－결론 ③ 전제－종합－첨가
④ 주지－상술－첨가 ⑤ 주지－부연－예시

11. 다음 글을 읽고 유추할 수 있는 속담으로 적절한 것은?

> 대왕 단보가 빈(邠)이라는 곳에 있었을 때 오랑캐가 쳐들어왔다. 왕이 모피와 비단을 보내어 달래려 했으나 받지 않고, 이후 보낸 말도 받지 않았다. 오랑캐가 바라는 것은 땅이었다. 대왕 단보가 말했다.
>
> "나는 백성의 아비나 형과 살면서 그 아들이나 동생을 죽도록 내버려두는 일은 차마 견딜 수가 없다. 너희들은 모두 힘써 격려하며 이곳에 살도록 하라. 내 신하가 되든 오랑캐의 신하가 되든 무슨 차이가 있겠느냐. 나는 '사람을 먹여 살리는 땅을 뺏으려고 사람을 해쳐서는 안 된다'는 말을 들었다."
>
> 그래서 대왕 단보가 지팡이를 짚고 그곳을 떠나자 백성들은 서로 잇달아 그를 따랐으며, 이윽고 기산(岐山) 밑에서 나라를 다시 이룩했다.

① 민심은 천심이다.
② 가난 구제는 임금도 못 한다.
③ 벙어리 호적(胡狄)을 만나다.
④ 사또 행차엔 비장이 죽어난다.
⑤ 사람이 돈이 없어서 못 사는 게 아니라 명이 모자라서 못 산다.

12. 다음 글을 요약한 내용으로 적절한 것은?

> 세계보건기구(WHO)가 휴대폰 전자파를 발암 가능성이 있는 물질인 'Group 2B'로 분류한 이후 전자파에 대한 사람들의 불안이 커지고 있는 가운데 이동전화의 전자파가 성인에 비해 7세 미만의 어린이들에게 더 잘 흡수된다는 조사 결과가 나왔다. 방송통신위원회는 한국전자통신연구원(ETRI)과 한국전자파학회, 단국대 의대, 이화여대 약대, 한국원자력의학원을 통해 어린이들에 대한 전자파의 영향을 조사한 결과 7세 어린이들은 성인에 비해 특정 주파수 대역에서 전자파가 더 높게 흡수되는 것으로 조사되었다고 밝혔다. 해당 주파수 대역은 FM방송 주파수 대역 등으로 활용 중인 100MHz 전후의 주파수 대역과 이동통신용 주파수 대역을 활용하고 있는 1GHz 이상의 주파수 대역이다. 국내 이동통신 서비스는 현재 800MHz 주파수를 사용하는 한 회사의 2세대(2G) 이동통신 서비스를 제외하고는 모두 1GHz 대역 이상의 주파수를 사용하고 있기 때문에 모든 휴대폰의 전자파가 어린이들에게 더 많이 흡수되는 것으로 볼 수 있다. 또한 휴대폰을 포함한 무선 기기에서 나오는 전자파가 뇌에 손상을 입혀 십대 청소년의 노화를 촉진할 수 있다는 연구결과나 휴대폰을 많이 사용하는 어린이의 주의력 결핍 · 과잉행동 장애(ADHD)의 발병 가능성에 대한 조사 결과가 속속 발표됨에 따라 휴대폰 전자파의 위험성에 대한 각별한 대책이 필요하게 되었다.

① 휴대폰 전자파는 성인보다 어린이들에게 더 해로울 수 있다.
② 성장기의 어린이에게 휴대폰을 사용하게 해서는 안 된다.
③ 휴대폰 전자파는 주파수 대역에 따라 흡수율이 달라진다.
④ 현재 유통되고 있는 휴대폰에서 나오는 전자파 강도는 국제기준에 비해 훨씬 낮은 수준이므로 그 영향이 크지 않다.
⑤ 휴대폰 전자파에는 발암 가능성이 있는 물질이 포함되어 있다.

13. 다음 글의 서술 방식에 대한 설명으로 옳은 것은?

춘향전에서 이도령과 변학도는 아주 대조적인 사람들이다. 흥부와 놀부가 대조적인 것도 물론이다. 한 사람은 하나부터 열까지가 다 좋고, 다른 사람은 모든 면에서 나쁘다. 적어도 이 이야기에 담긴 '권선징악'이라는 의도가 사람들을 그렇게 믿게 만든다.

소설만 그런 것이 아니다. 우리의 의식 속에는 은연중 이처럼 모든 사람을 좋은 사람과 나쁜 사람 두 갈래로 나누는 버릇이 있다. 그래서인지 흔히 사건을 다루는 신문 보도에는 모든 사람이 경찰 아니면 도둑놈인 것으로 단정한다. 죄를 지은 사람에 관한 보도를 보면 마치 그 사람이 죄의 화신이고, 그 사람의 이력이 죄만으로 점철되었고, 그 사람의 인격에 바른 사람으로서의 흔적이 하나도 없는 것으로 착각하게 된다.

이처럼 우리는 부분만을 보고 전체를 판단하곤 한다. 부분만을 제시하면서도 보는 이가 그것을 전체라고 잘못 믿게 만들 뿐만 아니라, '말했다'를 '으스댔다', '우겼다', '푸념했다', '넋두리했다', '뇌까렸다', '잡아뗐다', '말해서 빈축을 사고 있다' 같은 주관적 서술로 감정을 부추겨서 상대방으로 하여금 이성적인 사실 판단이 아닌 감정적인 심리 반응으로 얘기를 들을 수밖에 없도록 만든다.

세상에서 가장 결백해 보이는 사람일망정 남이 알지 못하는 결함이 있을 수 있고, 남들에게 가장 못된 사람으로 낙인 찍힌 사람일망정 결백한 사람에게조차 찾지 못한 아름다운 인간성이 있을지도 모른다.

① 설의법을 적절히 활용하여 내용을 강조하고 있다.
② 열거법을 통해 말하고자 하는 바를 강조하고 있다.
③ 인용을 통해 주장을 뒷받침하고 있다.
④ 두 대상을 비교하여 자세히 설명하고 있다.
⑤ 의인법을 사용하여 주장을 극대화하고 있다.

[14 ~ 15] 다음 글을 읽고 빈칸 ㉠에 들어갈 알맞은 문장을 고르시오.

14.

과거를 향유했던 사람들은 비교적 사람의 내면세계를 중요시했다. 겉으로 드러나는 모습은 허울에 불과하다고 믿었기 때문이다. 그러나 현 시대를 살아가는 사람들의 모습을 보면 인간 관계에 있어 그 누구도 타인의 내면세계를 깊이 알려고 하지 않는다. 또한 그럴 만한 시간적 여유도 없다. 그런 이유로 '느낌'으로 와 닿는 무언가만을 중시하며 살아간다. 그 '느낌'이란 것은 말로 설명할 수는 없지만 (　　　　㉠　　　　) 따라서 옷차림새나 말투 하나만 보고도 금방 어떤 '느낌'이 형성될 수도 있는 것이다.

① 사람과 사람 사이를 보이지 않게 연결해 주는 구실을 한다.
② 내면에서 우러나오는 것이기 때문이다.
③ 겉으로 드러난 모습에 의해 영향을 받기 마련이다.
④ 현 시대를 살아가는 사람에게는 매우 중요한 요소이다.
⑤ 내면세계와 밀접하게 관련되어 있음을 알 수 있다.

15.

토크 쇼의 여왕으로 불리는 오프라 윈프리. 오프라는 출연자의 마음을 이해하는 데 있어 뛰어났고, 시카고의 30분짜리 아침 프로그램을 미국 대표 토크 쇼로 만들었다. 이것이 바로 '오프라 윈프리 쇼'다.

그녀는 상대방을 설득하기 위한 방법으로 다섯 가지를 들었다. 첫째, 언제나 진솔한 자세로 말한다. 둘째, 아픔을 함께하는 자세로 한다. 셋째, 항상 긍정적으로 말한다. 넷째, 사랑스럽고 따뜻한 표정으로 대화한다. 다섯째, 말할 때는 상대방을 위한다는 생각으로 정성을 들여 말한다. 그녀는 (　　　　㉠　　　　)을 가장 잘 알고 있었던 것이다.

① 인종차별을 이겨 내기 위한 노력의 힘
② 자신의 의도를 정확하게 전달하는 비결
③ 상대방을 설득하여 협상에서 이기는 비법
④ 공감을 통한 화법이 가지는 힘
⑤ 자신의 주관을 지키는 방법

16. 다음의 (가), (나)를 읽고 도출할 수 있는 결론으로 적절한 것은?

(가) 지난해 정부에서는 정보격차 해소를 위해 저소득층 가정의 아이들에게 컴퓨터 등의 정보 통신기기를 보급하였다. 이를 통해 저소득층 아이들의 정보 접근성 및 활용능력이 향상되고 학업성적의 향상에도 도움이 될 것으로 전망하였다. 그런데 올해 정보 통신기기를 지원받은 아이들의 학업성적을 살펴본 결과, 성적이 오른 아이들은 소수에 불과하고 대부분이 전과 유사한 성적에 머물거나 오히려 하락한 것으로 나타났다.

(나) 정보 통신기기의 보급은 아이들로 하여금 다양한 지식을 쉽게 얻을 수 있도록 한다는 점에서 도움이 되지만, 수업에 대한 흥미와 집중력이 낮아지고 공부를 소홀히 하는 행동 등을 유발하여 학업성적이 떨어지는 이유가 되기도 한다. 그런데 정보 통신기기로 인한 학업성적의 하락은 저소득층 가정의 아이들에게서 더 큰 폭으로 나타나는데, 이러한 결과는 부모들의 관리에서 비롯된다고 보는 견해가 있다. 대부분 고소득층의 부모들은 자녀의 기기 활용에 대해 관리와 통제를 가하지만, 저소득층의 부모들은 이러한 관리에 대해 소홀한 경향이 있다는 것이다.

① 정보 통신기기의 보급은 정보격차 해소에는 도움이 되지만 아이들의 학업수준에는 부정적인 영향을 미친다.

② 정보 통신기기의 보급을 통하여 부모들의 소득수준과 아이들의 학업수준과의 관련성을 찾아볼 수 있다.

③ 저소득층 아이들의 학업성적은 정보 통신기기의 보급에 따라 영향을 받으므로 적절한 조절을 통해 아이들의 성적향상을 도울 수 있다.

④ 저소득층의 정보 통신기기 보급률은 고소득층보다 낮은 수준으로, 이로 인한 정보수준의 격차가 아이들의 학업에 영향을 미친다.

⑤ 아이들의 학업성적은 정보 통신기기의 보급보다 기기에 대한 관리와 통제가 더 중요하게 작용한다.

17. 다음 글의 중심내용으로 적절한 것은?

> 우리의 생각과 판단은 언어에 의해 결정되는가 아니면 경험에 의해 결정되는가? 즉 언어결정론이 옳은가 아니면 경험결정론이 옳은가? 언어결정론자들은 우리의 생각과 판단이 언어를 반영하고 있고 실제로 언어에 의해 결정된다고 주장한다. 눈에 관한 에스키모인들의 언어를 생각해 보자. 언어결정론자들의 주장에 따르면 에스키모인들은 눈에 관한 다양한 언어 표현들을 갖고 있어서 눈이 올 때 우리가 미처 파악하지 못한 미묘한 차이점들을 찾아낼 수 있다. 또한, 언어결정론자들은 '노랗다', '샛노랗다', '누르스름하다' 등 노랑에 대한 다양한 우리말 표현들이 있어서 노란색들의 미묘한 차이가 구분되고 그 덕분에 색에 관한 우리의 인지 능력이 다른 언어 사용자들보다 뛰어나다고 본다. 이렇듯 언어결정론자들은 사용하는 언어에 의해서 우리의 사고 능력이 결정된다고 말한다.
>
> 하지만 정말 그럴까? 모든 색은 명도와 채도에 따라 구성된 스펙트럼 속에 놓이고, 각각의 색은 여러 언어로 표현될 수 있다. 이러한 사실에 비추어 보면 우리말이 다른 언어에 비해 보다 풍부한 색 표현을 갖고 있다고 볼 수 없다. 나아가 더 풍부한 표현을 가진 언어를 사용함에도 불구하고 인지 능력이 뛰어나지 못한 경우들도 발견할 수 있다. 따라서 우리의 생각과 판단은 언어가 아닌 경험에 의해 결정된다고 보는 것이 옳으며 언어결정론자들의 주장과 달리, 다양한 언어적 표현은 다양한 경험에서 비롯된 것이라고 보는 것이 더 적절할 것이다.

① 우리말은 다른 언어들에 비해 색깔 사이의 미묘한 느낌을 잘 표현할 수 있다.
② 인간의 인지 능력은 언어 표현이 풍부해질수록 발달하는 경향을 보인다.
③ 언어와 경험 외에도 우리의 생각과 판단을 결정할 수 있는 다른 요인들이 많이 있다.
④ 언어가 존재하지 않는다면 인간은 다양한 생각과 올바른 판단을 할 수가 없다.
⑤ 언어결정론자들의 의견과 달리 인간의 사고는 다양한 경험에 의해 영향을 받는다.

18. 다음 글의 제목으로 적절한 것은?

현대인의 삶의 질이 점차 향상됨에 따라 도시공원에 대한 관심도 함께 높아지고 있다. 도시공원은 자연 경관을 보호하고, 사람들의 건강과 휴양, 정서 생활을 위하여 도시나 근교에 만든 공원을 말한다. 또한 도시공원은 휴식을 취할 수 있는 공간인 동시에 여러 사람과 만날 수 있는 소통의 장이기도 하다.

도시공원은 사람들이 선호하는 도시 시설 가운데 하나이지만 노인, 어린이, 장애인, 임산부 등 사회적 약자들은 이용하기 어려운 경우가 많다. 사회적 약자들은 그들의 신체적 제약으로 인해 도시공원에 접근하거나 이용하기에 열악한 상황에 놓여 있기 때문이다.

우선, 도시공원은 대중교통을 이용해서 가기 어려운 위치에 있는 경우가 많다. 또한 공원에 간다 하더라도 사회적 약자를 미처 배려하지 못한 시설들이 대부분이다. 동선이 복잡하거나 안내 표시가 없어서 불편을 겪는 경우도 있다. 이런 물리적 · 사회적 문제점들로 인해 실제 공원을 찾는 사회적 약자는 처음 공원 설치 시 기대했던 인원보다 매우 적은 편이다. 도시공원은 일반인뿐 아니라 사회적 약자들도 동등하게 이용할 수 있는 공간이어야 한다. 그러기 위해서는 도시 공간 계획 및 기준 설정을 할 때 다른 시설들과 실질적으로 연계가 되도록 제도적 · 물리적으로 정비되어야 한다. 사회적 약자에게 필요한 것은 작은 공간이더라도 편안하게 접근할 수 있고 사람들과 소통하고 쉴 수 있는 공간이다.

① 도시공원의 생태학적 특성

② 도시의 자연 경관을 보호하는 도시공원

③ 모두가 여유롭게 쉴 수 있는 도시공원

④ 도시공원, 사회적 약자만이 이용할 수 있는 쉼터

⑤ 공원 이용 활성화를 위한 도시공원 안내 표지판의 필요성

19. 다음 개요의 빈칸 (가) ~ (마)에 들어갈 말로 적절하지 않은 것은?

〈개요〉

주제 : 지방자치단체는 생활 체육에 관한 정책을 수립하고 이를 활성화해야 한다.

서론 : 생활 체육의 필요성

가. ______(가)______

나. 지역 사회의 연대감 및 공동체 의식 함양

본론 1 : 생활 체육 활성화의 장애 요인

가. ______(나)______

나. 생활 체육 프로그램의 부족

다. ______(다)______

라. 지방자치단체의 행정적 · 재정적 지원 미흡

본론 2 : 생활 체육 활성화 방안

가. 홍보 강화를 통한 주민들의 관심 유도

나. 다양한 생활 체육 프로그램 개발

다. 생활 체육 시설의 확충

라. ______(라)______

결론 : ______(마)______

① (가) – 개인의 건강 증진과 여가 활용

② (나) – 생활 체육 활동에 대한 주민들의 무관심

③ (다) – 생활 체육 시설의 미비

④ (라) – 지방자치단체의 정책적 지원과 예산 확대

⑤ (마) – 국민의 풍요로운 생활 도모

20. 다음 글을 읽고 제시한 견해로 적절하지 않은 것은?

> 한국 사회는 이미 '초저출산 사회'로 접어들었고, 최근에는 초저출산 현상이 심화되는 양상이다. 초저출산 현상은 여성 1명이 평생 낳을 수 있는 평균 자녀 수인 합계출산율이 1.3명 이하인 경우를 말한다. 일선 지방자치단체들이 인구 증가시책의 하나로 출산 · 양육지원금을 경쟁적으로 늘리고 있으나 출생아는 물론 오히려 인구까지 줄고 있다.
>
> 전북 진안군은 파격적인 출산장려금 지원에도 좀처럼 인구가 늘지 않아 고민이다. 2013년 2만 7천6명이었던 진안군 인구는 지난해 2만 6천14명으로 줄었다. 해마다 감소하는 출산율을 높이기 위해 지난해 출산장려금을 대폭 늘렸는데도 효과를 보지 못했다. 진안군은 2007년부터 첫째 · 둘째 120만 원, 셋째 이상 450만 원씩 지원하던 출산장려금을 지난해 각 360만 원과 1천만 원으로 늘렸다. 열악한 군의 재정 상황에도 인구를 늘리기 위한 고육지책이었다. 경북 영덕군은 첫째 출산 때 30만 원, 둘째 50만 원, 셋째 이상 100만 원을 주고 첫돌에 30만 원, 초등학교 입학 때는 40만 원을 준다. 하지만 2013년 말, 인구가 4만 142명에서 2014년 3만 9천586명으로 4만 명 선이 무너졌다. 이후에도 2015년 3만 9천191명, 2016년 3만 9천52명에서 2017년 6월 3만 8천703명으로 계속 감소하고 있다.
>
> 정부도 저출산 문제 해결을 위해 2006년부터 10여 년간 저출산 · 고령사회 대책 마련에 100조 원가량을 쏟아 부었지만 별 효과를 보지 못하고 있다. 출산율은 결국 출산과 교육 등 사회양육 환경, 소득 등 경제 여건 등에 많이 좌우되기 때문에 일시적 지원금은 출산율 제고에 한계가 있으며 부수적 요소에 지나지 않는다.

① 우리나라는 지속적인 출산율 저하로 초저출산현상을 겪고 있다.
② 일회적이고 단편적인 지원책으로는 출산율을 늘리는 데 한계가 있다.
③ 일선 지방자치단체들이 인구 증가시책의 하나로 출산 · 양육지원금제도를 시행하고 있으나 오히려 인구가 줄고 있다.
④ 국가 차원의 보육체계 강화나 인식의 전환 없는 대책은 그 효과가 제한적일 수밖에 없다.
⑤ 지방자치단체들은 출산율을 높이기에 실효성 있는 지원금 액수가 얼마 정도인지 제대로 파악하지 못하고 있다.

언어 · 수추리

01. 총무팀 사원 중 사내 운동 동호회 활동을 하는 사람은 총 13명이다. 다음 운동 동호회 활동에 대한 〈정보〉가 모두 참일 때, 〈보기〉 중 항상 참인 진술이 아닌 것은?

정보

- 총무팀 사원이 활동하는 운동 동호회는 마라톤부, 산악회, 축구부 총 세 개다.
- 모든 총무팀 사원은 2개 이상의 운동 동호회 활동을 할 수 없으며, 1개의 동호회만 활동해야 한다.
- 마라톤부 활동을 하는 총무팀 사원수는 산악회 활동을 하는 총무팀 사원수보다 많다.
- 축구부 활동을 하는 총무팀 사원수는 마라톤부 활동을 하는 총무팀 사원수보다 많다.
- 각 운동 동호회에는 최소 1명 이상의 사원이 활동하고 있다.

보기

A : 마라톤부 활동을 하는 총무팀 사원이 4명이라면, 축구부 활동을 하는 총무팀 사원은 7명이다.

B : 산악회 활동을 하는 총무팀 사원이 3명이라면, 축구부 활동을 하는 총무팀 사원은 6명이다.

C : 축구부 활동을 하는 총무팀 사원이 9명이라면, 산악회 활동을 하는 총무팀 사원은 1명이다.

① A　　② B　　③ A, B
④ A, C　　⑤ B, C

02. □□기업의 인사 담당자인 갑, 을, 병, 정, 무는 부서 변경에 대해 각각 찬성, 반대, 기권의 의견을 제시한 후 다음과 같이 각각 두 개의 진술을 했다. 다섯 사람의 두 진술에서 하나는 진실이고 하나는 거짓일 때, 반드시 진실인 것은?

> 갑 : 나는 찬성하였고, 을은 기권하였다.
> 을 : 나는 기권하였고, 병은 찬성하였다.
> 병 : 나는 기권하였고, 을도 기권하였다.
> 정 : 나는 찬성하였고, 무는 반대하였다.
> 무 : 나는 반대하였고, 갑도 반대하였다.

① 갑은 찬성하지 않았다.
② 을은 기권하지 않았다.
③ 병은 반대하지 않았다.
④ 정은 찬성하지 않았다.
⑤ 무는 반대하지 않았다.

03. ○○대학교는 제2캠퍼스를 다른 지역에 유치하면서 본부 건물 1층에 교무처, 학생처, 연구처, 기획협력처, 사무국, 입학본부 여섯 개 부서의 사무실을 다음의 배치 계획에 따라 배치하고자 한다. 학생처가 두 번째 자리에 배치되었을 경우, 여섯 번째 자리에 배치되는 부서는?

> 〈사무실 배치 계획〉
> • 교무처와 연구처 사이에는 아무 부서도 배치되지 않는다.
> • 사무국과 입학본부 사이에는 아무 부서도 배치되지 않는다.
> • 교무처와 학생처 사이에는 두 부서가 배치된다.
> • 맨 왼쪽 자리를 첫 번째 자리로 지정하고, 왼쪽부터 일렬로 사무실을 배치한다.

① 연구처
② 입학본부
③ 사무국
④ 교무처
⑤ 기획협력처

04. A, B, C, D 4명의 학생은 기숙사 방 4개를 나란히 사용하고 있다. 각각 종로, 잠실, 왕십리, 송파 중 한 곳에 집을 두고 있으며 다음의 진술이 모두 참이라고 할 때 옳은 설명은? (단, 방 4개는 일렬로 배치되어 있으며 왼쪽부터 첫 번째 방이다)

- C는 잠실에 집을 둔 학생의 왼쪽에 있다.
- B는 D의 옆방에 있다.
- B는 세 번째 방에 살고 있지 않다.
- 송파에 집을 둔 학생은 C와 방 1개를 사이에 두고 있다.
- 종로에 집을 둔 학생은 두 번째 방에 살고 있지 않다.
- 두 번째 방에 살고 있는 학생은 C이다.

① D는 네 번째 방을 사용하고 있다.
② 왕십리에 집을 둔 학생은 C이다.
③ A는 세 번째 방을 사용하고 있다.
④ A ~ D는 순서대로 각각 종로, 송파, 잠실, 왕십리에 집을 두고 있다.
⑤ B는 두 번째 방을 사용하고 있다.

05. 김정식, 김병연, 허초희, 백기행, 정지용은 이번에 최종합격한 신입사원들이다. 다음에 나열된 조건이 모두 거짓일 때, 자신이 배정받은 팀을 정확히 알 수 있는 신입사원은? (단, 신입사원은 모두 다른 팀에 배정된다)

- 김병연은 영업팀 또는 홍보팀이다.
- 백기행은 재무팀 또는 개발팀이다.
- 허초희는 홍보팀이다.
- 김병연은 설계팀이다.
- 정지용, 백기행 중에 한 명은 영업팀이다.
- 김정식, 정지용 중에 한 명은 재무팀이다.
- 허초희, 백기행 중에 한 명은 설계팀이다.

① 김정식　② 김병연　③ 허초희
④ 백기행　⑤ 정지용

06. ○○기업 체육대회에서 A ~ E 5명이 달리기 시합을 했다. 결과가 다음과 같을 때, E의 등수는?

- B와 D는 E보다 먼저 결승선을 통과했다.
- A와 D는 연속해서 결승선에 들어왔다.
- C와 E는 연속해서 결승선에 들어왔다.
- B와 C의 등수는 홀수이고, D의 등수는 짝수이다.

① 1등 ② 2등 ③ 3등
④ 4등 ⑤ 5등

07. 다음의 진술이 모두 참일 경우, E 사원보다 먼저 퇴근한 사람은 모두 몇 명인가?

- A 사원은 B 사원보다 먼저 퇴근했다.
- B 사원은 C 사원보다 늦게 퇴근했다.
- C 사원은 A 사원보다 늦게 퇴근했다.
- D 사원은 A 사원보다 먼저 퇴근했다.
- C 사원은 E 사원보다 먼저 퇴근했다.

① 1명 ② 2명 ③ 3명
④ 4명 ⑤ 알 수 없다.

08. 다음 중 명제 '외향적인 성격은 외국어를 쉽게 배운다'가 성립하기 위해 추가로 필요한 명제로 적절한 것은?

- 내향적인 성격은 사람을 사귀는 것이 어렵다.
- 외국어를 쉽게 배우지 못하는 사람은 말하는 것을 싫어한다.

____

① 내향적인 성격은 말하는 것을 싫어한다.

② 내향적인 성격은 외국어를 쉽게 배우지 못한다.

③ 외향적인 성격은 말하는 것을 좋아한다.

④ 외향적인 성격은 사람을 사귀는 것이 쉽다.

⑤ 외국어를 쉽게 배우는 사람은 말하는 것을 좋아한다.

09. R사의 사옥에는 6개 팀이 1층부터 6층까지 각 층마다 1개 팀씩 위치하고 있다. 다음 〈조건〉을 참고할 때, 2층과 5층에 위치한 팀을 순서대로 알맞게 짝지은 것은?

조건

- 홍보팀은 회계팀보다 아래층에 위치한다.
- 영업팀은 홍보팀보다 아래층에 위치한다.
- 기획팀보다 아래층에 위치한 팀은 없다.
- 총무팀은 영업팀의 바로 아래층에 위치한다.
- 인사팀은 회계팀의 바로 위층에 위치한다.

① 홍보팀, 총무팀 ② 영업팀, 총무팀 ③ 회계팀, 인사팀

④ 인사팀, 총무팀 ⑤ 총무팀, 회계팀

10. 다음은 모임의 현재 상황에 관한 설명이다. 다음 중 옳지 않은 진술은?

> • 오늘 모임은 19시에 시작할 예정이며, 총 3시간이 소요된다.
> • 모임은 모든 사람이 도착해야 시작된다.
> • 모임시간에 늦으면 벌금을 내야 한다.
> • 민아는 현재 약속장소에 도착해 있으며 벌금을 낸다.
> • 천호가 민아보다 늦게 도착한다.

① 모임에 참가하는 사람은 최소 2명이다.
② 민아는 19시까지 약속장소에 도착하지 못했다.
③ 천호는 벌금을 내야 한다.
④ 천호가 도착하면 모임이 시작된다.
⑤ 모임은 22시가 넘어서 끝난다.

[11 ~ 20] 다음 수열의 일정한 규칙을 찾아 빈칸에 들어갈 알맞은 수를 고르시오.

11.

> 21 19 15 7 ( ) −41 −105

① 1 ② −3 ③ −5
④ −9 ⑤ −10

12.

7　15　12　13　16　12　19　12　(　　)

① 18　② 19　③ 20
④ 21　⑤ 22

13.

2.2　4.3　6.6　9.1　11.8　14.7　(　　)

① 15.9　② 17.8　③ 19.2
④ 21.1　⑤ 22.5

14.

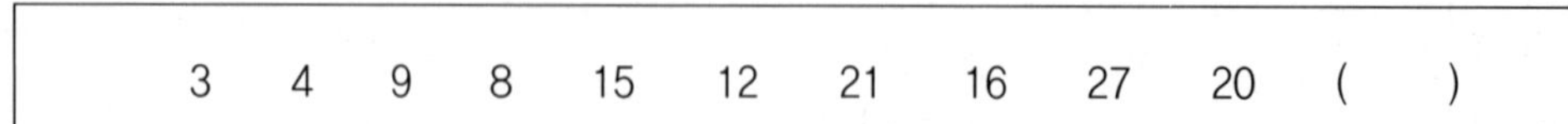

3　4　9　8　15　12　21　16　27　20　(　　)

① 29　② 31　③ 33
④ 35　⑤ 36

15.

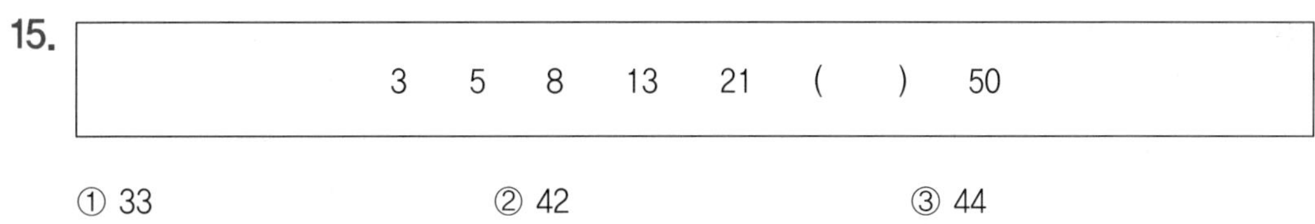
3 5 8 13 21 ( ) 50

① 33 ② 42 ③ 44
④ 52 ⑤ 55

16.

1 5 20 16 19 57 54 56 ( ) 110

① 56 ② 58 ③ 112
④ 114 ⑤ 115

17.

6 4 27 5 ( ) 33 5 5 28

① 4 ② 5 ③ 6
④ 7 ⑤ 8

18.

2 1 2 18   2 3 10 250   3 4 5 ( )

① 84 ② 169 ③ 212
④ 245 ⑤ 250

19.

2 7 10 17 23 34 43 ( )

① 51 ② 59 ③ 62
④ 74 ⑤ 75

20.

2.3 3.9 6.7 10.7 15.9 ( )

① 18.9 ② 22.3 ③ 23.4
④ 25.9 ⑤ 27.3

수리

01. 다음 자료에 대한 분석으로 옳은 것은?

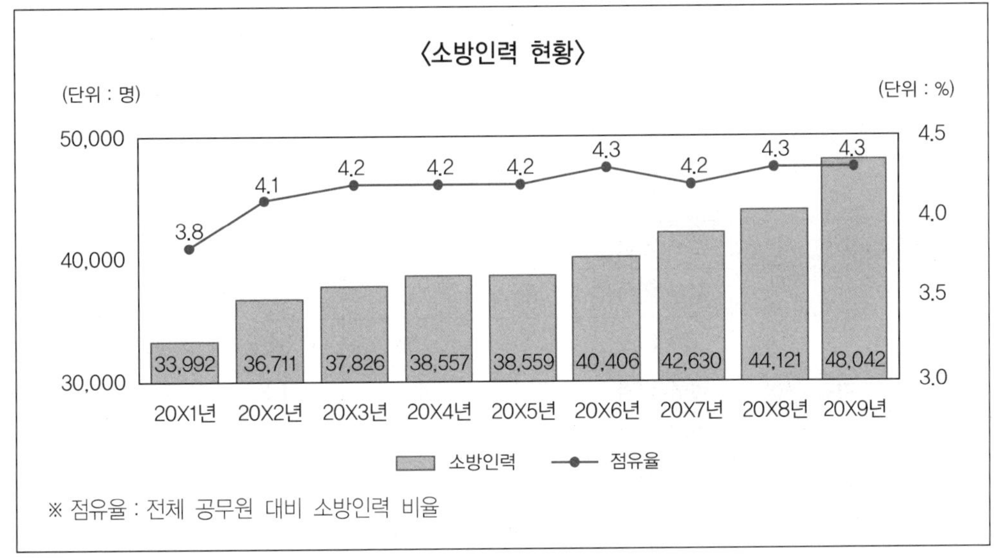

① 분석기간 중 전년 대비 소방인력 수가 가장 큰 비율로 증가한 해는 20X2년이다.

② 분석기간 중 전체 공무원 대비 소방인력 비율은 매년 4%를 초과한다.

③ 20X9년 소방인력은 8년 전 대비 1만 5천 명 이상 증가하였다.

④ 20X6년부터 20X9년까지 소방인력은 매년 4만 명 이상이다.

⑤ 20X1년 전체 공무원 수는 100만 명 이상이다.

02. 다음 자료에 대한 설명으로 옳지 않은 것은?

〈S사 연구기관 직종별 인력 현황〉

구분			20X5	20X6	20X7	20X8	20X9
정원(명)		연구 인력	80	80	85	90	95
		지원 인력	15	15	18	20	25
		계	95	95	103	110	120
현원(명)		연구 인력	79	79	77	75	72
		지원 인력	12	14	17	21	25
		계	91	93	94	96	97
	박사학위 소지자(명)	연구 인력	52	53	51	52	55
		지원 인력	3	3	3	3	3
		계	55	56	54	55	58
	평균 연령(세)	연구 인력	42.1	43.1	41.2	42.2	39.8
		지원 인력	43.8	45.1	46.1	47.1	45.5
	평균 연봉 지급액(만 원)	연구 인력	4,705	5,120	4,998	5,212	5,430
		지원 인력	4,954	5,045	4,725	4,615	4,540

※ 충원율(%) = $\frac{\text{현원}}{\text{정원}} \times 100$

① 지원 인력의 충원율이 100을 초과하는 해가 있다.

② 연구 인력과 지원 인력의 평균 연령 차이는 전년 대비 계속해서 커지고 있다.

③ 지원 인력 가운데 박사학위 소지자의 비율은 매년 줄어들고 있다.

④ 20X6년 이후로 지원 인력의 평균 연봉 지급액이 연구 인력을 앞지른 해는 없다.

⑤ 20X5년 대비 20X9년의 정원 증가율은 26%를 초과한다.

03. 다음 자료에 대한 설명으로 옳지 않은 것은? (단, 소수점 이하는 버린다)

〈자료 1〉 스마트폰 하루 사용 시간

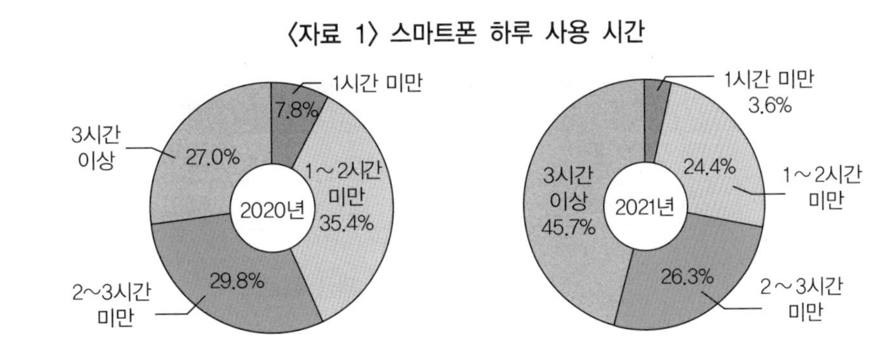

〈자료 2〉 스마트폰 사용 서비스

구분		2020년	2021년
스마트폰을 통한 모바일인터넷 사용 시간		1시간 35분	1시간 36분
하루 평균 사용 시간		2시간 13분	2시간 51분
스마트폰 주 사용 서비스 (상위 5위)	채팅, 메신저	81.2%	79.4%
	음성 / 영상통화	69.7%	70.7%
	검색	42.8%	44.0%
	문자메시지	43.4%	40.0%
	게임	31.3%	29.6%

※ 2021년 국내 스마트폰 가입자 수 : 4,083만 6,533명

※ 2021년 국내 이동통신 가입자 수 : 5,136만 명

※ 2021년 스마트폰 사용 실태 조사 응답자 수 : 1,256만 1,236명

① 2021년을 기준으로 우리나라 이동통신에 가입된 사람들 5명 중 4명은 스마트폰을 사용하고 있다.

② 2021년 하루 평균 스마트폰 사용 시간은 전년 대비 약 28% 증가하였다.

③ 2021년 스마트폰 하루 사용 시간이 2시간 이상인 응답자의 비율은 전년 대비 약 15.2%p 증가하였다.

④ 2021년 스마트폰 주사용 서비스 1위 응답자 수와 4, 5위를 합한 응답자 수의 차이는 약 120만 명이다.

⑤ 스마트폰 주사용 서비스 중 게임을 선택한 응답자 수는 2020년이 2021보다 약 5,000명 정도 더 많다.

04. 다음 표와 〈조건〉을 참고할 때, 〈보기〉에 대한 설명 중 옳지 않은 것을 모두 고르면?

〈표〉 고객기관 유형별 기관 수

(단위 : 개)

유형	기관 수
1차 고객기관	1,200
2차 고객기관	600

〈그림〉 공공데이터의 제공 경로

공공데이터 원천기관 → 1차 고객기관 → 개인고객

1차 고객기관 → 2차 고객기관 → 개인고객

조건

- 모든 1차 고객기관은 공공데이터 원천기관으로부터 제공받은 공공데이터를 보유하고 있으며, 1차 고객기관은 공공데이터를 자체활용만 하는 기관과 자체활용 없이 개인고객 또는 2차 고객기관에게 공공데이터를 제공하는 기관으로 구분된다.
- 1차 고객기관 중 25%는 공공데이터를 자체활용만 한다.
- 1차 고객기관 중 50%는 2차 고객기관에게 공공데이터를 제공하고, 1차 고객기관 중 60%는 개인고객에게 공공데이터를 제공한다.
- 2차 고객기관 중 30%는 공공데이터를 자체활용만 하고, 70%는 개인고객에게 공공데이터를 제공한다.
- 1차 고객기관으로부터 공공데이터를 제공받지 않는 2차 고객기관은 없다.

보기

㉠ 1차 고객기관 중 2차 고객기관에만 공공데이터를 제공하는 기관의 수는 개인고객에게만 공공데이터를 제공하는 기관의 수보다 더 많다.

㉡ 2차 고객기관 중 공공데이터를 자체활용만 하는 기관의 수는 1차 고객기관 중 공공데이터를 자체활용만 하는 기관수의 60%를 차지한다.

㉢ 2차 고객기관 중 개인고객에게 공공데이터를 제공하는 기관의 수는 1차 고객기관 중 개인고객에게만 공공데이터를 제공하는 기관 수의 1.5배이다.

㉣ 1차 고객기관 중 2차 고객기관에게만 공공데이터를 제공하는 기관의 수와 2차 고객기관 중 공공데이터를 자체활용만 하는 기관의 수는 동일하다.

① ㉠, ㉡ ② ㉠, ㉢ ③ ㉠, ㉣
④ ㉡, ㉢ ⑤ ㉢, ㉣

05. 다음 자료에 대한 설명으로 옳은 것은?

〈신문 구독 여부〉

(단위 : %)

구분		신문을 본다고 응답한 비율	일반 신문	인터넷 신문
2019년	전체	75.6	67.8	77.9
2021년*	남자	79.5	61.9	80.6
	여자	65.8	50.0	82.5

* 2021년 조사 대상 남녀의 수는 동일함.

① 2019년에 신문을 본다고 응답한 사람 중 일반 신문과 인터넷 신문을 모두 보는 사람의 비율은 최소 67.8%이다.
② 2019년과 2021년 모두에서 신문을 본다고 응답한 인구수는 여자보다 남자가 더 많다.
③ 2021년 남자 응답자 중 인터넷 신문을 본다고 응답한 사람의 비율은 62.94%이다.
④ 2021년에 신문을 본다고 응답한 사람의 수는 2017년에 비해 증가했다.
⑤ 2021년에 신문을 본다고 응답한 사람 중 일반 신문을 본다고 응답한 인구수는 남자가 여자보다 많다.

[06 ~ 07] 다음은 연도별 수출 및 무역수지를 나타낸 표이다. 이어지는 질문에 답하시오.

(단위 : 억 달러)

구분	수출	수입	무역수지
2017년	3,255	3,094	161
2018년	3,715	3,568	147
2019년	4,220	4,353	−133
2020년	3,635	3,231	404
2021년	4,674	4,257	417

06. 다음 〈보기〉 중 위 표에 대한 설명으로 옳은 것을 모두 고르면?

보기

㉠ 2019년부터 2021년까지 수출과 수입 무역금액의 평균은 약 4,025억 달러이다.
㉡ 수출과 수입의 격차가 가장 큰 해는 2020년도이다.
㉢ 2022년의 수입이 14.6% 증가할 것이라 예상했을 때, 수입금액은 약 4,878억 달러이다.
㉣ 무역수지가 적자였던 해는 2018년이다.
㉤ 2021년 전체 무역금액에서 수출금액은 약 50% 이상을 차지한다.

① ㉠, ㉡　② ㉠, ㉤　③ ㉡, ㉢
④ ㉢, ㉤　⑤ ㉣, ㉤

07. 2021년 수출 품목 중 자동차가 39.3%를 차지한다고 했을 때, 자동차의 수출금액은?

① 1,474억 달러　② 1,633억 달러　③ 1,723억 달러
④ 1,836억 달러　⑤ 1,900억 달러

08. 다음은 K 그룹의 채용에 지원서를 접수한 지원자 수와 비율에 대한 자료이다. 이에 대한 설명으로 알맞지 않은 것은? (단, 소수점 둘째 자리에서 반올림한다)

〈자료 1〉 K 그룹의 국내 및 해외 지원자 수

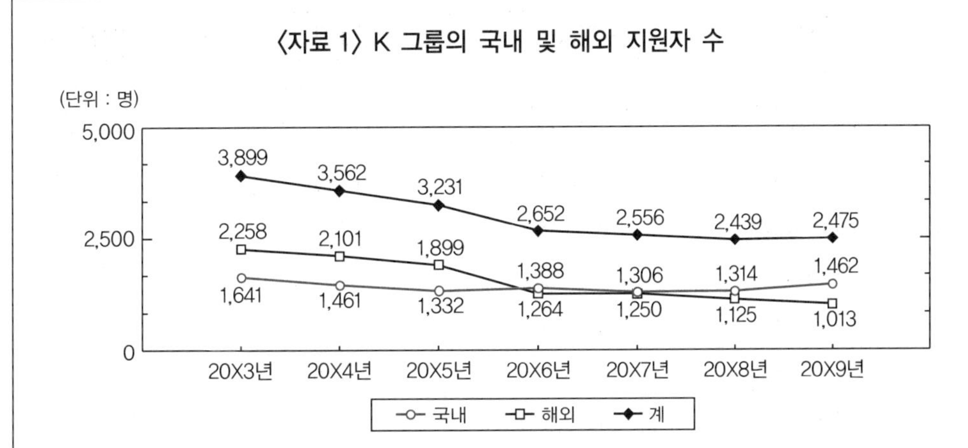

〈자료 2〉 K 그룹의 국내 및 해외 지원자 비율

(단위 : %)

구분	20X3년	20X4년	20X5년	20X6년	20X7년	20X8년	20X9년
국내	42.1	41.0	41.2	52.3	51.1	53.9	(A)
해외	57.9	59.0	58.8	47.7	48.9	46.1	(B)
합계	100.0	100.0	100.0	100.0	100.0	100.0	100.0

① 전체 지원자 수에서 해외 지원자의 수가 전반적으로 감소하는 추세이다.

② 20X9년 전체 지원자 대비 국내 지원자의 비율은 약 59.1%에 해당한다.

③ 20X3년 대비 20X9년 전체 지원자 수는 1,424명 감소하였다.

④ 20X5년 대비 20X6년 전체 지원자 수는 약 25% 급감하였다.

⑤ (A)는 (B)보다 약 18.2%p 높다.

09. 다음 자료에서 재해율이 가장 높은 지역은?

〈202X년 지역별 산업재해조사 현황〉

(단위 : 개, 명)

구분	사업장 수	근로자 수	재해자 수
전국	1,292,696	11,688,797	89,910
서울특별시	349,046	2,974,209	13,660
부산광역시	85,390	689,773	6,272
대구광역시	69,933	558,975	4,857
인천광역시	66,988	602,112	5,517
광주광역시	41,794	353,020	2,998
대전광역시	38,833	383,659	2,843
강원도	46,471	375,840	3,934
경기도	266,943	2,434,619	21,211
충청북도	41,264	380,707	3,052
충청남도	40,604	449,547	3,358
전라북도	42,469	334,537	3,594
전라남도	35,627	354,177	2,479
경상북도	46,583	516,799	3,904
경상남도	106,406	1,182,260	11,412
제주도	14,345	98,563	819

※ 재해율(%) = $\frac{\text{재해 근로자}}{\text{전체 근로자}} \times 100$

① 서울특별시　② 강원도　③ 전라북도
④ 경상남도　⑤ 인천광역시

10. 시속 4km로 걷는 인성이와 시속 6km로 걷는 효진이가 서로 12km 떨어진 거리에 서 있다. 두 사람이 서로를 향해 걸을 때 만나는 것은 출발한 시점으로부터 몇 시간이 지난 뒤인가?

① 1시간 후　② 1시간 12분 후　③ 1시간 24분 후
④ 1시간 36분 후　⑤ 2시간 10분 후

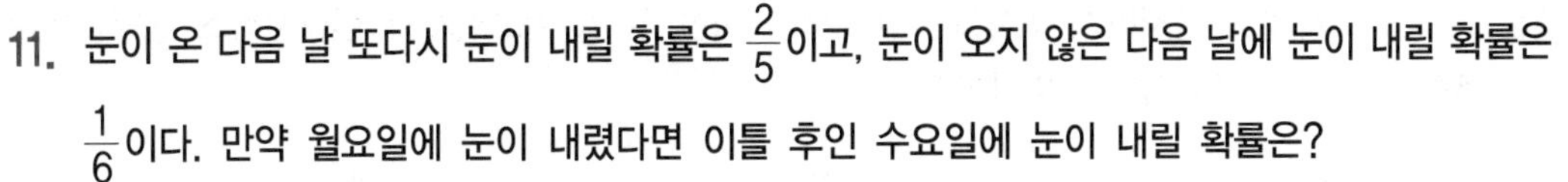

11. 눈이 온 다음 날 또다시 눈이 내릴 확률은 $\frac{2}{5}$이고, 눈이 오지 않은 다음 날에 눈이 내릴 확률은 $\frac{1}{6}$이다. 만약 월요일에 눈이 내렸다면 이틀 후인 수요일에 눈이 내릴 확률은?

① $\frac{13}{50}$　② $\frac{29}{50}$　③ $\frac{11}{30}$
④ $\frac{17}{30}$　⑤ $\frac{19}{30}$

12. 성씨가 다른 6명의 사원이 원탁에 앉아 있다. 이 여섯 명 중 두 명은 나란히 앉아야 할 때, 이들이 원탁에 앉을 수 있는 경우의 수는?

① 8가지　② 16가지　③ 24가지
④ 36가지　⑤ 48가지

13. 물품구매를 담당하고 있는 김 대리는 흰색 A4용지 50박스와 컬러 A4용지 10박스를 구매하는데 5,000원 할인 쿠폰을 사용해서 총 1,675,000원을 지출했다. 컬러 용지 한 박스의 단가가 흰색 용지 한 박스보다 2배 높았다면 흰색 A4용지 한 박스의 단가는 얼마인가?

① 20,000원　② 22,000원　③ 24,000원
④ 26,000원　⑤ 28,000원

14. A가 하면 18일, B가 하면 27일 걸리는 일이 있다. 둘은 함께 일을 시작했지만 도중에 B가 일을 그만두게 되고 A 혼자 나머지 일을 끝마쳐 총 16일이 소요되었다. 이 중 B가 참여하지 않은 날은 며칠인가?

① 9일　② 10일　③ 11일
④ 12일　⑤ 13일

15. A 카드회사의 현금서비스 이자율은 4%이다. 이번 달 A 카드회사의 현금서비스 청구금액이 54,080원이었다면 이자는 얼마인가?

① 1,960원　② 2,080원　③ 2,860원
④ 3,120원　⑤ 3,200원

16. 현재 어머니의 나이는 아버지 나이의 $\frac{4}{5}$이다. 2년 후에 아들의 나이는 아버지 나이의 $\frac{1}{3}$이 되며 아들과 어머니의 나이를 합하면 65세가 된다. 3명의 현재 나이를 모두 합하면 몇 살인가?

① 116세　② 120세　③ 124세
④ 128세　⑤ 130세

17. A, B, C, D 4개 수의 평균이 18이고 B, C의 평균이 17이며 B, C, D의 평균이 20일 때 A, D의 평균은?

① 10　② 15　③ 19
④ 21　⑤ 22

18. K 그룹 신입사원들이 연수원에 도착하여 인원수에 맞게 방을 배정하려고 한다. 한 방에 6명씩 들어가면 4명이 남고, 한 방에 8명씩 들어가면 방이 3개 남으며 마지막 방에는 2명만이 들어가게 된다. 연수원에 도착한 신입사원은 모두 몇 명인가?

① 88명　② 92명　③ 102명
④ 106명　⑤ 108명

19. 어떤 시험에서는 총 25개의 문제 중 한 문제를 맞힐 때마다 4점을 얻고, 틀릴 때마다 2점이 감점된다고 한다. 응시자 A가 이 시험에서 58점을 받았다고 할 때, A가 맞힌 문제의 개수는?

① 14개　② 15개　③ 16개
④ 17개　⑤ 18개

20. 10명의 사원들에게 25, 26, 27일 중 하루를 특별휴가로 지급하려 한다. 하루에 휴가를 쓸 수 있는 인원이 최대 3명이라면 휴가를 분배할 수 있는 경우는 몇 가지인가? (단, 휴가를 가지 않는 직원은 없다)

① 10가지　② 16가지　③ 48가지
④ 80가지　⑤ 100가지

도식추리

[01 ~ 03] 다음은 각 기호의 규칙에 의한 도형의 변화를 나타낸 것이다. 빈칸에 들어갈 알맞은 도형을 고르시오.

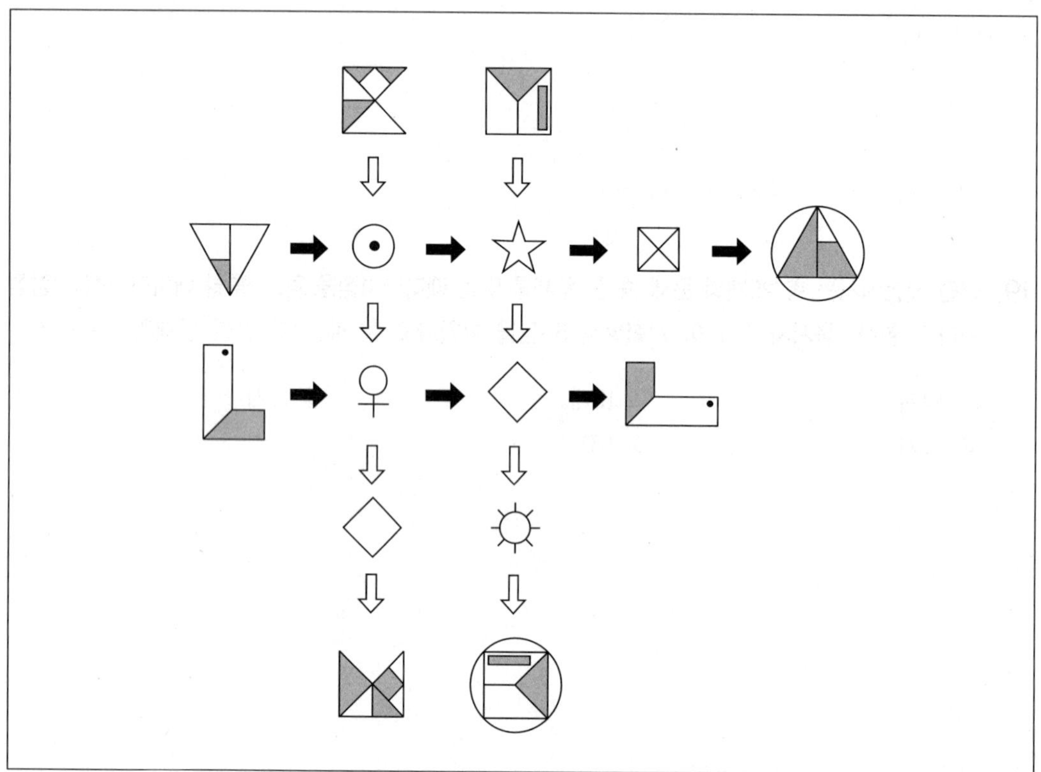

01.

→ ⊠ → ⊙ → (　　)

① 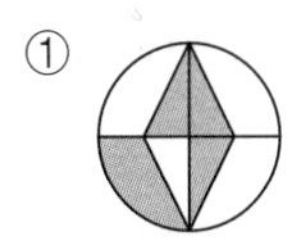
② 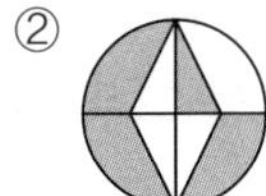
③ 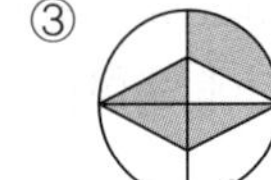
④ 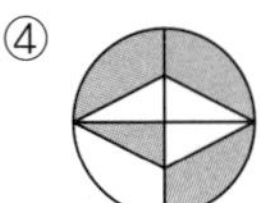
⑤ 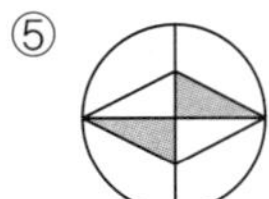

02.

① 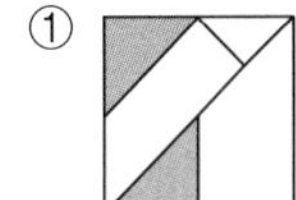
② 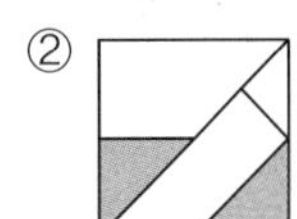
③ 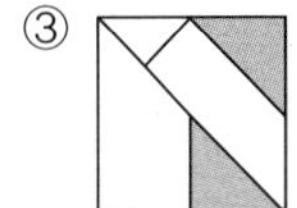
④ 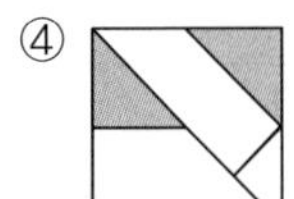
⑤ 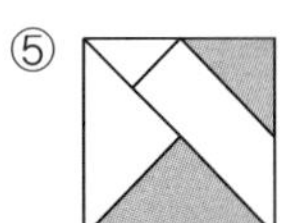

03.

① ⊙
② ♀
③ ⊠
④ ☼
⑤ ◇

[04 ~ 07] 다음 흐름도에서 각각의 도형들은 정해진 규칙에 따라 문자를 변환시키는 암호의 약속을 나타낸 것이다. 빈칸에 들어갈 알맞은 문자나 도형을 고르시오.

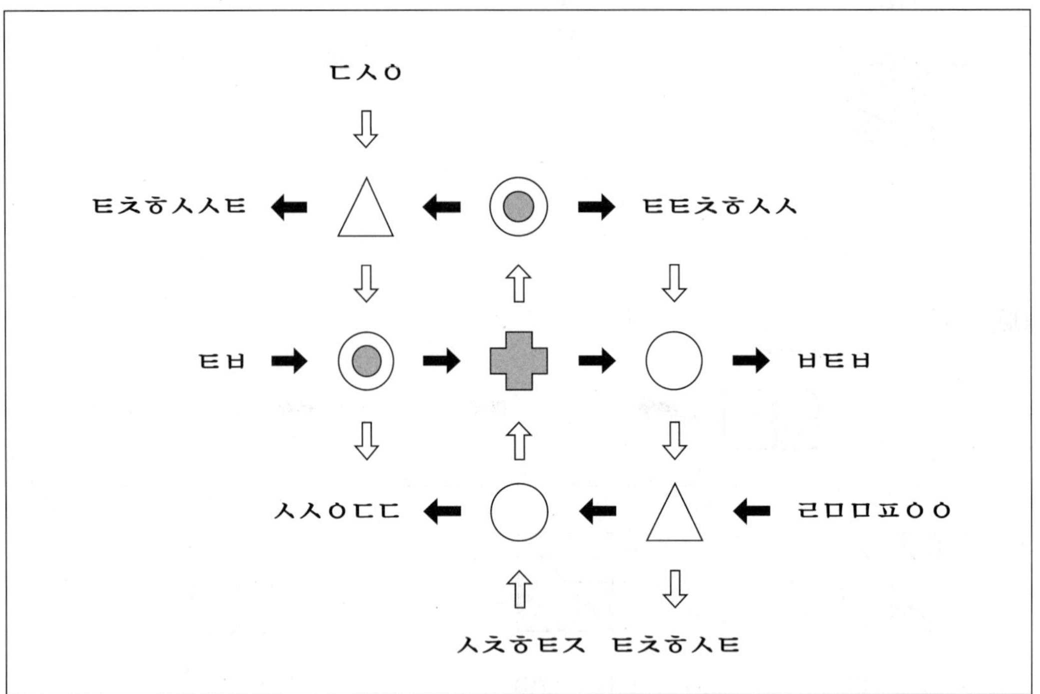

04.

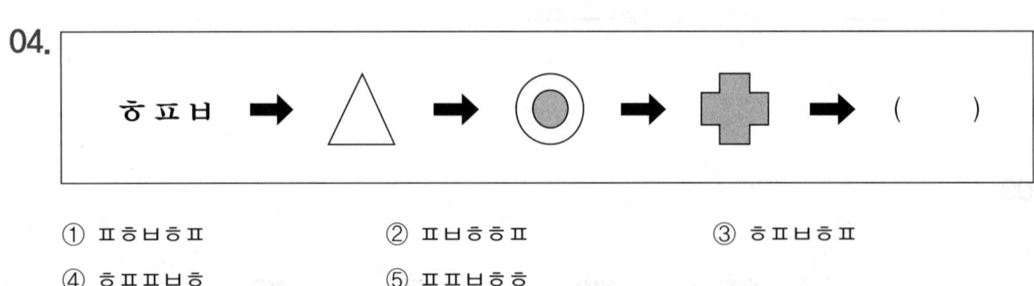

① ㅍㅎㅂㅎㅍ　② ㅍㅂㅎㅎㅍ　③ ㅎㅍㅂㅎㅍ
④ ㅎㅍㅍㅂㅎ　⑤ ㅍㅍㅂㅎㅎ

05.

ㅋㄴㅂㄹ → ○ → △ → (　　)

① ㅋㄴㅂ　　② ㄴㅂㅋ　　③ ㅂㄴㅋ
④ ㅂㅋㄴ　　⑤ ㄴㅂㅋㄹ

06.

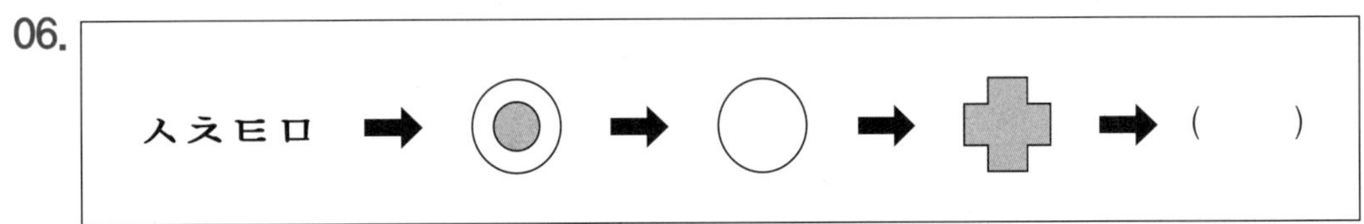

① ㅅㅁㅊㅌ　　② ㅅㅊㅌㅁㅅ　　③ ㅁㅅㅌㅇㅅ
④ ㅅㅊㅁㅅㅅ　　⑤ ㅁㅅㅊㅌㅅ

07.

ㄷㄹㄷ → ✚ → (　　) → ✚ → ㄷㄷㄹ

① ○　　② ◎　　③ ✚
④ △　　⑤ 없음.

[08 ~ 10] 다음 흐름도에서 각각의 기호들은 정해진 규칙에 따라 도형을 변화시키는 암호의 약속을 나타낸 것이다. 빈칸에 들어갈 알맞은 문자나 도형을 고르시오.

ㅐㅗㅖㅑㅓ　ㅒㅠㅗㅕ
⇩　⇩
ㅏㅛㅜㅕ ➡ ♡ ➡ ♤ ➡ ㅓㅠㅗㅑㅑ
⇩　⇩
ㅜㅣㅐㅓㅔ ➡ ● ➡ ☆ ➡ ㅖㅓㅐㅣ
⇩　⇩　⇩
☆　ㅑㅜㅛㅒ　▲
⇩　⇩
ㅓㅓㅑㅖㅗ　●
⇩
ㅓㅣㅒ

08.

ㅕㅠㅒㅏㅛ ➡ ♤ ➡ ▲ ➡ (　　)

① ㅛㅑㅠㅓ　② ㅑㅒㅛㅠㅓ　③ ㅑㅛㅒㅠㅓ
④ ㅑㅛㅒㅓㅠ　⑤ ㅒㅏㅛㅠㅕ

09.

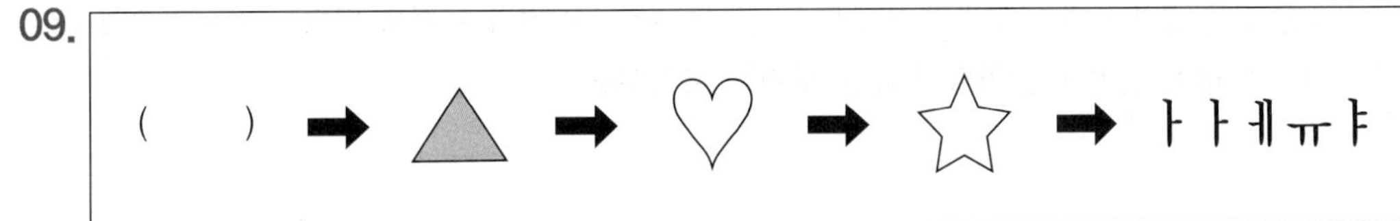

① ㅑㅠㅏㅔ　　② ㅠㅑㅔㅏ　　③ ㅠㅔㅑㅑ

④ ㅕㅛㅔㅓ　　⑤ ㅏㅏㅕㅠㅔ

10.

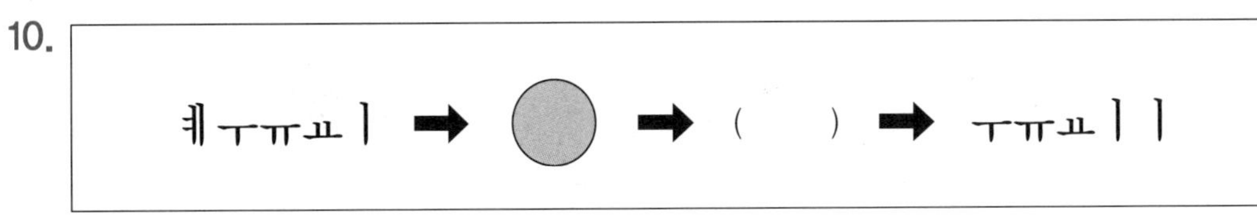

①　　②　　③

④　　⑤

[11 ~ 13] 다음 흐름도에서 각각의 기호들은 정해진 규칙에 따라 도형을 변화시키는 암호의 약속을 나타낸 것이다. 빈칸에 들어갈 알맞은 도형을 고르시오.

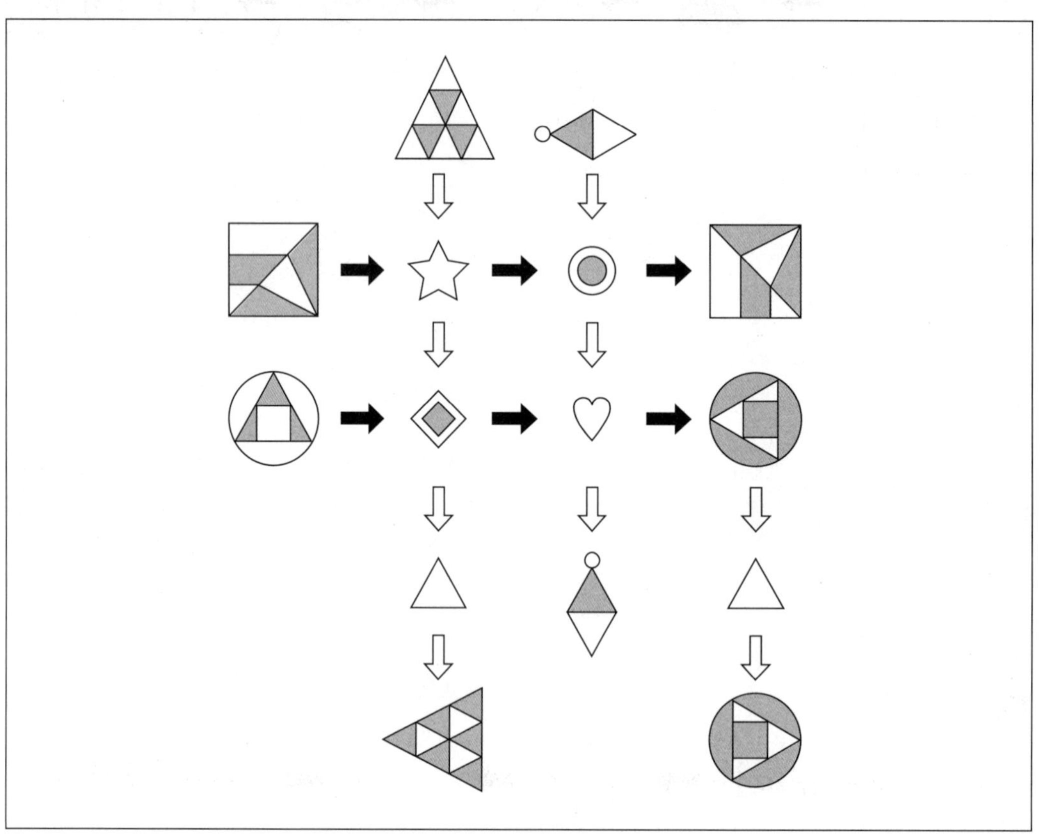

11.

( )

①

②

③

④

⑤

12.

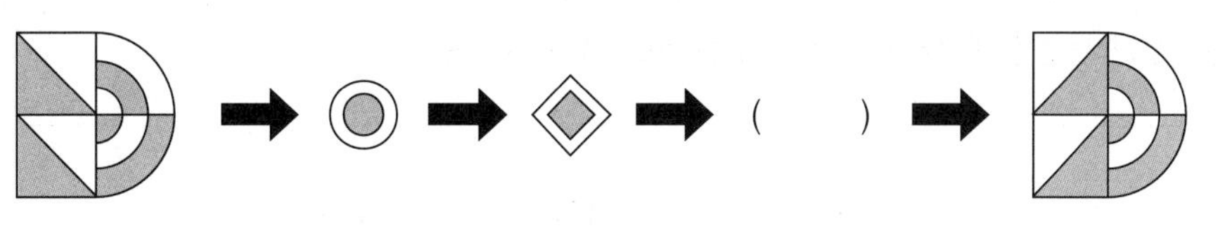

①　　②　　③

④　　⑤

13.

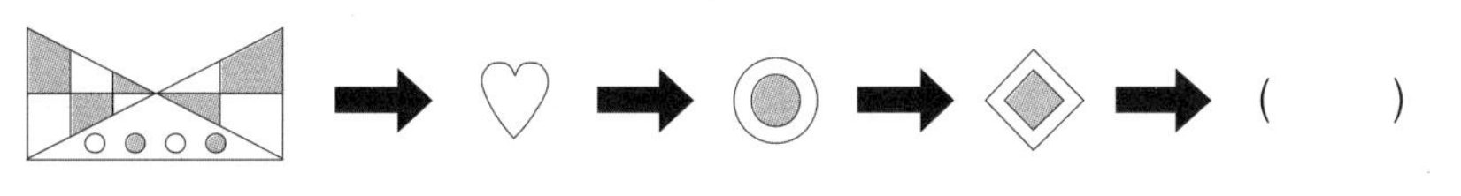

①
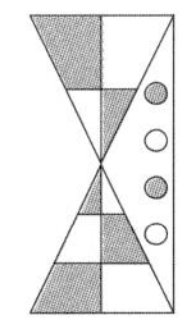

②
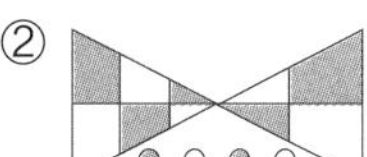

③
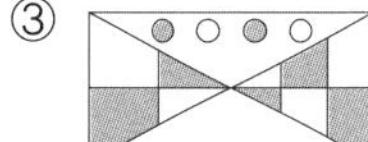

④
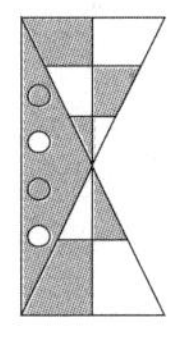

⑤
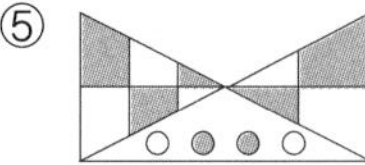

[14 ~ 15] 다음 흐름도에서 각각의 도형들은 정해진 규칙에 따라 문자를 변환시키는 암호의 약속을 나타낸 것이다. 빈칸에 들어갈 문자 또는 도형을 고르시오.

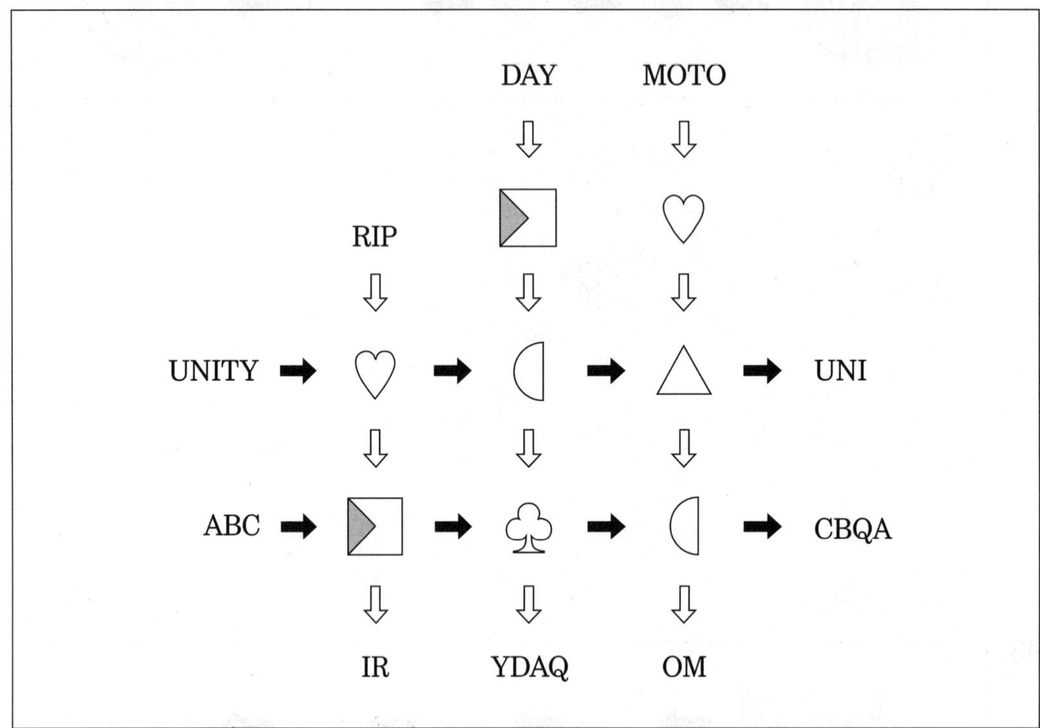

14.

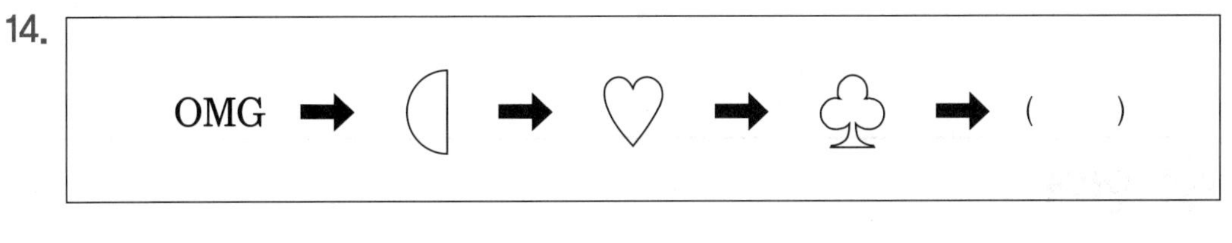

① GMO ② OGM ③ OMQ
④ OGQ ⑤ OG

15.

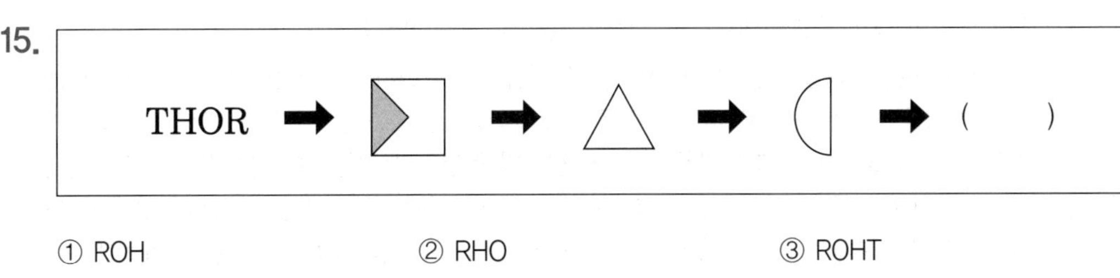

① ROH ② RHO ③ ROHT
④ THRO ⑤ ORTH

2회 기출예상문제

시험시간	90 분
문항수	75 문항

▶ 정답과 해설 17쪽

언어

01. 다음 글의 주제로 가장 적절한 것은?

전쟁을 다룬 소설 중에는 실재했던 전쟁을 제재로 한 작품들이 있다. 이런 작품들은 허구를 매개로 실재했던 전쟁을 새롭게 조명하고 있다. 가령 『박씨전』의 후반부는 병자호란의 패전을 있는 그대로 받아들이고 싶지 않았던 조선 사람들의 욕망에 따라, 허구적 인물인 박 씨가 패전의 고통을 안겼던 실존 인물 용골대를 물리치는 장면을 중심으로 허구화되어 전개되었다.

외적에 휘둘린 무능한 관군 탓에 병자호란 당시 여성은 전쟁의 큰 피해자였다. 『박씨전』에서는 이 비극적 체험을 재구성하여 전화를 피하기 위한 장소인 피화당(避禍堂)에서 여성 인물과 적군이 전투를 벌이는 장면을 설정하기도 한다. 이들 간의 대립 구도에서 전개되는 이야기는 조선 사람들의 슬픔을 위로하고 희생자를 추모함으로써 공동체의 연대감을 강화하였다. 한편, 『시장과 전장』은 한국 전쟁이 남긴 상흔을 직시하고 이에 좌절하지 않으려던 작가의 의지가 이념 간의 갈등에 노출되고 생존을 위해 몸부림치는 인물을 통해 허구화되었다. 이 소설은 전장을 재현하여 전쟁의 폭력에 노출된 개인의 연약함을 강조하고 무고한 희생을 목도한 인물의 내면을 드러냄으로써 개인의 존엄을 탐색하였다.

우리는 이런 작품들을 통해 전쟁의 성격을 확인할 수 있다. 두 작품에서는 외적의 침략이나 이념 갈등과 같은 공동체 사이의 갈등이 드러나고 있다. 그런데 전쟁이 폭력적인 것은 이 과정에서 사람들이 죽기 때문만은 아니다. 전쟁의 명분은 폭력을 정당화하기에 적의 죽음을 불가피한 것으로, 우리 편의 죽음은 불의한 적에 의한 희생으로 간주된다. 전쟁은 냉혹하게도 아군이나 적군 모두가 민간인의 죽음조차 외면하고 자신의 명분에 따라 이를 이용하게 한다는 점에서 폭력성을 띠는 것이다. 두 작품에서 사람들이 죽는 장소가 군사들이 대치하는 전선뿐만이 아니라는 점도 주목된다. 전쟁터란 전장과 후방, 가해자와 피해자가 구분되지 않는 혼돈의 현장이다. 이 혼돈 속에서 사람들은 고통받으면서도 생의 의지를 추구해야 한다는 점이 전쟁의 비극성이다. 이처럼 전쟁의 허구화를 통해 우리는 전쟁에 대해 새로운 인식을 경험해 볼 수 있다.

① 문학에 반영되는 작가의 작품 세계
② 전쟁과 문학 작품의 관계
③ 문학에서 허구화된 전쟁이 갖는 의미
④ 한국 소설에 나타난 전쟁의 비극성
⑤ 문학에 나타난 역사에 대한 진위 여부 판단의 중요성

02. 다음 중 글의 내용과 일치하는 것은?

> 자신의 자존심을 지키기 위해 실패나 과오에 대한 자기 정당화의 구실을 찾아내는 행위를 가리켜 '구실 만들기 전략(self-handicapping strategy)'이라고 하는데, 좀 더 넓은 관점에서는 그런 심리를 가리켜 '이기적 편향(self-serving bias)'이라고 부르기도 한다. 이는 일상생활에서도 아주 쉽게 목격할 수 있다.
>
> 우리말에 '좋은 건 자기 잘난 탓으로 돌리고 나쁜 건 부모 탓 또는 세상 탓으로 돌린다'는 말이 있는데 그게 바로 '이기적 편향'이다. '이기적 편향'은 우리의 부정적인 행동의 이유에 대해서는 상황적 · 환경적 요소로 돌리는 반면, 긍정적인 행동의 이유에 대해서는 우리의 내부적 요소로 돌리는 경향을 의미한다. 물론 이는 자신의 자존심을 높이거나 방어하고자 하는 욕구 때문에 생겨나는 것이다.
>
> 그렇다면 왜 이런 이기적 편향이 생겨났을까? 우리는 어떤 일을 끝마친 후 그 일에 대해 평가와 반성을 한다. 그 과정에서 일이 성공하게 된 혹은 실패하게 된 원인을 따져 보려 하지만 성공과 실패의 진정한 원인을 찾는 것이 그리 간단한 일은 아니다. 당시의 특수한 상황에서 비롯된 결과일 수 있고, 심지어는 정말 우연히 이루어진 결과일 수도 있기 때문이다.
>
> 어쨌든 원인을 찾아야 한다면, 이왕이면 우리는 마음 편한 쪽에서 원인을 찾고자 한다. 특히 실패를 했을 때는 우리의 자존심이 상하지 않는 방향에서 원인을 찾는다. 그리하여 실패의 원인은 늘 타인과 상황, 시기 등 나 자신이 아닌 다른 데 있게 된다.
>
> 이렇게 이기적인 것이 사람의 마음이다. 이기적 편향은 치사하고 비겁하게 보이기는 하지만, 일이 잘못됐을 때 실패의 원인을 남의 탓으로 돌림으로써 나의 자존심을 지킬 수 있는 심리적인 방어 능력이기도 하다. 그러나 실패했을 때마다 자기반성은 하지 않고 남의 탓만 하다가는 자기 발전을 이룰 수 없을 것이다. 따라서 자존심이 상하더라도 실패의 진정한 원인이 어디에 있는지 냉정히 자기 내면의 소리에 귀를 기울여 볼 필요가 있다.

① 구실 만들기 전략은 결과에 대해 자기반성을 하는 행위를 일컫는다.

② '좋은 것은 자기 잘난 탓이고 나쁜 것은 세상 탓'이라는 말은 이기적 편향과 상충되는 말이다.

③ 구실 만들기 전략은 일반적으로 타인의 자존심을 지켜 주기 위해 나타나는 행위를 일컫는다.

④ 이기적 편향은 긍정적인 행동의 이유에 대해서는 외부적 요소로 부정적 행동의 이유에 대해서는 내부적 요소로 돌리는 경향을 의미한다.

⑤ 이기적 편향은 완결된 일에 대한 원인을 찾는 과정에서 자존심을 지키고자 하는 심리적인 방어로 인해 일어나는 현상이다.

03. 다음 중 글의 내용과 일치하지 않는 것은?

페미니즘의 여러 가지 논쟁들 중 하나는 바로 젠더 범주에 관한 것이다. '여성과 남성'이라는 이분법적 젠더 구조에서 출발하는 페미니즘의 문제의식은 궁극적인 여성 해방을 위해 젠더를 어떻게 바라볼 것인가 하는 데에 있다. 기존의 젠더 구분법으로 인한 여성 억압을 해결하고자 하는 입장은 크게 두 가지로 나누어 볼 수 있는데, 하나는 여성과 남성으로 나누어진 이분법적 젠더 구조 자체를 잘못된 것으로 보는 것이며 다른 하나는 젠더 구성의 정당성을 떠나 여성성 자체가 남성성보다 우월하다고 보는 입장이다. 포스트 모더니즘적 페미니즘이라고도 불리는 전자의 시각은 젠더 구분법 자체가 허구이므로 그로 인해 발생하는 여성차별 역시 숙명적일 수 없다고 주장한다. 여성과 남성이라는 젠더 구조는 이성과 감성, 주체와 객체 등과 같은 이항 대립구조와 만나게 되는데, 이들은 두 요소 간의 위계질서를 양산한다는 점에서 항상 문제적이다. 이 때문에 포스트 모더니즘적 페미니스트들에게 모든 형태의 이분법적 구조는 타파해야 하는 것이 된다. 이들은 여성과 남성이라는 범주가 해체될 때 근본적인 여성 해방이 이루어질 수 있다고 주장한다. 본질주의 페미니즘 또는 문화적 페미니즘으로 일컬어지는 또 다른 시각은 여성성 자체가 남성성보다 더 우월한 것이기 때문에 여성에 대한 차별과 억압이 없어져야 한다고 본다. 일반적으로 '여성적인 것'으로 여겨지는 관계지향, 모성, 돌봄, 자연친화 등의 속성들이 모든 방면에서 남성적 속성보다 우월하다고 보는 것이다.

① 기존 젠더 구분법으로 인한 여성 억압을 해결하고자 하는 입장은 두 가지로 나뉜다.
② 이분법적 젠더 구분은 위계질서를 양산하므로 바람직한 것이 아니라고 본다.
③ 여성성이 남성성보다 우월하다고 보는 것은 문화적 페미니즘이다.
④ 본질주의 페미니즘은 포스트 모더니즘적 페미니즘의 주장과 관계없는 나름의 관점을 주장한다.
⑤ 이분법적 젠더 구분이 양산하는 이항 대립구조는 남성이 더 우월하다는 견해를 억압한다.

04. 다음 글을 통해 알 수 있는 내용으로 가장 적절한 것은?

> 랑케는 역사적 사실을 '신(神)의 손가락'에 의해 만들어진 자연계의 사물과 동일시했다. 그는 각 시대나 과거의 개체적 사실들은 그 자체로 완결된 고유의 가치를 지녔으며, 시간의 흐름을 초월해 존재한다고 믿었다. 그래서 역사가가 그것을 마음대로 해석하는 것은 신성한 역사를 오염시키는 것이라 여기고 과거의 역사적 사실을 있는 그대로 기술하는 것이 역사가의 몫이라고 주장했다. 이를 위해 역사가는 사료에 대한 철저한 고증과 확인을 통해 역사를 인식해야 하며 목적을 앞세워 역사를 왜곡하지 말아야 한다고 보았다.
>
> 이에 반해 드로이젠은 역사적 사실이란 어디까지나 역사가의 주관적 인식에 의해 학문적으로 구성된 사실이라는 점을 강조했다. 그래서 그는 역사를 단순히 과거 사건들의 집합으로 보지 않았으며 역사가의 임무는 과거 사건들을 이해하고 해석하여 하나의 지식 형태로 구성하는 것이라고 보았다. 그리고 객관적 사실을 파악하기 위한 사료 고증만으로는 과거에 대한 부분적이고 불확실한 설명만 찾아낼 수 있을 뿐이라고 했다.

① 목적을 앞세운 사료 고증은 역사 왜곡 행위이다.

② 랑케는 역사가에 의해 주관적으로 파악된 과거 사실만을 인정했다.

③ 드로이젠은 사료 고증만을 떠받드는 것을 부정적으로 여겼다.

④ 드로이젠에 따르면 과거의 사실은 시간을 초월하여 존재하는 것이다.

⑤ 드로이젠은 역사의 임의성을 중시했다.

05. 다음 글의 전제로 적절한 것은?

> 문학 작품을 산출하는 작가야말로 매우 존귀한 위치에 있으며, 동시에 국가나 민족에 대하여 스스로 준엄하게 책임을 물어야 하는 존재라고 할 수 있다. 언어를 더욱 훌륭하게 만드는 것은 수백 번의 논의와 방책이 아닌 한 명의 위대한 문학가일 수 있다. 괴테가 그 좋은 예이다. 그의 문학이 가진 힘이 독일어를 통일하고 보다 훌륭한 것으로 만드는 데 결정적인 역할을 했다는 것은 이미 주지의 사실이다.

① 문학 작품은 언어에 큰 영향력을 미친다.

② 작가는 문학 작품을 쓸 때 현실을 반영한다.

③ 언어는 작가가 문학 작품을 쓸 때 사용하는 도구이다.

④ 문학 작품의 발달은 언어의 발달과 맥락을 같이한다.

⑤ 괴테는 독일 역사상 가장 위대한 작가이다.

06. 다음 글을 통해 유추한 내용으로 적절하지 않은 것은?

> 한 마리의 개미가 모래 위를 기어가고 있다. 개미가 기어감에 따라 모래 위에는 하나의 선이 생긴다. 개미가 모래 위에서 방향을 이리저리 틀기도 하고 가로지르기도 하여 형성된 모양이 아주 우연히도 이순신 장군의 모습과 유사한 그림같이 되었다고 하자. 이 경우, 그 개미가 이순신 장군의 그림을 그렸다고 할 수 있는가? 개미는 단순히 어떤 모양의 자국을 남긴 것이다. 우리가 그 자국을 이순신 장군의 그림으로 보는 것은 우리 스스로가 그렇게 보기 때문이다. 선 그 자체는 어떠한 것도 표상하지 않는다. 이순신 장군의 모습과 단순히 유사하다고 해서 그것이 바로 이순신 장군을 표상하거나 지시한다고 할 수 없다는 것이다.
>
> 반대로 어떤 것이 이순신 장군을 표상하거나 지시한다고 해서 반드시 이순신 장군의 모습과 유사하다고 할 수도 없다. 이순신 장군의 모습을 본뜨지도 않았으면서 이순신 장군을 가리키는 데에 사용되는 것은 활자화된 '이순신 장군'과 입으로 말해진 '이순신 장군' 등 수없이 많다.
>
> 개미가 그린 선이 만약 이순신 장군의 모습이 아니라 '이순신 장군'이란 글자 모양이라고 가정해 보자. 그것은 분명히 아주 우연히 그렇게 된 것이므로, 개미가 그리게 된 모래 위의 '이순신 장군'은 이순신 장군을 표상한다고 할 수 없다. 활자화된 모양인 '이순신 장군'이 어느 책이나 신문에 나온 것이라면 그것은 이순신 장군을 표상하겠지만 말이다. '이순신'이란 이름을 책에서 본다면 그 이름을 활자화한 사람이 있을 것이고, 그 사람은 개미와는 달리 이순신 장군의 모습을 생각하고 있었으며, 그를 지시하려는 의도를 분명히 가졌을 것이기 때문이다.

① 이름이 어떤 것을 표상하기 위해 의도는 필요조건이다.

② 어떤 것을 표상하기 위해 유사성은 충분조건이 아니다.

③ 이순신 장군을 그리고자 그린 그림이라도 이순신 장군과 닮지 않았다면 그를 표상하는 그림이라고 볼 수 없다.

④ 이름이 어떤 대상을 표상하기 위해서는 그 이름을 사용한 사람이 그 대상에 대해서 생각할 수 있는 능력이 있어야 한다.

⑤ 책에 있는 이순신 장군의 그림은 개미가 우연히 그린 이순신 장군과 비교하였을 때, 그 의미가 같지 않다.

07. 다음 글의 빈칸에 들어갈 공통된 내용으로 가장 적절한 것은?

> 최근 대기업들 사이에서 (   )을/를 중시하는 분위기가 확산되고 있다. 그 예로 L 통신회사는 즐거운 직장팀을 신설해 오후 10시 이후 업무와 관련한 카카오톡 보내기, 쉬는 날 업무 지시하기 등을 '절대 하면 안 되는 일'로 지정하여 이를 어기는 직원에게는 인사상 불이익을 주고 있고, H 백화점은 업계 최초로 PC오프제를 도입해 본사는 오후 6시, 점포는 오후 8시 30분에 자동으로 PC 전원이 꺼지게 함으로써 정시 퇴근을 유도하고 있다. 또한 많은 젊은이들이 이용하는 O 뷰티 스토어는 유연근무제를 도입해 오전 8시부터 10시 사이 30분 단위로 출근 시간을 자유롭게 정할 수 있도록 하고 있으며 정시 퇴근 제도도 강화해 '저녁이 있는 삶'을 적극 권장하고 있다. K 기업은 입사 후 5년마다 3주간의 휴가를 부여하는 '리프레시 휴가' 제도를 운영 중인데, 회사가 7일의 휴가를 제공하고 연차 사용 독려 차원에서 연차 8일을 함께 사용하게 해 총 3주간의 장기휴가를 주는 것이다.
>
> 기업은 당장의 성과에만 집착할 것이 아니라 장기적인 안목을 가지고 (   )을/를 핵심으로 한 조직문화 혁신을 지속해야 할 것이다. 그럴 때에만 이러한 문화가 한때 부는 바람에 그치지 않고 대한민국 기업의 발전과 그 기업에 속한 한 사람 한 사람의 행복을 견인하는 역할을 할 수 있을 것이다.

① 공정한 인센티브제　② 업무시간 최소화　③ 일과 삶의 균형
④ 개인의 프라이버시　⑤ 공사(公私) 구분 경영

[08 ~ 09] 다음 글의 빈칸에 들어갈 문장으로 가장 적절한 것은?

08.

우주는 물체와 허공으로 구성된다. 물체와 허공 이외에는 어떠한 것도 존재한다고 생각할 수 없다. 그리고 우리가 허공이라고 부르는 것이 없다면 물체가 존재할 곳이 없고, 움직일 수 있는 공간도 없을 것이다. 허공을 제외하면 비물질적인 것은 존재하지 않는다. 허공은 물체에 영향을 주지도 받지도 않고, 다만 물체가 자신을 통과해서 움직일 수 있도록 허락할 뿐이다. 결국 물질적인 존재만이 물질적 존재에 영향을 줄 수 있다.

영혼은 아주 미세한 입자들로 구성되어 있기 때문에 몸의 나머지 구조들과 더 잘 조화를 이룰 수 있다. 감각의 주요한 원인은 영혼에 있다. 그러나 몸의 나머지 구조에 의해 보호되지 않는다면, 영혼은 감각을 가질 수 없을 것이다. 몸은 감각의 원인을 영혼에 제공한 후 자신도 감각 속성의 몫을 영혼으로부터 얻는다. 영혼이 몸을 떠나면 몸은 더 이상 감각을 소유하지 않는다. 왜냐하면 (   ) 물론 몸의 일부가 소실되어 거기에 속했던 영혼이 해체되어도 나머지 영혼은 몸 안에 있다. 또한 영혼의 한 부분이 해체되더라도 나머지 영혼이 계속해서 존재하기만 한다면 여전히 감각을 유지할 수 있을 것이다. 반면에 영혼을 구성하는 입자들이 전부 몸에서 없어진다면 몸 전체 또는 일부가 계속 남아 있더라도 감각을 가지지 못할 것이다. 더구나 몸 전체가 분해된다면 영혼도 더 이상 이전과 같은 능력을 가지지 못하고 해체되며 감각 능력도 잃게 된다.

① 몸에서 영혼이 떠나게 되면 감각 능력이 상실되면서 신체의 모든 기능이 멈춰 버리기 때문이다.

② 몸은 감각 능력을 스스로 가진 적이 없으며 몸과 함께 태어난 영혼이 몸에게 감각 능력을 주었기 때문이다.

③ 몸이 영혼과 따로 떨어져서 존재한다는 것은 불가능하며 그 둘은 그야말로 불가분의 관계이기 때문이다.

④ 몸은 그 자체만으로는 하나의 물체에 불과하며 영혼만이 감각을 지니고 느낄 수 있기 때문이다.

⑤ 몸과 영혼은 독자적인 관계이므로 서로에게 영향을 주지 않기 때문이다.

09.

노예들이 저항의 깃발을 들고 일어설 때는 그들의 굴종과 인내가 한계에 이르렀을 때이다. 그러나 분노와 원한이 폭발하더라도 그것이 개인의 행위로 발생할 경우에는 개인적 복수극에 그치고 만다. 저항의 본질은 억압하는 자에 대한 분노와 원한이 확산되어 가치를 공유하게 되는 데 있다. 스파르타쿠스가 저항의 깃발을 들어 올렸을 때, 수십만 명의 노예와 농민들이 그 깃발 아래로 모여든 원동력은 바로 이러한 공통의 분노, 공통의 원한, 공통의 가치에 있었다.

프로메테우스의 신화에서도 저항의 본질을 엿볼 수 있다. 프로메테우스는 제우스가 인간에게 불을 보내 주지 않자, 인간의 고통에 공감하여 '하늘의 바퀴'에서 불을 훔쳐 지상으로 내려가 인간에게 주었다. 프로메테우스의 저항에 격노한 제우스는 인간과 프로메테우스에게 벌을 내렸다. 인간에게는 불행의 씨앗이 들어 있는 '판도라의 상자'를 보냈고 프로메테우스에게는 쇠줄로 코카서스 산 위에 묶인 채 독수리에게 간을 쪼아 먹히는 벌을 내린 것이다.

( ) 그리스도교의 정신과 의식을 원용하여 권력의 신성화에 성공한 중세의 지배체제는 너무도 견고하여 농민들의 눈물과 원한이 저항의 형태로 폭발하지 못했다. 반면 산업사회의 시민이나 노동자들은 평균적이고 안락한 생활이 위협받을 때에만 '저항의 광장'으로 나가는 모험을 감행했다. 그들이 바라고 지키려던 것은 가족, 주택, 자동차, 휴가였다.

저항이 폭발하여 기존의 지배체제를 무너뜨리고 새로운 왕조나 국가를 세우고 나면 그 저항의 힘은 시들어 버린다. 원한에 사무친 민중들의 함성이야말로 저항의 원동력이기 때문이다. 저항의 형태를 취하고 있으면서도 권력 쟁탈을 목적으로 한 쿠데타와 같은 적대 행위는, 그 본질에 있어서 지배와 피지배의 관계에서 발생하는 저항과는 다르다. 권력의 성채 속에서 벌어지는 음모, 암살, 배신은 이들 민중의 원한과 분노에서 비롯된 것이 아니기 때문이다.

① 시대의 흐름에 따라 저항은 여러 가지 모습으로 그 형태를 달리하였다.

② 저항에 나선 사람들이 느끼는 굴종과 인내의 한계는 시대와 그들이 처한 상황에 따라 다르게 나타난다.

③ 굴종과 인내의 한계는 시대가 변화함에 따라 달라졌고, 저항을 보는 사회적 시선도 그에 따라 변화됐다.

④ 사회와 시대가 발전되어 감에 따라 저항이 표출되는 행태 또한 예전과 달라졌지만 변함없이 우리 사회에 존재하여 왔다.

⑤ 지배계급을 향한 대규모 저항은 타인의 분노와 원한에 공감해야만 발생한다.

[10 ~ 11] 다음 문장들을 논리적 순서에 맞게 나열한 것을 고르시오.

10.

> (가) 그러나 자연 과학에만 능통하고 인문적 지성을 겸비하지 못한 채로 배출된 사람이 과연 훌륭한 과학자가 될 수 있을지 의문이다.
> (나) 우리나라의 과학도들은 교육 현장에서 인문적 교양을 갖출 기회가 별로 없다.
> (다) 그런 과학자는 자신의 연구 결과가 인류에게 유해한지 무해한지 가릴 능력이 없기 때문이다.

① (가)－(나)－(다)　② (나)－(가)－(다)　③ (나)－(다)－(가)
④ (다)－(나)－(가)　⑤ (가)－(다)－(나)

11.

> (가) 기술은 새로운 과학적 사실을 검증하는 실험적 수단을 제공하거나 새로운 과학적 발견 가능성을 높이는 데 기여하였고, 과학은 새로운 기술을 개발하는 데 필요한 법칙과 이론을 제공하게 되었던 것이다.
> (나) 과학과 기술은 그 특성과 역사에서 구별되며 이는 지금도 마찬가지다.
> (다) 그럼에도 불구하고 19세기 중반 이후부터 과학과 기술은 호혜적이며 공생적인 특성을 바탕으로 본격적으로 제휴하게 되었다.
> (라) 즉, 기술 전체가 과학에 바탕을 두고 있는 것은 아니며 모든 과학 이론이 기술에서 도출되는 것도 아니다.

① (가)－(나)－(다)－(라)　② (나)－(가)－(다)－(라)　③ (나)－(라)－(다)－(가)
④ (다)－(라)－(나)－(가)　⑤ (가)－(나)－(라)－(다)

12. 다음 글을 읽고 추론할 수 없는 것을 〈보기〉에서 모두 고르면?

배기가스는 내연기관이 배출하는 기체를 말한다. 내연기관은 밀폐된 실린더 속에 연료와 공기의 혼합기를 가두고 압축 · 점화하여 연료 속의 탄소를 급속히 연소시키고, 연소 후 생성되는 가스는 외부로 배출한다. 이때 외부로 버려지는 기체가 바로 배기가스이다. 배기가스는 대기를 오염시키고 인체에 해로운 성분이 포함되어 있기 때문에 중요한 환경문제의 키워드로 대두되고 있다.

UN 유럽경제위원회는 배기가스 시험방식을 강화한 국제표준배출가스시험방식(WLTP)을 도입하기로 결정했다. 이는 유럽에서 실시하고 있는 유럽연비측정방식(NEDC)보다 조건을 까다롭게 설정하여 배기가스를 측정한다. 제조사가 자동차를 최적의 상태에서 검사할 수 있도록 허용하고 있어, 배출량 검사에 결점이 있다는 비판을 받아온 기존의 NEDC를 보완한 방법이다. WLTP를 적용하면 NEDC 기준 테스트 주행거리는 11km에서 23.26km로, 주행시간은 1180초에서 1800초로 늘어나고, 평균 속도는 33.6km/h에서 46.5km/h로, 최고속도는 120km/h에서 131.3km/h로 높아진다. 주행거리가 늘어나고 속도가 빨라지면 엔진 온도가 올라가 배출가스가 더 많이 나오는 것이 당연하지만, 배기가스 허용 기준은 질소산화물(NOx) 배출량을 km당 0.08g에 맞춰야 하는 것으로 기존 측정방식과 같다.

한국은 2017년 9월부터 NEDC로 해 오던 디젤차 배출가스 측정 방식을 WLTP로 바꾸었다. 이에 2017년 9월부터 이미 인증을 받고 판매 중인 차량도 새 기준에 따라 다시 인증을 받아야 했으며, 인증을 받지 못할 경우 판매가 중단되었다. 그러나 한국이 2017년 9월부터 이 방식을 도입한 것에 반해 일본은 도입 시점을 3년 후로 연기했고 미국은 아예 도입하지 않기로 했다. 심지어 유럽도 이미 판매한 차량은 2019년 9월까지 판매할 수 있도록 허용했지만, 한국 개정안은 2018년 9월까지만 판매를 허용하고 있어 논란이 일고 있다.

보기

㉠ 각 나라마다 배기가스를 측정하는 방식에 차이가 있다.
㉡ 같은 차량이더라도 NEDC보다 WLTP로 측정할 때 허용이 더 수월하다.
㉢ 내연기관에서 연료 속의 탄소를 연소시키면 질소산화물이 생성된다.
㉣ WLTP가 도입되기 직전 출시된 차량이더라도 WLTP의 인증을 받지 못하면 바로 판매를 중단해야 한다.

① ㉠, ㉡　② ㉡, ㉣　③ ㉢, ㉣
④ ㉠, ㉡, ㉣　⑤ ㉡, ㉢, ㉣

13. 다음 글에 나타난 글쓴이의 견해에 반하는 내용은?

어떤 연구자는 리더십을 '목표달성을 위해 행사되는 영향력'이라 정의 내리고, 리더의 공통된 자질로는 지력, 교양, 전문지식, 정력, 용기, 정직, 상식, 판단력, 건강을 꼽았다. 그러나 실제로 리더가 갖추어야 할 조건이란 가변적이며, 상황에 따라 달라지는 것이 사실일 것이다.

정치세계에 있어서의 리더십 요건이 경제계, 군대 또는 교육계에 있어서의 요건과 같을 이유는 없다. 정계만을 생각할 때, 그 나라가 어떠한 상황에 놓여 있는가에 따라 필요한 리더십도 달라진다. 즉, 어디에서나 기능하는 유일하고 절대적인 리더십의 존재는 수긍하기 어렵다. 리더십을 강력한 통솔력인 것처럼 해석하는 사람도 있으나, 자유방임형이나 상담형의 리더십도 존재할 수 있으며 상황에 따라서는 후자의 유형이 더 유효하게 기능하는 경우도 있다. 마찬가지로 어떤 조직에서는 또 다른 유형의 리더십이 제대로 기능하는 경우가 있을 수 있다. 리더십이란 특정인만이 갖고 있는 특수한 자질이 아니다. 리더가 될 수 있는 잠재적 능력은 선천적 · 생득적인 것이 아니라 오히려 후천적이며 대부분의 사람이 훈련에 따라 어떤 형태의 리더십이든지 몸에 익히는 것이 가능하다. 그러나 모든 조직, 집단, 국가는 광의에 있어서의 환경 속에 존재하며, 이것과의 적합성이 항상 의문시된다.

무엇보다 어려운 것은 리더십을 배우는 것보다도 어떠한 리더십을 몸에 익히고, 발휘할 것인지를 선택하는 것이다. 통솔력이 뛰어난 강력한 리더가 되는 것보다 특정 조직 또는 환경에 바람직한 리더상이 무엇인지를 간파하는 것이 더욱 까다롭고 중요한 문제이기도 하다.

① 조직별로 리더에게 요구되는 자질은 다르므로 뛰어난 장군이 뛰어난 정치가가 될 수 있다고 단정지을 수는 없다.
② 리더십은 훈련을 통해 후천적으로 습득할 수 있다.
③ 특정 환경에 적합한 리더상이 무엇인지 먼저 파악하는 것이 중요하다.
④ 현대에는 통솔력이 뛰어난 리더보다 자유방임형의 리더십이 더 적합하다.
⑤ 같은 조직이더라도 처한 상황이나 환경이 다르면 유효한 리더십의 형태가 달라질 수 있다.

[14 ~ 15] 다음 글을 읽고 주제 및 중심내용으로 적절한 것을 고르시오.

14.

속도는 기술 혁명이 인간에게 선사한 엑스터시(ecstasy)의 형태이다. 오토바이 운전자와는 달리 뛰어가는 사람은 언제나 자신의 육체 속에 있으며, 뛰면서 생기는 미묘한 신체적 변화와 가쁜 호흡을 생각할 수밖에 없다. 뛰고 있을 때 그는 자신의 체중, 나이를 느끼고 그 어느 때보다도 더 자신과 자기 인생의 시간을 의식한다. 그러나 인간이 기계에 속도의 능력을 위임하고 나면 모든 게 변한다. 이때부터 그의 고유한 육체는 관심 밖에 있게 되고 그는 비신체적 속도, 비물질적 속도, 순수한 속도, 속도 그 자체, 속도 엑스터시에 몰입한다. 기묘한 결합테크닉의 싸늘한 몰개인성과 엑스터시 불꽃. 어찌하여 느림의 즐거움은 사라져버렸는가?

① 무한정한 속도 경쟁의 문화는 왜곡된 현대성의 한 예이다.

② 속도 추구에만 몰입할 것이 아니라 느린 삶의 미학을 회복해야 한다.

③ 사람들은 성취의 과정이나 그 질보다는 속도와 양에 매달린다.

④ 현대 사회의 몰개인성은 지나친 속도 경쟁 때문이다.

⑤ 기계에게 속도의 능력을 부여함으로써 인간은 속도 자체의 즐거움을 잃어버렸다.

15.

어떤 경제 주체의 행위가 자신과 거래하지 않는 제3자에게 의도하지 않게 이익이나 손해를 주는 것을 '외부성'이라 한다. 과수원의 과일 생산이 인접한 양봉업자에게 벌꿀 생산과 관련한 이익을 준다든지, 공장의 제품 생산이 강물을 오염시켜 주민들에게 피해를 주는 것 등이 대표적인 사례이다. 외부성은 사회 전체로 보면 이익이 극대화되지 않는 비효율성을 초래할 수 있다. 개별 경제 주체가 제3자의 이익이나 손해까지 고려하여 행동하지는 않을 것이기 때문이다. 예를 들어, 과수원의 이윤을 극대화하는 생산량이 Q_a라고 할 때, 생산량을 Q_a보다 늘리면 과수원의 이윤은 줄어든다. 하지만 이로 인한 과수원의 이윤 감소보다 양봉업자의 이윤 증가가 더 크다면, 생산량을 Q_a보다 늘리는 것이 사회적으로 바람직하다. 하지만 과수원이 자발적으로 양봉업자의 이익까지 고려하여 생산량을 Q_a보다 늘릴 이유는 없다. 전통적인 경제학은 이러한 비효율성의 해결책이 보조금이나 벌금과 같은 정부의 개입이라고 생각한다. 보조금을 받거나 벌금을 내게 되면 제3자에게 주는 이익이나 손해가 더 이상 자신의 이익과 무관하지 않게 되므로, 자신의 이익에 충실한 선택이 사회적으로 바람직한 결과로 이어진다는 것이다.

① 외부성으로 인한 사회적 비효율성의 심각성

② 비효율성 문제에 대한 전통적인 경제학의 해결책

③ 비효율성 문제 해결을 위한 정부 대책의 시급성

④ 외부성 효과로 인한 사회 전체 이익의 극대화

⑤ 비효율적 특성을 지니고 있는 외부성의 구체적 사례

[16 ~ 17] 제시된 문단들을 논리적 순서에 맞게 나열한 것을 고르시오.

16.

(가) 창조 도시는 창조적 인재들이 창의성을 발휘할 수 있는 환경을 갖춘 도시이다. 즉, 창조 도시는 인재들을 위한 문화 및 거주 환경의 창조성이 풍부하며, 혁신적이고도 유연한 경제시스템을 구비하고 있는 도시이다.

(나) 창조 계층을 중시하는 관점에서는 개인의 창의력으로 부가가치를 창출하는 창조 계층이 모여서 인재 네트워크인 창조 자본을 형성하고 이를 통해 도시는 경제적 부를 축적할 수 있는 자생력을 갖게 된다고 본다. 따라서 창조 계층을 끌어들이고 유지하는 것이 도시의 경쟁력을 제고하는 관건이 된다. 창조 계층에는 과학자, 기술자, 예술가, 건축가, 프로그래머, 영화 제작자 등이 포함된다.

(다) 그러나 창조성의 근본 동력을 무엇으로 보든 한 도시가 창조 도시로 성장하려면 창조 산업과 창조 계층을 유인하는 창조 환경이 먼저 마련되어야 한다. 창조 도시에 대한 논의를 주도한 랜드리는 창조성이 도시의 유전자 코드로 바뀌기 위해서는 다음과 같은 환경적 요소들이 필요하다고 보았다. 개인의 자질, 의지와 리더십, 다양한 재능을 가진 사람들과의 접근성, 조직 문화, 지역 정체성, 도시의 공공 공간과 시설, 역동적 네트워크의 구축 등이 그것이다.

(라) 창조 도시의 주된 동력을 창조 산업으로 볼 것인가 창조 계층으로 볼 것인가에 대해서는 견해가 다소 엇갈리고 있다. 창조 도시의 주된 동력으로 창조 산업을 중시하는 관점에서는 창조 산업이 도시에 인적, 사회적, 문화적, 경제적 다양성을 불어넣음으로써 도시의 재구조화를 가져오고 나아가 부가가치와 고용을 창출한다고 주장한다. 창의적 기술과 재능을 소득과 고용의 원천으로 삼는 창조 산업의 예로는 광고, 디자인, 출판, 공연 예술, 컴퓨터 게임 등이 있다.

① (가) – (나) – (다) – (라)　② (가) – (라) – (나) – (다)　③ (라) – (나) – (가) – (다)
④ (라) – (나) – (다) – (가)　⑤ (라) – (가) – (나) – (다)

17.

(가) 이에 정부는 1984년 선분양제도를 도입했다. 선분양제도는 주택이 완공되기 전에 이를 입주자에게 분양하고 입주자가 납부한 계약금, 중도금을 통해 주택가격의 80% 정도를 완공 이전에 납부하도록 하여 건설비용에 충당하는 제도를 말한다. 건설사의 금융비용의 절감 등을 통해 주택건설자금을 확보하기 용이하기에 활발한 주택공급을 할 수 있게 되었다.

(나) 1980년대 산업화 · 도시화가 심화되면서 주택난은 사회적으로 가장 큰 문제였다. 이를 해결하기 위해 정부는 주택건설 계획을 추진했다. 하지만 당시 건설사의 자체 자금력으로는 주택 공급 확대를 꿈도 꿀 수 없었다.

(다) 따라서 정부는 1993년 주택분양보증업을 전담하는 주택사업공제조합(현 주택도시보증공사)을 세웠다. 주택분양보증은 건설사가 부도 · 파산 등으로 분양계약을 이행할 수 없는 경우 납부한 계약금과 중도금의 환급을 책임지는 것으로 계약자의 분양 대금을 보호하고 주택사업자들이 건설자금을 원활히 조달하도록 돕는 역할을 한다.

(라) 그러나 이 제도는 건설회사의 도산이나 부도에 입주자가 위험에 노출될 가능성이 높으며, 완공 이전에 주택가격의 80%를 납부해야 하는 부담을 안게 된다. 또한 완성된 주택이 아닌 모델하우스를 보고 사전에 구입하는 문제점으로 인해 실제 완공된 주택과의 괴리가 발생하는 문제점이 생겼다.

① (가)-(나)-(라)-(다)　② (나)-(가)-(다)-(라)　③ (나)-(가)-(라)-(다)
④ (나)-(다)-(가)-(라)　⑤ (다)-(나)-(라)-(가)

[18 ~ 19] 다음 자료를 보고 이어지는 질문에 답하시오.

<table>
<tr><th colspan="4">회의록</th></tr>
<tr><td>회의명</td><td colspan="3">신제품 프로모션 기획 2차 회의</td></tr>
<tr><td>일시</td><td>20△△년 9월 30일</td><td>장소</td><td>별관 3층 소회의실</td></tr>
<tr><td>참석자</td><td colspan="3">개발부 : A 부장, B 과장, C 대리 / 영업부 : D 차장, E 대리, F 사원</td></tr>
<tr><td>회의내용</td><td colspan="3">1. 목적
-내년 새롭게 출시하는 화장품을 알리기 위한 프로모션 행사 기획
2. 추진방향
-다양한 판촉 행사를 기획함으로써 제품의 긍정적 이미지를 제고
-최신 홍보 · 판촉 행사 트렌드를 따라가되 신선한 기획안 준비
3. 추진내용 및 역할 분담
<table>
<tr><td>홍보 및 판촉 성공 국내 사례 분석
(최근 1년간 출시된 유사 국내 제품의 특징과 관련 제품 홍보 및 판촉 성공 사례 수집 및 분석)</td><td>개발부</td></tr>
<tr><td>자사 신제품의 장점과 특징을 타사의 제품과 비교하여 정리</td><td>개발부</td></tr>
<tr><td>최근 2년간 자사의 홍보 및 판촉 행사 분석</td><td>영업부</td></tr>
<tr><td>홍보물 유통 경로 체크</td><td>영업부</td></tr>
<tr><td>신제품 홍보 및 판촉 행사 방안 구상</td><td>개발부, 영업부</td></tr>
</table>
-추가 다른 부서 협력 요청 사항
1) 최근 자사의 홍보용 콘텐츠 분석 : 미디어제작부(10/7까지)
2) 최근 화제성이 높은 해외 판촉 사례 분석 : 마케팅부(10/15까지)
4. 기획 및 준비 기간 : 20△△년 9월 30일 ~ 11월 29일
5. 다음 회의 일정 : 20△△년 10월 8일
-1차 회의 참석자에서 마케팅부 2명, 미디어제작부 2명 추가
-최근 자사 홍보 콘텐츠의 경향 분석 및 정리 자료는 미디어제작부에 사전 요청</td></tr>
</table>

18. 회의록을 참고했을 때 다음 회의까지 각 부서별로 수행해야 할 업무로 적절한 것을 모두 고른 것은?

가. 영업부 F 사원은 최근 2개년 해외의 홍보 및 판촉 성공 사례를 분석하며 신제품 판촉 행사 방안을 구상한다.

나. 개발부 C 대리는 최근 자사의 홍보 및 판촉 행사를 분석하여 신제품의 특징을 좀 더 차별적으로 부각할 수 있는 새로운 홍보 방안을 구상해 본다.

다. 개발부 B 과장은 자사의 신제품이 가진 특징을 타사의 제품과 차이를 비교 · 조사하고 제품 판촉 행사 및 홍보를 성공적으로 진행했던 국내의 사례를 살펴본다.
라. 영업부 E 대리는 최근 홍보물 유통 방식에 대하여 조사하고, 신제품 홍보와 관련된 아이디어 구상에 활용한다.

① 가, 나　　② 가, 라　　③ 다, 라
④ 가, 나, 다　　⑤ 나, 다, 라

19. 회의록과 다음 글을 참고하여 구상한 홍보 기획안으로 적절하지 않은 것은?

최근 국내 화장품 로드숍이 사회관계망서비스(SNS)를 활용해 반전을 시도하고 있다. 국내에서 주목받고 SNS에서 해시태그(#기호로 게시글을 묶는 기능)를 만들거나 영향력 있는 개인을 통해 신제품을 소개하는 것이다. 이 방법은 소비자들에게 신제품을 빠르게 홍보할 수 있다. A 기업은 SNS상의 유명 인사를 상품 모델로 내세워 영상을 제작했는데, 그 제품은 일부 매장에서 품절될 정도로 화제가 되었다. 화장품 홍보 게시글을 올리고, 소비자들의 질문에 적극적으로 댓글을 달면서 소통을 이어가기도 했다. B 기업은 화장법을 알리는 영상을 SNS에 게시했다. 제품의 특징을 파악하는 동시에 화장을 손쉽게 배울 수 있다는 이점이 소비자들의 뜨거운 반응을 이끌었다. 또한 최근 여러 기업들은 SNS에 올린 게시물을 통해 손쉽게 상품을 구매할 수 있도록 유도하고 있으며 친숙한 해시태그를 만들어 홍보하거나 각종 이벤트에도 활용하는 모습을 보이고 있다. 이는 주요 소비자층인 20 ~ 30대가 SNS를 많이 이용한다는 점을 염두에 둔 홍보 방식이다.

① SNS 유명 뷰티 인플루언서들에게 자사의 신제품을 무료로 제공하여 체험하게 한 뒤 SNS에 제품 사용 후기 글을 올려 제품을 홍보하도록 제안한다.
② 신제품의 특성에 대한 특색 있고 기억하기 쉬운 해시태그를 만들어 게시물이 쉽게 퍼질 수 있도록 한다.
③ SNS에서 해시태그를 통해 게시글이 빠르게 확산되는 점을 고려하여 제품의 이미지가 하락하지 않도록 용어 사용에 주의한다.
④ 유명 인사의 오프라인 강연을 통해 회사의 이미지를 제고하고 소비자들과 소통한다.
⑤ SNS 계정을 만들어서 자사 화장품에 대한 정보뿐만 아니라 최근 유행하는 화장법을 소개하는 게시글을 올려 소비자들과 활발히 소통한다.

20. 다음 글을 통해 알 수 있는 내용으로 적절한 것은?

> 식수오염의 방지를 위해서 빠른 시간 내 식수의 분변오염 여부를 밝히고 오염의 정도를 확인하기 위한 목적으로 지표생물의 개념을 도입하였다. 병원성 세균, 바이러스, 원생동물, 기생체 소낭 등과 같은 병원체를 직접 검출하는 것은 비싸고 시간이 많이 걸릴 뿐 아니라 숙달된 기술이 요구된다. 하지만 지표생물을 이용하면 이러한 문제를 해결할 수 있다.
>
> 식수가 분변으로 오염되어 있다면 분변에 있는 병원체 수와 비례하여 존재하는 비병원성 세균을 지표생물로 이용한다. 대표적인 것이 대장균이다. 대장균은 그 기원이 전부 동물의 배설물에 의한 것이므로 시료에서 대장균의 균체 수가 일정 기준보다 많이 검출되면 그 시료에는 인체에 유해할 만큼의 병원체도 존재한다고 추정할 수 있다. 그러나 온혈동물에게서 배설되는 비슷한 종류의 다른 세균들을 배제하고 대장균만을 측정하는 것은 어렵다. 그렇기 때문에 대장균이 속해 있는 비슷한 세균군을 모두 검사하여 분변오염 여부를 판단하고 이 세균군을 총대장균군이라고 한다.
>
> 총대장균군에 포함된 세균이 모두 온혈동물의 분변에서 기원한 것은 아니지만 온혈동물의 배설물을 통해서도 많은 수가 방출되고 그 수는 병원체의 수에 비례한다. 염소 소독과 같은 수질 정화과정에서도 병원체와 유사한 저항성을 가지므로 식수, 오락 및 휴양 용수의 수질 결정에 좋은 지표이다. 지표생물로 사용하는 또 다른 것은 분변성 연쇄상구균군이다. 이는 대장균을 포함하지는 않지만 사람과 온혈동물의 장에 흔히 서식하므로 물의 분변오염 여부를 판정하는 데 이용된다. 이들은 잔류성이 높고 장 밖에서는 증식하지 않기 때문에 시료에서도 그 수가 일정하게 유지되어 좋은 상수소독 처리지표로 활용된다.

① 온혈동물의 분변에서 기원되는 균은 모두 지표생물이 될 수 있다.

② 수질 정화과정에서 총대장균군은 병원체보다 높은 생존율을 보인다.

③ 채취된 시료 속의 총대장균군의 세균 수와 병원체 수는 비례하여 존재한다.

④ 지표생물을 검출하는 것은 병원체를 직접 검출하는 것보다 숙달된 기술을 필요로 한다.

⑤ 분변성 연쇄상구균군은 시료 채취 후 시간이 지남에 따라 시료 안에서 증식하여 정확한 오염 지표로 사용하기 어렵다.

언어 · 수추리

[01 ~ 02] 다음 문장을 읽고 밑줄 친 부분에 들어갈 알맞은 것을 고르시오.

01.

> • 진달래를 좋아하는 사람은 감성적이다.
> • 백합을 좋아하는 사람은 보라색을 좋아하지 않는다.
> • 감성적인 사람은 보라색을 좋아한다.
> • 그러므로 ______________________

① 감성적인 사람은 백합을 좋아한다.
② 백합을 좋아하는 사람은 감성적이다.
③ 진달래를 좋아하는 사람은 보라색을 좋아한다.
④ 보라색을 좋아하는 사람은 감성적이다.
⑤ 보라색을 좋아하는 사람은 백합을 좋아한다.

02.

> • 비행기 티켓을 예매하면 여행가방을 경품으로 받을 것이다.
> • 태국으로 여행을 가면 연예인을 만날 수 있을 것이다.
> • ______________________
> • 그러므로 연예인을 만날 수 없다면 비행기 티켓을 예매하지 않을 것이다.

① 비행기 티켓을 예매하면 태국으로 여행을 가지 않을 것이다.
② 연예인을 만나면 여행가방을 경품으로 받지 않을 것이다.
③ 태국으로 여행을 가지 않는다면 여행가방을 경품으로 받지 않을 것이다.
④ 비행기 티켓을 예매하지 않으면 연예인을 만날 것이다.
⑤ 연예인을 만날 수 없으면 태국으로 가지 않을 것이다.

[03 ~ 04] 주어진 명제를 읽고 〈결론〉에 대한 설명으로 옳은 것을 고르시오.

03.

- 장갑을 낀 사람은 운동화를 신지 않는다.
- 양말을 신은 사람은 운동화를 신는다.
- 운동화를 신은 사람은 모자를 쓴다.
- 장갑을 끼지 않은 사람은 목도리를 하지 않는다.
- 수민이는 목도리를 하고 있다.

결론

(가) 장갑을 낀 사람은 양말을 신지 않는다.
(나) 수민이는 운동화를 신고 있다.
(다) 양말을 신은 사람은 목도리를 하지 않는다.

① (가)만 항상 옳다. ② (나)만 항상 옳다. ③ (다)만 항상 옳다.
④ (나), (다) 모두 항상 옳다. ⑤ (가), (다) 모두 항상 옳다.

04.

- 드라마 셜록 홈즈를 좋아하는 사람은 영화 반지의 제왕을 좋아하지 않는다.
- 영화 반지의 제왕을 좋아하지 않는 사람은 영화 해리포터 시리즈를 좋아하지 않는다.
- 영화 반지의 제왕을 좋아하는 사람은 영화 스타트랙을 좋아한다.
- 지연이는 영화 해리포터 시리즈를 좋아한다.

결론

(가) 지연이는 영화 스타트랙을 좋아한다.
(나) 지연이는 드라마 셜록 홈즈를 좋아하지 않는다.
(다) 영화 스타트랙을 좋아하는 사람은 드라마 셜록 홈즈를 좋아하지 않는다.

① (가)만 항상 옳다. ② (나)만 항상 옳다. ③ (다)만 항상 옳다.
④ (가), (나) 모두 항상 옳다. ⑤ (나), (다) 모두 항상 옳다.

05. A, B, C 세 사람은 직업이 각각 다르고 판사, 검사 변호사 중 하나이다. A는 진실만 말하고 B는 거짓만 말할 때 반드시 참인 것은?

- A : 검사는 거짓말을 하고 있다.
- B : C는 검사이다.
- C : B는 변호사이다.

① 검사는 A이다.
② C의 진술은 거짓이다.
③ 변호사는 거짓말을 하고 있다.
④ 모든 경우의 수는 세 가지이다.
⑤ 판사는 진실을 말하고 있다.

06. 카페 원탁에 A ~ F 6명이 같은 간격으로 앉아 커피, 홍차, 콜라 중 하나를 주문하였다. 좌석과 주문한 음료가 다음과 같을 때 확실하게 알 수 있는 사실은?

(가) A 옆으로 한 좌석 건너 앉은 E는 콜라를 주문하였다.
(나) B의 맞은편에 앉은 사람은 D이다.
(다) C의 양 옆에 앉은 사람은 모두 커피를 주문하였다.

① A는 커피를 주문했다.
② B는 A 옆에 앉지 않았다.
③ E의 양 옆은 D와 F였다.
④ F는 홍차를 주문했다.
⑤ 옆에 앉은 사람끼리는 각각 다른 음료를 주문했다.

[07 ~ 08] 다음 자료를 보고 이어지는 질문에 답하시오.

○○기업은 경쟁사에 기밀을 유출한 용의자를 3명으로 추렸다. 진술은 다음과 같다.
사원 A : 저는 거짓말을 하는 것이 아닙니다. 제가 유출하지 않았습니다. 사원 B : 저는 정직합니다. A가 유출했고 거짓말을 하고 있습니다. 사원 C : 저는 사실을 말하고 있습니다. B가 거짓을 말하고 있으므로 B가 범인입니다.

07. 용의자 중 한 명은 거짓만 진술했고 나머지 두 명은 진실만 진술했을 때, 거짓을 말한 사원과 범인을 순서대로 바르게 짝지은 것은?

① 사원 A－사원 B　② 사원 B－사원 A　③ 사원 B－사원 B
④ 사원 C－사원 B　⑤ 사원 C－사원 C

08. 추가 조사를 통해 용의자 중 한 명이 진실을 진술했고, 나머지 두 명의 진술이 모두 거짓이라는 것을 알게 되었다. 이때 진실을 말한 사원과 범인을 순서대로 바르게 짝지은 것은?

① 사원 A－사원 B　② 사원 B－사원 A　③ 사원 B－사원 B
④ 사원 C－사원 B　⑤ 사원 C－사원 A

09. 김 씨 남매, 박 씨 남매, 이 씨 남매 세 쌍이 함께 야구경기장에 갔다. 이들은 모두 6개의 좌석으로 구성된 관람석 한 줄에 일렬로 앉게 되었는데, 이때 남매들은 서로 옆에 앉지 않았다. 다음 〈조건〉에 따를 때, 〈보기〉 중 항상 참인 진술을 모두 고른 것은?

조건

- 여자 박 씨 혹은 남자 이 씨 중 한 명은 맨 끝자리에 앉는다. 이때 두 사람이 동시에 양쪽 맨 끝자리에 앉은 경우는 없다.
- 남자 김 씨 양 옆에는 이 씨 남매가 앉는다.
- 남자 이 씨와 여자 박 씨 사이에는 두 개의 좌석이 있다.
- 좌석 양쪽 끝자리에는 서로 반대되는 성별이 앉도록 한다. 예를 들어, 왼쪽 끝에 여자가 앉았으면 오른쪽 끝에는 남자가 앉는다.

〈야구장 좌석〉

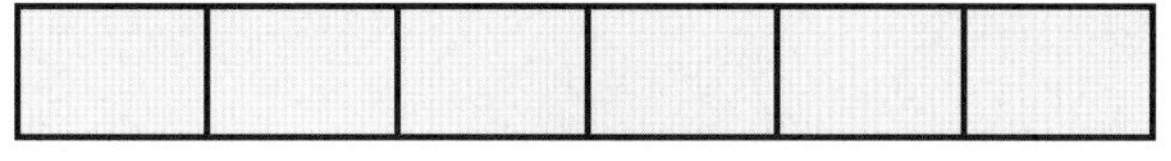

보기

㉠ 여자 이 씨는 여자 박 씨 옆에 앉는다.
㉡ 남자 김 씨와 여자 김 씨 사이에는 남자 이 씨가 앉는다.
㉢ 남자 박 씨는 맨 끝자리에 앉는다.
㉣ 여자 박 씨는 맨 끝자리에 앉는다.

① ㉠, ㉣　　② ㉡, ㉣　　③ ㉠, ㉢
④ ㉡, ㉢, ㉣　　⑤ ㉠, ㉡, ㉢, ㉣

10. 다음을 읽고 〈보기〉 중 항상 참인 것을 모두 고른 것은?

> H사에 다니고 있는 남자사원 A가 하는 말은 모두 거짓이고, 여자사원 B가 하는 말은 모두 진실이다. 어느 날 H사에 A와 B의 후임으로 신입사원 C, D가 들어왔는데 둘 중 한 명이 하는 말은 모두 거짓이고 나머지 한 명이 하는 말은 모두 진실이다. 여자사원 B는 "신입사원 중 여자사원이 한 명 이상 있고, 여자사원이 하는 말은 모두 진실이다."라고 말했다.

보기

㉠ 신입사원 C가 하는 말은 모두 거짓이다.
㉡ 신입사원 D가 하는 말은 모두 진실이다.
㉢ 남자사원 A가 "신입사원 D는 남자이다."라고 말했다면, D가 하는 말은 모두 거짓이다.
㉣ 신입사원 C가 하는 말이 모두 거짓이라면, D는 여자이다.

① ㉢　② ㉣　③ ㉠, ㉡
④ ㉠, ㉣　⑤ ㉡, ㉢

[11 ~ 20] 다음 수열의 일정한 규칙을 찾아 빈칸에 들어갈 알맞은 수를 고르시오.

11.

2	6	3	2	8	4
	49	( )	77	84	

① 24　② 31　③ 49
④ 54　⑤ 66

12.

0.14　0.21　0.28　(　)

① 0.31　② 0.32　③ 0.33
④ 0.34　⑤ 0.35

13.

97 60 37 23 14 9 ( )

① 4 ② 5 ③ 6
④ 7 ⑤ 8

14.

$\frac{5}{10}$ ( ) $\frac{17}{86}$ $\frac{33}{257}$ $\frac{65}{770}$

① $\frac{3}{23}$ ② $\frac{5}{25}$ ③ $\frac{7}{27}$
④ $\frac{9}{29}$ ⑤ $\frac{11}{31}$

15.

$\frac{3}{4}$ $\frac{1}{2}$ $\frac{1}{3}$ $\frac{2}{9}$ ( )

① $\frac{4}{27}$ ② $\frac{5}{18}$ ③ $\frac{7}{12}$
④ $\frac{4}{9}$ ⑤ $\frac{4}{15}$

16.

10.5 3.1 1.62 ( ) 1.2648

① 1.486 ② 1.494 ③ 1.342
④ 1.324 ⑤ 1.472

17.

2.25 2.59 2.94 3.3 ( )

① 3.57 ② 3.67 ③ 3.77
④ 3.87 ⑤ 3.97

18.

6 13 39   3 16 24   9 12 ( )

① 52 ② 53 ③ 54
④ 55 ⑤ 56

19.

8 6 6	4 1 9	3 2 ( )

① 1 ② 2 ③ 3
④ 4 ⑤ 6

20.

3 2 6 12	2 2 5 9	12 3 10 ( )

① 25 ② 26 ③ 42
④ 46 ⑤ 50

수리

01. 다음 중 〈자료〉에 대한 설명으로 적절하지 않은 것은?

자료

〈우리나라의 연도별 석유 수입량〉

(단위 : 백만 배럴)

구분	2016년	2017년	2018년	2019년	2020년	2021년
이란	56.1	48.2	44.9	42.4	111.9	147.9
이라크	93.1	90.7	71.2	126.6	138.3	126.2
쿠웨이트	137.6	139.9	136.5	141.9	159.3	160.4
카타르	103.8	86.1	100.1	123.2	88.2	64.9
아랍에미리트	86.5	110.8	108.5	99.8	87.7	91.0
사우디아라비아	303.0	286.6	292.6	305.8	324.4	319.2

〈연도별 국제 유가(WTI)〉

(단위 : 달러/배럴)

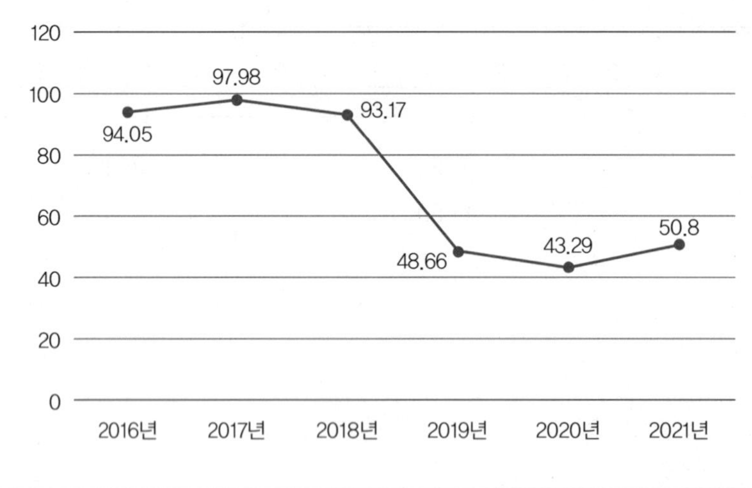

① 매년 사우디아라비아로부터 수입한 석유의 양이 가장 많다.

② 2018년 이후 쿠웨이트로부터 수입한 석유의 가격은 매년 상승한다.

③ 국제 유가가 배럴당 90달러를 초과한 해에 석유 수입이 가장 적은 국가는 이란이다.

④ 각 나라로부터 수입한 석유량의 순위는 매년 다르다.

⑤ 국제 유가가 전년 대비 가장 많이 감소한 해에는 이란과 아랍에미리트를 제외한 모든 국가에서 석유 수입량이 증가하였다.

02. 다음 표를 분석한 내용으로 옳지 않은 것은?

〈우리나라 유제품별 생산 및 소비 실적〉

(단위 : 톤)

유제품별	2020년		2021년	
	생산	소비	생산	소비
연유	2,620	1,611	4,214	1,728
버터	1,152	9,800	3,371	10,446
치즈	24,708	99,520	22,522	99,243
발효유	522,005	516,687	557,639	551,595

① 2021년에 전년 대비 증가한 연유 생산량은 전년 대비 증가한 연유 소비량보다 크다.

② 조사 기간 동안 2년간 치즈의 소비량은 생산량보다 4배 이상 많았다.

③ 2021년 유제품별 생산량을 높은 순서대로 나열하면 전년도의 순서와 같다.

④ 전년도 대비 2021년 발효유의 소비량 증가율은 생산량 증가율보다 높다.

⑤ 2020년에 소비량이 생산량에 비해 가장 많은 유제품은 버터이다.

03. 다음 자료를 보고 일일 평균 차량 통행속도가 가장 빠른 곳부터 순서대로 나열한 것은?

〈시간대 · 도로별 차량의 평균속도〉

(단위 : km/h)

구분	통행속도		
	오전	낮	오후
도시고속도로	54.9	59.2	40.2
주간선도로	27.9	24.5	20.8
보조간선도로	25.2	22.4	19.6
기타도로	23.1	20.5	18.6

① 도시고속도로 – 보조간선도로 – 주간선도로 – 기타도로

② 도시고속도로 – 주간선도로 – 보조간선도로 – 기타도로

③ 도시고속도로 – 주간선도로 – 기타도로 – 보조간선도로

④ 도시고속도로 – 기타도로 – 보조간선도로 – 주간선도로

⑤ 도시고속도로 – 보조간선도로 – 기타도로 – 주간선도로

04. 다음 자료에 대한 설명으로 적절하지 않은 것은?

〈우리나라 1인당 온실가스 배출원별 배출량〉

(단위 : 100만 톤 CO_2eq, 톤 CO_2eq/10억 원, 톤 CO_2eq/명)

구분		1995년	2000년	2005년	2010년	2015년	2020년
온실가스 총배출량		292.9	437.3	500.9	558.8	656.2	690.2
	에너지	241.4	354.2	410.6	466.6	564.9	601.0
	산업공장	19.8	44.1	49.9	54.7	54.0	52.2
	농업	21.3	23.2	21.6	20.8	22.2	20.6
	폐기물	10.4	15.8	18.8	16.7	15.1	16.4
GDP 대비 온실가스 배출량		698.2	695.7	610.2	540.3	518.6	470.6
1인당 온실가스 배출량		6.8	9.2	10.7	11.6	13.2	13.5

① 온실가스 배출원 중 주된 배출원은 에너지 부문이다.

② 2020년 1인당 온실가스 배출량은 1995년에 비해 약 2배 증가하였다.

③ 2005년 온실가스 총배출량 중 에너지 부문을 제외한 나머지 부문이 차지하는 비율은 16%이다.

④ 온실가스 총배출량은 계속해서 증가하고, 2020년 온실가스 총배출량은 1995년 대비 2배 이상 증가하였다.

⑤ GDP 대비 온실가스 배출량이 감소한 것은 온실가스 배출량의 증가 속도보다 GDP 증가 속도가 상대적으로 더 빨랐기 때문이다.

[05 ~ 06] 다음은 국내 문화콘텐츠 산업의 분야별 매출액 · 수출액 · 고용현황에 대한 통계이다. 이어지는 질문에 답하시오.

(단위 : 조 원, 천 달러, 명)

구분	2019년			2020년			2021년		
	매출액	수출액	고용현황	매출액	수출액	고용현황	매출액	수출액	고용현황
출판	20.61	250,764	206,926	21.24	357,881	203,226	21.24	283,439	198,691
만화	0.74	4,209	10,748	0.74	8,153	10,779	0.75	17,213	10,358
음악	2.74	31,269	76,539	2.96	83,262	76,654	3.82	196,113	78,181
게임	6.58	1,240,856	92,533	7.43	1,606,102	94,973	8.80	2,378,078	95,015
영화	3.31	14,122	28,041	3.43	13,583	30,561	3.77	15,829	29,569
애니메이션	0.42	89,651	4,170	0.51	96,827	4,349	0.53	115,941	4,646
방송(영상)	9.88	184,577	34,714	11.18	184,700	34,584	12.75	222,372	38,366
광고	9.19	93,152	33,509	10.32	75,554	34,438	12.17	102,224	34,647
캐릭터	5.36	236,521	23,406	5.90	276,328	25,102	7.21	392,266	26,418
지식정보	6.07	348,906	55,126	7.24	368,174	61,792	9.05	432,256	69,026
콘텐츠솔루션	2.18	114,675	17,089	2.36	118,510	19,540	2.87	146,281	19,813
계	67.08	2,608,702	582,801	73.32	3,189,074	595,998	82.97	4,302,012	604,730

05. 위 자료에 대한 설명으로 옳지 않은 것은?

① 2020년 문화콘텐츠 산업의 총매출액은 전년 대비 9% 이상 증가하였다.

② 2019 ~ 2021년 문화콘텐츠 산업의 매출액 및 수출액은 전 분야에서 꾸준히 증가하였다.

③ 지난 3년간 가장 낮은 고용현황을 보이는 분야는 애니메이션 산업이다.

④ 문화콘텐츠 산업 가운데 주요 수출 종목은 게임과 지식정보 산업이다.

⑤ 2020년 캐릭터 산업의 매출액 비중은 2019년보다 높다.

06. 2021년 기준 매출액이 전년 대비 두 자릿수 이상의 증가율을 기록한 산업은 총 몇 개인가?

① 4개　② 5개　③ 6개

④ 7개　⑤ 10개

[07 ~ 10] 다음은 장애인 보행용품 취급업체인 K사 제품의 A/S 요청 현황 및 수리 일정에 관한 자료이다. 이어지는 질문에 답하시오.

〈팀별 A/S 요청 현황〉

팀명	제품	수량(개)	작업 소요일	수리 공정 시 필요부품 내역
CS 1팀	휠체어	12	3일	앞바퀴 3개, 뒷바퀴 7개
CS 2팀	지팡이	8	1일	지팡이 완제품 4개
CS 3팀	전동 휠체어	10	5일	배터리 장치 4개
CS 4팀	전동 스쿠터	15	7일	브레이크 부품 3개, 핸들용품 5개

〈K사 창고 보유 부품 현황〉

자재명	수량(개)	자재명	수량(개)
휠체어용 앞바퀴	2	배터리 장치	1
휠체어용 뒷바퀴	5	전동 스쿠터용 브레이크 부품	2
지팡이 완제품	2	전동 스쿠터용 핸들용품	3

〈부품 구입 단가 및 예상 납기〉

자재명	단가(원/개)	납기	최소발주수량(개)
휠체어용 앞바퀴	22,000	발주 후 6일	20개
휠체어용 뒷바퀴	23,000		20개
지팡이 완제품	34,000	발주 후 7일	30개
배터리 장치	54,000	발주 후 4일	5개
전동 스쿠터용 브레이크 부품	86,000	발주 후 3일	제한 없음.
전동 스쿠터용 핸들용품	47,000		

07. 4개의 CS 팀이 A/S 요청된 제품을 모두 수리하기 위해 구매해야 할 부품의 총 구매 비용은?

① 2,250,000원　② 2,315,000원　③ 2,335,000원
④ 2,370,000원　⑤ 2,385,000원

08. 다음 중 CS 팀별 추가로 필요한 부품의 수량이 바르게 연결된 것은?

① CS 1팀 – 앞바퀴, 뒷바퀴 각각 2개
② CS 2팀 – 지팡이 완제품 3개
③ CS 3팀 – 배터리 장치 3개
④ CS 4팀 – 브레이크 부품 2개
④ CS 4팀 – 핸들용품 1개

09. CS 1 ~ 4팀은 각 팀에서 필요한 부품을 각각 7월 2일, 5일, 3일, 7일에 발주하였다. 이 경우, A/S 를 요청받은 모든 작업을 빨리 완료하는 팀부터 순서대로 올바르게 나열한 것은? (단, 주말과 평일은 구분하지 않는다)

① CS 1팀 – CS 2팀 – CS 3팀 – CS 4팀
② CS 1팀 – CS 3팀 – CS 2팀 – CS 4팀
③ CS 2팀 – CS 1팀 – CS 3팀 – CS 4팀
④ CS 3팀 – CS 2팀 – CS 1팀 – CS 4팀
⑤ CS 3팀 – CS 1팀 – CS 2팀 – CS 4팀

10. 다음 중 제시된 자료를 이해한 내용으로 옳지 않은 것은?

① K사 창고에 배터리 장치가 3개 더 있다면 CS 3팀은 발주를 하지 않아도 된다.
② 전동 스쿠터용 브레이크 부품이나 핸들용품은 추가로 필요한 수량만큼만 발주 가능하다.
③ A/S 요청된 휠체어 바퀴를 수리하고 남은 바퀴는 앞과 뒤를 합쳐 총 35개이다.
④ 창고 보유 부품을 감안하여 최소발주수량에 따라 부품을 구입하였을 때 비용이 가장 적게 드는 품목은 전동 스쿠터용 브레이크 부품이다.
⑤ 발주 후 납기까지 가장 오랜 시간이 걸리는 부품은 지팡이 완제품이다.

11. 6개의 상품 중에서 2개를 고를 때 가능한 경우의 수는? (단, 순서는 상관하지 않는다)

① 15가지　② 20가지　③ 25가지
④ 30가지　⑤ 36가지

12. A와 B가 16km 떨어진 지점에서 서로를 향해 이동하였다. 두 사람이 이동한 속도가 다음과 같을 때, 두 사람이 만나기까지 소요된 시간과 두 사람이 이동한 거리의 차이는 얼마인가?

- A는 걸어서 시속 3km의 속도로 이동하였다.
- B는 자전거를 타고 시속 5km의 속도로 이동하였다.
- 두 사람이 이동한 시간은 동일하다.

① 1시간, 3km　② 1시간, 4km　③ 2시간, 3km
④ 2시간, 4km　⑤ 2시간, 5km

13. A는 인터넷 사이트에서 교육에 사용할 동영상 자료를 다운받았다. 파일을 다운받는 데 소요된 시간과 속도가 다음과 같을 때, A가 다운받은 파일의 크기는?

- 다운로드 속도는 초당 600KB이다.
- 인터넷 사이트에 접속하여 파일을 다운받는 데 소요된 시간은 총 1분 15초이다.
- 파일을 다운받는 데 소요된 시간은 인터넷 사이트에 접속할 때 걸린 시간의 4배이다.

① 20,000KB　② 26,000KB　③ 30,000KB
④ 36,000KB　⑤ 40,000KB

14. K사의 영업팀에는 3명의 대리와 4명의 사원이 있다. 영업팀장은 사내 홍보행사에 참여해 봉사할 직원 2명을 제비뽑기를 통해 결정하기로 했다. 7명의 이름이 적힌 종이가 들어 있는 통에서 2개의 종이를 차례로 꺼낼 때, 적어도 1명의 대리가 포함되어 있을 확률은?

① $\frac{2}{7}$ ② $\frac{3}{7}$ ③ $\frac{4}{7}$
④ $\frac{5}{7}$ ⑤ $\frac{6}{7}$

15. 컴퓨터를 생산하는 A, B 두 공장의 작년 생산량은 총 2,500대였고 올해 생산량은 A공장과 B공장이 각각 전년 대비 10%, 20% 증가하였다. 증가한 컴퓨터 대수의 비율이 1 : 3이라면 올해 A 공장의 컴퓨터 생산량은 얼마인가?

① 900대 ② 950대 ③ 1,000대
④ 1,100대 ⑤ 1,200대

16. 어느 장난감 가게에서 어린이들에게 가장 인기가 좋은 A 제품을 3일간 할인하여 판매하기로 하였다. 다음 조건에 따를 때 A 제품의 할인판매 가격은 얼마인가?

- A 제품의 정가는 원가의 10%의 마진을 붙여 책정하였다.
- A 제품의 할인판매 가격은 정가보다 2,000원 저렴하다.
- 할인판매 시 제품을 1개 판매할 때마다 1,000원의 이익을 얻을 수 있다.

① 29,000원 ② 30,000원 ③ 31,000원
④ 32,000원 ⑤ 33,000원

17. 5%의 소금물에 10%의 소금물을 더하여 7%의 소금물 500g을 만들려고 한다. 10%의 소금물은 몇 g 더해야 하는가?

① 100g ② 150g ③ 200g
④ 260g ⑤ 380g

18. 유정이가 혼자 하면 A일, 세영이가 혼자 하면 B일이 걸리는 일이 있다. 유정이와 세영이가 함께 일을 시작하였으나, 중간에 세영이가 일을 그만두어 일이 모두 끝나기까지 15일이 걸렸다. 전체 일한 날 중 세영이가 일을 하지 않은 날짜는 며칠인가?

① $\left\{15-\dfrac{A(B-15)}{A}\right\}$일 ② $\left\{15-\dfrac{B(A-15)}{A}\right\}$일 ③ $\left(15-\dfrac{B-15}{AB}\right)$일
④ $\left(15-\dfrac{AB-15B}{AB}\right)$일 ⑤ $\left\{15-\dfrac{B(A-15)}{2AB}\right\}$일

19. 최 대리는 김 부장의 고등학교 후배로 12살 띠동갑이다. 4년 전, 최 대리 나이의 3배 값과 김 부장 나이의 2배 값이 같았다면 현재 최 대리의 나이는?

① 28살 ② 30살 ③ 32살
④ 34살 ⑤ 35살

20. A ~ F 여섯 명이 회의를 하기 위해 원형 탁자에 둘러앉았다. 이 중 A와 B가 서로 이웃하게 앉는 경우의 수는?

① 30가지 ② 38가지 ③ 45가지
④ 48가지 ⑤ 50가지

도식추리

[01 ~ 03] 다음 흐름도에서 각각의 도형들은 정해진 규칙에 따라 문자를 변환시키는 암호의 약속을 나타낸 것이다. 빈칸에 들어갈 알맞은 문자나 도형을 고르시오.

ㅑㅛㅡㅖㅔ ㅠㅏㅛㅓ ㅐㅙㅓㅕ

ㅝㅠㅑㅗ → ◇ → ♧ → ▽ → ㅑㅠㅝ

ㅗㅘㅐㅟㅢ → ◎ → ☆ → ◇ → ㅐㅟㅘㅗ

☆ ㅏㅛ ㅐㅕㅙㅓ

ㅖㅡㅑㅛ

01.

ㅒㅑㅜㅞㅛ → ◎ → ▽ → (　　)

① ㅑㅒㅛㅜㅞ　② ㅒㅛㅞㅜㅑ　③ ㅑㅒㅞㅜ　④ ㅛㅞㅜㅑ　⑤ ㅒㅕㅜㅞㅠ

02.

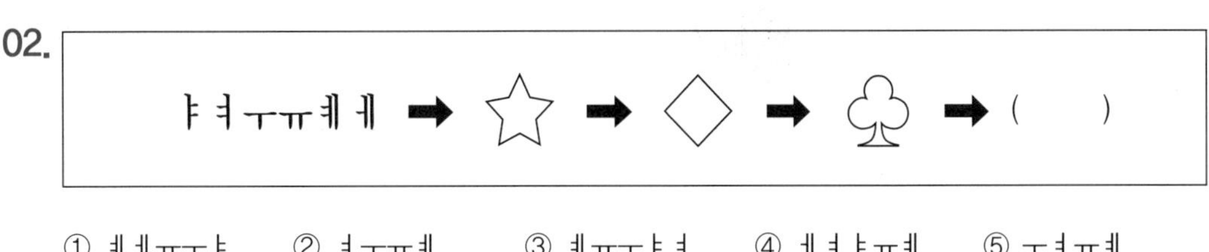

ㅑㅕㅜㅠㅖㅔ → ☆ → ◇ → ♧ → (　　)

① ㅖㅔㅠㅜㅑ　② ㅕㅜㅠㅖ　③ ㅖㅠㅜㅑㅕ　④ ㅔㅕㅑㅠㅖ　⑤ ㅜㅕㅠㅖ

03.

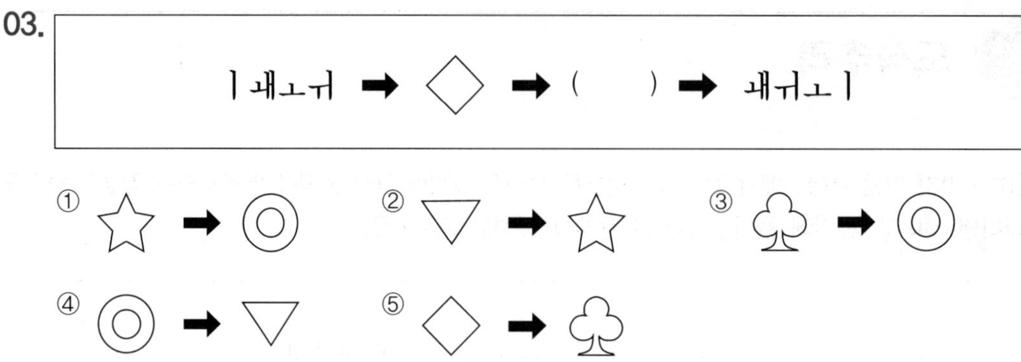

[04 ~ 06] 다음은 각 기호의 규칙에 의한 도형의 변화를 나타낸 것이다. 빈칸에 들어갈 알맞은 것을 고르시오.

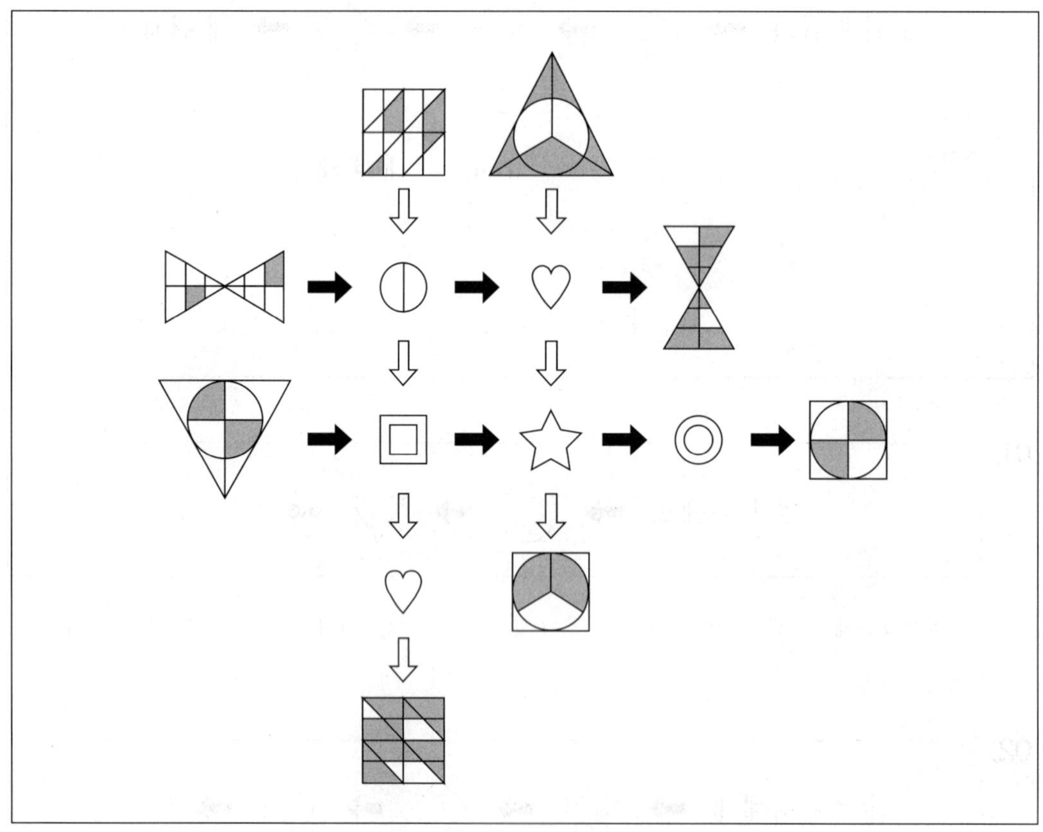

04.

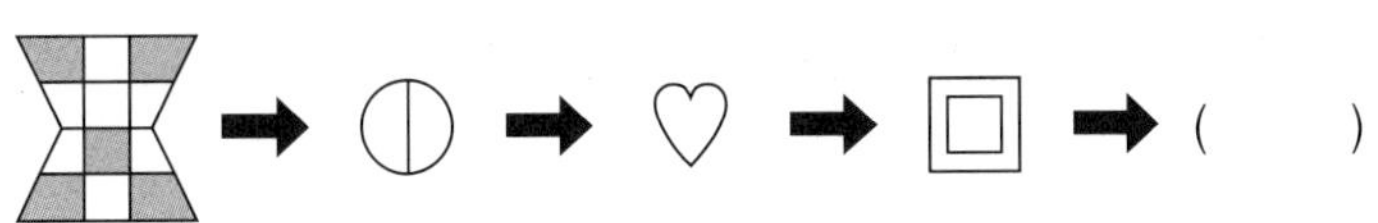

① 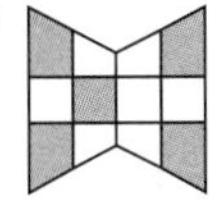

② 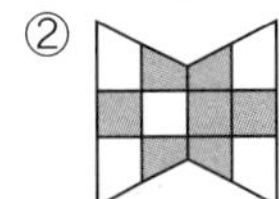

③

④

⑤ 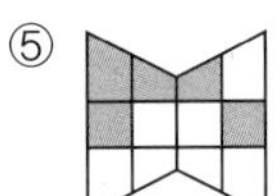

05.

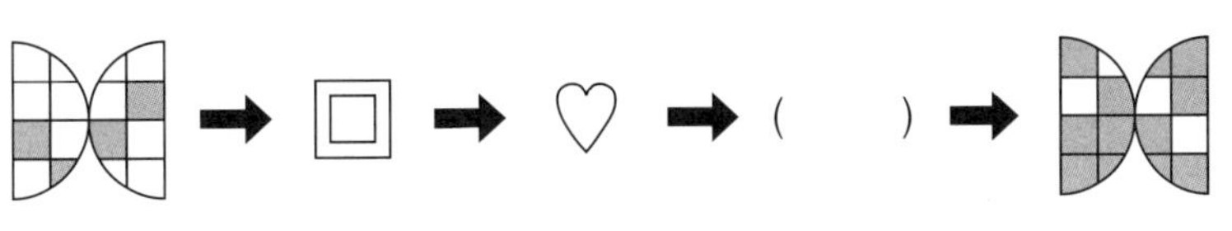

①

②

③

④

⑤

06.

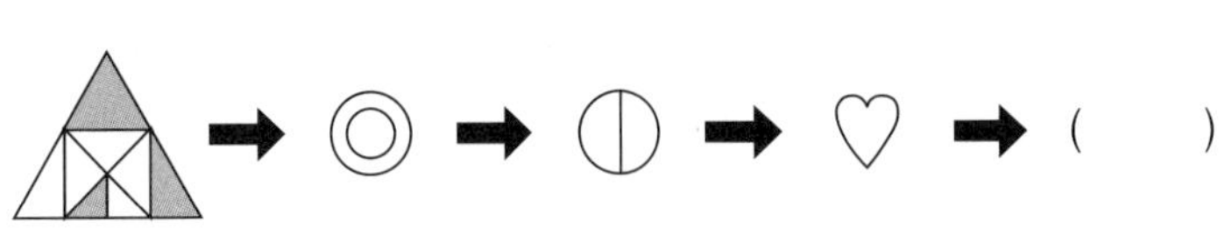

① 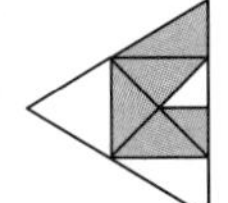

②

③ 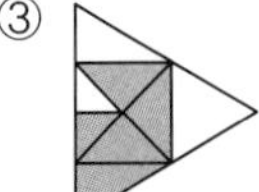

④

⑤ 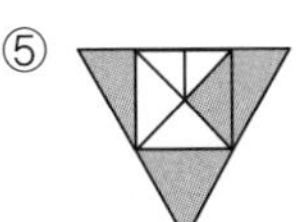

[07 ~ 10] 다음 흐름도에서 각각의 도형들은 정해진 규칙에 따라 문자를 변환시키는 암호의 약속을 나타낸 것이다. 빈칸에 들어갈 알맞은 문자나 도형을 고르시오.

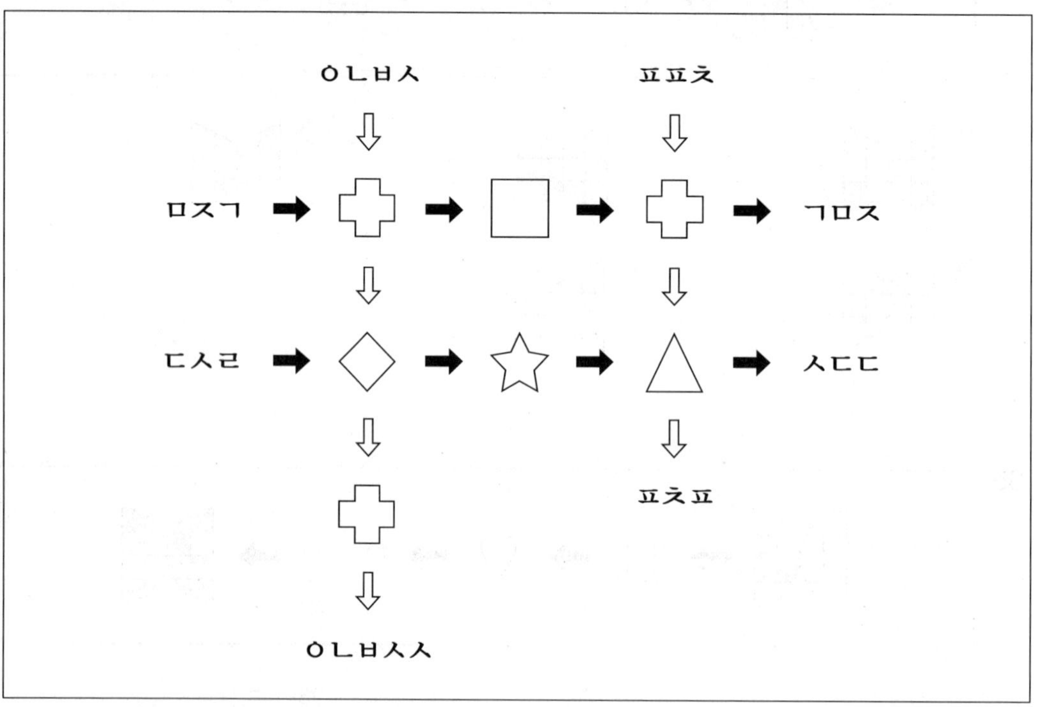

07.

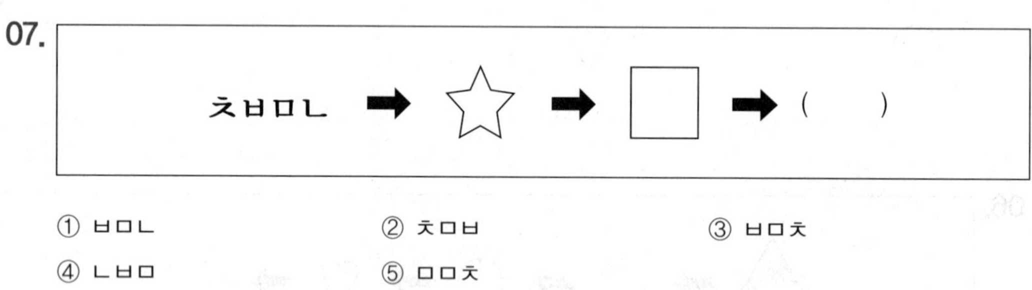

① ㅂㅁㄴ　② ㅊㅁㅂ　③ ㅂㅁㅊ
④ ㄴㅂㅁ　⑤ ㅁㅁㅊ

08.

ㄷㄹㅇㅁ → △ → ✚ → ( )

① ㄷㄹㅇㅇ ② ㄷㅁㄹㅇ ③ ㅁㅇㄹㄷㄷ
④ ㅇㄹㄷㅁ ⑤ ㅇㄹㅁㄷㅇ

09.

ㅍㄹㅁㅈ → △ → ☆ → ◇ → ( )

① ㄹㄹㅁㅍ ② ㅈㅈㅍㄹ ③ ㅁㄹㅍㅈ
④ ㅈㅈㄹㅁ ⑤ ㅈㅈㄹㅍㅈ

10.

ㅋㄱㅇㅎㅂ → ✚ → ( ) → ㅂㅎㅇㄱㅋㅂ

① △ → □ ② ☆ → ◇ ③ ◇ → □
④ ☆ → △ ⑤ □ → ☆

[11 ~ 13] 다음 흐름도에서 각각의 도형들은 정해진 규칙에 따라 문자를 변환시키는 암호의 약속을 나타낸 것이다. 빈칸에 들어갈 알맞은 문자나 도형을 고르시오.

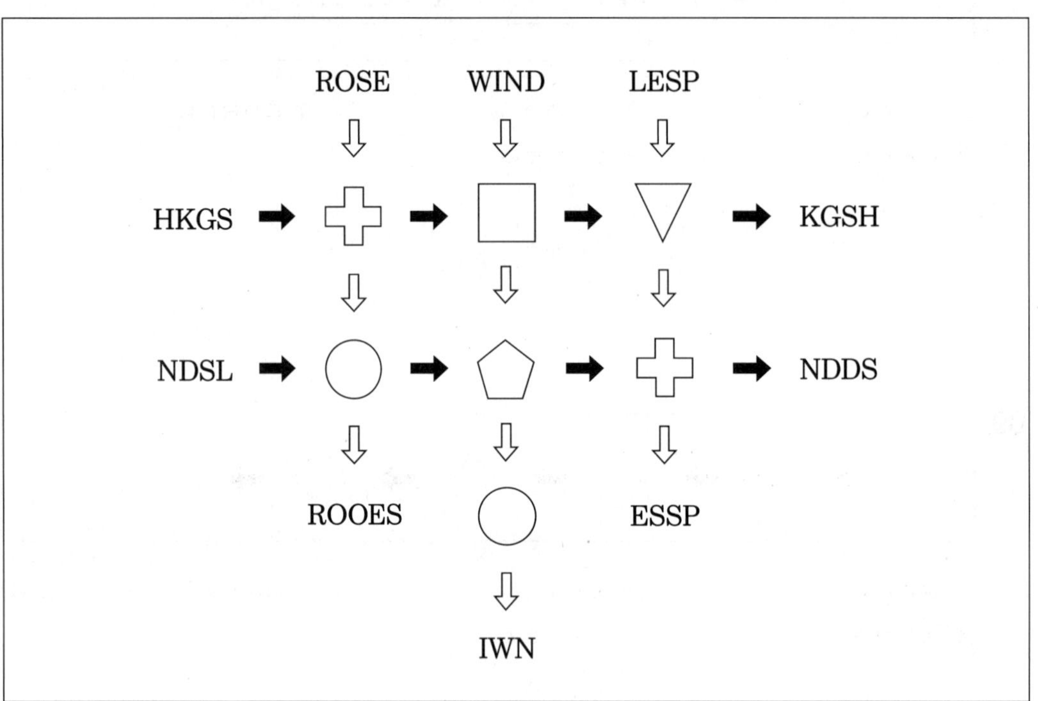

11.

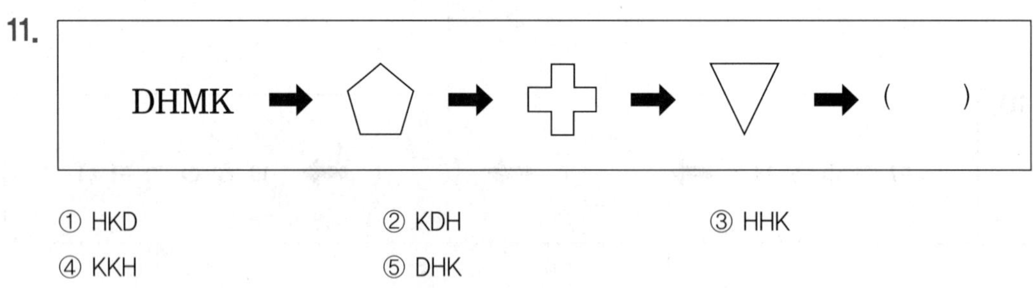

① HKD　　② KDH　　③ HHK

④ KKH　　⑤ DHK

12.

KOREA ➡ ▽ ➡ □ ➡ ○ ➡ ⬠ ➡ (　　)

① ORE　　② KAR　　③ REA

④ ERO　　⑤ AERO

13.

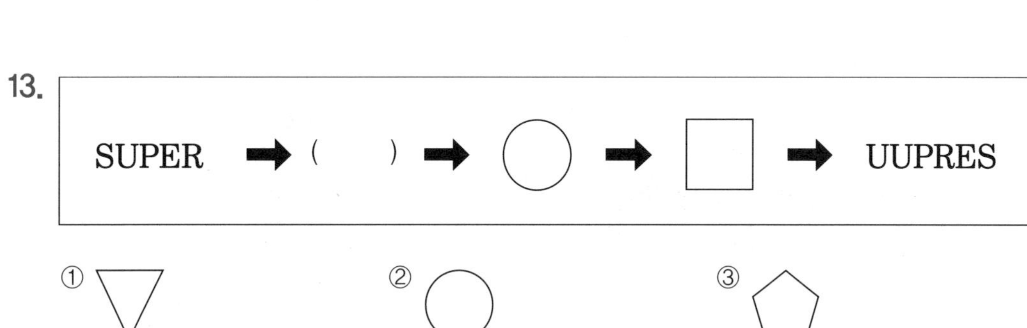

① ② ③ ④ ⑤

[14 ~ 15] 다음 흐름도에서 각각의 기호들은 정해진 규칙에 따라 도형을 변화시키는 약속을 나타내는 암호이다. 각 문제의 빈칸에 들어갈 알맞은 도형을 고르시오.

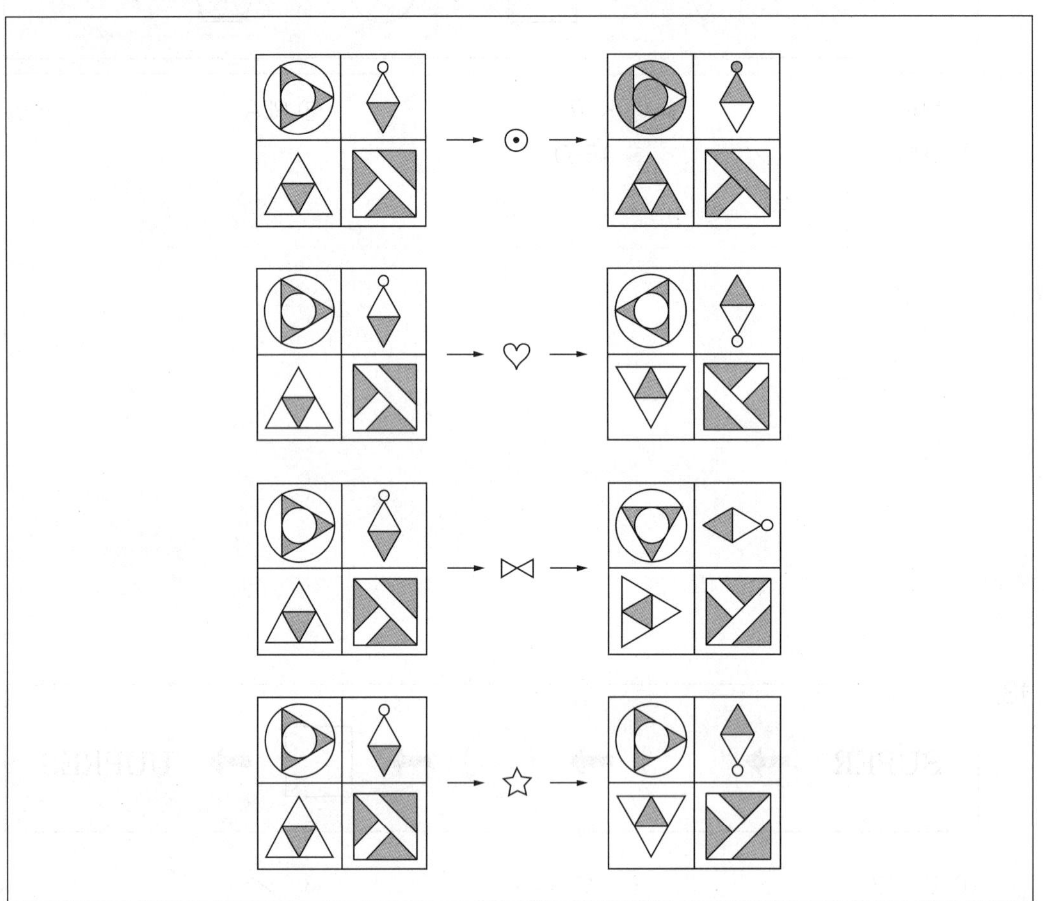

14.

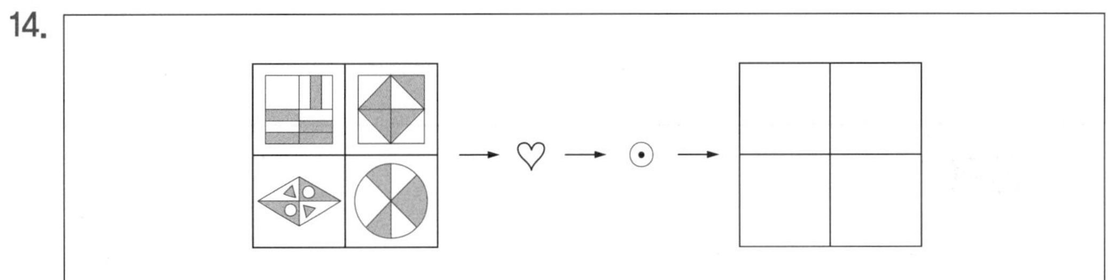

①
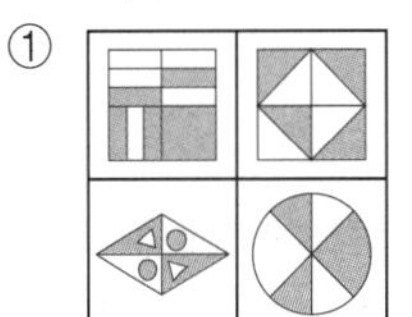
②
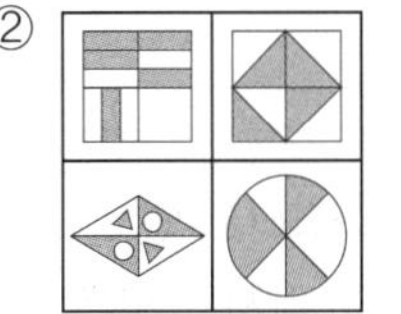
③
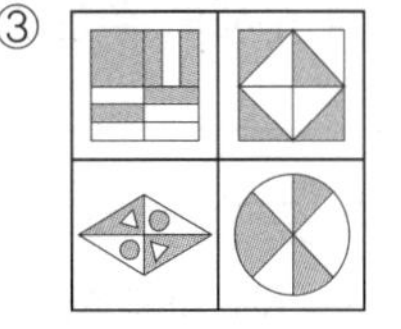
④
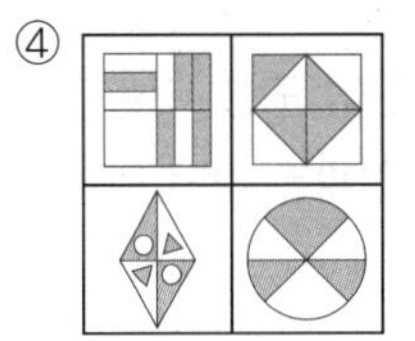
⑤
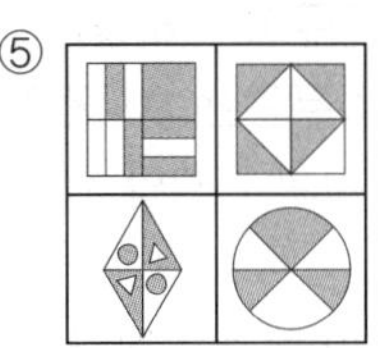

15.

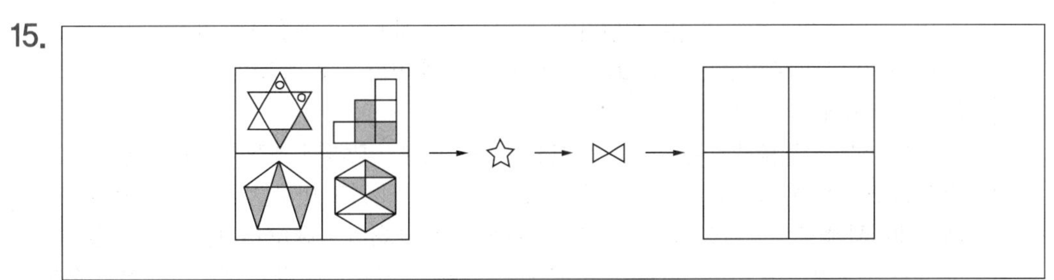

①
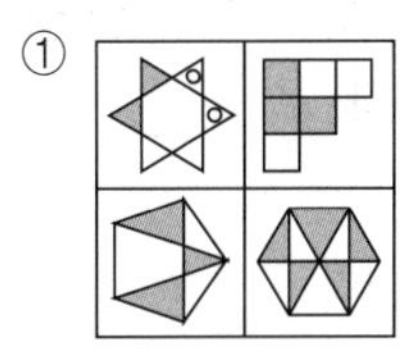
②
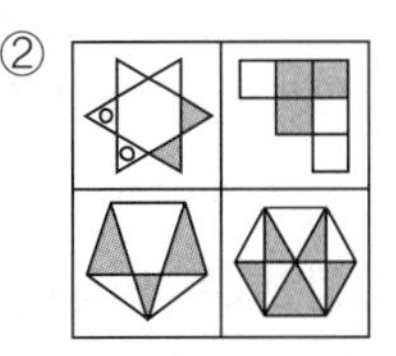
③
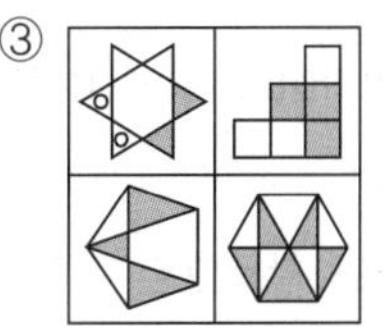
④
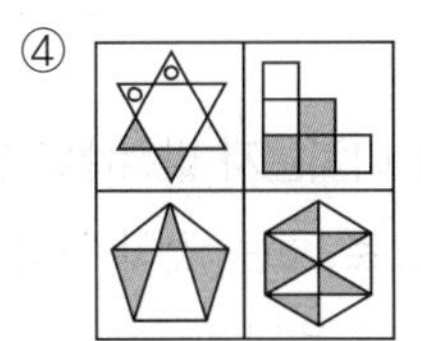
⑤
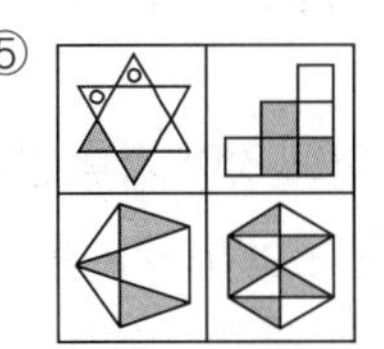

3회 기출예상문제

시험시간	90 분
문항수	75 문항

▶ 정답과 해설 33쪽

언어

01. 다음 글의 주제로 적절한 것은?

> 지구 곳곳에서 심각한 기후 변화가 나타나고 있고 그 원인이 인간의 활동에 있다는 주장은 언뜻 보기에 과학적인 것처럼 들리지만 따지고 보면 진실과는 거리가 먼, 다분히 정치적인 프로파간다에 불과하다. "자동차는 세워 두고 지하철과 천연가스 버스 같은 대중교통을 이용합시다."와 같은 기후 변화와는 사실상 무관한 슬로건에 상당수의 시민이 귀를 기울이도록 만든 것은 환경주의자들의 성과였지만 사회 전체의 차원에서 볼 때 그 성과는 가슴 아파해야 할 낭비의 이면에 불과하다.
>
> 희망컨대 이제는 진실을 직시하고 현명해져야 한다. 기후 변화가 일어나는 이유는 인간이 발생시키는 온실가스 때문이 아니라 태양의 활동 때문이라고 보는 것이 합리적이다. 태양 표면의 폭발이나 흑점의 변화는 지구의 기후 변화에 막대한 영향을 미친다. 결과적으로 태양의 활동이 활발해지면 지구의 기온이 올라가고, 태양의 활동이 상대적으로 약해지면 기온이 내려간다. 환경주의자들이 말하는 온난화의 주범은 사실 자동차가 배출하는 가스를 비롯한 온실가스가 아니라 태양이다. 태양 활동의 거시적 주기에 따라 지구 대기의 온도는 올라가다가 다시 낮아지게 될 것이다.
>
> 환경과학자 브림블콤은 런던의 대기오염 상황을 16세기 말부터 추적해 올라가서 20세기까지 그 거시적 변화의 추이를 연구했는데, 그 결과 매연의 양과 아황산가스 농도 모두가 19세기 말까지 빠르게 증가했다가 그 이후 아주 빠르게 감소하여 1990년대에는 16세기 말보다도 낮은 수준에 도달했다는 사실이 밝혀졌다. 반면에 브림블콤이 연구 대상으로 삼은 수백 년의 기간 동안 지구의 평균 기온은 지속적으로 상승해 왔다. 두 변수의 이런 독립적인 행태는 인간이 기후에 미치는 영향이 거의 없다는 것을 보여 주는 자료이다.

① 인간의 활동으로 인해 기후에 변화가 생겼다는 인식을 심어 주어야 한다.
② 태양 표면의 폭발이나 흑점의 변화는 지구의 기후 변화에 큰 영향을 미치므로 이에 대한 면밀한 조사가 요구된다.
③ 태양 활동과 온실가스의 연구를 통해 어느 것이 기후 변화에 더 영향을 미치는지 밝혀내야 한다.
④ 지구에 기후 변화를 가져오는 주범은 온실가스가 아니라 태양 활동으로 보는 것이 옳다.
⑤ 대기오염 상황과는 독립적으로, 지구의 평균 기온은 지속적으로 증가해 왔다.

02. 다음 글의 흐름에 따라 빈칸 ㉠에 들어갈 문장으로 적절한 것은?

> (㉠   ) 도시의 과밀화는 상대적으로 거주공간이 부족하게 되는 결과를 낳았다. 따라서 최대한 많은 가구를 수용하기 위해 한정된 공간에 많은 집들이 근접하여 있고, 그것도 부족하여 상하 좌우로 이웃집이 위치해 있다. 그러나 이러한 물리적 이웃이 모두 마음을 줄 수 있는 이웃은 아니다. 전통적인 이웃 형태와 비교하면 더 가까운 위치에, 더 많은 이웃을 갖게 되었지만 사실상 도시의 거주자들은 이사를 자주 하기 때문에 이웃과 깊게 사귈 시간적 여유가 없다. 그뿐만 아니라 폐쇄적인 아파트의 형태와 바쁜 도시 생활로 한가로이 이웃과 대화할 시간을 만들기도 어렵다.

① 현대 도시 생활의 특징은 주거 공간의 밀집화 현상이다.
② 현대 도시 생활의 특징은 가구의 고립화 현상이다.
③ 현대 도시 생활의 특징은 도시화로 인한 활동의 분주함에 있다.
④ 현대 도시 생활의 특징은 개인주의적 경향이 두드러진 점이다.
⑤ 현대 도시 생활의 특징은 전통적 이웃 형태와의 결별이다.

03. 다음 글에서 설명하고 있는 잘못된 문장에 해당하는 것은?

> 국어는 앞뒤 문맥을 통하여 성분의 호응에 어려움을 주지 않는 한 성분 생략이 자유롭다. 문제는 이러한 성분 생략이 문맥 호응상 아무 문제없이 이루어지면 다행인데, 이따금 성분 생략이 아닌 성분 실종으로 변질되어 비문을 초래하게 되는 것이다. 그런 점에서 국어 구조상 의미 소통에 지장이 없는 한, 성분 생략은 국어 문장 구조의 간결성, 함축성, 경제성에 기여하는 긍정적 효과가 있지만 이것이 성분 간에 호응을 어긋나게 하면 성분 실종이 되므로 성분 생략과 성분 실종은 구별해야 한다.

① 학문은 따지고 의심스럽게 보고 다시 검토하는 데에서 출발해야 한다.
② 검찰이 성역 없는 수사를 한다고 해서 수사 결과를 두고 볼 일이다.
③ 토익 시험에 응시하실 분들은 학교에 원서를 접수하십시오.
④ 다솜이의 여름방학 숙제로 제출한 그림은 특이했다.
⑤ 재원이와 철현이는 지난달에 여행을 다녀왔다.

[04 ~ 05] 다음 글을 읽고 빈칸에 들어갈 말로 적절한 것을 고르시오.

04.

죽음의 편재성(偏在性)이란 우리가 언제 어디서든 죽을 수 있다는 것을 뜻한다. 죽음의 편재성은 부인할 수 없는 사실이고, 그 사실은 우리에게 죽음에 대한 공포를 불러일으킨다. 보통 우리는 죽음의 공포를 불러일으키는 것을 회피대상으로 생각하고 가급적 피하려고 한다. 예를 들어 자정에서 새벽 1시까지는 아무도 죽지 않는 세계가 있다고 상상해 보자. 아마도 그 세계의 사람들은 매일 그 시간이 오기를 바랄 것이고 최소한 그 시간 동안에는 죽음의 공포를 느끼지 않을 것이다. 이번에는 어떤 세계에 아무도 죽지 않는 장소가 있다고 상상해 보자. 아마도 그 장소는 발 디딜 틈도 없이 북적일 것이다. 그 장소에서는 죽음의 공포를 피할 수 있기 때문이다. 이런 점들만 생각해 보아도 죽음의 편재성이 우리에게 죽음의 공포를 불러일으키고, 이로 인해 우리는 죽음의 편재성을 회피대상으로 생각한다는 것을 알 수 있다.

그런데 죽음의 편재성과 관련된 이러한 생각이 항상 맞지는 않다는 것을 보여 주는 사례가 있다. 우리는 죽음의 공포를 기꺼이 감수하면서 즐기는 활동들이 있다는 것을 알고 있다. 혹시 그 활동들이 죽음의 공포를 높이기 때문에 매력적으로 보이는 것은 아닐까? 스카이다이버들은 죽음의 공포를 느끼면서도 그 공포를 무릅쓰고 비행기에서 뛰어내리고 땅으로 떨어지면서 조그마한 낙하산 가방에 자신의 운명을 맡긴다. 이러한 사례가 보여 주는 것은 인간에게 죽음의 공포를 불러일으키는 것이 반드시 회피대상은 아니라는 것이다. 그렇다면 앞서 상상해 본 세계와 관련된 우리의 생각에는 오류가 있다고 할 수 있다. 즉, (   )

① 죽음의 편재성을 반드시 공포를 불러일으키는 대상으로 볼 수는 없다는 것이다.

② 죽음의 편재성이 불러일으키는 죽음의 공포란, 인간 개개인에 따라 얼마든지 그 크기가 달라질 수 있다는 것이다.

③ 죽음의 편재성이 가져오는 죽음의 공포는 반드시 피해야 할 회피대상이 아닌, 맞서 대적해야 할 대상으로 인식된다는 것이다.

④ 죽음의 편재성이 불러일으키는 공포가 유희성을 띤 활동에서는 발생하지 않는다는 것이다.

⑤ 죽음의 편재성이 인간에게 죽음의 공포를 불러일으킨다고 해서 그것이 반드시 회피대상이라는 결론으로 나아갈 수는 없다는 것이다.

05.

> 한국 전통 춤이 가진 특성의 하나를 단적으로 나타내는 말로, "손 하나만 들어도 춤이 된다."라는 표현이 있다. 겉으로는 동작이 거의 없는 듯하면서도 그 속에 잠겨 흐르는 미묘한 움직임이 있다는 것이다. 이를 흔히 정중동(靜中動)이라고 한다. (   ) 가장 간소한 형태로 가장 많은 의미를 담아내고, 가장 소극적인 것으로 가장 적극적인 것을 전개하여 불필요한 것이나 잡다한 에피소드를 없애고 사상(事象)의 본질만을 드러낸다.

① 정중동은 우리나라를 대표하는 가장 고귀한 춤이다.
② 정중동은 화려하고 다양한 동작으로 강렬하게 완성된다.
③ 정중동은 여인의 한을 담고 있는 슬픈 몸짓으로 표현된다.
④ 정중동은 수많은 움직임을 하나의 움직임으로 집중하여 완결시킨 경지이다.
⑤ 정중동은 한국인들이 지니고 있는 한의 정서를 표현한다.

06. **다음 글을 읽고 제기할 수 있는 질문으로 적절하지 않은 것은?**

> 과연 실학을 근대정신이라 부를 수 있는 것인가? 현재와 동일한 생활 및 시대 형태를 가진 시대를 근대라 한다면, 실학은 결코 근대의 의식도 근대의 정신도 아니다. 실학은 그 비판적인 입장에서 봉건사회의 본질을 해부하고 노동하지 않는 계급을 비방했을 뿐만 아니라 신분 세습과 대토지 사유화를 비판 · 부인하였다. 그러나 그 비판의 기조는 중국 고대의 태평성대였던 당우삼대에 기반한 것이었으며 비판의 입장도 역사적 한계를 넘어설 만큼 질적으로 다르지 않았다. 이에 반해 서양의 문예부흥은 고대 희랍에서 확립되었던 시민의 자유를 이상으로 하고, 강제 · 숙명 · 신비 · 인습 등의 봉건적 가치를 완전히 척결하였다. 이것은 실학과 좋은 대조를 이룬다. 실학은 봉건사회의 제 현상에 대한 회의와 반항이기는 하였다. 그러나 실학은 여전히 유교를 근저로 하는 봉건사회의 규범 안에서 생겨난 산물이었기에 사실상 보수적 행동으로 이를 따랐던 것이다. 다만 실학은 이러한 정체된 봉건사회를 극복하고 근대라는 별개의 역사와의 접촉을 준비하는 한 시기의 사상이었다. 실학은 근대정신의 내재적인 태반(胎盤) 역할을 담당하였던 것이다.

① 실학이 근대사회의 성립에 끼친 영향은 전혀 없는가?
② 실학이 중국의 고대 사상과 상통한다는 증거는 무엇인가?
③ 과연 서양의 문예부흥이 봉건적 가치를 완전히 척결했는가?
④ 동양과 서양에서 봉건사회를 바라보는 관점의 차이는 없는가?
⑤ 근대에 대한 개념과 기준이 정확한 것인가?

[07 ~ 08] 다음 글을 읽고 내용과 일치하는 것을 고르시오.

07.

초파리는 물리적 자극에 의해 위로 올라가는 성질이 있다. 그런데 파킨슨병에 걸린 초파리는 운동성이 결여되어 물리적 자극을 주어도 위로 올라가지 않는다. 파킨슨병과 관련이 있다고 추정되는 유전자 A와 약물 B를 이용하여 실험을 하였다. 먼저 정상 초파리와 유전자 A가 돌연변이인 초파리를 준비하여 각각 약물 B가 들어 있는 배양기와 들어 있지 않은 배양기에 일정 시간 동안 두었다. 이후 물리적 자극을 주어 이들의 운동성을 테스트한 결과, 약물 B가 들어 있는 배양기의 정상 초파리와 약물 B가 들어 있지 않은 배양기의 정상 초파리 모두 위로 올라가는 성질을 보였다. 반면, 유전자 A가 돌연변이인 초파리는 약물 B를 넣은 배양기에서 위로 올라가지 못하고, 약물 B를 넣지 않은 배양기에서는 위로 올라가는 것을 관찰할 수 있었다.

① 약물 B를 섭취한 초파리의 유전자 A는 돌연변이가 된다.
② 약물 B를 섭취한 정상 초파리는 파킨슨병에 걸릴 확률이 높다.
③ 유전자 A가 돌연변이인 초파리는 약물 B를 섭취하면 파킨슨병에 걸린다.
④ 물리적 자극에 대한 운동성이 비정상인 초파리는 모두 파킨슨병에 걸린 초파리이다.
⑤ 약물 B를 섭취한 정상 초파리와 돌연변이 초파리는 같은 결과를 보인다.

08.

인간과 동물은 두 가지 주요한 방식으로 환경에 적응한다. 하나는 생물학적 진화이며, 다른 하나는 학습이다. 고등 생명체에서의 생물학적 진화는 수천 년 이상 걸리는 매우 느린 현상인 반면, 학습은 짧은 생애 안에서도 반복적으로 일어난다. 세상에 대한 새로운 정보를 얻는 과정인 학습과 획득된 정보를 기억하는 능력은 적절히 진화된 대부분의 동물들이 갖고 있는 특징이다. 신경계가 복잡할수록 학습 능력은 뛰어나기 때문에 지구상 가장 복잡한 신경계를 갖고 있는 인간은 우수한 학습 능력을 지니고 있다. 이러한 능력 때문에 인간의 문화적 진화가 가능했다. 여기서 문화적 진화란 세대와 세대를 거쳐 환경에 대한 적응 능력과 지식이 발전적으로 전수되는 과정을 의미한다. 사실 우리는 세계와 문명에 대한 새로운 지식들을 학습을 통해 습득한다. 인간 사회의 변화는 생물학적 진화보다는 전적으로 문화적 진화에 의한 것이다. 화석 기록으로 볼 때 수만 년 전의 호모 사피엔스 이래로 뇌의 용적과 구조는 크게 달라지지 않았다. 고대로부터 현재까지 모든 인류의 업적은 문화적 진화의 소산인 것이다.

학습은 인간의 본성에 관한 철학의 쟁점과도 관련되어 있다. 고대의 소크라테스를 비롯하여 많은 철학자들은 인간 정신의 본성에 대하여 질문을 던져왔다. 17세기 말에 이르러 영국과 유럽 대륙에서 두 가지 상반된 견해가 제기되었다. 하나는 로크, 버클리, 흄과 같은 경험론자들의 견해로, 정신에 타고난 관념 또는 선험적 지식이 있다는 것을 부정하고 모든 지식은 감각적 경험과 학습을 통해 형성된다고 보는 것이다. 다른 하나는 데카르트, 라이프니츠 등의 합리론자와 칸트의 견해로 정신은 본래 특정한 유형의 지식이나 선험적 지식을 가지고 있으며 이것이 감각 경험을 받아들이고 해석하는 인식의 틀이 된다는 것이다.

① 학습은 생물학적인 진화보다 우월하다.
② 학습은 인간만이 지니고 있는 인간의 고유한 특성이다.
③ 인간 사회의 변화는 생물학적 진화와 문화적 진화가 적절히 혼합되어 이루어진 것이다.
④ 경험론자들은 생물학적 진화보다는 학습을 중요시하였다.
⑤ 인간은 대부분의 동물들과 달리 생물학적 진화가 전혀 이루어지지 않았다.

09. 다음 글을 읽고 추론한 내용으로 적절한 것은?

> 우리 민족은 활에 대해 각별한 관심을 가지고 있었으며, 활을 중요한 무기로 여겼다. 이에 따라 활 제작 기술도 발달했는데, 특히 조선 시대의 활인 각궁(角弓)은 매우 뛰어난 성능과 품질을 지니고 있었다. 그렇다면 무엇이 각궁을 최고의 활로 만들었을까?
>
> 활은 복원력을 이용한 무기이다. 복원력은 탄성이 있는 물체가 힘을 받아 휘어졌을 때 원래대로 돌아가는 힘으로, 물체의 재질과 변형 정도에 따라 힘의 크기가 변한다. 이를 활에 적용해 보자. 활의 시위를 당기면 당기는 만큼의 복원력이 발생한다. 복원력은 물리학적인 에너지의 전환 과정이기도 하다. 사람이 시위를 당기면 원래의 위치에서 당긴 거리만큼의 위치 에너지가 화살에 작용하게 된다. 따라서 시위를 활대에서 멀리 당기면 당길수록 더 큰 위치 에너지가 발생하게 된다. 이때 시위를 놓으면 화살은 날아가게 되는데, 바로 이 과정에서 위치 에너지가 운동 에너지로 전환된다. 즉 시위를 당긴 거리만큼 발생한 위치 에너지가 운동 에너지로 바뀌어 화살을 날아가게 하는 것이다.
>
> 또한 복원력은 활대가 휘는 정도와 관련이 있다. 일반적으로 활대가 휘면 휠수록 복원력은 더 커지게 된다. 따라서 좋은 활이 되기 위해서는 더 큰 위치 에너지를 만들어 낼 수 있는 탄성이 좋은 활대가 필요하다. 각궁은 복원력이 뛰어난 활이다. 그 이유는 각궁이 동물의 뿔이나 뼈, 힘줄, 탄성 좋은 나무 등 다양한 재료를 조합해서 만든 합성궁이기 때문이다. 합성궁은 대나무와 같은 한 가지 재료로 만든 활보다 탄력이 좋아서 시위를 풀었을 때 활이 반대 방향으로 굽는 것이 특징이다. 바로 이러한 특성으로 인해 각궁은 뛰어난 사거리와 관통력을 갖게 되었다.

① 고려 시대 때의 활은 여러 재료의 조합이 아닌 한 가지 재료로만 만들어졌다.
② 위치 에너지가 운동 에너지로 전환되는 힘의 크기가 활의 사거리와 관통력을 결정한다.
③ 활대가 많이 휠수록 복원력은 더 커지므로, 활이 많이 휠 수 있다면 가격은 비싸진다.
④ 각궁이 나무로만 만들어진 활보다 탄력이 좋은 이유는 다양한 재료의 조합과 시위를 풀었을 때 활이 반대 방향으로 굽도록 설계된 모양 덕분이다.
⑤ 시위를 많이 당길수록 운동 에너지가 증가하여 복원력이 높아진다.

[10 ~ 11] 다음 문장들을 논리적 순서에 맞게 나열한 것을 고르시오.

10.

(가) 중미 멕시코가 원산지인 고추는 '남만초'나 '왜겨자'라는 이름으로 16세기 말 조선에 전래되어 17세기부터 서서히 보급되다가 17세기 말부터 가루로 만들어져 비로소 김치에 쓰이게 되었다.
(나) 19세기 무렵에 와서 고추는 향신료로서 압도적인 우위를 차지하게 되었다.
(다) 김치와 관련하여 우리나라 향신료의 대명사로 쓰이는 고추는 생각만큼 오랜 역사를 갖고 있지 않다.
(라) 그 결과 후추는 더 이상 고가품이 아니게 되었으며, '산초'라고도 불리는 천초의 경우 지금에 와서는 간혹 추어탕에나 쓰일 정도로 중요하지 않게 되었다.
(마) 조선 전기까지 주요 향신료는 후추, 천초 등이었고, 이 가운데 후추는 값이 비싸 쉽게 얻을 수 없었다.

① (가)-(나)-(마)-(라)-(다)
② (나)-(라)-(다)-(마)-(가)
③ (다)-(가)-(나)-(라)-(마)
④ (다)-(가)-(마)-(나)-(라)
⑤ (마)-(라)-(다)-(가)-(나)

11.

(가) 이는 전통적 공동체가 힘을 잃은 상황에서 가족이 매우 중요한 역할을 담당했기 때문이다.
(나) 한국 사회의 근대화 과정은 급속한 산업화와 도시화라는 특징을 가진다.
(다) 1960년대 이후 급속한 근대화에 따라 전통적인 농촌공동체를 떠나 도시로 이주하는 사람들이 급격하게 증가하였으며, 이로 인해 전통적인 사회구조가 해체되었다.
(라) 국가의 복지가 부실한 상황에서 가족은 노동력의 재생산 비용을 담당했다.
(마) 이 과정에서 직계가족이 가치판단의 중심이 되는 가족주의가 강조되었다.

① (나)-(다)-(라)-(가)-(마)
② (나)-(다)-(마)-(가)-(라)
③ (다)-(나)-(가)-(라)-(마)
④ (다)-(나)-(마)-(라)-(가)
⑤ (다)-(마)-(라)-(나)-(가)

12. 문맥상 빈칸에 들어갈 단어로 가장 적절한 것은?

> 정부 정책이 추구하는 궁극적 목표는 '국민의 행복 추구'이다. 개인의 행복을 결정하는 요소는 매우 다양하다. 소득 수준, 직업, 주거 환경 등 경제적 측면뿐 아니라 학업 수준, 혼인 여부, 고용 형태 등 사회적 조건 모두가 행복 및 불행을 결정한다. 나아가 가족관계, 인간관계 등에서 비롯되는 개인의 주관적 감정 역시 행복에 영향을 미친다. 따라서 국민의 행복 증진을 위해서는 먼저 '행복에 대한 (　　　　)인 이해'에서 벗어나야 한다. 소득 불평등 해소는 행복 증진의 가장 실제적인 요소이다. 정부의 주요 목표가 국민 행복 증진이라면, 소득 불평등 해소를 위한 구체적 정책 방향을 모색해야 한다.

① 관념적　② 구체적　③ 방어적
④ 사회적　⑤ 합리적

13. 다음 글의 제목으로 적절한 것은?

> 오늘의 급속한 사회적, 직업적 변화 가운데 지속가능한 노동시장 경쟁력과 고용가능성을 갖추는 것은 개인뿐 아니라 국가 차원에서도 중요하게 자리 잡게 되었다. 이는 현대적 환경 변화에 따른 주도적 경력 관리의 책임이 우선적으로는 조직 또는 개인에게 있지만, 지속가능한 방향과 국가 경쟁력 강화를 위해 국가 차원에서 체계적인 정책 수립과 이에 따른 세부적인 지원 방향 마련이 필요해졌기 때문이다. 거시적 측면에서 볼 때 과학기술의 진보뿐 아니라 경제성장의 둔화, 인구의 고령화, 노동시장의 유연화, 일자리 부조화 등 주요 변화에 따라 개인과 조직 간 심리적 계약의 내용과 형태도 바뀌고 있으며 전 생애 과정을 통한 경력개발의 필요성도 더욱 강조되고 있다. 이는 고용서비스 대상 또는 개인의 특성과 상황에 따라 더욱 다양하게 요구되는 실정이다. 청소년의 경우 4차 산업혁명에 따른 생애 전 영역에서의 변화와 미래 직업세계 변화에 대비할 수 있는 기본적인 태도와 자질, 미래역량을 함양할 수 있는 정책적 지원이 요구되고 있으며 대학생의 경우에는 진로취업역량 강화를 위한 더욱 구체적이고 체계적인 정책 지원 방안 마련이 요구되고 있다. 또한 지속가능한 경력개발과 고용가능성 함양을 위해서는 과거 실직자 대상의 취업지원 서비스에서 한 걸음 더 나아가 재직자 대상의 직업능력 향상 및 생애경력설계 지원이 요구되고 있다. 급속한 고령화 현상과 노동시장의 불안정성, 베이비부머의 일자리 퇴직과 재취업 등으로 공공 고용서비스 영역에서 퇴직을 전후로 한 중 · 장년 근로자 대상의 정책과 적극적인 지원방안 마련 또한 절실히 요구되고 있다.

① 미시적 관점에서의 노동시장 변화의 이해　② 지속가능 성장을 위한 노동시장의 유연화
③ 생애경력개발을 위한 정책 지원의 필요성　④ 4차 산업혁명으로 인한 고용시장의 변화와 전망
⑤ 생산가능인구 감소 시대의 경제성장과 노동시장

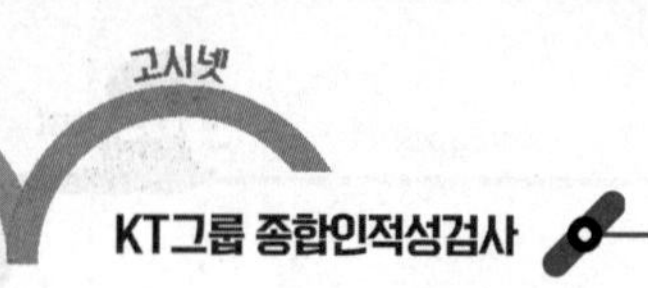

[14 ~ 16] 다음 글을 읽고 내용과 일치하지 않는 것을 고르시오.

14.

> 뇌가 신체의 각 부분에서 어떤 일이 일어나는지 아는 것은 신체의 특정 기능을 작동시키고 조절하기 위해 필수적이다. 따라서 뇌가 우리의 생명이 의존하고 있는 수많은 신체 기능을 조율하기 위해서는 다양한 신체 기관을 매 순간 표상하는 지도가 필요하다. 그렇게 함으로써 뇌는 생명 조절 기능을 적절하게 수행할 수 있다. 외상이나 감염에 의한 국소적 손상, 심장이나 신장 같은 기관의 기능 부전, 호르몬 불균형 등에서 이런 조절이 일어나는 것을 발견할 수 있다. 그런데 생명의 조절 기능에서 결정적인 역할을 하는 이 신경 지도는 우리가 흔히 '느낌'이라고 부르는 심적 상태와 직접적으로 관련을 맺는다.
>
> 느낌은 어쩌면 생명을 관장하는 뇌의 핵심적 기능을 고려할 때 지극히 부수적인 것으로 생각될 수 있다. 더구나 신체 상태에 대한 신경 지도가 없다면 느낌 역시 애초에 존재하지 않았을 것이다. 생명 조절의 기본적인 절차는 자동적이고 무의식적이기 때문에 의식적인 것으로 간주되는 느낌은 아예 불필요하다는 입장이 있다. 이 입장에서는 뇌가 의식적인 느낌의 도움 없이 신경 지도를 통해 생명 현상을 조율하고 생리적 과정을 실행할 수 있다고 말한다. 그 지도의 내용이 의식적으로 드러날 필요가 없다는 것이다. 그러나 이러한 주장은 부분적으로만 옳다.
>
> 신체 상태를 표상하는 지도가, 생명체 자신이 그런 지도의 존재를 의식하지 못하는 상태에서도 뇌의 생명 관장 활동을 돕는다는 말은 어느 범위까지는 진실이다. 그러나 이러한 주장은 중요한 사실을 간과하고 있다. 이런 신경 지도는 의식적 느낌 없이는 단지 제한된 수준의 도움만을 뇌에 제공할 수 있다는 것이다. 이러한 지도들은 문제의 복잡성이 어느 정도 수준을 넘어서면 혼자서 문제를 해결하지 못하게 된다. 문제가 너무나 복잡해져서 자동적 반응뿐만 아니라 추론과 축적된 지식의 힘을 함께 빌려야 할 경우가 되면 무의식 속의 지도는 뒤로 물러서고 느낌이 구원투수로 나서는 것이다.

① 뇌가 수많은 신체기능을 조율하기 위해서는 신경 지도가 필요하다.

② 뇌가 느낌의 도움 없이 신경 지도를 통해 생명 현상을 조율할 수 있다고 보는 주장은 부분적으로만 옳다.

③ 일정 수준의 복잡성을 넘어선 문제를 해결하기 위해서는 무의식 속 신경 지도들의 연합이 필요하다.

④ 뇌가 생명 조절 기능을 수행하기 위해서는 신체 각 부분에서 일어나고 있는 현상에 대해 알아야 한다.

⑤ 문제가 복잡해지게 되면 신경 지도만으로는 문제를 해결할 수 없다.

15.

우리가 흔히 영화를 사실적이라고 할 때, 그것은 영화의 재현 방식에 반응해서 영화 속 내용을 현실처럼 보는 데에 동의함을 뜻한다. 영화 속 내용은 실제 현실과 같지 않다. 우리는 영화가 현실의 복잡성을 똑같이 모방하기를 원하지 않으며 영화 역시 굳이 그러기 위해 노력하지 않는다. 이렇게 관객과 감독 사이에 맺어진 암묵적 합의를 '영화적 관습'이라고 한다. 영화적 관습은 영화사 초기부터 확립되어 온 산물로, 관객과 감독의 소통을 돕는다. 반복적인 영화 관람 행위를 통해 관객은 영화적 관습을 익히고 감독은 그것을 활용하여 관객에게 친숙함을 제공한다.

확립된 관습을 무시하거나 그것에 도전하는 것은 쉬운 일이 아니다. 그런데 프랑스의 누벨바그 감독들은 고전적인 영화 관습을 파괴하며 영화의 현대성을 주도하였다. 이들은 불필요한 사건을 개입시켜 극의 전개를 느슨하게 만들거나 단서나 예고 없이 시간적 순서를 뒤섞어 사건의 인과 관계를 교란하기도 했다. 이들은 자기만족적이고 독창적인 미학적 성취를 위해 영화의 고전적인 관습을 파괴하였다.

상업 영화에서도 부분적인 관습 비틀기가 수시로 일어난다. 이는 흥행을 목적으로 오락적 쾌감을 불러일으키기 위한 것이라는 점에서 누벨바그의 관습 파괴와는 차이가 있다. 가령, 근래 액션 영화의 감독들은 악당의 죽음으로 갈등이 해소되었다고 생각되는 순간, 악당을 다시 살려내어 갈등을 또 한 번 증폭하는 장면을 보여 준다. 이러한 관습 비틀기를 처음 접한 관객들은 당혹스러워하지만 일단 여기에 익숙해지면 느긋하게 '악당의 귀환'을 기대하게 된다.

파괴된 관습이 반복되다 보면 그것이 또 하나의 관습으로 자리를 잡는다. 따라서 영화적 관습은 고정적 규범일 수 없으며 시간에 따라 변하는 것으로 볼 수 있다.

① 관객은 반복적인 영화 관람을 통해 암묵적으로 합의된 영화적 관습을 익힐 수 있다.
② 자기만족을 위해 영화적 관습에 도전하는 행위는 영화의 현대성을 주도한다.
③ 현실의 복잡성을 그대로 모방한 영화는 사실적이라는 평가를 받는다.
④ 영화 속 내용이 시간적 순서에 따라 재현되는 방식은 영화적 관습의 예가 될 수 있다.
⑤ 프랑스의 누벨바그 감독들은 오랜 기간 확립되어 온 영화적 관습을 무시하였다.

16.

조선시대의 신분제도는 기본적으로 양천제(良賤制)였다. 조선은 국역(國役)을 지는 양인을 보다 많이 확보하기 위해 양천제의 법제화를 적극 추진해 나갔다. 양천제에서 천인은 공민(公民)이 아니었으므로 벼슬할 수 있는 권리가 박탈되었다. 뿐만 아니라 양인 · 천인 모두가 지게 되어 있는 역(役)의 경우 천인에게 부과된 역은 징벌의 의미를 띤 신역(身役)의 성격으로 남녀 노비 모두에게 부과되었다. 그에 반해 양인이 지는 역은 봉공(奉公)의 의무라는 국역의 성격을 지닌 것으로 남자에게만 부과되었다.

한편 양인 내에는 다양한 신분계층이 존재하였다. 그 중에서도 양반과 중인, 향리, 서얼 등을 제외한 대부분의 사람들은 상민이라고 불렸다. 상민은 보통 사람이란 뜻으로, 어떤 독자적인 신분 결정 요인에 의해 구별된 범주가 아니라 양인 중에서 다른 계층을 제외한 잔여 범주라고 할 수 있다. 따라서 후대로 갈수록 양인의 계층 분화가 진행됨에 따라 상민의 성격은 더욱 분명해졌고 그 범위는 축소되었다. 그럼에도 불구하고 상민은 조선시대 신분제 아래에서 가장 많은 인구를 포괄하는 주요 신분 범주 중 하나였다.

상민은 특히 양반과 대칭되는 개념으로 사용되기 시작하였는데 반상(班常)이란 표현은 이런 의미를 포함하고 있다. 상민을 천하게 부를 때에 '상놈'이라고 한 것도 양반과의 대칭을 염두에 둔 표현이라고 할 수 있다. 상민은 현실적으로 피지배 신분의 위치에 있었지만 법적으로는 양인의 일원으로서 양반과 동등한 권리를 가지고 있었다. 정치적으로 상민은 양반처럼 과거에 응시하여 관직에 나아갈 수 있었고 관학에서 교육받을 수 있는 권리를 가지고 있었다. 사회 · 경제적으로 거주 이전의 자유나 토지 소유 등 재산권 행사에 있어서도 상민과 양반의 차별은 없었다. 이는 상민이 양인의 일원이기 때문에 가능한 것이었다.

그러나 양천제가 시행되었다고 해서 양인 내부의 계층이동이 자유로웠다거나 대대로 벼슬해 온 양반들의 특권이 부정된 것은 아니었다. 상민은 양인으로서 법제적 권리는 가지고 있었지만 그것을 누리지는 못하였다. 상민이 가진 양인으로서의 권리는 현실에서 구현되기 어려운 경우가 대부분이었다. 상민은 그러한 권리를 누릴 만한 경제적 여건이 되지 않았고, 이를 효과적으로 관철시킬만한 정치적 권력이나 사회적 권위를 갖기 어려웠기 때문이다.

① 천인에게 부과되는 역의 부담은 양인보다 더 막중하였다.
② 상민은 보통 사람이란 뜻으로, 독자적인 신분 결정 요인에 의해 구별된 하나의 신분이었다.
③ 상민은 양반과 동등한 권리를 가지고 있음에도 현실적으로 피지배 신분의 위치에 있어야 했다.
④ 상민은 관학에서 교육을 받거나 과거에 응시할 수 있었다.
⑤ 양천제가 실시되었음에도 상민은 양인의 권리를 누리지 못했다.

17. 다음 중 ㉠과 ㉡에 대한 설명으로 옳지 않은 것은?

> 우리 헌법 제1조 제2항에서는 '대한민국의 주권은 국민에게 있고, 모든 권력은 국민으로부터 나온다.'라고 규정하고 있다. 이 규정은 국가의 모든 권력의 행사가 주권자인 국민의 뜻에 따라 이루어져야 한다는 의미로 해석할 수 있다. 따라서 국회의원이 지역구 주민의 뜻에 따라 입법해야 한다고 생각하는 사람이 있다면, 이 조항을 그러한 생각의 근거로 삼으면 될 것이다. 이 주장에서와 같이 대표자가 자신의 권한을 국민의 뜻에 따라 행사해야 하는 대표 방식을 ㉠ 명령적 위임 방식이라 한다. 명령적 위임 방식에서는 민주주의의 본래 의미가 충실하게 실현될 수 있으나, 현실적으로 표출된 국민의 뜻이 국가 전체의 이익과 다를 경우 바람직하지 않은 결과가 초래될 수 있다.
>
> 한편 우리 헌법에서는 '입법권은 국회에 속한다.(제40조)', '국회의원은 국가 이익을 우선하여 양심에 따라 직무를 행한다.(제46조 제2항)'라고 규정하고 있다. 이 규정은 입법권이 국회에 속하는 이상 입법은 국회의원의 생각에 따라야 한다는 뜻이다. 이 규정의 목적은 국회의원 각자가 현실적으로 표출된 국민의 뜻보다는 국가 이익을 고려하도록 하는 데 있다. 이에 따르면 국회의원은 소속 정당의 지시에도 반드시 따를 필요는 없다. 이와 같이 대표자가 소신에 따라 자유롭게 결정할 수 있도록 하는 대표 방식을 ㉡ 자유 위임 방식이라고 부른다. 자유 위임 방식에서 구체적인 국가 의사 결정은 대표자에게 맡기고, 국민은 대표자 선출권을 통해 간접적으로 대표자를 통제한다. 국회의원의 모든 권한은 국민이 갖는 이 대표자 선출권에 근거하기 때문에 자유 위임 방식은 헌법 제1조 제2항에도 모순되지 않으며, 우리나라는 기본적으로 이 방식의 입장을 취하고 있다.

① ㉠과 ㉡은 입법 활동에서 누구의 의사가 우선시되어야 하는가에 따라 구분된다.

② ㉠이 헌법 제1조 제2항을 따르는 것과 달리 ㉡은 모든 권력이 국민으로부터 나온다는 입장에 반대한다.

③ ㉠은 국민이 국회의원의 입법 활동을 직접적으로 통제할 수 있다는 입장을 취한다.

④ 국회의원이 자신의 소신에 따라 의사를 결정할 수 있다면 ㉡과 같은 입장을 취하는 것이다.

⑤ 국회의원의 소신을 중시하는 ㉡이더라도 국민의 의견은 간과되지 않는다.

18. 다음 글의 주제로 적절한 것은?

> 경쟁이라는 말은 어원적으로 '함께 추구한다'는 뜻을 내포한다. 경쟁의 논리가 기술의 진보와 생산성 향상에 크게 기여했음은 부인할 수 없다. 인간의 욕구 수준을 계속 높여 감으로써 새로운 진보와 창조를 가능케 한 것이다. 정치적인 측면에서도 경쟁 심리는 민주주의 발전의 핵심적인 동인(動因)이었다. 정치적 의지를 관철시키려는 이익집단 또는 정당 간의 치열한 경쟁을 통해 민주주의가 뿌리를 내릴 수 있었기 때문이다.
>
> 그러나 오늘날의 경쟁은 어원적 의미와는 달리 변질되어 통용된다. 경쟁은 더 이상 목적을 달성하기 위한 수단들 가운데 하나가 아니다. 경쟁은 그 자체가 하나의 범세계적인 지배 이데올로기로 자리 잡게 되었다.
>
> 경쟁 논리가 지배하는 사회에서는 승리자와 패배자가 확연히 구분된다. 경쟁 사회에서는 협상을 통해 갈등을 해소하거나 타협점을 찾을 여지가 없다. 그저 경쟁에서 상대방을 이기면 된다는 간단한 논리가 존재할 뿐이다.

① 경쟁의 어원　② 경쟁의 목적　③ 경쟁의 변모
④ 경쟁의 공정성　⑤ 경쟁의 부작용

19. 다음 글을 읽고 유추할 수 없는 것은?

> 경제 위기가 여성 노동에 미치는 영향에 관한 연구에서 나타나는 입장은 크게 세 가지로 분류할 수 있다. 첫째는 안전판 가설로, 여성 노동력은 주기적인 경기 변동의 충격을 흡수하는 일종의 산업예비군적 노동력으로써 경기 상승 국면에서는 충원되고 하강 국면에서는 축출된다는 가설이다. 둘째는 대체 가설로, 불황기에 기업은 비용 절감과 생산의 유연성 증대를 위해 남성 노동력을 대신하여 여성 노동력을 사용하기 때문에 여성의 고용이 완만하게 증가한다고 분석한다. 마지막으로 분절 가설에서는 여성 노동력이 특정 산업과 직무에 고용되어 있는 성별 직무 분리 때문에 여성의 고용 추이는 경기 변화의 영향을 남성 노동과 무관하게 받는다고 주장한다.
>
> 그런데 서구의 1970 ~ 1980년대 경기 침체기 여성 노동 변화에 대한 경험적 연구에 따르면, 이 기간에도 여성 고용은 전반적으로 증가하였으며 불황의 초기 국면에서는 여성 고용이 감소하지만 불황이 심화되면서부터는 여성 고용이 오히려 증가하는 경향을 보였다. 또한 경제 위기 자체보다도 산업별 · 규모별 · 직업별 구조적 변동이 여성 노동에 더 큰 영향을 미치는 것으로 나타났다. 이것은 세 가지 가설이 경기의 국면과 산업 부문에 따라 차별적으로 설명력을 갖는다는 것을 의미한다.

① 노동 시장에서 여성 노동은 남성 노동과 상호 작용하면서 존재한다.
② 추측의 산물인 가설은 경험 자료를 근거로 기각되거나 채택된다.
③ 경기 변동과 관계없이 여성의 경제 활동 참여가 지속적으로 증가하고 있다.
④ 복잡한 사회 상황을 특정의 입장에서 명료하게 해명하기는 어렵다.
⑤ 대체 가설에 따르면 여성의 임금은 남성보다 낮게 산정되어 있다.

20. '신축 아파트의 내부 대기에는 건설된 지 오래된 아파트의 내부 대기보다 유해물질이 더 많이 포함되어 있다'를 주장하기 위해 〈보기〉의 내용에 추가해야 할 내용은?

보기

새로 건설되는 아파트들은 주로 대도시나 신도시 개발이 활발히 진행되는 지역에 위치하는 경우가 많다. 그런데 공사 시 발생하는 먼지 및 유해물질과 교통 혼잡에 따른 차량 배기가스 등이 이 지역의 대기를 오염시킨다. 이렇게 오염된 대기는 아파트 안에도 축적되어 내부 대기를 오염시킨다.

① 오래된 아파트는 내부가 낡고 환기가 원활하게 되지 않아 세균과 곰팡이가 잘 번식하므로 내부 대기가 오염되기 쉽다.
② 대규모로 건설되는 새 아파트에는 입주한 인구만큼 자동차나 편의 시설이 늘어나, 이로 인한 배기가스와 오염물질 때문에 아파트의 내부 대기 또한 오염될 가능성이 높다.
③ 새 아파트를 시공할 때 사용되는 벽지나 건축자재 등에서 벤젠, 폼알데하이드, 석면, 일산화탄소, 부유세균 등의 발암 · 오염물질이 발생하여 내부 대기가 오염된다.
④ 교통량의 차이가 있는 수도권과 지방의 아파트 내부 대기를 비교해 보면, 수도권에 위치한 아파트의 내부 대기가 지방에 있는 아파트보다 더 오염되어 있으므로 교통량에 따른 대기의 오염도를 짐작해 볼 수 있다.
⑤ 새 아파트 신축 시 대기의 유해 물질을 줄이기 위해 자연친화적인 페인트와 건축 자재를 이용하는 기업들이 증가하고 있다.

언어 · 수추리

01. ○○기업에서는 신입사원과 선임들이 팀을 이루어 멘토링 프로그램을 진행하려고 한다. 다음 조건을 참고할 때, 옳지 않은 것은?

조건

- 신입사원은 A, B, C, D, E 5명이고 선임은 (가), (나), (다) 3명이다.
- B와 E는 같은 팀이다.
- (다) 선임은 C와 같은 팀이다.
- D는 (가) 선임과 같은 팀이 아니다.
- A, B, C, D, E 중 (가) 선임과 팀을 이룬 사람은 1명이다.
- 선임 (가), (나), (다)는 신입사원 2명 또는 1명과 팀을 이루며, 팀을 이루지 않는 사람은 없다.

① 선임 (나)는 B의 멘토이다.
② 선임 (다)는 D의 멘토이다.
③ A와 C의 멘토는 같다.
④ A와 D는 같은 팀이 아니다.
⑤ C와 D는 같은 팀이다.

02. 기획팀원들을 2개 팀으로 나누어 프로젝트를 진행하려고 한다. 다음 〈조건〉을 참고할 때, 같은 팀이 될 수 없는 구성은?

조건

- 기획팀원은 A, B, C, D, E, F 6명이다.
- 각 팀은 3명씩 구성한다.
- C와 E는 같은 팀이 될 수 없다.
- B가 속한 팀에는 A와 F 중 한 명이 반드시 속해 있어야 한다.

① A, B, C
② A, D, E
③ A, E, F
④ B, C, F
⑤ D, E, F

03. 다음 A, B 두 개의 명제가 참일 때, 빈칸에 들어갈 알맞은 명제는?

> A. 게으르지 않은 사람은 운동을 싫어하지 않는다.
> B. 긍정적이지 않은 사람은 운동을 싫어한다.
> C. 그러므로 (   )

① 긍정적이지 않은 사람은 게으르다.
② 운동을 싫어하는 사람은 긍정적이다.
③ 운동을 싫어하지 않는 사람은 긍정적이지 않다.
④ 긍정적이지 않은 사람은 운동을 싫어하지 않는다.
⑤ 긍정적인 사람은 게으른 사람이다.

04. 다음 명제들을 근거로 추론한 내용 중 항상 참인 것은?

> • 1호선을 타 본 사람은 2호선도 타 보았다.
> • 2호선을 타 본 사람은 5호선도 타 보았다.
> • 5호선을 타 본 사람은 3호선을 타 보지 않았다.
> • 3호선을 타 본 사람은 4호선을 타 보지 않았다.
> • 4호선을 타 본 사람은 1호선을 타 보지 않았다.

① 5호선을 타 보지 않은 사람은 1호선을 타 보았다.
② 3호선을 타 본 사람은 1호선을 타 보지 않았다.
③ 4호선을 타 보지 않은 사람은 5호선을 타 보았다.
④ 2호선을 타 본 사람은 4호선을 타 보았다.
⑤ 5호선을 타 보지 않은 사람은 3호선을 타 보았다.

[05 ~ 07] 다음 조건이 모두 성립한다고 가정할 때, 반드시 참인 것을 고르시오.

05.

- 안경을 쓰면 사물이 또렷하게 보인다.
- 헤드폰을 쓰면 소리가 크게 들린다.
- 안경을 쓰면 소리가 작게 들린다.
- 헤드폰을 쓰면 사물이 흐리게 보인다.

① 안경을 쓰면 헤드폰을 쓴 것이다.
② 소리가 크게 들리면 헤드폰을 쓴 것이다.
③ 헤드폰을 쓰면 안경을 쓰지 않은 것이다.
④ 사물이 또렷하게 보이면 안경을 쓴 것이다.
⑤ 소리가 작게 들리면 사물이 또렷하게 보인다.

06.

- 법학을 공부하는 사람은 모두 행정학 수업을 듣는다.
- 경제학 수업을 듣는 사람은 역사를 공부하지 않는다.
- 법학을 공부하는 사람은 철학을 공부한다.
- 경제학 수업을 듣지 않는 사람은 행정학 수업을 듣지 않는다.

① 경제학 수업을 듣는 사람은 법학을 공부한다.
② 철학을 공부하는 사람은 행정학 수업을 듣는다.
③ 역사를 공부하는 사람은 법학을 공부하지 않는다.
④ 법학을 공부하는 사람은 경제학 수업을 듣지 않는다.
⑤ 행정학 수업을 듣지 않으면 철학을 공부한다.

07.

- 지금 출전하는 선수는 공격수이다.
- 유효슈팅이 많은 선수는 골을 많이 넣는다.
- 공격수는 골을 많이 넣는다.

① 지금 출전하는 선수는 골을 많이 넣는 선수이다.
② 공격수가 아니면 골을 많이 넣지 않는 선수이다.
③ 골을 많이 넣는 선수는 유효슈팅이 많은 선수이다.
④ 유효슈팅이 많지 않으면 지금 출전하는 선수이다.
⑤ 지금 출전하지 않는 선수는 골을 많이 넣지 않는다.

08. **인사팀 직원 8명(A, B, C, D, E, F, G, H)이 한쪽 면에 4명씩 마주 보며 앉는 직사각형 테이블에 다음과 같이 앉아서 회의를 하고 있다. 각 직원들이 앉은 자리에 대한 설명으로 옳은 것은?**

가. A와 F는 서로 마주 보고 앉아 있다.
나. C와 E는 가장 멀리 떨어져 앉아 있다.
다. G와 B의 사이에는 F가 앉아 있다.
라. C와 B의 사이에는 두 사람이 앉아 있다.

① H와 E 사이에는 어느 경우에나 두 사람이 앉게 된다.
② B와 마주 보고 앉는 사람은 H이다.
③ A의 한쪽 옆자리에 D가 앉아 있다면 C는 H와 마주 보고 앉아 있다.
④ G의 옆자리에는 H 또는 D가 앉게 된다.
⑤ B는 어느 경우에나 H와 가장 멀리 떨어져 앉게 된다.

09. 다음은 P사의 근무 계획과 관련된 내용이다. 가장 적은 부서원이 근무하는 요일은?

- P사는 토요일을 제외한 나머지 요일에 한 사람 이상 출근해야 한다. 토요일만 휴일이다.
- 갑(남자)과 을(남자)은 평일에 하루씩 교대로 근무한다.
- 병(여자)은 평일 중 4일 근무하며, 이번 주에는 화요일에 쉬기로 했다.
- 정(여자)은 주말 1일과 평일 3일을 근무한다.
- 무(여자)는 주말 1일과 평일 1일을 근무한다. 이번 주에는 월요일에 반드시 근무하기로 했다.
- 평일 근무에 있어서 정은 여자 중 특정 1명하고만 근무를 같이 서도록 계획되어 있다.

① 일요일 ② 월요일 ③ 화요일
④ 수요일 ⑤ 목요일

10. 기획팀에서는 하반기 업무평가 점수를 토대로 점수가 가장 높은 1명에게는 상품을 지급하고 점수가 가장 낮은 1명에게는 직무교육을 받도록 하였다. 기획팀 직원들의 업무평가 점수가 다음과 같을 때 옳은 것은?

- 기획팀 직원은 A, B, C, D, E, F, G 모두 7명이다.
- F보다 업무평가 점수가 좋은 사람은 E를 포함해 2명이다.
- G는 A보다 업무평가 점수가 낮지만, C와 D보다는 점수가 높다.
- 직무교육을 받아야 하는 사람은 C이다.
- B는 E와 C보다 업무평가에서 좋은 점수를 받았다.
- 업무평가 점수가 같은 사람은 없다.

① A는 7명의 기획팀 직원 중 두 번째로 높은 점수를 받았다.
② D는 C와 함께 직무교육을 받아야 한다.
③ E보다 업무평가에서 좋은 점수를 받은 사람은 3명이다.
④ 업무평가에서 가장 좋은 점수를 받아 상품을 받은 사람은 B이다.
⑤ G보다 업무평가 점수가 낮은 사람의 수가 높은 사람의 수보다 많다.

[11 ~ 20] 다음 수열의 일정한 규칙을 찾아 빈칸에 들어갈 알맞은 숫자를 고르시오.

11.

1 −1 1 1 2 −2 6 ( )

① −3 ② 1 ③ 3
④ 6 ⑤ 8

12.

2 4 7 12 19 30 ( )

① 43 ② 44 ③ 45
④ 46 ⑤ 50

13.

7 8 15 23 38 61 ( )

① 91 ② 93 ③ 95
④ 98 ⑤ 99

14.

3 6 11 20 37 ( )

① 65　② 68　③ 70
④ 72　⑤ 75

15.

$\frac{3}{7}$ $\frac{5}{21}$ $\frac{7}{63}$ ( ) $\frac{11}{567}$

① $\frac{9}{126}$　② $\frac{9}{189}$　③ $\frac{9}{243}$
④ $\frac{9}{378}$　⑤ $\frac{9}{400}$

16.

1.2 2 1.5 5 2.1 11 2.4 14 ( ) 20

① 2.7　② 3　③ 3.2
④ 4　⑤ 4.1

17.

2　3　7　13　27　(　　)　107　213

① 35　② 48　③ 53
④ 68　⑤ 70

18.

0.8　0.59　0.38　(　　)　−0.04

① 0.21　② 0.17　③ 0.14
④ 0.08　⑤ 0.15

19.

2　−1　2　1　4　−2　12　(　　)

① −4　② 4　③ −6
④ 6　⑤ 8

20.

15　17　21　29　45　(　　)

① 55　② 61　③ 77
④ 82　⑤ 68

수리

01. 다음은 유료방송서비스 가입자에 관한 표이다. 이에 대한 설명으로 옳은 것은?

(단위 : 명)

구분				2019년	2020년	2021년
유료방송서비스 전체				19,419,782	22,062,740	22,294,159
유선방송	종합유선방송	디지털방송	유료시청	1,901,770	2,662,677	2,853,398
			무료시청	10,981	12,386	12,400
		아날로그방송	유료시청	12,900,924	12,093,121	11,894,754
			무료시청	199,552	285,671	277,092
		총계		15,013,227	15,053,855	15,037,644
	중계유선방송			216,573	176,106	184,178
	총계			15,229,800	15,229,961	15,221,822
일반위성방송				2,338,378	2,457,408	2,486,922
위성DMB				1,851,604	2,001,460	2,007,293
IPTV	실시간 IPTV			-	1,741,455	1,963,784
	Pre IPTV(VOD)			-	632,456	614,338
	총계			-	2,373,911	2,578,122

※ 유료방송서비스 중 둘 이상의 유료방송에 가입한 중복 가입자를 제외하지 않고 단순 합산함.

① 2021년도 IPTV의 가입자 수는 전년 대비 약 10% 이상 증가하였다.

② 아날로그방송의 유 · 무료시청 가입자 수 모두 지속적으로 감소하고 있다.

③ 2019년 유선방송에서 중계유선방송이 차지하는 비율은 1.5%가 채 되지 않는다.

④ 2019 ~ 2021년간 유료방송 전체 가입자 수의 평균은 약 2천 2백만 명이다.

⑤ 아날로그 방송의 유료시청 가입자 수가 해마다 감소하는 원인은 디지털 방송의 유료시청 가입자 수 증가에서 찾을 수 있다.

02. 다음은 지역별 학교 현황과 대학진학률에 관한 표이다. 이에 대한 설명으로 옳은 것은?

〈표 1〉 지역별 학교 현황

(단위 : 개)

구분	초등학교	중학교	고등학교	대학교	합계
서울	591	377	314	52	1,334
경기도	1,434	721	592	68	2,815
강원도	353	163	117	18	651
충청도	873	410	262	53	1,598
전라도	1,107	556	354	58	2,075
경상도	1,718	932	677	98	3,425
제주도	116	43	30	5	194

〈표 2〉 지역별 고등학교 졸업생의 대학진학률

(단위 : %)

구분	20X6년	20X7년	20X8년	20X9년
서울	65.6	64.7	64.2	62.8
경기도	81.1	80.6	78.5	74.7
강원도	92.9	90.8	88.4	84.2
충청도	88.2	86.7	84.0	80.1
전라도	91.3	88.1	86.9	81.9
경상도	91.8	89.6	88.2	83.8
제주도	92.6	91.5	90.2	87.6

① 20X9년 전국 고등학교 졸업생의 대학진학률 평균은 약 79.3%이다.

② 대학진학률의 순위는 각 지역의 대학교 개수와 서로 밀접한 관련이 있다.

③ 전체 학교의 개수가 많은 지역일수록 대학교의 개수도 많다.

④ 20X6년 대비 20X9년의 대학진학률 감소폭이 가장 작은 지역은 경기도이다.

⑤ 20X8년 전라도의 고등학교 졸업생 대학진학률은 20X7년에 비해 1.2% 감소하였다.

[03 ~ 04] 행사운영팀 소속 직원인 A 씨는 회사 행사 때 필요한 안내 책자를 제작하는 업무를 담당하고 있다. 다음의 상황을 보고 이어지는 질문에 답하시오.

〈행사 장소 도면〉

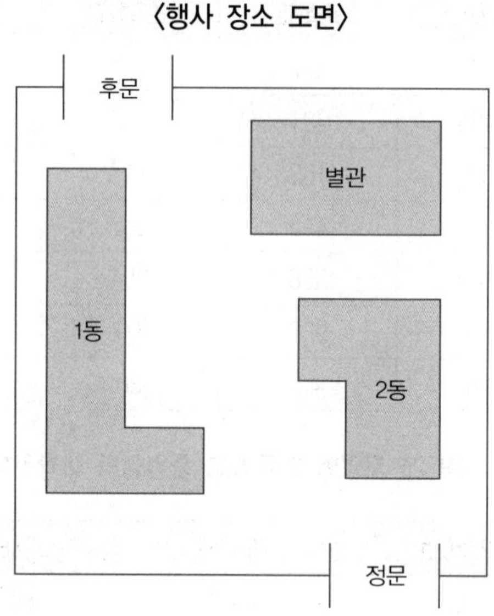

- 안내 책자 제작비용(안내 책자 제작비＋안내 책자 비치대 제작비)
  - 안내 책자 제작비용 : 단면 한 권 10,000원, 양면 한 권 18,000원
  - 안내 책자 비치대 제작비용 : 건물 내부용 8,000원, 건물 외부용 12,000원
- 행사 안내판 제작비용
  - 기본 크기에서 추가된 크기만큼 1m^2당 1,500원씩 추가 비용이 발생한다.
  - 기본 크기는 2m×3m, 기본 크기 비용은 4,000원

03. 다음은 제작할 안내 책자에 관한 정보이다. 안내 책자 제작에 필요한 비용은 총 얼마인가?

> • 안내 책자를 비치할 장소 : 1동 내부 한 곳, 2동과 별관 사이 한 곳, 후문 앞에 한 곳
> • 기타 사항 : 책자는 전부 단면으로 제작, 단 실내에 비치할 책자는 양면으로 제작, 각 장소마다 30권씩 제작

① 1,112,000원 ② 1,132,000원 ③ 1,172,000원
④ 1,320,000원 ⑤ 1,400,000원

04. A 씨는 안내 책자 제작비용을 정리한 후 팀장에게 보고하였고 이에 팀장은 다음과 같이 추가 지시사항을 주었다. 행사 안내판 제작비용은 총 얼마인가?

> 방문객이 편리하게 이용할 수 있도록 행사 안내판을 설치하면 좋겠습니다. 정문과 후문에 하나씩, 그리고 별관 앞에 하나 설치하는 게 좋겠군요. 정문에는 2m×8m의 크기, 후문과 별관 앞에는 3m×5m의 크기로 제작하는 걸로 해서 총 제작비용이 얼마인지 확인한 뒤 알려주세요.

① 54,000원 ② 55,000원 ③ 56,000원
④ 58,000원 ⑤ 60,000원

05. 다음은 K 기업의 여비규정과 K 기업의 직원 J의 출장 일정이다. J가 받을 총 여비는?

〈여비규정〉

제1조(일반출장) ① 일반출장여비는 운임, 일비, 숙박비, 식비로 한다.
② 출발일과 도착일은 여행일수에 포함한다.
제2조(운임의 구분과 적용) ① 운임은 철도임, 버스임으로 구분한다.
② 철도임은 철도여행에, 버스임은 철도 외의 육로여행에 각각 적용한다.
제3조(일비) ① 일비는 '별표 제1호'에 따라 지급한다.
② 일비는 여행일수에 따라 지급한다.
제4조(숙박비) 숙박비는 '별표 제1호'의 상한액 내에서 실비를 지급한다.
제5조(식비) 식비는 1일 2식비를 기준으로 '별표 제1호'에 따라 지급하되, 숙박의 경우 1식비를 추가로 지급한다.

〈별표 제1호〉

(단위 : 원)

구분	운임		일비(1일당)	숙박비(1일당 상한액)	식비(1일당)
	철도임	버스임			
직원	실비	실비	16,000	70,000	18,000

〈직원 J의 출장 일정〉

날짜	일정	시각	비고
1일차	출발	10 : 00	철도 이용 23,500원
	식사	13 : 00	식사 비용 8,000원
	숙박	–	숙박비 75,000원
2일차	회의	09 : 00	–
	만찬	17 : 00	–
	숙박	–	숙박비 60,000원
3일차	복귀	11 : 00	철도 이용 26,500원

① 280,000원　② 300,000원　③ 320,000원
④ 340,000원　⑤ 350,000원

06. 다음은 이동통신시장 추이에 대한 자료이다. 이에 대한 설명으로 옳지 않은 것을 〈보기〉에서 모두 고른 것은?

〈자료 1〉 4대 이동통신사업자 매출액

(단위 : 백만 달러)

구분	A사	B사	C사	D사	합계
20X6년	3,701	3,645	2,547	2,958	12,851
20X7년	3,969	3,876	2,603	3,134	13,582
20X8년	3,875	4,084	2,681	3,223	13,863
20X9년 1 ~ 9월	2,709	3,134	1,956	2,154	9,953

〈자료 2〉 이동전화 가입 대수 및 보급률

(단위 : 백만 대, %)

구분	20X4년	20X5년	20X6년	20X7년	20X8년
가입 대수	52.9	65.9	70.1	73.8	76.9
보급률	88.8	109.4	115.5	121.0	125.3

※ 보급률(%) = $\frac{\text{이동전화 가입 대수}}{\text{전체 인구}} \times 100$

보기

㉠ 20X7년 4대 이동통신사업자 중 A, C사의 매출액 합은 전체 매출액 합계의 50%를 넘는다.

㉡ 20X8년에 A사와 B사의 매출액 순위가 역전된 것을 제외하고는, 20X6년부터 20X8년까지의 매출액 순위는 동일하다.

㉢ A사의 20X9년 10 ~ 12월 월평균 매출액이 1 ~ 9월의 월평균 매출액과 동일하다면, A사의 20X9년 전체 매출액은 약 36억 천2백만 달러가 된다.

㉣ 20X8년 보급률을 통해 그 해의 전체 인구가 약 7천만여 명임을 알 수 있다.

① ㉠, ㉡ ② ㉠, ㉣ ③ ㉡, ㉢
④ ㉡, ㉣ ⑤ ㉢, ㉣

[07 ~ 08] K 그룹 인사팀에서 부서배치를 위해 신입사원 A ~ G를 대상으로 시험을 치렀다. 다음의 내용을 참고하여 이어지는 질문에 답하시오(단, 각 시험은 10점 만점이다).

〈신입사원 시험 결과〉

(단위 : 점)

구분	1차 시험	2차 시험	3차 시험	희망 부서
A	9	8	4	경영관리팀
B	6	8	6	전력관리팀
C	4	10	5	전산관리팀
D	9	6	6	기획운영팀
E	7	9	4	전산관리팀
F	8	6	7	기획운영팀
G	8	7	6	전력관리팀

〈부서별 결원 현황〉

(단위 : 명)

부서	결원 수	부서	결원 수
경영관리팀	2	토목관리팀	1
전력관리팀	1	전산관리팀	2
성장사업팀	1	기획운영팀	2

07. 신입사원 중 한 명을 다음 기준에 따라 핵심 인재로 선정한다면, 그 사람은 누구인가?

- 4점 이하를 받은 적이 있는 사람은 선정 대상에서 제외한다.
- 1차 시험의 점수는 20점 만점으로 환산한다.
- 2차 시험의 점수는 30점 만점으로 환산한다.
- 3차 시험의 점수는 50점 만점으로 환산한다.
- 환산 점수의 합이 가장 높은 사람을 핵심 인재로 선정한다.

① A ② B ③ D ④ F ⑤ G

08. 1 ~ 3차 시험의 점수를 합산하여 점수가 높은 사람부터 순서대로 희망 부서에 배치한다고 할 때, 자신이 희망하는 부서에 배치되지 못하는 신입사원은?

① B ② C ③ E ④ G ⑤ 없다.

09. 다음은 20XX년도 영업부 신입사원 평가 결과를 정리한 것이다. 이에 대한 설명으로 적절하지 않은 것은?

(단위 : 점)

구분	사원명	팀명	영업실적	기본 자질 능력	
				영어회화 능력	컴퓨터활용 능력
1	김성현	영업1팀	100	78	100
2	신지민	영업2팀	87	69	98
3	강소진	영업2팀	78	59	96
4	이희진	영업3팀	92	68	95
5	이동선	영업1팀	74	60	70
6	김민기	영업2팀	95	58	92
7	구연정	영업2팀	86	88	78
8	조정연	영업1팀	75	78	80
9	오원석	영업3팀	94	93	68
10	양동욱	영업3팀	83	60	90

조건

- 1팀은 국내팀, 2팀은 국외팀, 3팀은 본사팀이다.
- 영업실적이 85점 이상 ~ 90점 미만이면 5%, 90점 이상 ~ 95점 미만이면 10%, 95점 이상이면 20%의 인센티브를 받게 된다.
- 영업실적과 기본 자질 능력(영어회화 능력, 컴퓨터활용 능력) 점수가 모두 60점 이상이고 평균 70점 이상이면 통과, 그렇지 않으면 미달로 표시한다.
- 영어회화 능력 점수가 85점 이상이면 해외연수를, 85점 미만이면 국내연수를 받게 된다.

① 인센티브를 받지 못하는 사원은 총 4명이다.

② 점수 미달로 통과하지 못한 사원은 2명이다.

③ 총 2명의 사원이 해외연수를 가게 될 것이다.

④ 국내팀 사원은 총 3명이며, 3명 모두 국내연수를 받게 될 것이다.

⑤ 20%의 인센티브를 받는 사원은 총 2명이다.

10. 다음은 청소년의 일평균 스마트폰 이용 현황 및 이용 시간에 관한 조사이다. 이에 대한 설명으로 옳지 않은 것은?

〈표 1〉 청소년(12 ~ 19세)의 일평균 스마트폰 이용 현황

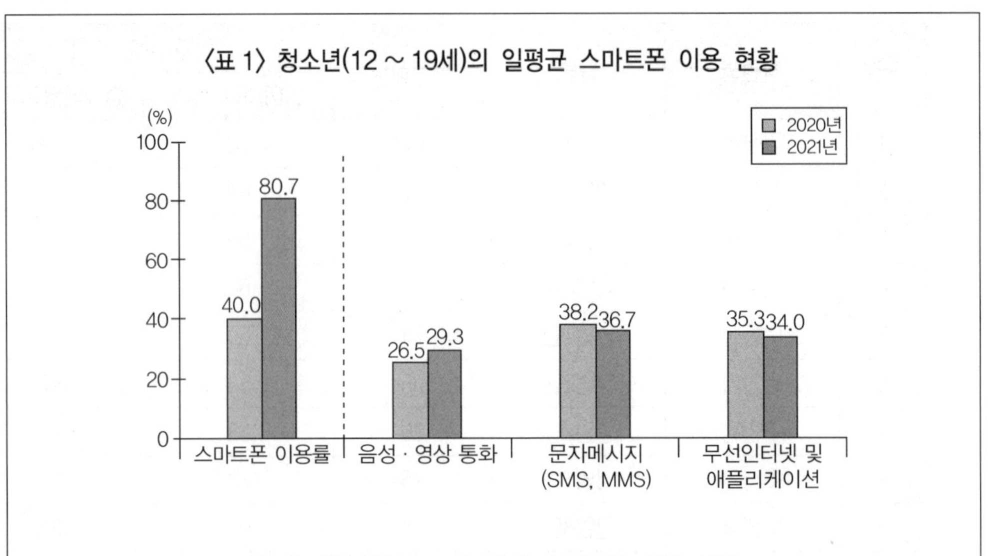

〈표 2〉 청소년(12 ~ 19세)의 스마트폰 이용 시간

(단위 : 시간, %)

구분	일평균 이용 시간	시간별 이용률				
		계	1시간 미만	1시간 이상 ~ 2시간 미만	2시간 이상 ~ 3시간 미만	3시간 이상
2020년	2.7	100.0	16.0	24.3	18.0	41.7
2021년	2.6	100.0	7.7	28.9	27.0	36.4

① 청소년들은 스마트폰으로 음성 · 영상 통화보다 문자메시지를 더 많이 사용한다.

② 2021년 청소년의 스마트폰 일평균 이용 시간은 전년과 비슷한 수준이다.

③ 청소년의 스마트폰 일평균 이용 시간은 시간별 이용률에서 가장 많은 비중을 차지하는 이용 시간보다 많다.

④ 2021년 청소년의 일평균 스마트폰 이용률은 전년에 비해 40%p 이상 증가하였다.

⑤ 2020년과 2021년, 3시간 이상 스마트폰을 사용한다고 답한 청소년들의 정확한 수는 알 수 없다.

11. 한 카페에서 무료음료쿠폰 뽑기 이벤트를 진행하고 있다. 쿠폰은 총 5개로, 가로세로 5칸으로 된 25칸짜리 박스 안에 하나씩 들어 있다. 한 사람당 칸을 고를 수 있는 기회가 3번씩 주어진다고 했을 때, 두 번 만에 쿠폰이 있는 칸을 고를 확률은 얼마인가? (단, 소수점 첫째 자리에서 반올림한다)

① 9%　② 11%　③ 14%
④ 16%　⑤ 17%

12. 회사에서 3km 떨어진 거래처에 가기 위해 분당 60m의 속도로 걷던 도중 약속시간에 늦을 것 같아 '붉은 벽돌집 카페'에서부터는 분당 80m의 속도로 바꿔 걸었더니 40분 만에 거래처에 도착하였다. 회사에서 '붉은 벽돌집 카페'까지의 거리는 얼마인가?

① 600m　② 800m　③ 1,000m
④ 1,100m　⑤ 1,200m

13. 16장의 종이에 큰 활자와 작은 활자를 사용하여 21,000자의 활자를 찍어야 하는데, 큰 활자는 한 장에 1,200자가 들어가고, 작은 활자는 한 장에 1,500자가 들어간다. 1,500자의 활자를 사용한 종이는 몇 장인가? (단, 종이 한 장당 들어가는 활자는 큰 활자 또는 작은 활자 중 한 종류여야만 한다)

① 6장　② 7장　③ 8장
④ 9장　⑤ 10장

14. 재인이는 인터넷 쇼핑몰에서 가습기와 서랍장을 하나씩 구매하여 총 183,520원을 지불하였다. 이때 가습기는 정가의 15%를, 서랍장은 정가의 25%를 할인받아 평균 20%의 할인을 받고 구매한 것이라면, 가습기의 정가는 얼마인가?

① 89,500원 ② 92,100원 ③ 106,300원
④ 114,700원 ⑤ 125,000원

15. 현재 지점에서 20km 떨어진 A 지점까지 3시간 이내로 왕복을 하려고 한다. A 지점까지 갈 때 15km/h의 속력으로 달렸다면, 돌아올 때는 최소한 몇 km/h의 속력으로 달려야 하는가?

① 8km/h ② 8.5km/h ③ 10km/h
④ 12km/h ⑤ 15km/h

16. 어떤 호수의 둘레를 따라 나무를 10m 간격으로 심을 경우와 15m 간격으로 심을 경우에 심을 수 있는 나무의 개수는 5그루 차이가 난다. 이 경우 25m 간격으로 나무를 심는다면 총 몇 그루의 나무를 심을 수 있는가?

① 4그루 ② 5그루 ③ 6그루
④ 7그루 ⑤ 8그루

17. 어떤 회사에 사원 Y명과 사장 한 명이 근무하는데, 사원들의 평균 월급은 X원이고 사장의 월급은 그것의 3배이다. 사원들의 월급과 사장의 월급을 더한 회사 전체 평균 월급은 얼마인가?

① $\frac{X(3X+1)}{Y}$원 ② $\frac{3(X+XY)}{XY}$원 ③ $\frac{3(X+1)}{X+Y}$원

④ $\frac{X(Y+3)}{Y+1}$원 ⑤ $\frac{XY}{3(X+Y)}$원

18. 우진이가 하면 A일, 정은이가 하면 B일이 걸리는 일이 있다. 처음 3일은 정은이가 혼자, 나머지는 우진이가 혼자 했다면 우진이가 일한 날은 총 며칠인가?

① $\frac{A(3+B)}{AB}$일 ② $\frac{A-3B}{AB}$일 ③ $\frac{A(B-3)}{B}$일

④ $\frac{B(A-3)}{B}$일 ⑤ $\frac{3A(B-1)}{B}$일

19. 지호는 반지름이 25cm인 굴렁쇠를 직선으로 된 도로에서 60m 굴렸다. 이때 굴렁쇠는 약 몇 번을 회전하게 되는가? (단, π는 3.14로 계산하며, 소수점 아래 첫째 자리에서 반올림한다)

① 21번 ② 27번 ③ 35번

④ 36번 ⑤ 38번

20. 25%의 소금물 600g을 증발시켜 30%의 소금물을 만들려고 할 때, 몇 g의 물을 증발시켜야 하는가?

① 50g ② 60g ③ 80g

④ 90g ⑤ 100g

도식추리

[01 ~ 03] 다음 흐름도에서 각각의 기호들은 정해진 규칙에 따라 도형을 변환시키는 약속을 나타내는 암호이다. 각 문제의 빈칸에 들어갈 알맞은 도형을 고르시오.

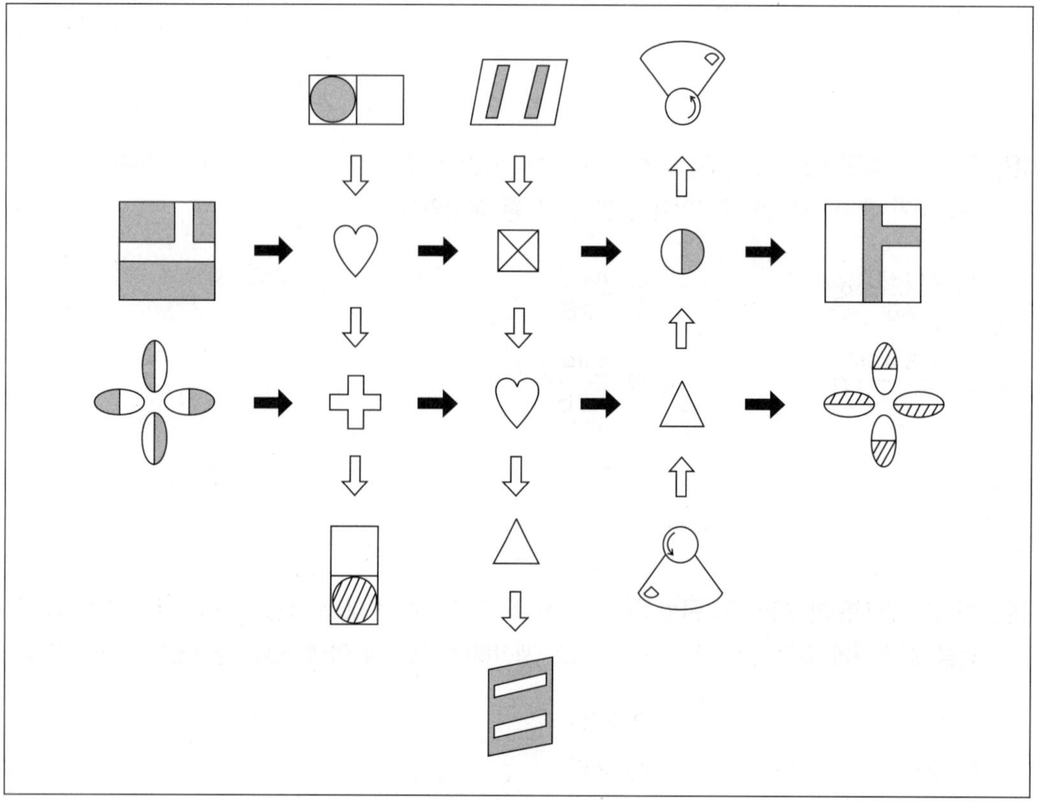

01.

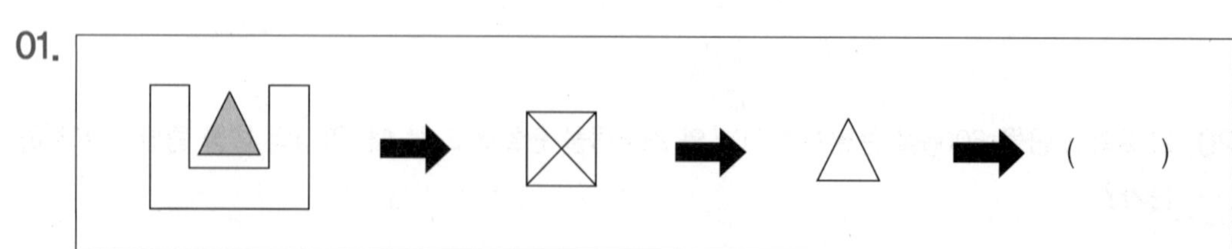

① 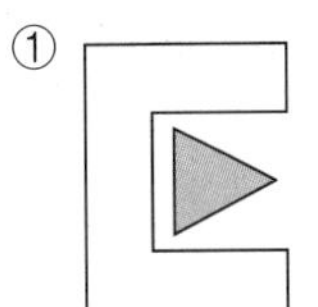
② 
③ 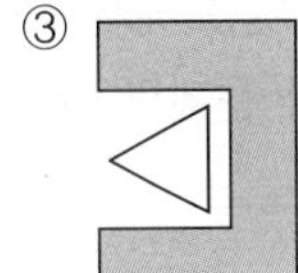
④ 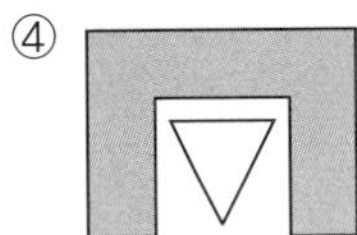
⑤ 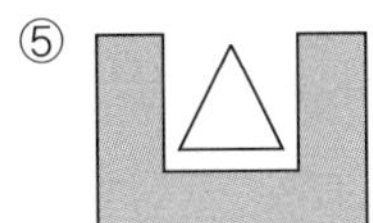

02.

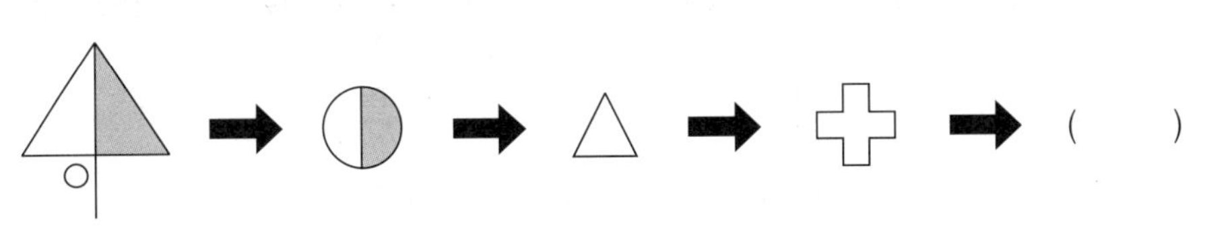

① 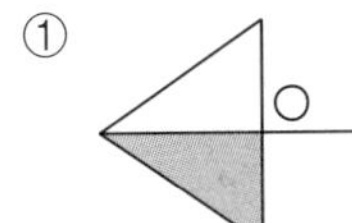
② 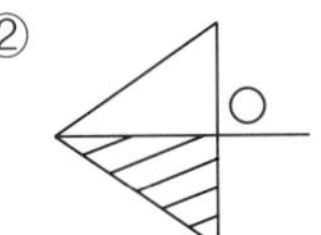
③ 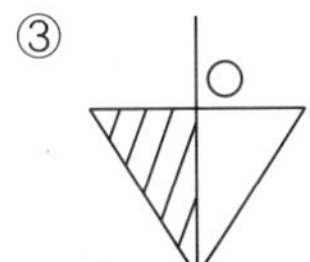
④ 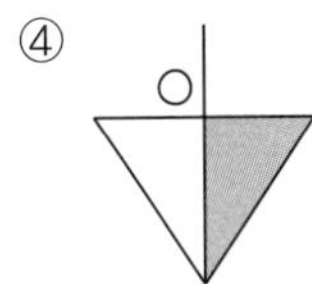
⑤ 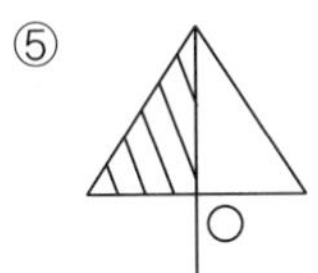

03.

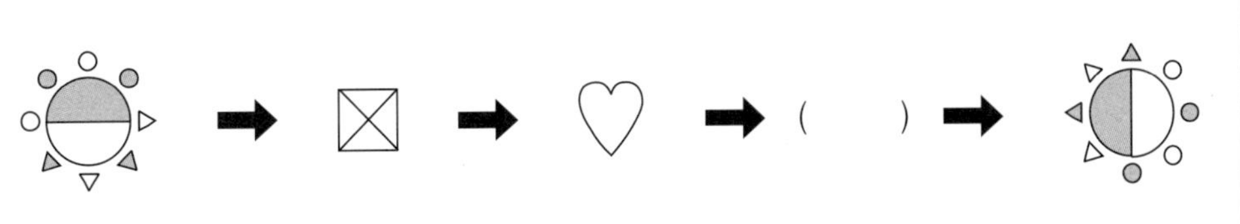

① 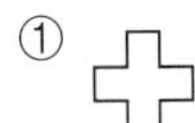
② 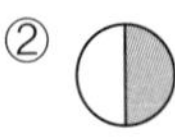
③ 
④ 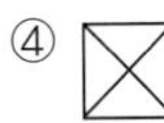
⑤ 

[04 ~ 06] 다음 흐름도에서 각각의 도형들은 정해진 규칙에 따라 문자를 변환시키는 암호의 약속을 나타낸 것이다. 각 문제의 빈칸에 들어갈 문자를 고르시오.

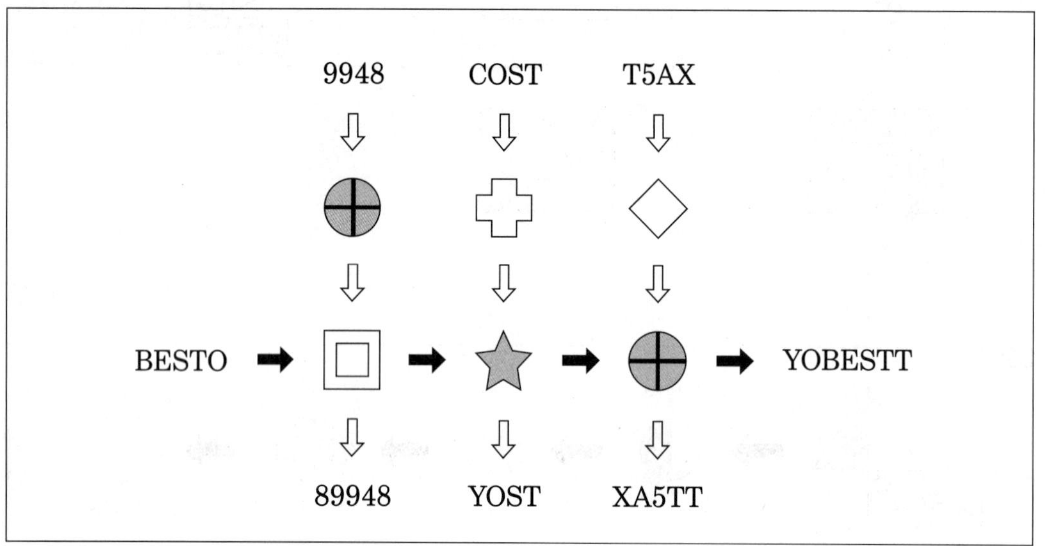

04.

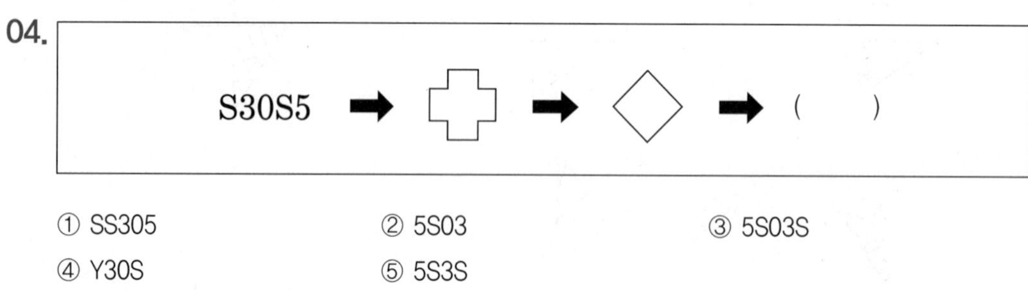

① SS305 ② 5S03 ③ 5S03S
④ Y30S ⑤ 5S3S

05.

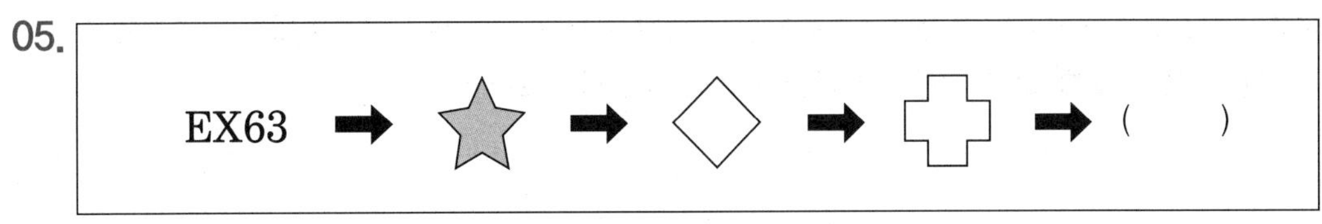

① EEX6 ② 36XEY ③ 3E6XX
④ 6XEY ⑤ 36XE

06.

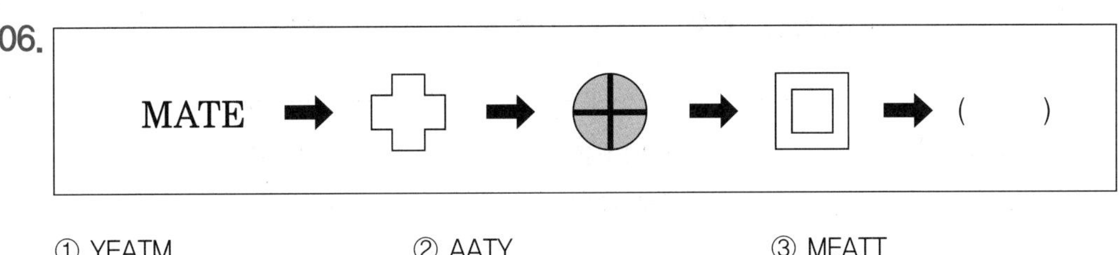

① YEATM ② AATY ③ MEATT
④ ATEE ⑤ EATE

[07 ~ 09] 다음 흐름도에서 각각의 도형들은 정해진 규칙에 따라 문자를 변환시키는 암호의 약속을 나타낸 것이다. 이를 보고 빈칸에 들어갈 문자나 도형을 고르시오.

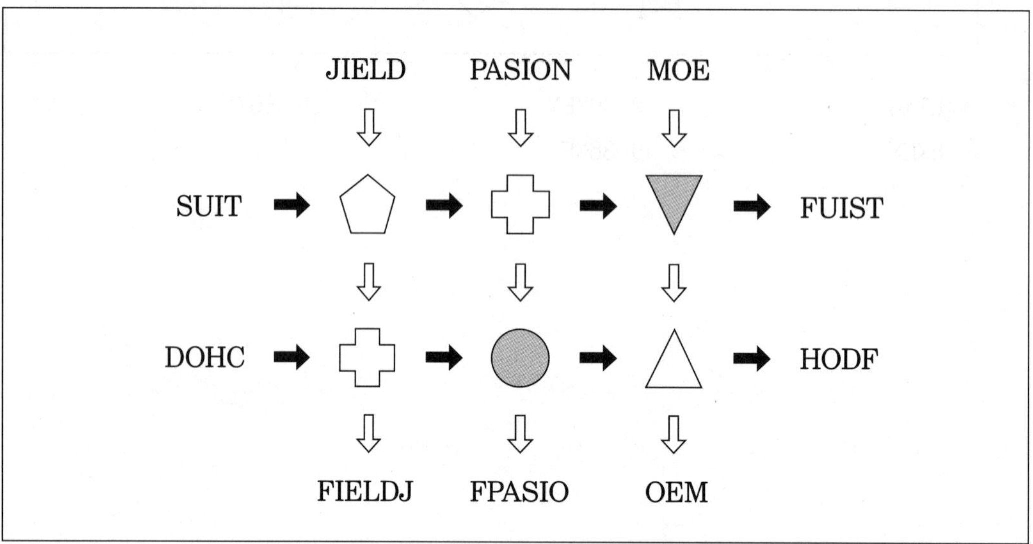

07.

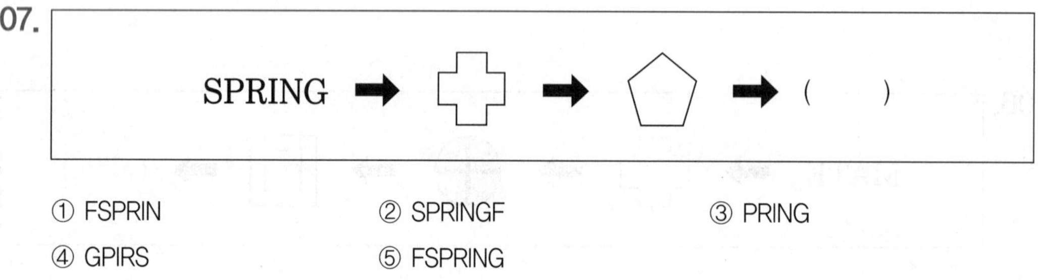

① FSPRIN ② SPRINGF ③ PRING
④ GPIRS ⑤ FSPRING

08.

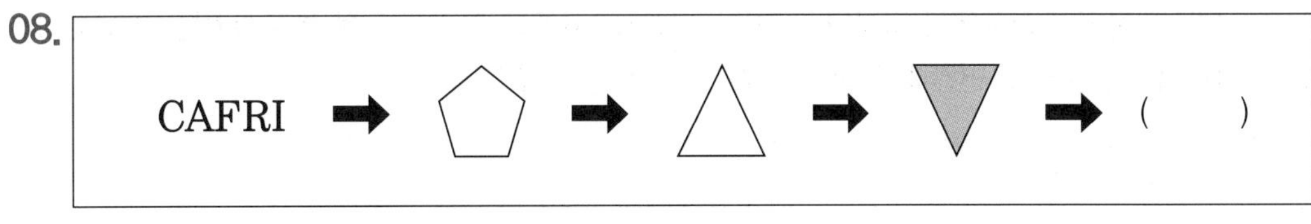

① FRFAC ② AFIRC ③ CIRAF
④ CAFIF ⑤ CIRF

09.

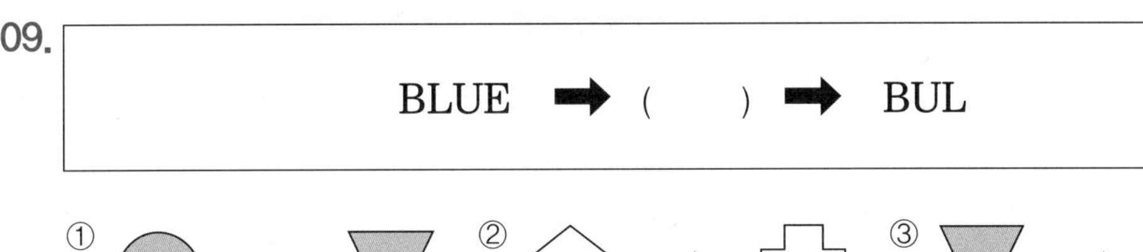

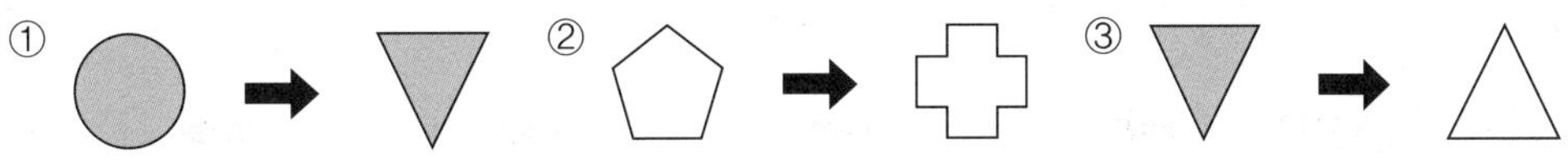

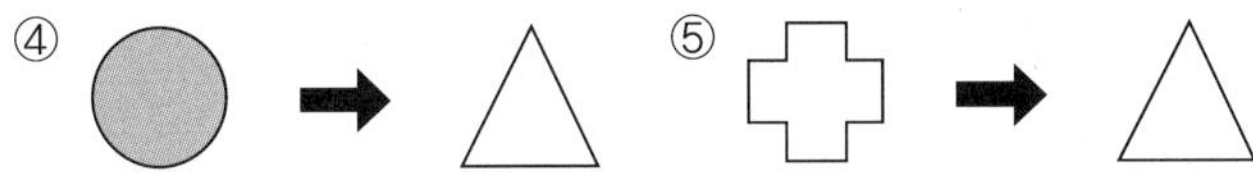

[10 ~ 12] 다음의 흐름도에서 각각의 도형들은 정해진 규칙에 따라 문자를 변환시키는 약속을 나타낸 암호이다. 각 문제의 빈칸에 들어갈 문자 또는 도형을 고르시오.

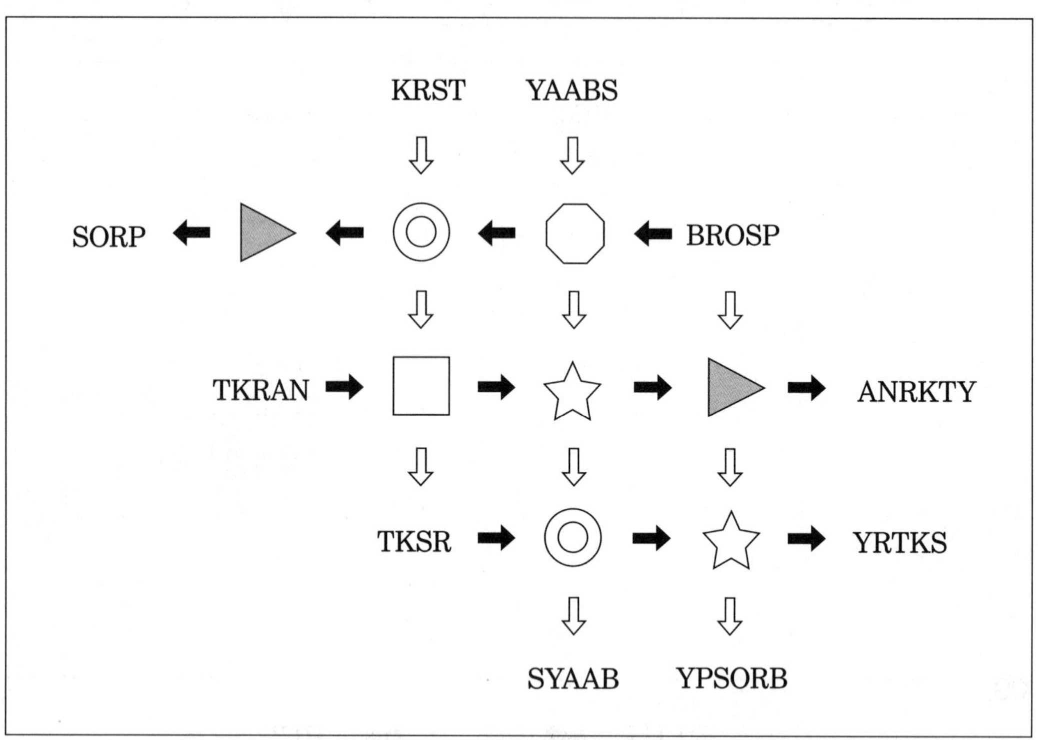

10.

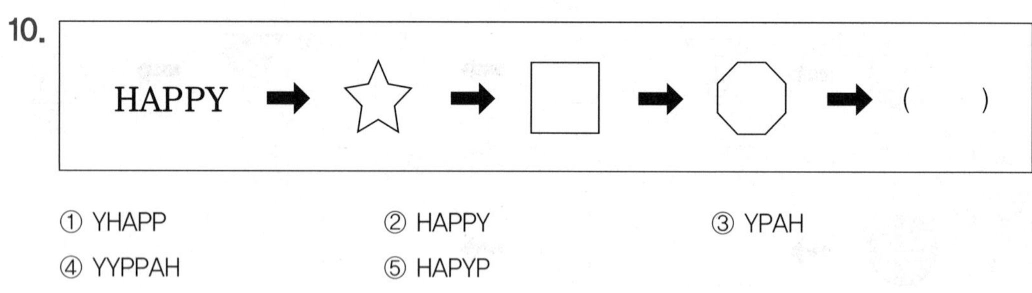

① YHAPP　　② HAPPY　　③ YPAH
④ YYPPAH　　⑤ HAPYP

11.

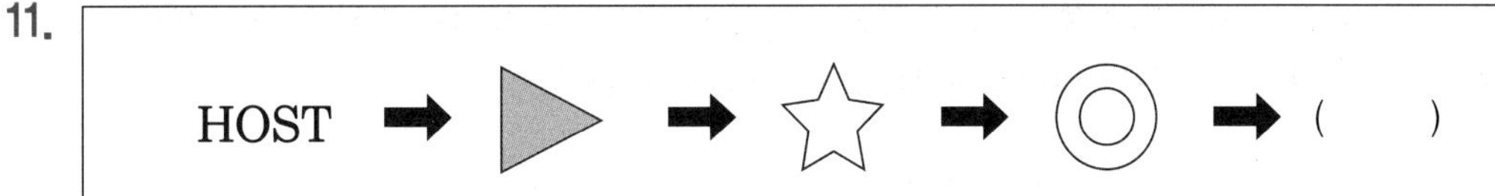

① YTSOH ② TSOHY ③ STOH
④ HYTSO ⑤ HYTOS

12.

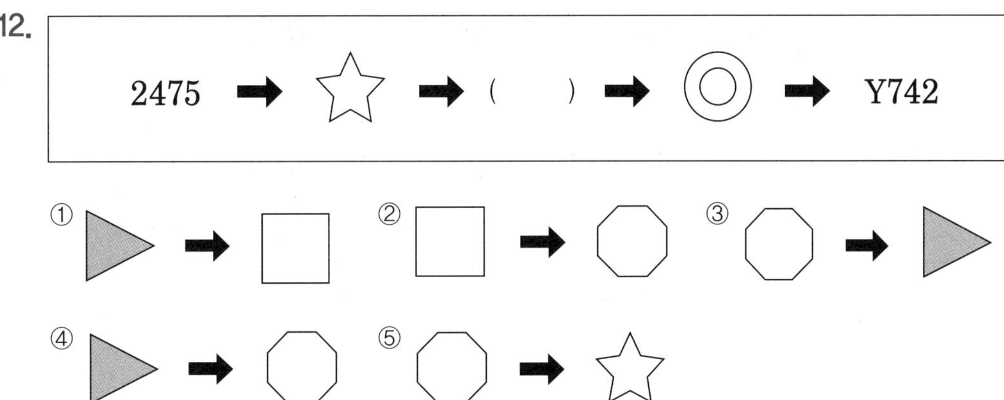

[13 ~ 15] 다음 흐름도에서 각각의 도형들은 일정한 규칙에 따라 문자를 변환시키는 약속을 나타낸 암호이다. 각 문제의 빈칸에 들어갈 문자 또는 도형을 고르시오.

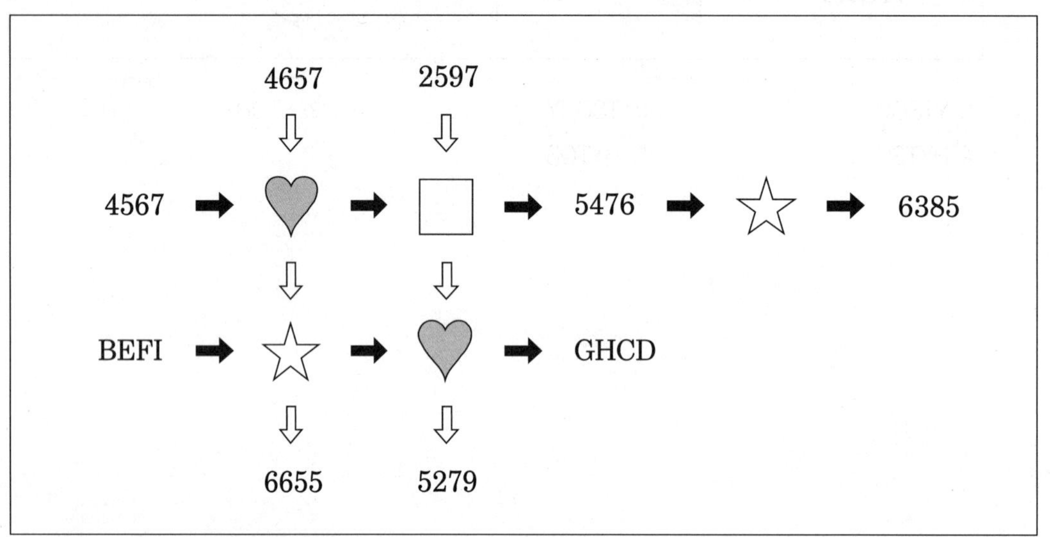

13.

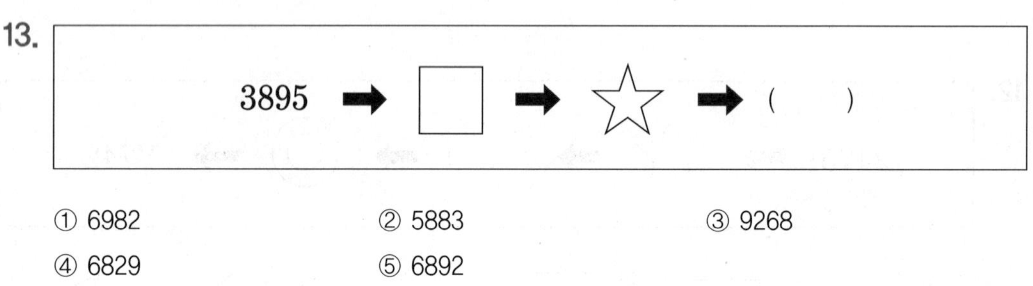

① 6982 ② 5883 ③ 9268
④ 6829 ⑤ 6892

14.

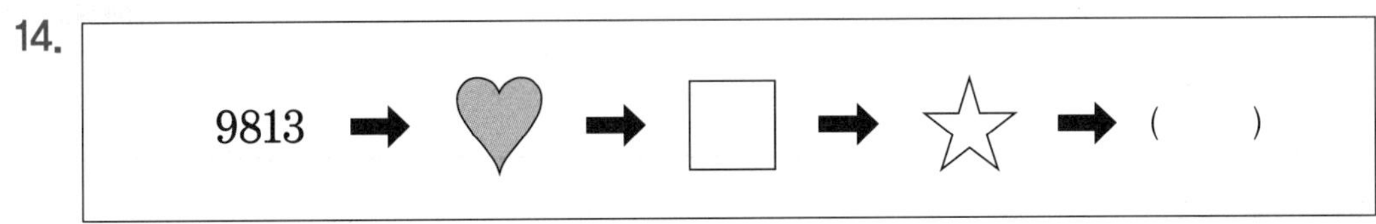

① 9084 ② 9048 ③ 4098

④ 9840 ⑤ 9980

15.

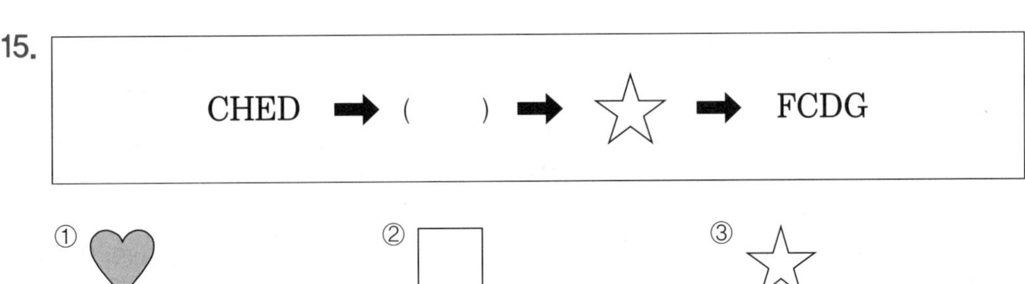

① 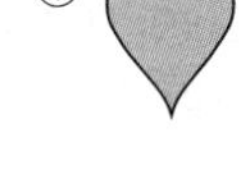

② 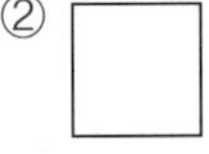

③ 

④ 

⑤ 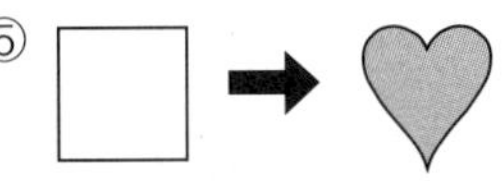

4회 기출예상문제

시험시간	90 분
문항수	75 문항

▶ 정답과 해설 49쪽

언어

01. 다음 글의 주제로 가장 적절한 것은?

> 최근 다도해 지역을 해양사의 관점에서 새롭게 주목하는 논의가 많아졌다. 그들은 주로 다도해 지역의 해로를 통한 국제 교역과 사신의 왕래 등을 거론하면서 해로 및 포구의 기능과 해양 문화의 개방성을 강조하고 있다. 한편 다도해는 오래전부터 유배지로 이용되었다는 사실이 자주 언급됨으로써 그동안 우리에게 고립과 단절의 이미지로 강하게 남아 있었다. 이처럼 다도해는 개방성의 측면과 고립성의 측면에서 모두 조명될 수 있는데, 이는 섬이 바다에 의해 격리되는 한편 바다를 통해 외부 세계와 연결되기 때문이다.
>
> 다도해의 문화적 특징을 말할 때 흔히 육지에 비해 옛 모습의 문화가 많이 남아 있다는 점이 거론된다. 섬은 단절된 곳이므로 육지에서는 이미 사라진 문화가 섬에는 아직 많이 남아 있다고 여기는 것이다. 또한 섬이라는 특수성 때문에 무속이 성하고 마을굿도 풍성하다고 생각하는 이들도 있다. 이러한 견해는 다도해를 고립되고 정체된 곳이라고 생각하는 관점과 통한다. 실제로는 육지에도 무당과 굿당이 많은데도 관념적으로 섬을 특별하게 여기는 것이다.
>
> 이런 관점에서 '진도 다시래기'와 같은 축제식 장례 풍속을 다도해 토속 문화의 대표적인 사례로 드는 경우도 있다. 지금도 진도나 신안 등지에 가면 상가(喪家)에서 노래하고 춤을 추며 굿을 하는 것을 볼 수 있는데, 이런 모습은 고대 역사서의 기록과 흡사하므로 그 풍속이 고풍스러운 것은 분명하다. 하지만 기존 연구에서 밝혀졌듯이 진도 다시래기가 지금의 모습을 갖추게 된 데에는 육지의 남사당패와 같은 유희 유랑 집단에서 유입된 요소들의 영향도 적지 않다. 이런 연구 결과는 다도해의 문화적 특징을 일방적인 관점에서 접근해서는 안 된다는 점을 시사해 준다.

① 다도해의 역사를 재조명함으로써 우리의 해양사를 제대로 이해할 수 있다.
② 다도해의 풍속을 섬이라는 고립과 단절의 관점으로만 이해해서는 안 된다.
③ 다도해의 문화적 특징을 제대로 파악하기 위해서는 육지의 풍속과 비교해야 한다.
④ 다도해의 개방성과 고립성은 다도해의 토속 문화를 구축하는 데 많은 영향을 끼쳤다.
⑤ 진도 다시래기와 같은 축제식 장례 풍속은 육지에서 영향을 받았다.

02. 다음 기사문의 ㉠에 들어갈 문장으로 가장 적절한 것은?

> **스마트폰 속 콜탄 0.02g … "(　　　　　㉠　　　　　)"**
>
> 스마트폰 한 대에 들어가는 탄탈룸의 양은 총 0.02g. 22g가량 쓰이는 알루미늄의 1,100분의 1 수준이다. 이 소량의 자원 때문에 전쟁이 그치지 않았다. 콩고민주공화국(이하 민주콩고)의 얘기다. 콩고에는 전 세계 콜럼바이트–탄타라이트(콜탄)의 70 ~ 80%가 매장돼 있다. '자원의 저주'다.
>
> 콜탄은 처리 과정을 거쳐 탄탈륨이 된다. 합금하면 강도가 세지고 전하량도 높아 광학용 분산유리와 TV · 절삭공구 · 항공기 재료 등에 쓰이며 휴대폰에도 들어간다. 콜탄 생산량의 3분의 2는 전자제품의 캐퍼시터를 만드는 데 쓰인다. 캐퍼시터는 전류를 조절해 단말기의 부품이 제 기능을 발휘하도록 만드는 장치다.
>
> 지난해 콜탄 1위 생산국은 민주콩고, 2위는 르완다로, 두 나라가 전 세계 생산량의 66%를 차지하고 있다. 미국 지질조사국(USGS)에 의하면 미국에서만 1년 새 소비량이 27% 늘었다. 지난해 9월 1kg당 값이 224달러였다. 1월의 193달러에서 16%가 올랐다. 스마트폰이 나오기 직전인 2006년 1kg당 70달러에서 300% 넘게 올랐다. 지난해 전 세계 채굴량은 1,800t이다.
>
> 이 콜탄이 민주콩고의 내전 장기화에 한몫했다는 주장이 곳곳에서 나왔다. 휴대폰 이용자들이 기기를 바꿀 때마다 콩고 국민 수십 명이 죽는다는 말도 있다. '피 서린 휴대폰(bloody mobile)'이란 표현이 나올 정도다. 콩고 내전은 1996년 시작돼 2003년 공식 종료됐다. 이후로도 크고 작은 분쟁이 그치질 않고 있다. 이 기간에 500만 명이 희생됐다. 전문가 ○○○ 교수는 "민주콩고에서는 우간다 · 르완다와의 접경에서 아직 분쟁이 일어나고 있다"며 "콜탄이 많이 나오는 동북부 지역도 그중 하나"라고 말했다.

① 콩고와 르완다가 콜탄을 독점하고 있다.

② 폰 가격이 급등하는 이유가 있었다.

③ 폰을 바꿀 때마다 콩고 주민 죽는다.

④ 콜탄이 휴대폰의 가장 중요한 소재로 부각되었다.

⑤ 콩고의 내전이 장기화되고 있다.

[03 ~ 06] 다음 문장들을 논리적 순서에 맞게 나열한 것을 고르시오.

03.

(가) 그런데 많은 문화가 혼재돼 문화 상대주의가 만연한 곳에서는 사람들은 자신이 보루로 삼을 문화의 형태나 기둥을 잃게 되며, 자기상실에 빠져들어 불안한 상태에 던져지게 된다.

(나) 이에 따라 사람은 사회의 불안정성이나 불확실성을 견딜 정신적 지주를 가질 수 있다.

(다) 따라서 모든 문화가 지리적 풍토를 벗어나 지구 전체로 퍼져나가는 21세기에는 문화의 혼재에서 오는 아이덴티티(Identity) 상실의 시대가 도래할지도 모른다.

(라) 그 문화적 풍토에서 나고 자란 사람은 그 형태 속에서 자기 자신의 아이덴티티를 형성한다.

(마) 종교로 봐도, 언어로 봐도, 습관으로 봐도, 문화라는 것은 각각 서로 다른 형태를 갖고 있다.

(바) 가치의 상대성을 주장하는 것은 그 나름대로 옳지만 그게 너무 과해질 경우, 줏대를 잃게 되어 신념을 가질 수 없게 되는 것이다.

① (다)–(바)–(마)–(라)–(가)–(나)
② (마)–(가)–(바)–(나)–(다)–(라)
③ (바)–(마)–(나)–(라)–(다)–(가)
④ (바)–(가)–(라)–(마)–(나)–(다)
⑤ (마)–(라)–(나)–(가)–(바)–(다)

04.

(가) 하지만 한번 결합된 목재들은 분해가 불가능할 정도로 아주 튼튼하게 맞물린다.

(나) 쇠못으로 결합하는 방법은 쉽고 간단하지만 결합 부위가 오래 견디지 못하고 삐걱거리게 된다.

(다) 그에 비해 짜 맞춤 기법은 서로 모양을 맞추는 정교한 작업 때문에 많은 시간이 필요하다.

(라) 목재와 목재를 연결하는 기술에는 쇠못으로 결합하는 방법과 목재들을 서로 물리도록 깎아 결합하는 짜 맞춤 기법이 있다.

(마) 이러한 짜 맞춤 기법에는 목재의 재질이나 만들고자 하는 제품의 종류(집, 가구 등)에 따라 '심장부 짜임', '연귀촉 짜임'과 같은 다양한 기법이 있다.

① (나)–(다)–(마)–(가)–(라)
② (나)–(다)–(라)–(가)–(마)
③ (라)–(마)–(나)–(가)–(다)
④ (라)–(나)–(다)–(가)–(마)
⑤ (라)–(나)–(마)–(가)–(다)

05.

(가) 본질은 어떤 사물의 불변하는 측면 혹은 그 사물을 다른 사물과 구별시켜 주는 특성을 의미하는데, 본질주의자는 이러한 사물 본연의 핵심적인 측면을 중시한다.

(나) 예를 들어 책상의 본질적 기능이 책을 놓고 보는 것이라면, 책상에서 밥을 먹는 것은 비본질적 행위이고 이러한 비본질적 행위는 잘못된 것이라고 본다.

(다) 책상 자체가 원래 '책을 놓고 보는 것'이라는 본질을 미리 갖고 있었던 것이 아니라 인간이 책상에서 책을 보거나 글을 쓰면서, 즉 책상에 대해 인간이 경험적으로 행동을 해 보고 난 후에 책상의 본질을 그렇게 규정한 것이라 할 수 있다.

(라) '본질이란 무엇인가'라는 질문은 서양 철학의 핵심적 질문이다. 탈레스가 세계의 본질을 '물'이라고 이야기했을 때부터 서양 철학은 거의 모든 것들에 대해 불변하는 측면과 그렇지 않은 측면을 탐구하기 시작했다.

(마) 그런데 본질주의자들이 강조하는 사물의 본질이란 사실 사후적으로 구성된 것이라 할 수 있다.

① (가)－(나)－(마)－(다)－(라)
② (가)－(라)－(마)－(나)－(다)
③ (라)－(마)－(나)－(다)－(가)
④ (라)－(가)－(다)－(마)－(나)
⑤ (라)－(가)－(나)－(마)－(다)

06.

(가) 하지만 최근 상대방의 얼굴을 보면서 대화하는 화상통화가 개발되어 이러한 문제점의 많은 부분이 해결되고 있다.

(나) 환자와 의사의 관계는 의료의 질을 결정하는 가장 중요한 요소이며, 환자와 의사 사이의 의사소통은 가장 기본적인 진료수단이다.

(다) 이는 전통적인 진료실의 대면 접촉보다 제한이 많아 원격진료의 단점으로 지적되었다.

(라) 그러나 통신 매체를 이용한 의사소통은 얼굴을 마주한 의사소통보다 상대방의 실재감을 느끼기 어렵다.

(마) 진단이나 치료결정의 절반 이상이 면담에서 얻은 정보로 결정된다는 사실은 의사소통의 중요성을 단적으로 보여 준다.

(바) 최근에는 의사소통의 수단으로 통신 매체가 발달하며 이를 이용한 원격진료의 사례가 늘어나고 있다.

① (나)－(마)－(바)－(라)－(다)－(가)
② (나)－(마)－(다)－(바)－(라)－(가)
③ (마)－(나)－(라)－(가)－(다)－(바)
④ (마)－(나)－(바)－(가)－(라)－(다)
⑤ (마)－(나)－(다)－(바)－(가)－(라)

07. 다음 글을 읽고 알 수 있는 내용으로 적절하지 않은 것은?

자외선은 피리미딘(Pyrimidine)의 두 분자를 연결하는 이합체(Dimer)를 만듦으로써 DNA가 관여하는 유전인자를 손상시킨다. 정상인의 피부 세포에는 자외선에 의해 손상된 피부를 치유하는 효소가 있다. 그러나 이 효소가 부족하거나 문제가 있으면 피부에 질병이 발생할 확률이 높아진다.

인간의 피부색은 출생지 태양빛의 세기와 일치하도록 되어 있다. 인간은 태어날 때 멜라닌 색소를 갖고 태어나는데 그 양은 백인, 황색인, 흑인 순으로 증가한다. 그러나 거대한 민족 이동은 이 균형을 깨뜨렸다. 더운 지방의 백인은 피부 화상과 피부암으로 고통 받고, 추운 지방의 흑인 또는 검은 천으로 얼굴을 가리고 살아가는 여인들은 비타민D 결핍증에 잘 걸린다. 멜라닌은 일반적으로 2단계에 걸쳐 태양빛과 반응한다. 첫 번째 단계에서는 피부 표면에 있는 산화되지 않은 옅은 색의 멜라닌이 태양빛에 의하여 암갈색으로 변하면서 산화한다. 이 반응은 한 시간 이내에 일어나며 피부를 그을리게 하고 하루가 지나면 흔적이 사라지게 된다. 두 번째 단계에서는 피부 단백질에 풍부하게 존재하는 아미노산 티로신(Tyrosine)으로부터 새로운 멜라닌이 합성된다. 햇볕에 노출되는 시간이 길어질수록 멜라닌 합성이 많아지고 또 이 고분자 화합물의 깊이가 깊어져 더 진한 색을 띠게 된다. 이와 같이 생성된 멜라닌 색소는 오랫동안 지속된다.

평소에 피부를 관리하지 않으면 생길 수 있는 피부암 중 가장 위험한 것은 흑색종(Melanoma)이다. 흑색종은 햇볕에 노출되면 증가하지만 1920년대 이후 노출되지 않은 부위에서도 발견된다는 보고가 있었다. 우리나라 병원에서는 별 이야기를 하지 않던 검은 점에 대해 미국에서는 신경을 쓰는 이유는 바로 악성피부암인 흑색종(Melanoma) 때문이었다. 미국인들에게 피부암은 발생률 1위의 암으로 전체 암의 50%에 육박한다. 그중 악성인 흑색종은 전체 피부암의 2%도 안 되지만 피부암 사망자의 80%가 흑색종일 만큼 치명적이다.

① 피부가 햇볕에 노출되는 시간과 멜라닌 합성은 정비례한다.

② 피부 질병이 생기는 것은 성별의 차이와 관련이 있다.

③ 피부암의 한 종류인 흑색종(Melanoma)은 햇볕에 노출되지 않는 부위에서도 발생할 수 있다.

④ 태양빛에 피부가 그을리는 것은 멜라닌이 암갈색으로 변하면서 산화되기 때문이다.

⑤ 백인, 황색인, 흑인 순으로 멜라닌 색소의 양이 증가한다.

08. 다음 개요의 밑줄 친 부분에 들어갈 내용으로 알맞은 것은?

> Ⅰ. 서론 : 가족 내 갈등이 심화되고 있는 실태
> Ⅱ. 본론 1 : 갈등 심화의 원인
> 1. 가족 차원
> 가. 대화 시간 부족으로 인한 유대감 약화
> 나. 가족 관계의 중요성에 대한 가족 구성원의 인식 약화
> 2. 사회 차원
> 가. 가족 내 의사소통 방식에 대한 교육 부족
> 나. 가족 관계를 약화시키는 경쟁적 사회 분위기
> Ⅲ. 본론 2 : 갈등 해소 방안
> 1. 가족 차원
> 가. 대화 시간 확보를 통한 유대감 강화
> 나. 가족 관계의 중요성을 돌아보기 위한 노력
> 2. 사회 차원
> 가. 가족 내 바람직한 의사소통 방식을 교육하기 위한 프로그램 마련
> 나. 경쟁적 사회 분위기를 해소할 수 있는 캠페인 전개
> Ⅳ. 결론 : ______________________

① 가족 내 갈등 심화와 그 해소 방안
② 가족주의를 지향하는 전통문화 회복 운동 전개
③ 이웃 가족들과의 교류 활성화를 위한 사회적 지원 미흡
④ 가족 내 갈등 해소를 위한 가족 · 사회 차원의 노력 촉구
⑤ 가족 내 갈등 해소를 위한 사회 제도 및 정책의 개선 필요

[09 ~ 11] 다음 글을 읽고 내용과 일치하는 것을 고르시오.

09.

인간은 누구나 건전하고 생산적인 사회에서 타인과 함께 평화롭게 살아가길 원한다. 하지만 도덕적이고 문명화된 사회를 가능하게 하는 기본적인 사회 원리를 수용할 경우에만 인간은 생산적인 사회에서 평화롭게 살 수 있다. 기본적인 사회 원리를 수용한다면, 개인의 권리는 침해당하지 않는다. 인간의 본성에 의해 요구되는 인간 생존의 기본 조건, 즉 생각의 자유와 자신의 이성적 판단에 따라 행동할 수 있는 자유가 인정되지 않는다면, 개인의 권리는 침해당하게 된다.

또한 물리적 힘의 사용이 허용되는 경우 개인의 권리를 침해당한다. 어떤 사람이 다른 사람의 삶을 빼앗거나 그 사람의 의지에 반하는 것을 강요하기 위해서는 물리적 수단을 사용할 수밖에 없기 때문이다. 이성적인 수단인 토론이나 설득을 사용하여 다른 사람의 의견이나 행동에 영향을 미친다면, 개인의 권리는 침해당하지 않는다. 인간이 생산적인 사회에서 평화롭게 살 수 있는 것은 매우 중요하다. 왜냐하면 그럴 때야 비로소 인간은 사회로부터 지식 교환의 가치를 얻을 수 있기 때문이다.

① 인간에게 생각과 행동의 자유가 인정된다면 물리적 힘의 사용은 사라질 것이다.
② 모든 사람들이 생산적인 사회에서 평화롭게 살기를 원하는 것은 아니다.
③ 개인의 권리가 침해되는 사건은 물리적 수단의 용인과 전혀 관련이 없다.
④ 타인의 의지에 반하는 행동을 요청할 때에는 토론과 설득만이 이성적인 수단이 된다.
⑤ 인간이 사회로부터 지식 교환의 가치를 얻을 수 없다면 그 사회는 생산적인 사회가 아니다.

10.

파놉티콘은 영국의 철학자이자 사회 개혁가인 제레미 벤담의 유토피아적 열망에 의해 구상된 일종의 감옥 형식의 건축양식을 말한다. 파놉티콘은 중앙에 존재하는 감시탑의 주위를 독방들이 원형으로 둘러싸도록 배치되어 있다. 이러한 구조에 따라 독방에 있는 죄수들은 간수 또는 감시자의 관찰에 노출되지만, 죄수는 감시자를 볼 수가 없다. 그 결과, 죄수들은 감시자가 없어도 부재를 인식하지 못하기 때문에 실제로 감시자가 있는 것과 같은 효과가 나타나게 된다. 보이지 않는 사람들에 의해 언제 감시되고 있을지 모른다는 생각 자체가 지속적인 통제를 가능하게 해 주는 것이다. 이처럼 죄수들은 중앙 감시탑에 있는 권력에 대한 종속적 관계를 내면화하여 스스로 자신을 감시하는 '주체'가 된다. 벤담은 최소한의 비용, 최소한의 감시로 최대의 효과를 누릴 수 있다는 점에서 파놉티콘이 사회 개혁을 가능하게 해 주는 가장 효율적인 수단이 될 수 있다고 생각했지만, 이는 결국 받아들여지지 않았다.

① 파놉티콘은 권력에 따른 시선의 불균형을 확인시켜 주는 장치이다.
② 파놉티콘은 타자에 의한 이중 통제 장치이다.
③ 파놉티콘의 원리는 감옥 이외의 다른 사회 부문에 적용될 수 없다.
④ 파놉티콘의 가장 큰 장점은 죄수들이 서로를 감시할 수 있다는 점이다.
⑤ 파놉티콘은 감시 권력을 가시화함으로써 죄수들에게 불안감을 조성한다.

11.

> 현대 자본주의 사회에서 대중은 예술미보다 상품미에 더 민감하다. 상품미란 이윤을 얻기 위해 대량으로 생산하는 상품이 가지는 아름다움을 의미한다. 같은 값이면 다홍치마라고, 요즈음 생산자는 상품을 더 많이 팔기 위해 디자인과 색상에 신경을 쓰고, 소비자는 같은 제품이라도 겉모습이 화려하거나 아름다운 것을 구입하려고 한다. 결국 우리가 주위에서 보는 거의 모든 상품은 상품미를 추구하고 있는 셈이다. 그래서인지 모든 것을 다 상품으로 취급하는 자본주의 사회에서는 돈벌이를 위해서라면 사물, 심지어는 인간까지도 상품미를 추구하는 대상으로 삼는다.

① 현대 사회의 소비자들은 동일한 제품이라면 외양이 고운 것을 선택한다.
② 기업에서 사람을 상품화하는 것은 비난받아 마땅한 일이다.
③ 가치관이 뚜렷한 소비자들은 제품의 디자인보다 활용도를 따진다.
④ 상품미는 제품의 아름다움으로서 이익과 관련이 없다.
⑤ 아직까지는 상품미를 추구하는 상품을 주변에서 보기 어렵다.

[12 ~ 14] 다음 글을 읽고 내용과 일치하지 않은 것을 고르시오.

12.

인간의 복잡하고 정교한 면역계는 세균이나 바이러스 같은 병원체의 침입에 맞서서 우리를 지켜 주지만 병원체가 몸 안으로 들어오고 난 다음에야 비로소 침입한 병원체를 제거하는 과정을 시작한다. 이 과정은 염증이나 발열 같은 적잖은 생물학적 비용과 위험을 동반한다. 인류의 진화과정은 이러한 개체군의 번영을 훼방하는 비용을 치러야 할 상황을 미리 제거하거나 줄이는 방향으로 진행되었다. 이 과정은 인류에게 병원체를 옮길 만한 사람과 어울리지 않고 거리를 두려는 자연적인 성향을 만들어주었는데, 그 결과 누런 콧물이나 변색된 피부처럼 병원체에 감염되었음을 암시하는 단서를 보이는 대상에 대해 혐오나 기피의 정서가 작동하여 감염 위험이 줄어들게 되었다.

그러나 이와 비슷한 위험은 병에 걸린 것처럼 보이지 않는 대상에게도 있다. 기생체와 숙주 사이에서 진행된 공진화의 과정은 지역에 따라 상이한 병원체들과 그것들에 대한 면역력을 지닌 거주민들을 만들어 냈다. 처음에는 광범위한 지역에 동일한 기생체와 숙주들이 분포해 있다 하더라도 지역에 따라 상이한 기생체가 숙주의 방어를 깨고 침입하는 데 성공하기 때문이다. 숙주는 해당 기생체에 대한 면역을 갖게 되면서 지역에 따라 기생체의 성쇠와 분포가 달라지고 숙주의 면역계도 다르게 진화한다. 결과적으로 그 지역의 토착 병원균들을 다스리는 면역 능력을 비슷하게 가진 사람들이 한 곳에 모여 살게 되는 것이다. 그러므로 다른 지역의 토착 병원균에 적응하여 살아온 외지인과 접촉했다가는 자신의 면역계로 감당할 수 없는 낯선 병원균에 무방비로 노출될 수 있으며 이러한 위험은 피하는 것이 상책으로 여겨져 왔다. 그래서 앞서 언급한 질병의 외형적 단서들에 대해서뿐만이 아니라 단지 어떤 사람이 우리 집단에 속하지 않는 외지인임을 알려 주는 단서, 예컨대 이곳 사람들과 다른 문화나 가치관을 가졌다고 보이는 경우, 그런 사람을 배척하거나 꺼리는 기제가 작동하게 되는 것이다. 따라서 외지인을 배척하고 같은 지역 사람들끼리 결속하는 성향은 전염성 질병으로부터 스스로를 보호하는 효율적인 장치였다.

① 인간의 면역계는 병원체가 몸 안으로 들어오기 전에는 활동하지 않는다.
② 같은 지역에 거주하는 사람들은 토착 병원균에 대해 유사한 면역 능력을 가진다.
③ 문화와 가치관으로 지역을 구분하게 되면서 지역 간의 교류는 더욱 단절되었다.
④ 외지인에 대한 경계는 전염성 질병으로부터 스스로를 보호하기 위하여 나타나게 되었다.
⑤ 인류의 진화과정은 생물학적 비용을 치러야 할 상황을 제거하거나 줄이는 방향으로 진행되었다.

13.

중세 이탈리아 상인들은 어떤 물건들을 취급해서 막대한 부를 축적했을까? 피렌체 출신의 상인 페골로티의 '상업 실무'와 발루타(Valuta)라 불리는 일종의 상품 시세표는 그에 대한 답을 말해 준다. 두 기록에 따르면 중세 말 이탈리아 상인들이 일상적으로 취급했던 품목은 대략 2백 개 정도였다고 한다. 상업 실무에 언급된 상품은 총 288가지였지만 같은 종류의 상품들이 생산지, 가공 상태, 품질 등에 따라 중복된 것을 제외하면 대략 193종의 품목이 이탈리아 상인들을 통해 유통되고 있었다.

페골로티의 목록에서 눈에 띄는 점은 이 상품들이 향신료로 불렸다는 것이다. 오늘날 엄격한 의미의 향신료로 간주되지 않는 꿀, 설탕, 쌀, 오렌지, 다트 등의 식품들과 명반, 백연 등의 염색 재료들 그리고 원면, 밀랍, 종이와 같은 산업 원료들까지도 중세 향신료로 분류되었다. 193개의 중세 향신료 중에서 오늘날에도 여전히 향신료로 간주되는 것들은 극소수이다. 이 중 인도와 중국을 포함한 동방으로부터 온 상품들은 31개 정도이며 그중에서도 진정한 의미의 향신료는 후추, 생강, 육계, 계피, 정향, 소두구, 갈링가, 육두구 정도였다.

고대부터 시작된 아시아산 향신료에 대한 유럽인들의 열광적인 소비는 시간이 갈수록 늘어났다. 유럽인들은 아시아 향신료에 매료되었고, 이탈리아 상인들은 늘어나는 향신료 수요를 충족시키면서 막대한 이익을 얻었다. 향신료에 대한 수요가 많았던 이유 중 하나는 다양한 용도 덕분이었다. 음식에 향미를 더해 주기도 하고 육식을 금하는 사순절 동안 생선만 먹는 지루함을 달래주었으며 신을 부르거나 악마를 쫓아내고 병과 전염병을 치료하는 용도 등으로 활용되기도 하였다. 중세 고급 요리에서 향신료는 없어서는 안 되는 필수 품목이었다.

① 중세 이탈리아 상인들은 약 200여 개의 물품을 취급하였다.

② 중세 이탈리아 상인들이 취급한 물품은 일정 기준에 의해 분류되어 있었다.

③ 중세 이탈리아 상인들은 양념류와 식품 등을 향신료로 분류하였다.

④ 중세 유럽인들이 향신료를 좋아했던 이유 중 하나는 향신료가 음식을 대신할 수 있었기 때문이다.

⑤ 중세 유럽에서 유행하던 향신료 중에서는 아시아로부터 온 것도 있었다.

14.

> 12세기 이전까지 유럽에서의 독서는 신앙심을 고취하기 위하여 주로 성경이나 주석서를 천천히 반복해서 읽는 방식으로 이루어졌다. 그런데 12세기에 들어 그리스 고전이 이슬람 세계로부터 대거 유입되고 학문적 저술의 양이 폭발적으로 늘어나게 되자 독서 문화에도 변화가 일어나기 시작했다.
>
> 이 시기의 독서는 폭넓고 풍부한 지식의 습득을 목적으로 삼게 되었다. 하지만 방대한 양의 저서를 두루 구해 읽는다는 것은 시간적으로나 경제적으로나 불가능한 일이었다. 이에 책의 중요한 내용을 뽑아 간략하게 정리한 요약집, 백과사전과 같은 다양한 참고 도서의 발행이 성행하였다. 이러한 책들은 텍스트가 장, 절로 나누어져 있고 중요한 구절 표시가 있는가 하면, 차례나 찾아보기 같은 보조 장치가 마련되어 있는 등 이전과 다른 새로운 방식으로 편집되었다. 이를 활용하여 독자들은 다양한 정보와 해석을 편리하고 빠르게 찾고, 이렇게 얻은 지식들을 논증의 도구로 활용할 수 있게 되었다.
>
> 그러나 이와 같은 참고 도서를 위주로 한 독서가 유행하면서 사람들은 점차 원전 독서를 등한시하여 원전이 담고 있는 풍부함을 맛볼 수 없게 되었다. 주요 부분을 발췌하여 읽는 것은 텍스트의 의미를 효율적으로 파악하게 하는 이점은 있었지만 그 속에 담긴 깊은 뜻을 이해하기에는 한계가 있었다.

① 12세기 이후에는 독서가 목적을 성취하기 위한 도구로 전락했다.
② 12세기 이후의 독서는 효율성을 극대화하는 방식으로 이루어졌다.
③ 12세기 이전에는 차례나 찾아보기 같은 보조 장치가 존재하지 않았다.
④ 12세기 이후 유행한 참고 도서는 원전의 깊음과 풍부함을 담아낼 수 없었다.
⑤ 독서 목적의 변화는 새로운 편집 방식을 야기했다.

15. 제시된 글의 결론으로 적절한 것은?

> 어떤 시점에 당신만이 느끼는 어떤 감각을 W라는 용어로 표현한다고 해보자. 그 이후에 가끔 그 감각을 느끼게 되면, "W라고 불리는 그 감각이 나타났다."라고 당신은 말할 것이다. 그렇지만 당신이 그 용어를 올바르게 사용했는지 아닌지를 어떻게 알 수 있는가? 첫 번째 감각을 잘못 기억할 수도 있는 것이고, 실제로는 희미하고 어렴풋한 유사성밖에 없는데도 첫 번째 감각과 두 번째 감각 사이에 밀접한 유사성이 있다고 착각할 수도 있는 것이다. 더구나 그것이 착각인지 아닌지를 판단할 근거가 없다. 만약 W라는 용어의 의미가 당신만이 느끼는 그 감각에만 해당한다면, W라는 용어의 올바른 사용과 잘못된 사용을 구분할 방법은 어디에도 없게 될 것이다.

① 감각은 느낄 때마다 다르기 때문에 같은 감각이란 존재하지 않는다.

② 감각에 관하여 만든 용어는 올바른지 올바르지 못한지 잘 구분해야 한다.

③ 감각에 관하여 만들어진 용어는 잘못된 기억과 착각을 유발한다.

④ 혼자 느끼는 감각에 관하여 만든 용어는 무의미하다.

⑤ 개인이 용어를 규정짓는 것은 다수에 의했을 때에 비하여 그 적절성이 떨어진다.

16. 다음 글의 주제로 가장 적절한 것은?

우리는 학교에서 한글 맞춤법이나 표준어 규정과 같은 어문 규범을 교육받고 학습한다. 어문 규범은 언중들의 원활한 의사소통을 위해 만들어진 공통된 기준이며 사회적으로 정한 약속이기 때문이다. 그러나 문제는 급변하는 환경에 따라 변화하는 언어 현실에서 언중들이 이와 같은 어문 규범을 철저하게 지키며 언어생활을 하기란 쉽지 않다는 것이다. 그래서 이러한 언어 현실과 어문 규범의 괴리를 줄이고자 하는 여러 주장과 노력이 우리 사회에 나타나고 있다.

최근, 어문 규범이 언어 현실을 따라오기에는 한계가 있기 때문에 어문 규범을 폐지하고 아예 언중의 자율에 맡기자는 주장이 있다. 또한 어문 규범의 총칙이나 원칙과 같은 큰 틀은 유지하되, 세부적인 항목 등은 사전에 맡기자는 주장도 있다. 그러나 어문 규범을 부정하는 주장이나 사전으로 어문 규범을 대신하자는 주장에는 문제점이 있다. 전자의 경우, 언어의 생성이나 변화가 언중 각각의 자율에 의해 이루어져 오히려 의사소통의 불편함을 야기할 수 있다. 후자는 우리나라의 사전 편찬 역사가 짧기 때문에 어문 규범의 모든 역할을 사전이 담당하기에는 무리가 있으며, 언어 현실의 다양한 변화를 사전에 전부 반영하기 어렵다는 문제점이 있다.

① 의사소통의 편리함을 위해서는 어문 규범을 철저히 지켜야 한다.

② 언어 현실과 어문 규범의 괴리를 해소하기 위한 방법을 모색하는 노력이 나타나고 있다.

③ 빠르게 변하는 현실 속에서 어문 규범은 제 기능을 발휘하지 못하므로 폐지해야 한다.

④ 언어의 변화와 생성은 사람들의 의사소통을 혼란스럽게 할 수 있기 때문에 최대한 자제해야 한다.

⑤ 어문 규범과 언어 현실의 괴리를 없애기 위해서는 언중의 자율과 사전의 역할 확대가 복합적으로 진행되어야 한다.

[17 ~ 18] 다음 글을 통해 추론할 수 있는 내용으로 적절하지 않은 것을 고르시오.

17.

오늘날 프랑스 영토의 윤곽은 9세기에 샤를마뉴 황제가 유럽 전역을 평정한 후, 그의 후손들 사이에 벌어진 영토 분쟁의 결과로 만들어졌다. 제국 분할을 둘러싸고 그의 후손들 사이에 빚어진 갈등은 제국을 독차지하려던 로타르의 군대 그리고 루이와 샤를의 동맹군 사이의 전쟁으로 확대되었다. 결국 동맹군의 승리로 전쟁이 끝나면서 왕자들 사이에 제국의 영토를 분할하는 원칙을 명시한 베르됭 조약이 체결되었다. 영토 분할을 위임받은 로마 교회는 조세 수입이나 영토 면적보다는 '세속어'를 그 경계의 기준으로 삼는 것이 더 공정하다는 결론을 내렸고, 그래서 게르만어를 사용하는 지역과 로망어를 사용하는 지역을 각각 루이와 샤를에게 할당했다. 그리고 힘없는 로타르에게는 이들 두 국가를 가르는 완충지대로서, 이탈리아 북부 롬바르디아 지역으로부터 프랑스의 프로방스 지방, 스위스, 스트라스부르, 북해까지 이어지는 긴 복도 모양의 영토가 주어졌다.

루이와 샤를은 베르됭 조약 체결에 앞서 스트라스부르에서 서로의 동맹을 다지는 서약 문서를 상대방이 분할 받은 영토의 세속어로 작성하여 교환하고, 곧이어 각자 자신의 군사들로부터 자신이 분할 받은 영토의 세속어로 충성 맹세를 받았다. 학자들은 두 사람이 서로의 동맹에 충실할 것을 상대측 영토의 세속어로 서약했다는 점에 주목한다. 또한 역사적 자료에 의해 루이와 샤를 모두 게르만어를 모어로 사용하였다는 사실이 알려져 있다. 그러므로 루이와 샤를 중 적어도 한 명은 서약 문서를 자신의 모어로 작성한 것이 아니라는 것이다. 게다가 그들의 군대는 필요에 따라 여기저기서 수시로 징집된 다양한 언어권의 병사들로 구성되어 있었으므로 세속어의 사용이 군사들의 이해를 목적으로 한다는 설명에는 설득력이 없다. 결국 학자들은 상대측 영토의 세속어 사용이 상대 국민의 정체성과 그에 따른 권력의 합법성을 상호 인정하기 위한 상징행위로서 의미를 갖는다고 결론을 내렸다.

① 로타르 군대는 제국을 독차지하려는 전쟁에서 패했다.

② 로마 교회는 조세 수입과 면적을 기준으로 영토 분할을 지시했다.

③ 루이는 로망어로 서약 문서를 작성하였다.

④ 샤를은 자신의 군사들로부터 로망어로 된 충성 맹세를 받았다.

⑤ 루이와 샤를의 군대는 다양한 언어권 출신의 병사들로 이뤄졌다.

18.

우리가 기억하는 것들은 크게 서술 정보와 비서술 정보로 나뉜다. 서술 정보란 학교 공부, 영화 줄거리, 장소나 위치, 사람 얼굴처럼 말로 표현할 수 있는 정보이다. 반면 비서술 정보는 몸으로 습득하는 운동 기술, 습관, 버릇, 반사적 행동 등과 같이 말로 표현할 수 없는 정보이다. 이 중에서 서술 정보를 처리하는 중요한 기능을 담당하는 것은 뇌의 내측두엽에 있는 해마로 알려져 있다. 교통사고를 당해 해마 부위가 손상된 이후 서술 기억 능력이 손상된 사람의 예가 그 사실을 뒷받침한다. 그렇지만 그는 교통사고 이전의 오래된 기억은 모두 회상해냈다. 해마가 장기 기억을 저장하는 장소는 아닌 것이다. 많은 학자들은 서술 정보가 오랫동안 저장되는 곳으로 대뇌피질을 들고 있다.

그러면 비서술 정보는 어디에 저장될까? 운동 기술은 대뇌의 선조체나 소뇌에 저장되며, 계속적인 자극에 둔감해지는 '습관화'나 한 번 자극을 받은 뒤 그와 비슷한 자극에 계속 반응하는 '민감화' 기억은 감각이나 운동 체계를 관장하는 신경망에 저장된다고 알려져 있다. 감정이나 공포와 관련된 기억은 편도체에 저장된다.

① 서술 정보와 비서술 정보는 말로 표현할 수 있느냐의 여부에 따라 구분된다.
② 장기 기억되는 서술 정보는 대뇌피질에 분산되어 저장된다.
③ 뇌가 받아들인 기억 정보는 유형에 따라 각각 다른 장소에 저장된다.
④ 비서술 정보는 자극의 횟수에 의해 기억 여부가 결정된다.
⑤ 사고로 해마가 손상되었을 경우 기억에 문제가 생길 수 있다.

19. 다음 글의 빈칸에 들어갈 가장 알맞은 문장으로 적절한 것은?

> 읽는 문화의 실종, 그것이 바로 현대사회의 특징이다. 신문의 판매 부수는 날로 감소해가는 반면 텔레비전의 시청률은 점점 높아지고 있다. 출판 시장 역시 마찬가지이다. 깨알 같은 글로 구성된 책보다 그림과 여백이 압도적으로 많이 들어간 만화 형태의 책들이 증가하고 있다. 보는 문화가 읽는 문화를 대체하고 있는 것이다. 읽는 일에는 피로가 동반하지만 보는 놀이에는 휴식이 따라온다는 인식으로 인해, 일을 저버리고 놀이만 좇는 문화가 범람하고 있다. 그러나 보는 놀이만으로는 주체적이고 능동적인 생각이 촉진되지 않는다. 읽는 일이 장려되지 않는 한 ( ) 책의 문화는 읽는 일과 직결되며, 생각하는 사회를 만드는 지름길이다.

① 놀이에 대한 현대인들의 열망은 더욱 커질 것이다.

② 우리 사회는 생각 없는 사회로 치달을 수밖에 없다.

③ '읽는 문화'와 '보는 문화'는 상생할 수 없다.

④ 현대인이 이룩한 문화 사회는 무너지고 말 것이다.

⑤ 현대사회는 특징 없는 문화만을 향유하게 될 것이다.

20. 다음 밑줄 친 ㉠에 대한 뜻으로 알맞은 것은?

> ㉠ <u>연고(緣故)</u>에 대한 집착이 너무 강력하면 타인이나 타집단에 대하여 공격적인 배타성을 보인다는 점에서 연고주의라는 비판을 받기도 한다. 하지만 종친회, 향우회, 동문회 등은 가족적 친밀성을 사회적 수준으로 확대하는 데 기여함은 물론, 계급 · 계층 간 융화와 공동체적 신뢰를 강화하는 계기가 되기도 한다. 이처럼 연고에 근거한 다양한 결사의 구성은 공동체적 삶에 있어 불가피할 뿐만 아니라, 민주주의 사회의 안정과 지속을 정당화하는 방편이기도 한다.

① 사람들 사이에 서로 맺어지는 관계

② 혈연 · 정분 · 법률 따위에 의한 특별한 관계

③ 어떤 일이 일어나게 된 원인이나 조건

④ 나이가 많고 늙음.

⑤ 하늘이 베푼 인연

언어 · 수추리

01. 다음 명제가 모두 참일 때 옳지 않은 것은?

> • A 거래처에 발주했다면, B 거래처에는 발주하지 않았다.
> • C 거래처에 발주하지 않았다면, D 거래처에 발주했다.
> • D 거래처에 발주했다면, B 거래처에도 발주했다.

① A 거래처에 발주했다면, C 거래처에도 발주했다.
② A 거래처에 발주했다면, D 거래처에 발주하지 않았다.
③ B 거래처에 발주하지 않았다면, C 거래처에도 발주하지 않았다.
④ C 거래처에 발주하지 않았다면, A 거래처에도 발주하지 않았다.
⑤ D 거래처에 발주했다면, A 거래처에는 발주하지 않았다.

02. 다음 중 3명은 진실을, 2명은 거짓을 말하고 있다면 회의에 참석하지도 않았고 거짓을 말하고 있는 사람은?

> • A 사원 : 저는 회의에 참석하였습니다.
> • B 사원 : A와 C는 둘 다 회의에 참석하였습니다.
> • C 사원 : A는 회의에 참석하지 않았습니다.
> • D 사원 : E만 회의에 참석하지 않았습니다.
> • E 사원 : A, D와 저만 회의에 참석하였습니다.

① A　　② B　　③ C
④ C, D　　⑤ E

03. 다음 명제들이 참이라고 할 때, 반드시 참인 명제가 아닌 것을 〈보기〉에서 모두 고른 것은?

- 나는 음악을 감상하면 졸리지 않다.
- 나는 졸리지 않으면 책을 읽는다.
- 나는 자전거를 타면 커피를 마시지 않는다.
- 나는 커피를 마시지 않으면 책을 읽지 않는다.
- 나는 커피를 마시면 졸리지 않다.

보기

㉠ 나는 자전거를 타면 음악을 감상하지 않는다.
㉡ 나는 커피를 마시지 않으면 졸리다.
㉢ 나는 커피를 마시면 음악을 감상하지 않는다.
㉣ 나는 책을 읽으면 졸리지 않다.
㉤ 나는 졸리면 자전거를 탄다.

① ㉠, ㉡　② ㉡, ㉢　③ ㉡, ㉣
④ ㉢, ㉤　⑤ ㉣, ㉤

04. 다음은 같은 날 건강검진을 받은 윤슬, 도담, 아름, 들찬, 벼리의 검진 결과에 대한 진술이다. 진술이 모두 참일 때 5명의 키를 작은 순서대로 바르게 나열한 것은?

- 도담이가 가장 작다.
- 들찬이는 아름이보다 크다.
- 윤슬이는 들찬이보다 크지만 가장 큰 사람은 아니다.

① 도담－벼리－아름－들찬－윤슬　② 도담－들찬－아름－윤슬－벼리
③ 도담－아름－들찬－윤슬－벼리　④ 도담－아름－들찬－벼리－윤슬
⑤ 도담－벼리－윤슬－아름－들찬

05. 다음 명제가 모두 참일 때, 반드시 참이라고 추론할 수 없는 것은?

- 클라이밍을 좋아하는 사람은 고양이를 좋아하지 않는다.
- 루지를 좋아하는 사람은 달리기를 잘한다.
- 달리기를 잘하는 사람은 클라이밍을 좋아한다.
- 고양이를 좋아하는 사람은 서핑을 할 수 있다.

① 고양이를 좋아하는 사람은 클라이밍을 좋아하지 않는다.
② 서핑을 할 수 없는 사람은 달리기를 잘하지 않는다.
③ 달리기를 잘하지 않는 사람은 루지를 좋아하지 않는다.
④ 루지를 좋아하는 사람은 고양이를 좋아하지 않는다.
⑤ 달리기를 잘하는 사람은 고양이를 좋아하지 않는다.

06. 자율주행 자동차가 출시되면서 해당 자동차를 운행하기 위해서는 자율주행 면허증이 있어야 한다는 법이 신설되었다. 이에 따라 반드시 조사해야 하는 2명은 누구인가?

- A는 자율주행 면허증이 없지만 자율주행 자동차 운행 여부도 알 수 없다.
- B는 자율주행 자동차를 운행하지 않았지만 자율주행 면허증 여부는 알 수 없다.
- C는 자율주행 자동차 운행 여부는 알 수 없지만 자율주행 면허증이 있다.
- D는 자율주행 면허증 여부를 알 수 없고 자율주행 자동차를 운행하였다.

① A, B　② A, D　③ B, C
④ B, D　⑤ C, D

07. 다음은 ○○공사의 올해 예산에 대한 조사 결과이다. 이에 근거하여 부서의 예산이 적은 팀부터 순서대로 바르게 나열한 것은?

> • 마케팅팀의 예산은 경리팀 예산의 세 배 이상이다.
> • 생산팀의 예산은 마케팅팀의 예산과 같다.
> • 영업팀의 예산은 마케팅팀의 예산과 연구팀의 예산을 합한 것과 같다.
> • 마케팅팀의 예산은 경리팀의 예산과 비서팀의 예산을 합한 것과 같다.
> • 비서팀의 예산은 연구팀의 예산과 같다.

① 비서팀－경리팀－마케팅팀－영업팀
② 비서팀－마케팅팀－경리팀－영업팀
③ 경리팀－비서팀－마케팅팀－생산팀
④ 경리팀－연구팀－생산팀－영업팀
⑤ 경리팀－마케팅팀－비서팀－생산팀

08. 다음 〈조건〉을 바탕으로 〈보기〉에서 옳은 것을 모두 고른 것은?

조건

> • 안이 보이지 않는 상자 안에 크기와 모양이 같은 사탕 6개가 들어있다.
> • 6개의 사탕은 딸기맛 3개, 포도맛 2개, 사과맛 1개이고, 각 색깔에 따른 점수는 순서대로 1점(딸기맛), 5점(포도맛), 10점(사과맛)이다.
> • A ～ F 여섯 사람이 각각 한 개의 사탕을 뽑는다.
> • 뽑은 결과 A와 D는 서로 같은 맛 사탕을, B, C, F는 각각 서로 다른 맛 사탕을 뽑았다.

보기

> (ㄱ) E는 10점을 얻지 못했다.
> (ㄴ) A와 D의 점수의 합은 10점이다.
> (ㄷ) E와 F가 같은 맛의 사탕을 뽑았다면 B와 C의 점수의 합은 11점이다.
> (ㄹ) E는 1점을 얻을 수 없다.
> (ㅁ) C가 뽑은 사탕이 딸기맛이면 F가 뽑은 사탕은 사과맛이다.

① (ㄱ), (ㄴ), (ㄷ)
② (ㄱ), (ㄴ), (ㄹ)
③ (ㄱ), (ㄷ), (ㄹ)
④ (ㄴ), (ㄷ), (ㅁ)
⑤ (ㄷ), (ㄹ), (ㅁ)

09. A사 사옥은 5층으로 구성되어 있다. 다음 〈조건〉을 바탕으로 추론할 때, 배송관리부가 위치한 층은?

조건

- 건물의 한 층을 하나의 부서가 사용하고 법무부서와 마케팅부서만 같은 층을 사용한다.
- A사에는 자격시험전문 편집부와 NCS전문 편집부가 따로 있다.
- NCS전문 편집부에서 배송관리부로 가기 위해서는 2개 층을 올라가야 한다.
- 마케팅부서에서 편집과 관련된 부서로 가기 위해서는 위층으로 올라가야 한다.
- NCS전문 편집부에서 자격시험전문 편집부로 가기 위해서는 한 층을 올라가야 한다.
- 디자인부서에서 법무부서로 가기 위해서는 4개 층을 이동해야 한다.

① 1층 ② 2층 ③ 3층
④ 4층 ⑤ 5층

10. □□고등학교는 중간고사 부정행위를 방지하기 위하여 한 교실에 1, 2, 3학년 학생들을 각 줄별로 섞어서 배치한다. 줄 배열에 대한 정보가 다음과 같을 때, 〈보기〉 중 항상 참이 되는 것은?

- 교실의 좌석은 총 6개의 줄로 배치한다.
- 1, 2, 3학년은 각각 최소 1줄씩에 배치한다.
- 첫 번째 줄과 다섯 번째 줄에는 항상 3학년을 배치한다.
- 바로 옆줄에는 같은 학년을 배치할 수 없다.
- 3학년 줄의 수는 1학년 줄과 2학년 줄의 수를 합한 것과 같다.

보기

㉠ 모든 3학년 줄의 위치는 항상 같다.
㉡ 2학년 줄과 1학년 줄의 수는 항상 같다.
㉢ 두 번째 줄이 1학년 줄이면 여섯 번째 줄은 항상 2학년 줄이다.

① ㉠ ② ㉡ ③ ㉠, ㉡
④ ㉠, ㉢ ⑤ ㉡, ㉢

[11 ~ 20] 다음 수열의 일정한 규칙을 찾아 빈칸에 들어갈 알맞은 숫자를 고르시오.

11.

20 21 19 22 18 23 ( )

① 17 ② 20 ③ 21
④ 23 ⑤ 26

12.

1 2 4 7 13 17 40 ( ) 121

① 37 ② 42 ③ 84
④ 115 ⑤ 121

13.

15 4 25 15 35 26 45 ( )

① 31 ② 35 ③ 37
④ 41 ⑤ 43

14.

$$\frac{2}{7} \quad \frac{1}{7} \quad \frac{2}{21} \quad \frac{1}{14} \quad \frac{2}{35} \quad \frac{1}{21} \quad (\quad) \quad \frac{1}{28}$$

① $\frac{1}{29}$ ② $\frac{1}{31}$ ③ $\frac{2}{37}$

④ $\frac{2}{49}$ ⑤ $\frac{7}{50}$

15.

$$-1 \quad -2 \quad -4 \quad -4 \quad -7 \quad -8 \quad -10 \quad -16 \quad (\quad)$$

① −13 ② −15 ③ −18

④ −22 ⑤ −25

16.

$$2 \quad 1 \quad 3 \quad \frac{3}{2} \quad \frac{7}{2} \quad \frac{7}{4} \quad \frac{15}{4} \quad (\quad)$$

① $\frac{15}{6}$ ② $\frac{15}{8}$ ③ $\frac{18}{4}$

④ $\frac{31}{4}$ ⑤ $\frac{35}{4}$

17.

7 31 −3 22 −11 15 −17 ( )

① 5 ② 7 ③ 8
④ 9 ⑤ 10

18.

3.1 5.2 8.4 12.7 18.1 ( )

① 23.6 ② 23.8 ③ 24.6
④ 25.6 ⑤ 38.9

19.

6 3 9 2 1 3 4 ( )

① 1 ② 3 ③ 5
④ 7 ⑤ 9

20.

1 3 4 −1 3 −4 −1 −3 ( )

① 4 ② 2 ③ −5
④ −4 ⑤ −9

수리

01. 다음 자료에 대한 설명으로 옳지 않은 것은? (단, 소수점 셋째 자리에서 반올림한다)

〈K 글로벌회사의 연도별 임직원 현황〉

(단위 : 명)

구분		2017년	2018년	2019년
국적	한국	9,566	10,197	9,070
	중국	2,636	3,748	4,853
	일본	1,615	2,353	2,749
	대만	1,333	1,585	2,032
	기타	97	115	153
	계	15,247	17,998	18,857
고용형태	정규직	14,173	16,007	17,341
	비정규직	1,074	1,991	1,516
	계	15,247	17,998	18,857
연령	30대 이하	8,914	8,933	10,947
	40대	5,181	7,113	6,210
	50대 이상	1,152	1,952	1,700
	계	15,247	17,998	18,857
직급	사원	12,365	14,800	15,504
	간부	2,801	3,109	3,255
	임원	81	89	98
	계	15,247	17,998	18,857

① 2019년의 임직원 수 중 전년 대비 가장 많이 증가한 임직원의 국적은 나머지 국적에서 증가한 임직원 수의 합보다 크다.

② 2019년에는 전년에 비해 비정규직 임직원이 차지하는 비율이 약 3%p 감소하였다.

③ 2017년 대비 2019년 연령별 임직원 수 증가율이 가장 큰 연령대는 50대 이상이다.

④ 전체 임직원 중 사원이 차지하는 비율은 매년 증가하는 추세이다.

⑤ 2018년과 2019년의 40대 이상 임직원 비율은 약 8.42%p 정도 차이난다.

02. 다음 자료에 대한 해석으로 적절하지 않은 것은?

〈자료 1〉 국내 인구이동

(단위 : 천 명, %, 건)

구분		2015년	2016년	2017년	2018년	2019년
총이동	이동자 수	7,412	7,629	7,755	7,378	7,154
	이동률	14.7	15.0	15.2	14.0	13.8
	전입신고건수	4,505	4,657	4,761	4,570	4,570
	이동자 성비(여자=100)	102.3	102.9	103.2	103.9	104.1

* 이동률(%) : (연간 이동자수÷주민등록 연앙인구)×100
* 주민등록 연앙인구 : 한 해의 중앙일(7월 1일)에 해당하는 인구로 당해년 평균 인구의 개념이다.
* 전입신고건수 : 동일시점에 동일세대 구성원이 동시에 전입신고한 경우 함께 신고한 세대원수에 상관없이 1건으로 집계

〈자료 2〉 권역별 순이동자수

(단위 : 천 명)

구분	2015년	2016년	2017년	2018년	2019년
수도권	-4	-21	-33	-1	16
중부권	28	39	49	41	42
호남권	-7	-6	-8	-16	-18
영남권	-25	-23	-22	-40	-54

* 순이동=전입-전출
* 전입 : 행정 읍면동 경계를 넘어 다른 지역에서 특정 지역으로 이동해 온 경우
* 전출 : 행정 읍면동 경계를 넘어 특정 지역에서 다른 지역으로 이동해 간 경우

① 2016년에는 여자 100명이 이동할 때 남자 102.9명이 이동했다.
② 국내 인구 이동률은 2017년 이후 계속해서 감소하고 있는 추세이다.
③ 2015 ~ 2018년까지 수도권으로 전입한 인구가 전출한 인구보다 많다.
④ 2015 ~ 2019년까지 중부권은 전입이 전출보다 많다.
⑤ 2019년 국내 이동자 수는 총 715만 4천 명으로 전년 대비 약 3% 감소하였다.

03. 다음 자료에 대한 설명으로 옳은 것은?

〈한국, 중국, 일본의 배타적 경제수역(EEZ) 내 조업현황〉

(단위 : 척, 일, 톤)

해역	어선 국적	구분	2018년 12월	2019년 11월	2019년 12월
한국 EEZ	일본	입어척수	30	70	57
		조업일수	166	1,061	277
		어획량	338	2,176	1,177
	중국	입어척수	1,556	1,468	1,536
		조업일수	27,070	28,454	27,946
		어획량	18,911	9,445	21,230
중국 EEZ	한국	입어척수	68	58	62
		조업일수	1,211	789	1,122
		어획량	463	64	401
일본 EEZ	한국	입어척수	335	242	368
		조업일수	3,992	1,340	3,236
		어획량	5,949	500	8,233

① 2019년 12월 중국 EEZ 내 한국어선 조업일수는 전월 대비 감소하였다.

② 2019년 11월 한국어선의 일본 EEZ 입어척수는 전년 동월 대비 감소하였다.

③ 2019년 12월 일본 EEZ 내 한국어선의 조업일수는 같은 기간 중국 EEZ 내 한국어선 조업일수의 3배 이상이다.

④ 2019년 12월 일본어선의 한국 EEZ 내 입어척수당 조업일수는 전년 동월 대비 증가하였다.

⑤ 2019년 11월 일본어선과 중국어선의 한국 EEZ 내 어획량 합은 같은 기간 중국 EEZ와 일본 EEZ 내 한국어선 어획량 합의 20배 이상이다.

[04 ~ 06] 다음은 한 자동차 제조업체의 생산 과정과 각 과정에서의 업무 혁신을 통한 개선 효과에 대하여 정리한 표이다. 이어지는 질문에 답하시오.

〈생산 과정〉

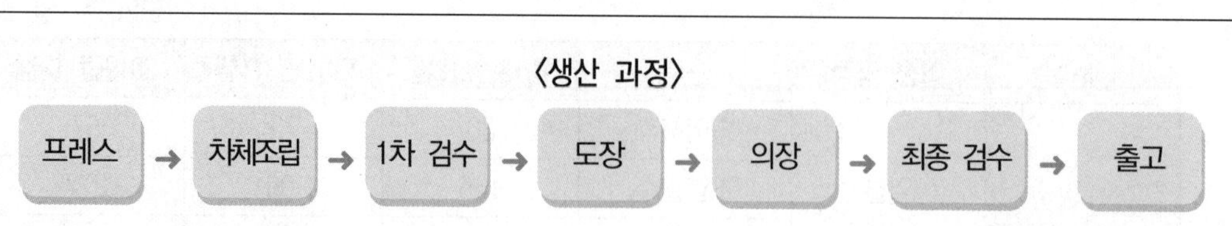

〈과정별 불량률〉

(단위 : %)

과정	불량률
1차 검수	20
최종 검수	10

〈업무 혁신 전후 과정별 생산비용〉

(단위 : 만 원)

구분	자동차 1대 생산 비용	
	혁신 전	혁신 후
프레스	75	50
차체조립	55	55
1차 검수	10	10
도장	30	20
의장	40	15
최종 검수	10	5
출고	5	5

04. 이 업체에서 생산 과정 중 불량이 발생한 자동차를 제외하고 정상인 자동차 180대를 출고하려고 한다면, 처음 프레스 과정에 들어갈 때 몇 대를 기준으로 작업해야 하는가?

① 180대 ② 200대 ③ 240대
④ 250대 ⑤ 300대

05. 업무 혁신 후 자동차 1대를 생산하는 총비용은 혁신 전에 비해 얼마나 감소하였는가?

① 50만 원 ② 55만 원 ③ 60만 원
④ 63만 원 ⑤ 65만 원

06. 각 과정의 혁신 성과를 생산비용 감소율에 따라 다음과 같이 평가할 때, 연결이 올바르지 못한 것은?

감소율	평가
76% 이상	A
51 ~ 75%	B
26 ~ 50%	C
0 ~ 25%	D

① 프레스－C ② 도장－C ③ 의장－B
④ 최종 검수－B ⑤ 출고－D

07. 다음 자료에 대한 설명으로 옳은 것을 〈보기〉에서 모두 고른 것은?

〈A, B, C 기업 사원의 근무조건 만족도 평가〉

(단위 : 명)

구분	불만	어느 쪽도 아니다	만족	계
A사	29	36	47	112
B사	73	11	58	142
C사	71	41	24	136
계	173	88	129	390

보기

㉠ 이 설문조사에서 현재의 근무조건에 대해 불만을 나타낸 사람은 과반수가 되지 않는다.
㉡ '불만' 응답률이 가장 높은 기업은 C사이다.
㉢ '어느 쪽도 아니다'라고 회답한 사람이 가장 적은 B사는 가장 근무조건이 좋은 기업이다.
㉣ '만족'이라고 답변한 사람이 가장 많은 B사가 근무조건이 가장 좋은 회사이다.

① ㉠, ㉡ ② ㉠, ㉢ ③ ㉡, ㉣
④ ㉢, ㉣ ⑤ ㉡, ㉢

08. 다음 자료에 대한 설명으로 적절하지 않은 것은?

〈자료 1〉 한국 섬유산업 동향

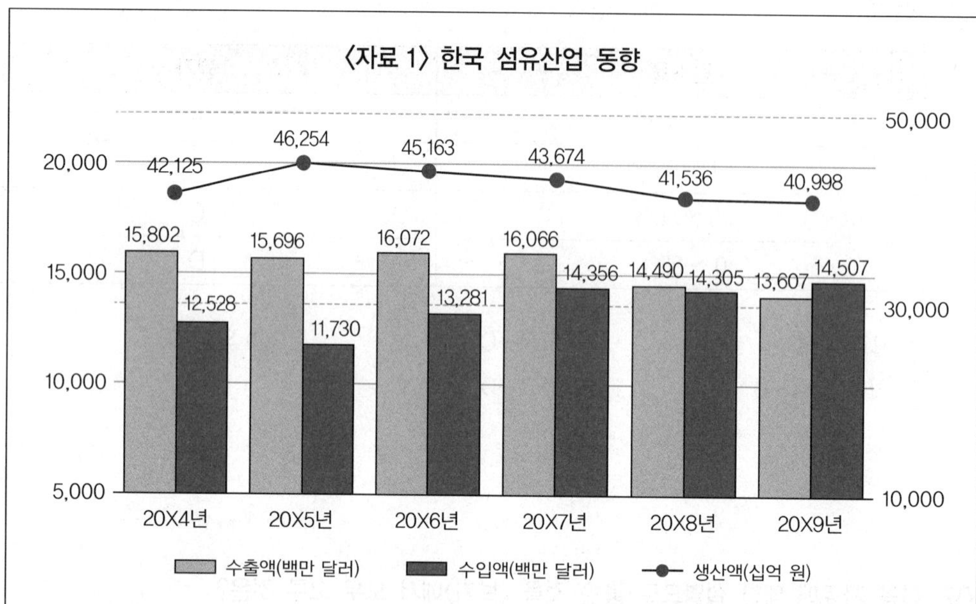

〈자료 2〉 2019년 세계 주요국별 섬유 수출 현황

(단위 : 억 달러)

순위	국가	금액	순위	국가	금액
	세계	7,263	8	홍콩	236
1	중국	2,629	9	미국	186
2	인도	342	10	스페인	170
3	이탈리아	334	11	프랑스	150
4	베트남	308	12	벨기에	144
5	독일	307	13	대한민국	136
6	방글라데시	304	14	네덜란드	132
7	터키	260	15	파키스탄	128

* 기타 국가는 위 목록에서 제외함.

① 20X5년부터 20X9년까지 한국 섬유산업의 생산액은 지속적으로 감소하고 있다.
② 20X5년 한국 섬유산업 수출액은 전년 대비 236백만 달러 감소했다.
③ 20X8년 한국 섬유산업 수입액은 20X5년 대비 2,575백만 달러 증가했다.
④ 20X9년 이탈리아 섬유 수출액은 한국 섬유 수출액보다 약 145% 더 많다.
⑤ 20X6년 한국 섬유 수출액은 20X9년 프랑스의 섬유 수출액보다 더 많다.

[09 ~ 10] 다음은 K 회사의 차량 관리 대장이다. 이어지는 질문에 답하시오.

〈11월 차량 관리 대장〉

일자	차량(관리번호)	직급/사용자	용무	운행거리(km)	서명	
					대여	반납
11. 1.	A1	과장 / 김도현	거래처 방문	42	김도현	김도현
11. 4.	B1	대리 / 정성훈	지역사무소 방문	41	정성훈	정성훈
11. 7.	B1	대리 / 정성훈	거래처 방문	59	정성훈	정성훈
11. 8.	A2	사원 / 이현준	박람회 참석	49	이현준	이현준
11. 10.	A1	사원 / 박세환	박람회 참석	43	박세환	박세환
11. 16.	B2	과장 / 김도현	비품 구매	92	김도현	김도현
11. 21.	A1	부장 / 이상민	지역사무소 방문	74	이현준	이현준
11. 23.	A2	대리 / 정성훈	거래처 방문	50	정성훈	정성훈
11. 28.	A1	대리 / 정성훈	거래처 방문	37	정성훈	정성훈
11. 29.	A1	사원 / 박세환	거래처 방문	31	박세환	
11. 30.	B1	부장 / 이상민	지역사무소 방문	75	이상민	이상민

09. 위 자료를 보고 이해한 것으로 옳지 않은 것은?

① 반납 확인이 되지 않은 차량이 있다.

② 사용자와 서명이 일치하지 않는 경우가 있다.

③ 11월에 가장 자주 이용된 회사 차량은 A1이다.

④ 11월에 정성훈 대리는 회사 차량으로 200km 이상을 운행했다.

⑤ 11월 대여 차량은 거래처 방문 > 지역사무소 방문 > 박람회 참석 > 비품 구매 순으로 이용되었다.

10. K 회사는 차량 관리를 위해 이전 달의 운행거리를 기준으로 차량의 사용을 제한하고 있다. 관련 규정이 다음과 같을 때 12월에 사용할 수 없는 차량은 몇 대인가?

- 관리번호 A로 시작하는 차량은 전월에 250km 이상 운행했을 경우 다음 달 사용 금지
- 관리번호 B로 시작하는 차량은 전월에 200km 이상 운행했을 경우 다음 달 사용 금지

① 0대　　② 1대　　③ 2대

④ 3대　　⑤ 4대

11. 둘레의 길이가 10km인 공원을 소희는 Akm/h, 민희는 Bkm/h의 속력으로 걷는다. 두 사람이 어느 한 지점에서 서로 반대 방향으로 동시에 출발한 후, 처음으로 다시 만날 때까지 걸리는 시간은?

① $\frac{A+B}{10}$시간　② $\frac{A}{B}$시간　③ $\frac{10}{A+B}$시간

④ $\frac{10(A+B)}{A-B}$시간　⑤ $\frac{A+B}{A-B}$시간

12. 프로야구 통계에 따르면 S 야구팀은 이전 경기에서 승리했을 경우 다음 경기에서도 승리할 확률이 $\frac{1}{5}$이고 이전 경기에서 패배했을 경우에는 다음 경기에서 승리할 확률이 $\frac{3}{5}$이라고 한다. 만약 S 야구팀이 1차전에서 패배했다면 3차전에서 승리할 확률은 얼마인가?

① $\frac{9}{25}$　② $\frac{11}{25}$　③ $\frac{13}{25}$

④ $\frac{14}{25}$　⑤ $\frac{16}{25}$

13. A, B, C가 식목일에 함께 나무를 심기로 했다. A는 20분마다 3그루의 나무를 심고 B는 30분마다 4그루의 나무를, C는 45분마다 5그루의 나무를 심는다면 일정한 시간 동안 A, B, C가 심는 나무 수의 비율은?

① 3 : 4 : 5　② 9 : 8 : 6　③ 27 : 24 : 20
④ 32 : 26 : 22　⑤ 33 : 25 : 22

14. 어떤 프로그램에 데이터를 입력하는 데 A 혼자하면 30분이 걸리고 B 혼자하면 45분이 걸린다. 이 과정을 처음에는 A 혼자 하다가 중간에 B가 이어받아 혼자 작업을 모두 끝마쳤다. A가 입력한 시간이 B보다 15분 더 길었다면 이 작업을 끝마치는 데 걸린 총 시간은?

① 31분　② 33분　③ 35분
④ 37분　⑤ 40분

15. 정아에게는 43세의 남편과 10세, 6세의 두 딸이 있다. A년 후 정아네 부부의 나이 합이 두 딸 나이 합의 4배가 되고 남편의 나이가 두 딸 나이의 합보다 24살이 많아진다면 정아의 현재 나이는?

① 35세 ② 36세 ③ 37세
④ 38세 ⑤ 39세

16. 8%의 소금물 500g에 소금을 더 추가하여 20%의 소금물을 만들려고 할 때, 필요한 소금의 양은?

① 75g ② 80g ③ 85g
④ 90g ⑤ 100g

17. 갑, 을, 병 세 사람이 가위바위보 한 번을 통해 승부를 지으려고 한다. 이때 적어도 한 명이 지게 되는 경우의 수는 얼마인가?

① 13가지 ② 15가지 ③ 18가지
④ 20가지 ⑤ 21가지

18. 각 자릿수의 합이 7인 두 자리의 자연수에서 십의 자리의 숫자와 일의 자리의 숫자를 바꾸면 처음 수의 2배보다 2가 크다고 한다. 이때 처음의 수는?

① 16　② 25　③ 34
④ 43　⑤ 45

19. 원가가 1,300원인 제품에 300원의 이익을 남겨 700개를 판매하였다. 100개당 2개의 불량품이 나온다고 할 때 최종 이익은 얼마인가? (단, 불량품은 모든 판매가 끝난 후에 일괄적으로 환불하는 것으로 한다)

① 187,600원　② 191,400원　③ 196,500원
④ 201,600원　⑤ 220,000원

20. K 기업을 다니는 B 사원의 이번 주 근무 기록이 다음과 같을 대, 주말을 제외한 이번 주 근무 시간의 분산은 얼마인가?

〈근무 기록〉

구분	월	화	수	목	금
시간	9	8	9	10	7

① 1　② 1.04　③ 1.08
④ 1.12　⑤ 1.16

도식추리

[01 ~ 03] 다음 흐름도에서 각각의 기호들은 정해진 규칙에 따라 도형을 변화시키는 약속을 나타내는 암호이다. 각 문제의 빈칸에 들어갈 알맞은 도형을 고르시오.

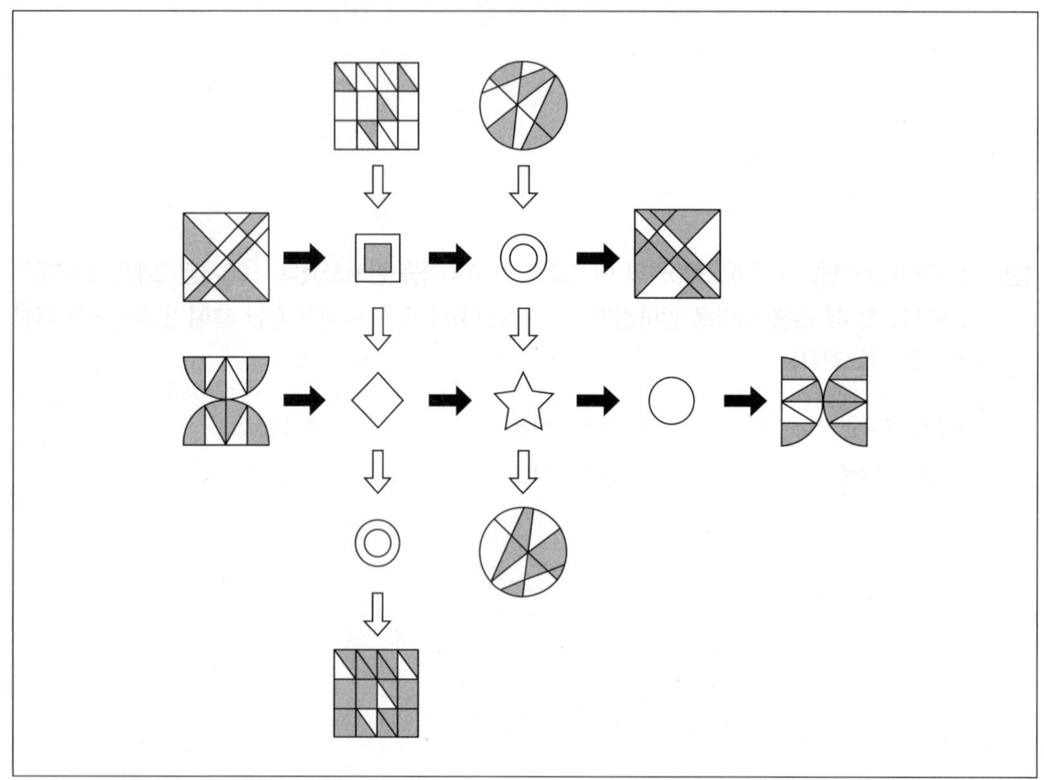

01.

( )

① 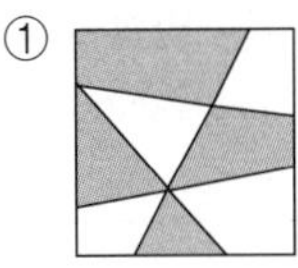

② 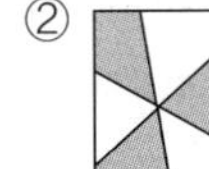 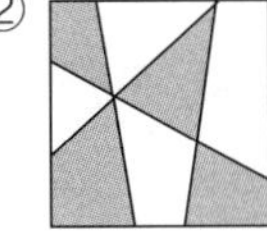

③  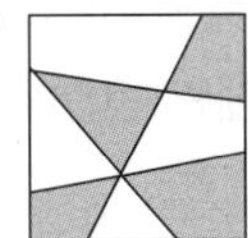

④ 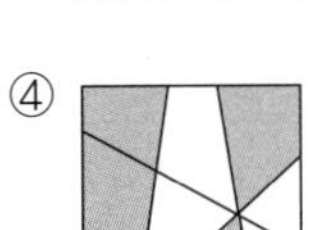

⑤ 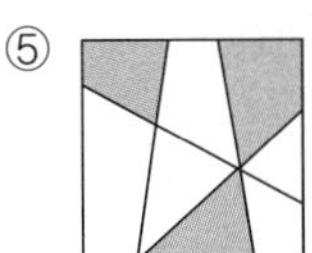

02.

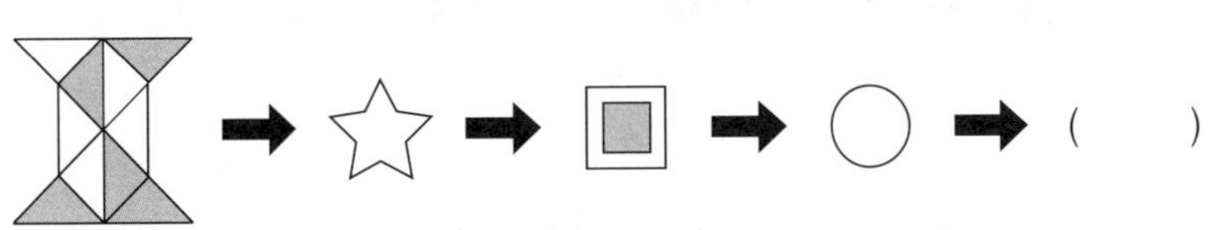

① 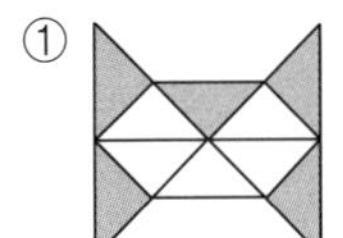

② 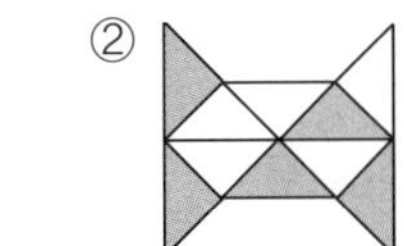

③ 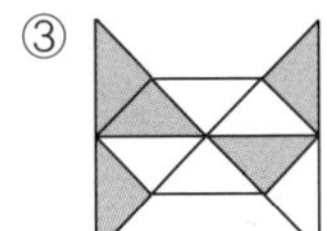

④ 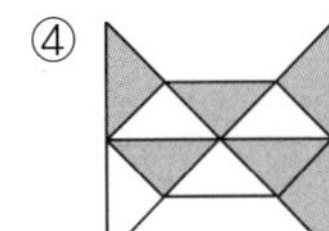

⑤ 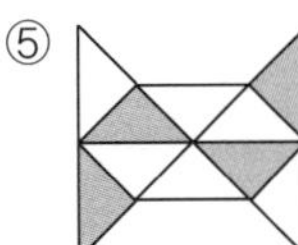

03.

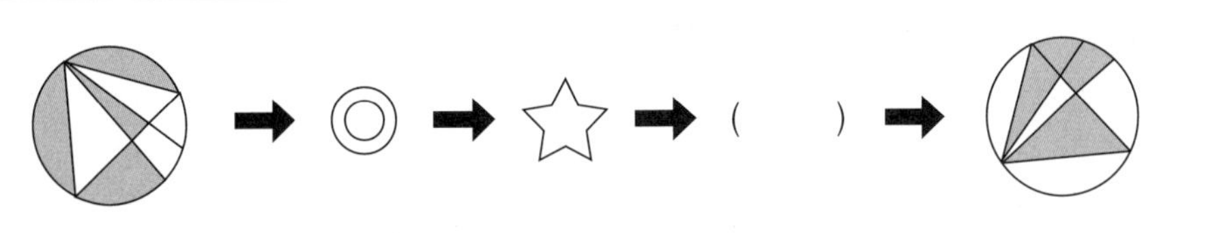

①

② 

③

④

⑤

[04 ~ 06] 다음 흐름도에서 각각의 도형들은 정해진 규칙에 따라 문자를 변환시키는 약속을 나타낸 암호이다. 각 문제의 빈칸에 들어갈 문자 또는 숫자, 도형을 고르시오.

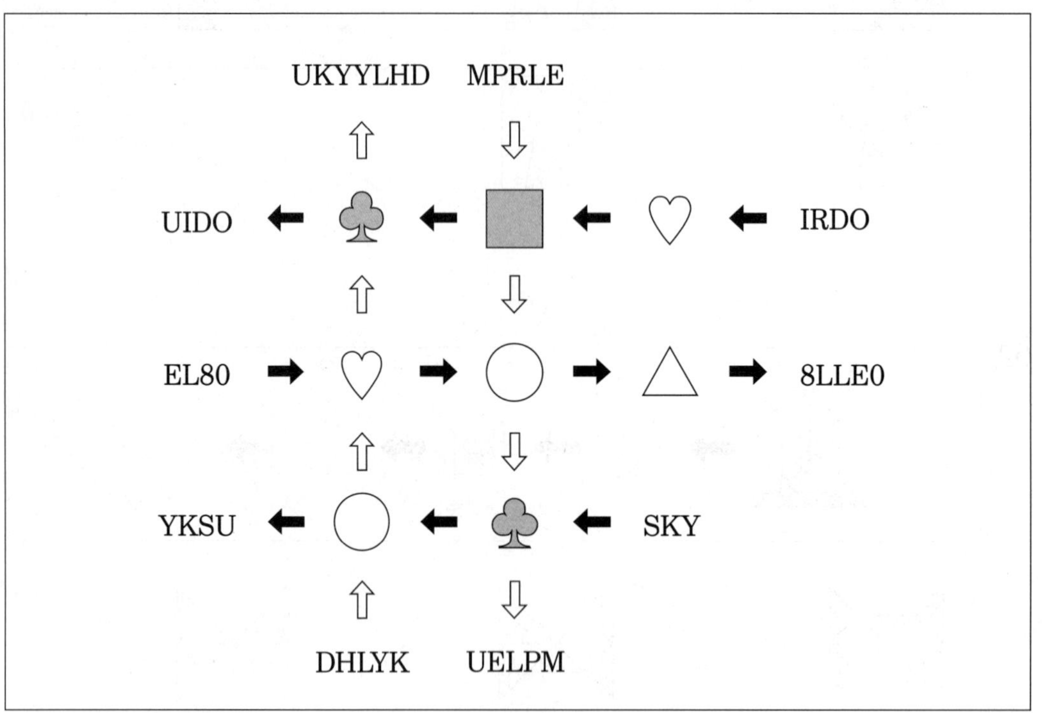

04.

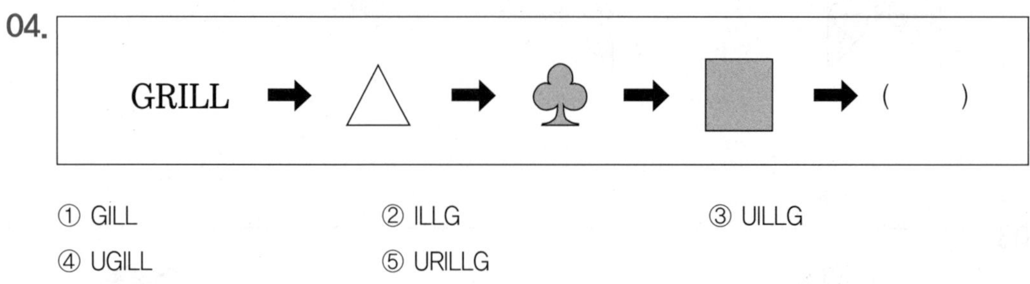

① GILL　② ILLG　③ UILLG
④ UGILL　⑤ URILLG

05.

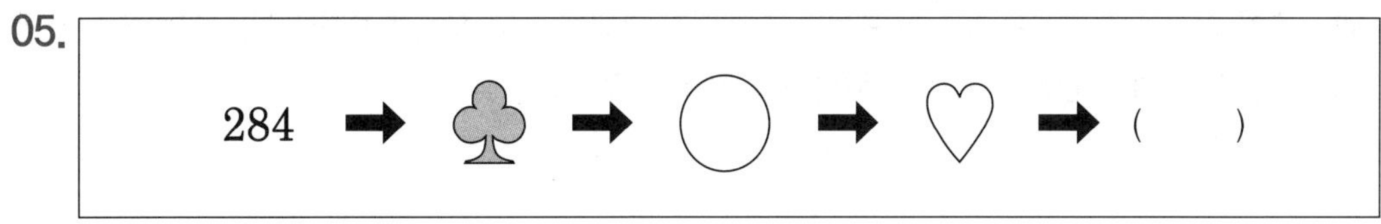

① 482 ② U284 ③ U2284
④ 4882U ⑤ 482U

06.

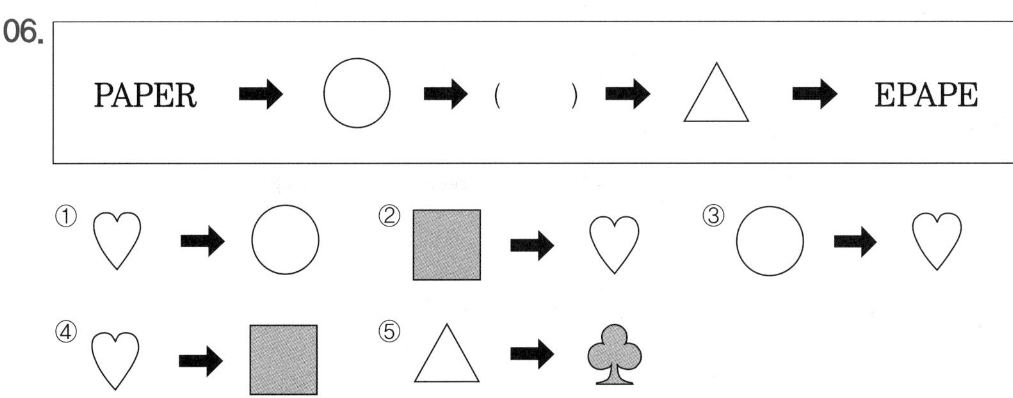

[07 ~ 09] 다음 흐름도에서 각각의 도형들은 정해진 규칙에 따라 문자를 변환시키는 약속을 나타낸 암호이다. 각 문제의 빈칸에 들어갈 알맞은 문자를 고르시오.

ㅕㅛㅞ

ㅔㅒㅣㅜㅖ → → → ㅜㅣㅒㅖ

ㅙㅗㅑㅐ → → → → ㅐㅑㅗㅙㅔ

ㅟㅗㅏㅝ → → → ㅝㅏㅗ

ㅞㅛ　ㅛㅖㅒㅣㅜ

07.

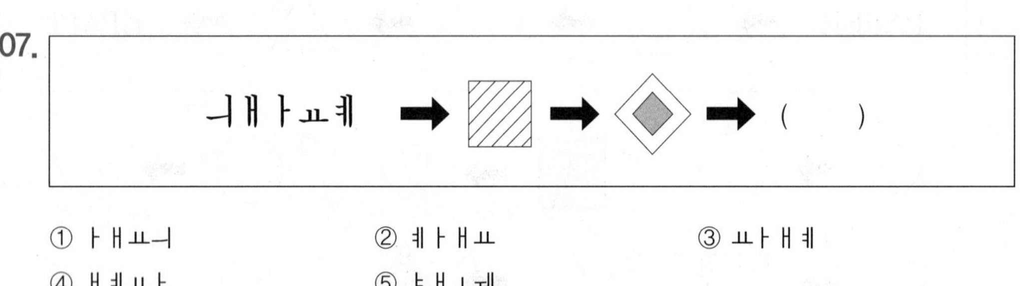

① ㅏㅐㅛㅢ　② ㅖㅏㅐㅛ　③ ㅛㅏㅐㅖ
④ ㅐㅖㅛㅏ　⑤ ㅑㅐㅗㅞ

08.

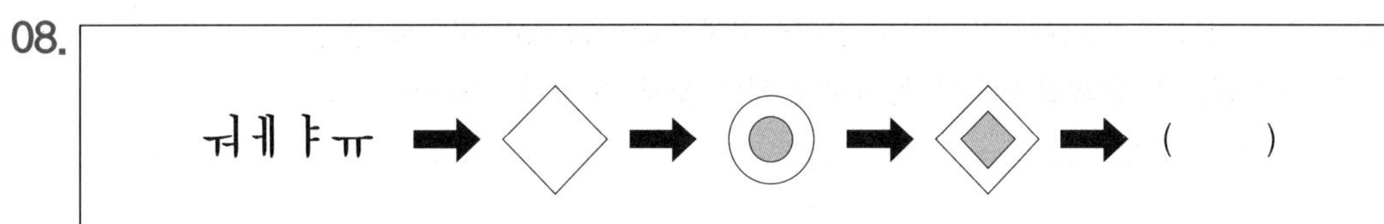

① ㅑㅔㅝㅠ　② ㅝㅔㅑㅠ　③ ㅝㅠㅑㅔㅜ
④ ㅠㅝㅔㅑㅛ　⑤ ㅔㅝㅠㅏ

09.

ㅗㅜㅣㅙ → ( )

① ㅙㅣㅜ　② ㅜㅗㅣㅙ　③ ㅗㅙㅣㅜ
④ ㅣㅜㅙ　⑤ ㅙㅣㅜㅗ

[10 ~ 12] 다음 흐름도에서 각각의 도형들은 정해진 규칙에 따라 문자를 변환시키는 암호의 약속을 나타낸 것이다. 각 문제의 빈칸에 들어갈 문자나 숫자, 도형을 고르시오.

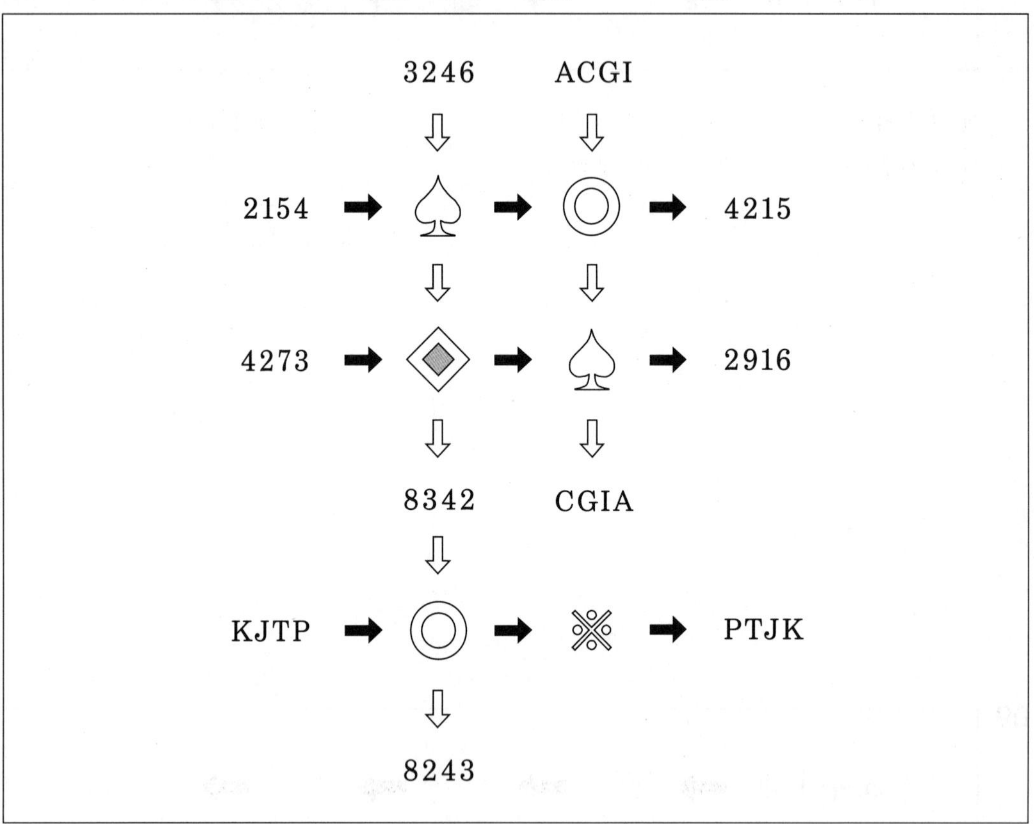

10.

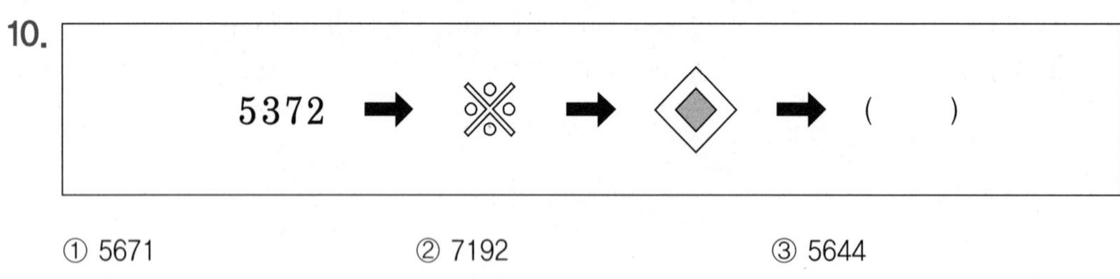

① 5671　② 7192　③ 5644　④ 7291　⑤ 3725

11.

7495 ➡ ♤ ➡ ◈ ➡ ※ ➡ (　　)

① 5947　　② 7594　　③ 8766

④ 8667　　⑤ 7866

12.

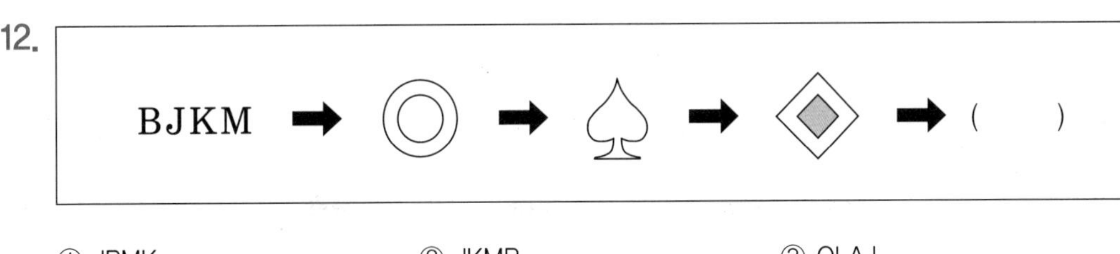

① JBMK　　② JKMB　　③ OLAJ

④ LJOA　　⑤ LJOAK

[13 ~ 15] 다음 흐름도에서 각각의 도형들은 정해진 규칙에 따라 문자를 변환시키는 약속을 나타낸 암호이다. 각 문제의 빈칸에 들어갈 문자 또는 도형을 고르시오.

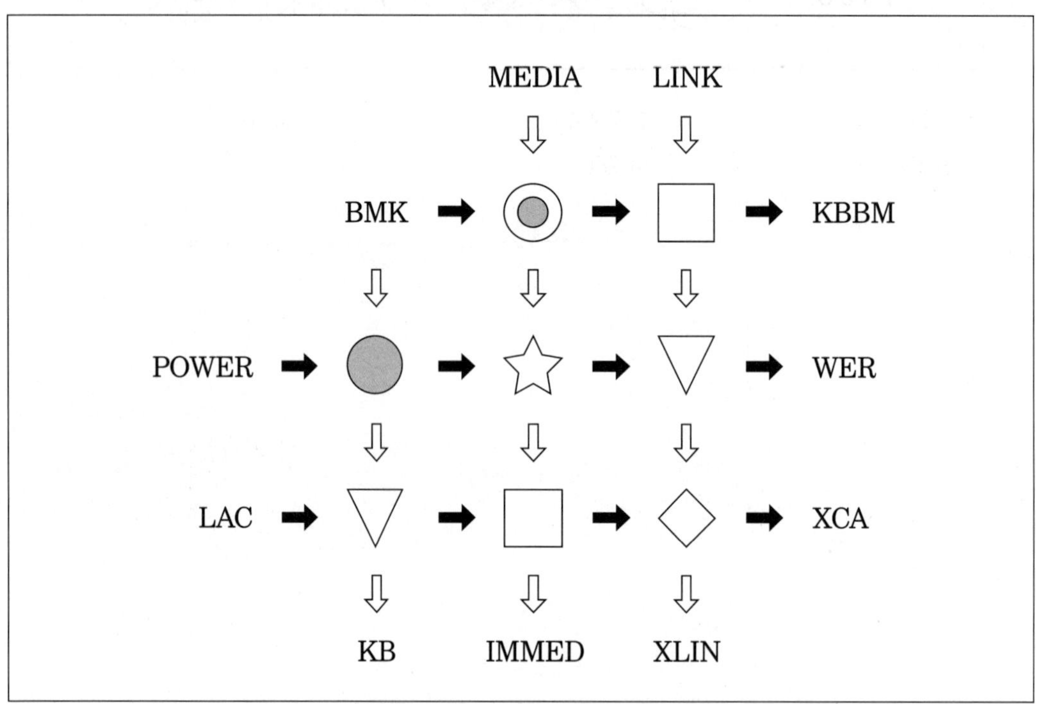

13.

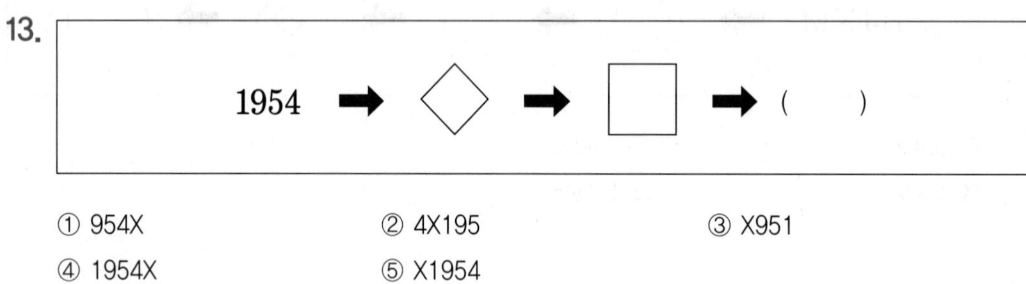

① 954X　② 4X195　③ X951
④ 1954X　⑤ X1954

14.

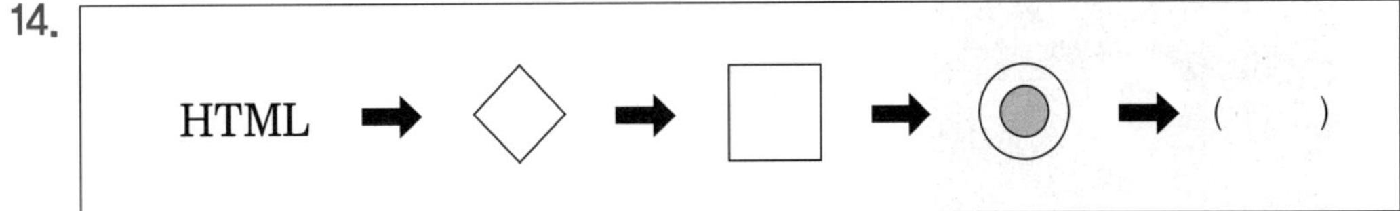

① XXHTML ② HTMX ③ TTMLH
④ LXHTM ⑤ LLXHTM

15.

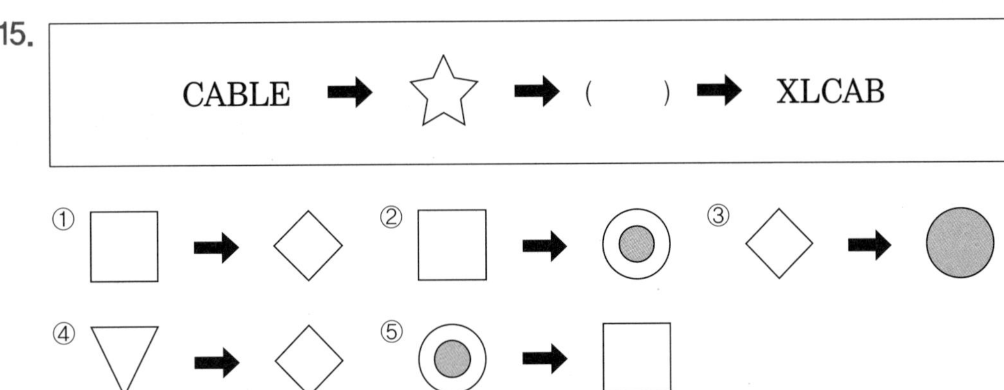

KT그룹 종합인적성검사
인성검사

인성검사란? 개개인이 가지고 있는 사고와 태도 및 행동 특성을 정형화된 검사를 통해 측정하여 해당 직무에 적합한 인재인지를 파악하는 검사를 말한다.

01 인성검사의 이해

1 인성검사, 왜 필요한가?

채용기업은 지원자가 '직무적합성'을 지닌 사람인지를 인성검사와 직무적성검사를 통해 판단한다. 인성검사에서 말하는 인성(人性)이란 그 사람의 성품, 즉 각 개인이 가지는 사고와 태도 및 행동 특성을 의미한다. 인성은 사람의 생김새처럼 사람마다 다르기 때문에 몇 가지 유형으로 분류하고 이에 맞추어 판단한다는 것 자체가 억지스럽고 어불성설일지 모른다. 그럼에도 불구하고 기업들의 입장에서는 입사를 희망하는 사람이 어떤 성품을 가졌는지 정보가 필요하다. 그래야 해당 기업의 인재상과 적합하고 담당할 업무에 적격한 인재를 채용할 수 있기 때문이다.

지원자의 성격이 외향적인지 내향적인지, 어떤 직무와 어울리는지, 조직에서 다른 사람과 원만하게 생활할 수 있는지, 업무 수행 중 문제가 생겼을 때 어떻게 대처하고 해결할 수 있는지 등에 대한 전반적인 개성은 자기소개서나 면접을 통해 어느 정도 파악할 수 있다. 그러나 이것들만으로 인성을 충분히 파악할 수 없기 때문에 객관화되고 정형화된 인성검사로 지원자의 성격을 판단하고 있다.

채용기업은 직무적성검사를 높은 점수로 통과한 지원자라 하더라도, 해당 기업과 거리가 있는 성품을 가졌다면 탈락시키게 된다. 일반적으로 직무적성검사 통과자 중 인성검사로 탈락하는 비율이 10% 내외가 된다고 알려져 있다. 물론 인성검사를 탈락하였다 하더라도 특별히 인성에 문제가 있는 사람이 아니라면 절망할 필요는 없다. 자신을 되돌아보고 다음 기회를 대비하면 되기 때문이다. 탈락한 기업이 원하는 인재상이 아니었다면 맞는 기업을 찾으면 되고, 경쟁자가 많았기 때문이라면 자신을 다듬어 경쟁력을 높이면 될 것이다.

2 인성검사의 특징

우리나라 대다수 채용기업은 인재개발 및 인적자원을 연구하는 한국행동과학연구소(KIRBS), 에스에이치알(SHR), 한국사회적성개발원(KSAD), 한국인재개발진흥원(KPDI) 등 전문기관에 인성검사를 의뢰하고 있다.

이 기관들의 인성검사 개발 목적은 비슷하지만 기관마다 검사 유형이나 평가 척도는 약간씩 차이가 있다. 또 지원하는 기업이 어느 기관에서 개발한 검사지로 인성검사를 실시하는지는 사전에 알 수도 없다. 그렇지만 공통으로 적용하는 척도와 기준에 따라 구성된 여러 형태의 인성검사지로 사전 테스트를 해보고 자신의 인성이 어떻게 평가되는가를 미리 알아보는 것은 가능하다.

인성검사는 필기시험 당일 직무적성검사와 함께 실시하는 경우와 직무적성검사 합격자에 한하여 면접과 함께 실시하는 경우가 있다. 인성검사의 문항은 100문항 내외에서부터 최대 500문항까지 다양하다. 인성검사에서 주어지는 시간은 문항 수에 비례하여 30 ~ 100분 정도가 된다.

문항 자체는 단순한 질문으로 어려울 것은 없지만 제시된 상황에서 본인의 행동을 결정하는 것이 쉽지만은 않다. 문항 수가 많을 경우 이에 비례하여 시간도 길게 주어지지만, 단순하고 유사하며 반복되는 질문에 방심하여 집중하지 못하고 실수하는 경우가 있으므로 컨디션 관리와 집중력 유지에 노력하여야 한다. 특히 같거나 유사한 물음에 다른 답을 하는 경우가 가장 위험하다.

3 인성검사 척도 및 구성

❶ 미네소타 다면적 인성검사(MMPI)

MMPI(Minnesota Multiphasic Personality Inventory)는 1943년 미국 미네소타 대학교수인 해서웨이와 매킨리가 개발한 대표적인 자기보고형 성향 검사로서, 오늘날 가장 대표적으로 사용되는 객관적 심리검사 중 하나이다. MMPI는 약 550개의 문제로 구성되어 있으며, 각 문항을 읽고 '예' 또는 '아니오'로 대답하게 되어 있다.

MMPI는 4개의 타당도 척도와 10개의 임상척도로 구분된다. 500개가 넘는 문항들 중 중복되는 문항들이 포함되어 있는데 내용이 똑같은 문항도 10문항 이상 포함되어 있다. 이 반복 문항들은 응시자가 얼마나 일관성 있게 검사에 임했는지를 판단하는 지표로 사용된다.

구분	척도명	약자	주요 내용
타당도 척도 (바른 태도로 임했는지, 신뢰할 수 있는 결론인지 등을 판단)	무응답 척도 (Can not say)	?	응답하지 않은 문제와 복수로 답한 문제들의 총합으로 빠진 문제를 최소한으로 줄이는 것이 중요하다.
	허구 척도 (Lie)	L	자신을 좋은 사람으로 보이게 하려고 고의적으로 정직하지 못한 답을 판단하는 척도이다. 허구 척도가 높으면 장점까지 인정받지 못하는 결과가 발생한다.
	신뢰 척도 (Frequency)	F	검사 문제에 빗나간 답을 한 경향을 평가하는 척도로 정상적인 집단의 10% 이하의 응답을 기준으로 일반적인 경향과 다른 정도를 측정한다.
	교정 척도 (Defensiveness)	K	정신적 장애가 있음에도 다른 척도에서 정상적인 면을 보이는 사람을 구별하는 척도로 허구 척도보다 높은 고차원으로 거짓 응답을 하는 경향이 나타난다.
임상척도 (정상적 행동과 그렇지 않은 행동의 종류를 구분하는 척도, 척도마다 다른 기준으로 점수가 매겨짐)	건강염려증 (Hypochondriasis)	Hs	신체에 대한 지나친 집착이나 신경질적 혹은 병적 불안을 측정하는 척도로 이러한 건강염려증이 타인에게 어떤 영향을 미치는지도 측정한다.
	우울증 (Depression)	D	슬픔 · 비관 정도를 측정하는 척도로 타인과의 관계 또는 본인 상태에 대한 주관적 감정을 나타낸다.
	히스테리 (Hysteria)	Hy	갈등을 부정하는 정도를 측정하는 척도로 신체 증상을 호소하는 경우와 적대감을 부인하며 우회적인 방식으로 드러내는 경우 등이 있다.
	반사회성 (Psychopathic Deviate)	Pd	가정 및 사회에 대한 불신과 불만을 측정하는 척도로 비도덕적 혹은 반사회적 성향 등을 판단한다.
	남성-여성특성 (Masculinity-Feminity)	Mf	남녀가 보이는 흥미와 취향, 적극성과 수동성 등을 측정하는 척도이다. 성에 따른 유연한 사고와 융통성 등을 평가한다.

	편집증 (Paranoia)	Pa	과대망상, 피해 망상, 의심 등 편집증에 대한 정도를 측정하는 척도로 열등감, 비사교적 행동, 타인에 대한 불만과 같은 내용을 질문한다.
	강박증 (Psychasthenia)	Pt	과대 근심, 강박관념, 죄책감, 공포, 불안감, 정리정돈 등을 측정하는 척도로 만성 불안 등을 측정한다.
	정신분열증 (Schizophrenia)	Sc	정신적 혼란을 측정하는 척도로 자폐적 성향이나 타인과의 감정 교류, 충동 억제불능, 성적 관심, 사회적 고립 등을 평가한다.
	경조증 (Hypomania)	Ma	정신적 에너지를 측정하는 척도로 생각의 다양성 및 과장성, 행동의 불안정성, 흥분성 등을 나타낸다.
	사회적 내향성 (Social introversion)	Si	대인관계 기피, 사회적 접촉 회피, 비사회성 등의 요인을 측정하는 척도로 외향성 및 내향성을 구분한다.

❷ 캘리포니아 성격검사(CPI)

CPI(California Psychological Inventory)는 캘리포니아 대학의 연구팀이 개발한 인성검사로 MMPI와 함께 세계에서 가장 널리 사용되고 있는 인성검사 툴이다. CPI는 다양한 인성 요인을 통해 지원자가 답변한 응답 왜곡 가능성, 조직 역량 등을 측정한다. MMPI가 주로 정서적 측면을 진단하는 특징을 보인다면 CPI는 정상적인 사람의 심리적 특성을 주로 진단한다.

CPI는 약 480개 문항으로 구성되어 있으며 다음과 같은 18개의 척도로 구분된다.

구분	척도명	주요 내용
제1군 척도 (대인관계 적절성 측정)	지배성(Do)	리더십, 통솔력, 대인관계에서의 주도권을 측정한다.
	지위능력성(Cs)	내부에 잠재되어 있는 내적 포부, 자기 확신 등을 측정한다.
	사교성(Sy)	참여 기질이 활달한 사람과 그렇지 않은 사람을 구분한다.
	사회적 자발성(Sp)	사회 안에서의 안정감, 자발성, 사교성 등을 측정한다.
	자기 수용성(Sa)	개인적 가치관, 자기 확신, 자기 수용력 등을 측정한다.
	행복감(Wb)	생활의 만족감, 행복감을 측정하며 긍정적인 사람으로 보이고자 거짓 응답하는 사람을 구분하는 용도로도 사용된다.
제2군 척도 (성격과 사회화, 책임감 측정)	책임감(Re)	법과 질서에 대한 양심, 책임감, 신뢰성 등을 측정한다.
	사회성(So)	가치 내면화 정도, 사회 이탈 행동 가능성 등을 측정한다.
	자기 통제성(Sc)	자기조절, 자기통제의 적절성, 충동 억제력 등을 측정한다.
	관용성(To)	사회적 신념, 편견과 고정관념 등에 대한 태도를 측정한다.
	호감성(Gi)	타인이 자신을 어떻게 보는지에 대한 민감도를 측정하며 좋은 사람으로 보이고자 거짓 응답하는 사람을 구분한다.
	임의성(Cm)	사회에 보수적 태도를 보이고 생각 없이 적당히 응답한 사람을 판단하는 타당성 척도로도 사용된다.

제3군 척도 (인지적, 학업적 특성 측정)	순응적 성취(Ac)	성취동기, 내면의 인식, 조직 내 성취 욕구 등을 측정한다.
	독립적 성취(Ai)	독립적 사고, 창의성, 자기실현을 위한 능력 등을 측정한다.
	지적 효율성(Le)	지적 능률, 지능과 연관이 있는 성격 특성 등을 측정한다.
제4군 척도 (제1 ~ 3군과 무관한 척도의 혼합)	심리적 예민성(Py)	타인의 감정 및 경험에 대해 공감하는 정도를 측정한다.
	융통성(Fx)	개인적 사고와 사회적 행동에 대한 유연성을 측정한다.
	여향성(Fe)	남녀 비교에 따른 흥미의 남향성 및 여향성을 측정한다.

❸ SHL 직업성격검사(OPQ)

OPQ(Occupational Personality Questionnaire)는 세계적으로 많은 외국 기업에서 널리 쓰이는 CEB 사의 SHL 직무능력검사에 포함된 직업성격검사이다. 4개의 질문이 한 세트로 되어 있고 총 68세트 정도 출제되고 있다. 4개의 질문 안에서 '자기에게 가장 잘 맞는 것'과 '자기에게 가장 맞지 않는 것을 1개씩 골라 '예', '아니오'로 체크하는 방식이다. 단순하게 모든 척도가 높다고 좋은 것은 아니며 척도가 낮은 편이 좋은 경우도 있다.

기업에 따라 척도의 평가 기준은 다르다. 희망하는 기업의 특성을 연구하고, 그 기업의 채용 기준을 예측하는 것이 중요하다.

척도	내용	질문 예
설득력	사람을 설득하는 것을 좋아하는 경향	– 새로운 것을 사람에게 권하는 것을 잘한다. – 교섭하는 것에 걱정이 없다. – 기획하고 판매하는 것에 자신이 있다.
지도력	사람을 지도하는 것을 좋아하는 경향	– 사람을 다루는 것을 잘한다. – 팀을 아우르는 것을 잘한다. – 사람에게 지시하는 것을 잘한다.
독자성	다른 사람의 영향을 받지 않고, 스스로 생각해서 행동하는 것을 좋아하는 경향	– 모든 것을 자신의 생각대로 하는 편이다. – 주변의 평가는 신경 쓰지 않는다. – 유혹에 강한 편이다.
외향성	외향적이고 사교적인 것을 좋아하는 경향	– 다른 사람의 주목을 끄는 것을 좋아한다. – 사람들이 모인 곳에서 중심이 되는 편이다. – 담소를 나눌 때 주변을 즐겁게 해준다.
우호성	친구가 많고 대세의 사람이 되는 것을 좋아하는 경향	– 친구와 함께 있는 것을 좋아한다. – 무엇이라도 얘기할 수 있는 친구가 많다. – 친구와 함께 무언가를 하는 것이 많다.
사회성	세상 물정에 밝고 사람 앞에서도 낯을 가리지 않는 성격	– 자신감이 있고 유쾌하게 발표할 수 있다. – 공적인 곳에서 인사하는 것을 잘한다. – 사람들 앞에서 발표하는 것이 어렵지 않다.

겸손성	사람에 대해서 겸손하게 행동하고 누구라도 똑같이 사귀는 경향	– 자신의 성과를 그다지 내세우지 않는다. – 절제를 잘하는 편이다. – 사회적인 지위에 무관심하다.
협의성	사람들에게 의견을 물으면서 일을 진행하는 경향	– 사람들의 의견을 구하며 일하는 편이다. – 타인의 의견을 묻고 일을 진행시킨다. – 친구와 상담해서 계획을 세운다.
돌봄	측은해 하는 마음이 있고, 사람을 돌봐주는 것을 좋아하는 경향	– 개인적인 상담에 친절하게 답해준다. – 다른 사람의 상담을 진행하는 경우가 많다. – 후배의 어려움을 돌보는 것을 좋아한다.
구체적인 사물에 대한 관심	물건을 고치거나 만드는 것을 좋아하는 경향	– 고장 난 물건을 수리하는 것이 재미있다. – 상태가 안 좋은 기계도 잘 사용한다. – 말하기보다는 행동하기를 좋아한다.
데이터에 대한 관심	데이터를 정리해서 생각하는 것을 좋아하는 경향	– 통계 등의 데이터를 분석하는 것을 좋아한다. – 표를 만들거나 정리하는 것을 좋아한다. – 숫자를 다루는 것을 좋아한다.
미적가치에 대한 관심	미적인 것이나 예술적인 것을 좋아하는 경향	– 디자인 감각이 뛰어나다. – 미술이나 음악을 좋아한다. – 미적인 감각에 자신이 있다.
인간에 대한 관심	사람의 행동에 동기나 배경을 분석하는 것을 좋아하는 경향	– 다른 사람을 분석하는 편이다. – 타인의 행동을 보면 동기를 알 수 있다. – 다른 사람의 행동을 잘 관찰한다.
정통성	이미 있는 가치관을 소중히 하고, 익숙한 방법으로 사물을 행하는 방법을 좋아하는 경향	– 실적이 보장되는 확실한 방법을 취한다. – 낡은 가치관을 존중하는 편이다. – 보수적인 편이다.
변화 지향	변화를 추구하고, 변화를 받아들이는 것을 좋아하는 경향	– 새로운 것을 하는 것을 좋아한다. – 해외여행을 좋아한다. – 경험이 없는 것이라도 시도해보는 것을 좋아한다.
개념성	지식욕이 있고, 논리적으로 생각하는 것을 좋아하는 경향	– 개념적인 사고가 가능하다. – 분석적인 사고를 좋아한다. – 순서를 만들고 단계에 따라 생각한다.
창조성	새로운 공부를 더하는 것을 좋아하는 경향	– 새로운 것을 추구한다. – 독창성이 있다. – 신선한 아이디어를 낸다.
계획성	앞을 생각해서 사물을 예상하고, 계획적으로 실행하는 것을 좋아하는 경향	– 과거를 돌이켜보며 계획을 세운다. – 앞날을 예상하며 행동한다. – 실수를 돌아보며 대책을 강구하는 편이다.

치밀함	정확한 순서를 세워서 진행하는 것을 좋아하는 경향	– 사소한 실수는 거의 하지 않는다. – 정확하게 요구되는 것을 좋아한다. – 사소한 것에도 주의하는 편이다.
꼼꼼함	꼼꼼하게 마지막까지 어떤 일을 마무리 짓는 경향	– 맡은 일을 마지막까지 해결한다. – 마감 시한은 반드시 지킨다. – 시작한 일은 중간에 그만두지 않는다.
여유	평소에 긴장을 풀고, 스트레스에 강한 경향	– 감정의 회복이 빠르다. – 분별 없이 함부로 행동하지 않는다. – 스트레스에 잘 대처한다.
근심 · 걱정	어떤 일이 잘 진행되지 않으면 불안을 느끼고, 중요한 약속이나 일의 앞에는 긴장하는 경향	– 예정대로 잘 되지 않으면 근심 걱정이 많다. – 신경 쓰이는 일이 있으면 불안하다. – 중요한 만남 전에는 기분이 편하지 않다.
호방함	사람들이 자신을 어떻게 생각하는지를 신경 쓰지 않는 경향	– 사람들이 자신을 어떻게 생각하는지 그다지 신경 쓰지 않는다. – 상처받아도 동요하지 않고 아무렇지 않은 태도를 취한다. – 사람들의 비판을 신경 쓰지 않는다.
억제	감정을 표현하지 않는 경향	– 쉽게 감정적이 되지 않는다. – 분노를 억누른다. – 격분하지 않는다.
낙관적	사물을 낙관적으로 보는 경향	– 낙관적으로 생각하고 일을 진행시킨다. – 문제가 일어나도 낙관적으로 생각한다.
비판적	비판적으로 사물을 생각하고, 이론 · 문장 등의 오류에 신경 쓰는 경향	– 이론의 모순을 찾아낸다. – 계획이 갖춰지지 않음이 신경 쓰인다. – 누구도 신경 쓰지 않는 오류를 찾아낸다.
행동력	운동을 좋아하고, 민첩하게 행동하는 경향	– 동작이 날렵하다. – 여가를 활동적으로 보낸다. – 몸을 움직이는 것을 좋아한다.
경쟁성	지는 것을 싫어하는 경향	– 승부를 겨루게 되면 지는 것을 싫어한다. – 상대를 이기는 것을 좋아한다. – 싸워보지 않고 포기하는 것을 싫어한다.
출세 지향	출세하는 것을 중요하게 생각하고, 야심적인 목표를 향해 노력하는 경향	– 출세 지향적인 성격이다. – 어려운 목표도 달성할 수 있다. – 실력으로 평가받는 사회가 좋다.
결단력	빠르게 판단하는 경향	– 답을 빠르게 찾아낸다. – 문제에 대한 빠른 상황 파악이 가능하다. – 위험을 감수하고도 결단을 내리는 편이다.

4 인성검사 합격 전략

❶ 포장하지 않은 솔직한 답변

"다른 사람을 험담한 적이 한 번도 없다.", "물건을 훔치고 싶다고 생각해본 적이 없다."

이 질문에 당신은 '그렇다', '아니다' 중 무엇을 선택할 것인가? 채용기업이 인성검사를 실시하는 가장 큰 이유는 '이 사람이 어떤 성향을 가진 사람인가'를 효율적으로 파악하기 위해서이다.

인성검사는 도덕적 가치가 빼어나게 높은 사람을 판별하려는 것도 아니고, 성인군자를 가려내기 위함도 아니다. 인간의 보편적 성향과 상식적 사고를 고려할 때, 도덕적 질문에 지나치게 겸손한 답변을 체크하면 오히려 솔직하지 못한 것으로 간주되거나 인성을 제대로 판단하지 못해 무효 처리가 되기도 한다. 자신의 성격을 포장하여 작위적인 답변을 하지 않도록 솔직하게 임하는 것이 예기치 않은 결과를 피하는 첫 번째 전략이 된다.

❷ 필터링 함정을 피하고 일관성 유지

앞서 강조한 솔직함은 일관성과 연결된다. 인성검사를 구성하는 많은 척도는 여러 형태의 문장 속에 동일한 요소를 적용해 반복되기도 한다. 예컨대 '나는 매우 활동적인 사람이다'와 '나는 운동을 매우 좋아한다'라는 질문에 '그렇다'고 체크한 사람이 '휴일에는 집에서 조용히 쉬며 독서하는 것이 좋다'에도 '그렇다'고 체크한다면 일관성이 없다고 평가될 수 있다.

그러나 일관성 있는 답변에만 매달리면 '이 사람이 같은 답변만 체크하기 위해 이 부분만 신경 썼구나'하는 필터링 함정에 빠질 수도 있다. 비슷하게 보이는 문장이 무조건 같은 내용이라고 판단하여 똑같이 답하는 것도 주의해야 한다. 일관성보다 중요한 것은 솔직함이다.

솔직함이 전제되지 않은 일관성은 허위 척도 필터링에서 드러나게 되어 있다. 유사한 질문의 응답이 터무니 없이 다르거나 양극단에 치우치지 않는 정도라면 약간의 차이는 크게 문제되지 않는다. 중요한 것은 솔직함과 일관성이 하나의 연장선에 있다는 점을 명심하자.

❸ 지원한 직무와 관련을 고려

다양한 분야의 많은 계열사와 크나큰 조직을 통솔하는 대기업은 여러 사람이 조직적으로 움직이는 만큼 각 직무에 걸맞은 능력을 갖춘 인재가 필요하다. 그래서 기업은 매년 신규채용으로 입사한 신입사원들의 젊은 패기와 참신한 능력을 성장 동력으로 활용한다.

기업은 사교성 있고 활달한 사람만을 원하지 않는다. 해당 직군과 직무에 따라 필요로 하는 사원의 능력과 개성이 다르기 때문에, 지원자가 희망하는 계열사나 부서의 직무가 무엇인지 제대로 파악하여 자신의 성향과 맞는지에 대한 고민은 반드시 필요하다. 같은 질문이라도 기업이 원하는 인재상이나 부서의 직무에 따라 판단 척도가 달라질 수 있다.

❹ 평상심으로 빠짐없이, 그리고 컨디션 관리

역시 솔직함과 연결된 내용이다. 한 질문에 오래 고민하고 신경 쓰면 불필요한 생각이 개입될 소지가 크다. 이는 직관을 떠나 이성적 판단에 따라 포장할 위험이 높아진다는 뜻이기도 하다. 오래 생각하지 말고 자신의 평상시 생각과 감정대로 답하는 것이 중요하며, 가능한 건너뛰지 말고 모든 질문에 답하도록 한다. 300 ~ 400개 정도 문항을 출제하는 기업이 많기 때문에, 끝까지 집중하여 임하는 것이 중요하다. 특히 적성검사와 같은 날 실시하는 경우, 적성검사를 마친 후 연이어 보기 때문에 신체적 · 정신적으로 피로한 상태에서 자세가 흐트러질 수도 있다. 따라서 컨디션을 유지하면서 문항당 7 ~ 10초 이상 쓰지 않도록 하고, 문항 수가 많을 때는 답안지에 바로 바로 표기하자.

02 인성검사 연습

1 인성검사 출제유형

KT그룹은 인성검사로 자신들이 추구하는 인재상인 '끊임없이 도전하는 인재, 벽 없이 소통하는 인재, 고객을 존중하는 인재, 기본과 원칙을 지키는 인재'에 적합한 인재를 찾기 위해 가치관과 태도를 측정한다. 응시자 개인의 사고와 태도 · 행동 특성 등을 알 수 있는 단순한 유사 질문이 반복되므로 특별하게 정해진 답은 없다. 하지만 반복되는 질문들을 거짓말 척도 등으로 활용하여 판단하므로 일관성을 가지고 솔직하게 답하는 것이 매우 중요하다.

2 문항 군 개별 항목 체크

❶ 300개 이상의 문항 군으로 구성된 검사지에 자신에게 해당되는 '예(Yes) / 아니오(No)'에 표시한다.

❷ 문항 수가 많으면 일관된 답변이 어려울 수도 있으므로 최대한 꾸밈없이 자신의 가치관과 신념을 바탕으로 솔직하게 답하도록 노력한다.

인성검사 Tip

1. 직관적으로 솔직하게 답한다.
2. 모든 문제를 신중하게 풀도록 한다.
3. 비교적 일관성을 유지할 수 있도록 한다.
4. 평소의 경험과 선호도를 자연스럽게 답한다.
5. 각 문항에 너무 골똘히 생각하거나 고민하지 않는다.
6. 지원한 분야와 나의 성격의 연관성을 미리 생각하고 분석해 본다.

3 유형 연습

| 01~104 | 다음 질문에 해당된다고 생각하면 Yes, 해당되지 않는다고 생각하면 No를 고르시오. 건너뛰지 말고 모두 응답해 주십시오.

번호	질문	예/아니오	
		Yes	No
01	노력해도 고쳐지지 않는 버릇이 2개 이상 있다.	Ⓨ	Ⓝ
02	과학을 좋아한다.	Ⓨ	Ⓝ
03	평소 배변을 참기 힘들다.	Ⓨ	Ⓝ
04	우리 가족은 언제나 화목하다.	Ⓨ	Ⓝ
05	남녀가 함께 있을 때 남자는 대부분 성적인 생각을 한다.	Ⓨ	Ⓝ
06	나는 자주 집을 떠나고 싶다.	Ⓨ	Ⓝ
07	나는 손재주가 좋다.	Ⓨ	Ⓝ
08	보상이 괜찮다면 공연단체를 따라다니고 싶다.	Ⓨ	Ⓝ
09	나는 가끔 욕지거리를 하고 싶다.	Ⓨ	Ⓝ
10	나는 같은 꿈을 반복해서 꾼 적이 있다.	Ⓨ	Ⓝ
11	옷을 아무렇게나 입고 다니는 사람은 싫다.	Ⓨ	Ⓝ
12	권투시합을 해보고 싶다는 생각을 한 적이 있다.	Ⓨ	Ⓝ
13	나는 규칙적인 생활방식을 좋아한다.	Ⓨ	Ⓝ
14	창의적인 일을 좋아한다.	Ⓨ	Ⓝ
15	가끔 어디론가 떠나고 싶다는 생각을 한다.	Ⓨ	Ⓝ
16	어렸을 때 도둑질을 해본 적이 있다.	Ⓨ	Ⓝ
17	많은 사람들 앞에서 이야기하는 것은 긴장된다.	Ⓨ	Ⓝ
18	나는 가끔 크게 낙담할 때가 있다.	Ⓨ	Ⓝ
19	큰돈을 사기 칠 능력이 있는 사람은 그 돈을 가질 자격이 있다.	Ⓨ	Ⓝ
20	나는 다른 사람을 돕는 것이 좋다.	Ⓨ	Ⓝ
21	나는 자주 피로감을 느낀다.	Ⓨ	Ⓝ

22	사람들에게 명령이나 지시하는 것을 좋아한다.	Ⓨ	Ⓝ
23	우리 가족은 항상 화목하다.	Ⓨ	Ⓝ
24	나는 예술가가 되고 싶다.	Ⓨ	Ⓝ
25	항상 미리 계획을 세우고 일한다.	Ⓨ	Ⓝ
26	가끔 욕을 하고 싶었던 적이 있다.	Ⓨ	Ⓝ
27	나는 가끔 물건을 집어 던지고 싶을 때가 있다.	Ⓨ	Ⓝ
28	나는 부모님과 대화를 많이 한다.	Ⓨ	Ⓝ
29	사람들은 종종 이상한 방식으로 성관계를 한다.	Ⓨ	Ⓝ
30	나는 불에 매혹을 느낀다.	Ⓨ	Ⓝ
31	완벽하게 사기를 칠 수 있다면, 많은 돈을 사기쳐도 상관없다.	Ⓨ	Ⓝ
32	나는 국민의 의무를 다하고 있다고 생각한다.	Ⓨ	Ⓝ
33	나는 이성에 관한 생각에서 벗어나고 싶다.	Ⓨ	Ⓝ
34	나는 확실히 자신감이 부족한 편이다.	Ⓨ	Ⓝ
35	나는 체계적이고 규칙적인 일을 좋아한다.	Ⓨ	Ⓝ
36	나는 새로운 학문을 배우는 것을 좋아한다.	Ⓨ	Ⓝ
37	사람들은 이익이 된다면 거짓말을 해서라도 성취한다.	Ⓨ	Ⓝ
38	사람들은 도움받기 위해서 불쌍한 척을 한다.	Ⓨ	Ⓝ
39	나는 야비한 짓을 해본 적이 없다.	Ⓨ	Ⓝ
40	한 번씩 욕을 하고 싶을 때가 있다.	Ⓨ	Ⓝ
41	어릴 때 물건을 훔쳐본 적이 있다.	Ⓨ	Ⓝ
42	자살을 생각해본 적이 있다.	Ⓨ	Ⓝ
43	다른 사람을 배려하는 것도 중요하지만 나의 이익이 우선이다.	Ⓨ	Ⓝ
44	비판적인 상황에서도 감정을 잘 조절한다.	Ⓨ	Ⓝ
45	약속은 반드시 지킨다.	Ⓨ	Ⓝ
46	자신의 판단에 확신이 있다.	Ⓨ	Ⓝ
47	매뉴얼에 따라 착실하게 일을 한다.	Ⓨ	Ⓝ
48	전통에 얽매일 필요는 없다고 생각한다.	Ⓨ	Ⓝ
49	끈기가 있고 성실하다.	Ⓨ	Ⓝ

50	누구와도 금방 친해질 수 있다.	Ⓨ	Ⓝ
51	임기응변으로 대응하는 것을 잘한다.	Ⓨ	Ⓝ
52	상상력이 많은 편이다.	Ⓨ	Ⓝ
53	다른 사람들의 이야기를 귀담아 듣는다.	Ⓨ	Ⓝ
54	쉽게 좌절하거나 의기소침해지지 않는다.	Ⓨ	Ⓝ
55	다른 사람들보다 체계적으로 일을 처리한다.	Ⓨ	Ⓝ
56	일을 할 때 자료를 많이 활용하는 편이다.	Ⓨ	Ⓝ
57	문제를 신속하게 해결한다.	Ⓨ	Ⓝ
58	의사결정 시 다수결의 원칙에 따른다.	Ⓨ	Ⓝ
59	동료의 잘못된 생각을 잘 지적해준다.	Ⓨ	Ⓝ
60	상반된 의견을 가진 사람과도 논쟁하여 반드시 승복시킨다.	Ⓨ	Ⓝ
61	계획적으로 일처리를 한다.	Ⓨ	Ⓝ
62	질서와 규율을 따르는 것을 좋아한다.	Ⓨ	Ⓝ
63	팀 내에서 주로 주도적인 역할을 한다.	Ⓨ	Ⓝ
64	공을 내세우지 않는다.	Ⓨ	Ⓝ
65	약속을 중요시한다.	Ⓨ	Ⓝ
66	항상 일에 대한 결과를 얻고자 한다.	Ⓨ	Ⓝ
67	질서보다는 자유를 존중한다.	Ⓨ	Ⓝ
68	일에 있어 안전을 취하는 타입이다.	Ⓨ	Ⓝ
69	상사의 앞이라도 자신의 의견은 흔들리지 않는다.	Ⓨ	Ⓝ
70	독자적인 신념을 가지고 있다.	Ⓨ	Ⓝ
71	시작한 일은 반드시 완성시킨다.	Ⓨ	Ⓝ
72	유행을 따르는 편이다.	Ⓨ	Ⓝ
73	스트레스를 받으면 바로 푸는 편이다.	Ⓨ	Ⓝ
74	소심하다고 생각한다.	Ⓨ	Ⓝ
75	순간의 위기를 모면하기 위해 꾀병을 부린 적이 있다.	Ⓨ	Ⓝ
76	누가 잘 되는 모습을 보면 갑자기 내가 비참해진다.	Ⓨ	Ⓝ
77	시끌벅적하고 정신없는 모임을 좋아하는 편이다.	Ⓨ	Ⓝ

78	내가 가진 지식을 다른 분야의 아이디어와 연결하여 활용한다.	Ⓨ	Ⓝ
79	절실해 보이는 사람에게 내가 가진 것을 양보할 수 있다.	Ⓨ	Ⓝ
80	나는 그 어떤 상황에서도 거짓말은 하지 않는다.	Ⓨ	Ⓝ
81	나는 센스 있게 집을 꾸밀 자신이 있다.	Ⓨ	Ⓝ
82	사소한 절차를 어기더라도 일을 빨리 진행하는 것이 우선이다.	Ⓨ	Ⓝ
83	대화하는 일을 몸 쓰는 일보다 선호한다.	Ⓨ	Ⓝ
84	나는 항상 상대방의 말을 끝까지 집중해서 듣는다.	Ⓨ	Ⓝ
85	나는 상황의 변화를 빠르게 인지한다.	Ⓨ	Ⓝ
86	정해진 원칙과 계획대로만 일을 진행해야 실수를 하지 않는다.	Ⓨ	Ⓝ
87	책임이 두려워 내 잘못을 다른 사람의 탓으로 돌린 적이 있다.	Ⓨ	Ⓝ
88	나는 여러 사람들과 함께 일하는 것이 좋다.	Ⓨ	Ⓝ
89	나는 누구의 지시를 받는 것보다 스스로 해야 할 일을 찾아서 해야 한다.	Ⓨ	Ⓝ
90	야단을 맞으면서 왜 혼나는지 몰랐던 적이 있다.	Ⓨ	Ⓝ
91	나는 언제나 모두의 이익을 생각하면서 일한다.	Ⓨ	Ⓝ
92	친구가 평소와는 다른 행동을 하면 바로 알아챈다.	Ⓨ	Ⓝ
93	어려운 내용은 이해하는데 너무 오래 걸려서 싫다.	Ⓨ	Ⓝ
94	나는 누구와도 어렵지 않게 어울릴 수 있다.	Ⓨ	Ⓝ
95	나의 부족한 점을 남들에게 숨기지 않는다.	Ⓨ	Ⓝ
96	비록 나와 관계없는 사람일지라도 도움을 요청하면 도와준다.	Ⓨ	Ⓝ
97	여러 사람들과 가깝게 지내는 것은 불편하다.	Ⓨ	Ⓝ
98	나는 사람들의 감정 상태를 잘 알아차린다.	Ⓨ	Ⓝ
99	나는 상대방이 나보다 먼저 하고 싶어 하는 말이 있는지 살핀다.	Ⓨ	Ⓝ
100	내 이익을 위해 편법을 사용할 수 있다면 그렇게 하겠다.	Ⓨ	Ⓝ
101	궁금했던 내용을 잘 알기 위해 공부하는 것은 즐거운 일이다.	Ⓨ	Ⓝ
102	팀 활동을 할 때는 나의 일보다 팀의 일이 우선순위에 있다.	Ⓨ	Ⓝ
103	나는 팀 과제에서 팀원들이 문제를 해결하도록 이끌 수 있다.	Ⓨ	Ⓝ
104	잘못을 숨기기보다는 솔직히 말하고 질타를 받는 것이 낫다.	Ⓨ	Ⓝ

파트

3

KT그룹 종합인적성검사

면접가이드

면접이란? 지원자가 보유한 직무 관련 능력 및 직무적합도와 더불어 인품, 언행 등을 직접 만나 평가하는 것을 말한다.

면접가이드 01

면접의 이해

1 면접이란?

일을 하는 데 필요한 능력(직무역량, 직무지식, 인재상 등)을 지원자가 보유하고 있는지를 다양한 면접기법을 활용하여 확인하는 절차이다. 자신의 환경, 성취, 관심사, 경험 등에 대해 이야기하여 본인이 적합하다는 것을 보여 줄 기회를 제공하고, 면접관은 평가에 필요한 정보를 수집하고 평가하는 것이다.

- 지원자의 태도, 적성, 능력에 대한 정보를 심층적으로 파악하기 위한 선발 방법
- 선발의 최종 의사결정에 주로 사용되는 선발 방법
- 전 세계적으로 선발에서 가장 많이 사용되는 핵심적이고 중요한 방법

2 면접의 특징

서류전형이나 인적성검사에서 드러나지 않는 것들을 볼 수 있는 기회를 제공한다.

- 직무수행과 관련된 다양한 지원자 행동에 대한 관찰이 가능하다.
- 면접관이 알고자 하는 정보를 심층적으로 파악할 수 있다.
- 서류상의 미비한 사항과 의심스러운 부분을 확인할 수 있다.
- 커뮤니케이션, 대인관계행동 등 행동 · 언어적 정보도 얻을 수 있다.

3 면접의 평가요소

❶ 인재적합도

해당 기관이나 기업별 인재상에 대한 인성 평가

❷ 조직적합도

조직에 대한 이해와 관련 상황에 대한 평가

❸ 직무적합도

직무에 대한 지식과 기술, 태도에 대한 평가

4 면접의 유형

구조화된 정도에 따른 분류

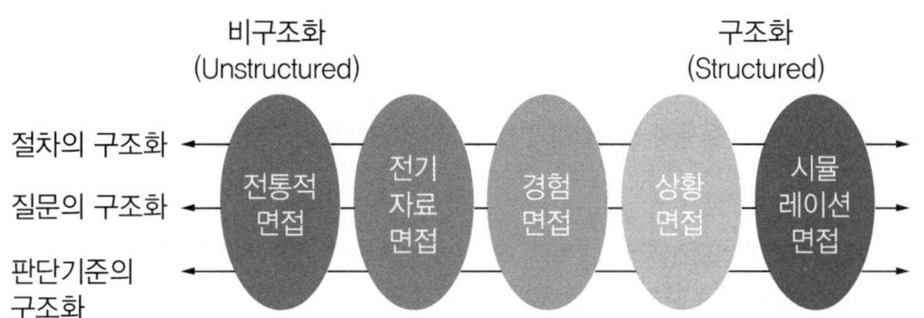

❶ 구조화 면접(Structured Interview)

사전에 계획을 세워 질문의 내용과 방법, 지원자의 답변 유형에 따른 추가 질문과 그에 대한 평가역량이 정해져 있는 면접 방식(표준화 면접)

- 표준화된 질문이나 평가요소가 면접 전 확정되며, 지원자는 편성된 조나 면접관에 영향을 받지 않고 동일한 질문과 시간을 부여받을 수 있음.
- 조직 또는 직무별로 주요하게 도출된 역량을 기반으로 평가요소가 구성되어, 조직 또는 직무에서 필요한 역량을 가진 지원자를 선발할 수 있음.
- 표준화된 형식을 사용하는 특성 때문에 비구조화 면접에 비해 신뢰성과 타당성, 객관성이 높음.

❷ 비구조화 면접(Unstructured Interview)

면접 계획을 세울 때 면접 목적만 명시하고 내용이나 방법은 면접관에게 전적으로 일임하는 방식(비표준화 면접)

- 표준화된 질문이나 평가요소 없이 면접이 진행되며, 편성된 조나 면접관에 따라 지원자에게 주어지는 질문이나 시간이 다름.
- 면접관의 주관적인 판단에 따라 평가가 이루어져 평가 오류가 빈번히 일어남.
- 상황 대처나 언변이 뛰어난 지원자에게 유리한 면접이 될 수 있음.

02 구조화 면접 기법

1 경험면접(Behavioral Event Interview)

면접 프로세스

안내 — 지원자는 입실 후, 면접관을 통해 인사말과 면접에 대한 간단한 안내를 받음.

질문 — 지원자는 면접관에게 평가요소(직업기초능력, 직무수행능력 등)와 관련된 주요 질문을 받게 되며, 질문에서 의도하는 평가요소를 고려하여 응답할 수 있도록 함.

세부질문
- 지원자가 응답한 내용을 토대로 해당 평가기준들을 충족시키는지 파악하기 위한 세부질문이 이루어짐.
- 구체적인 행동·생각 등에 대해 응답할수록 높은 점수를 얻을 수 있음.

- 방식
  해당 역량의 발휘가 요구되는 일반적인 상황을 제시하고, 그러한 상황에서 어떻게 행동했었는지(과거경험)를 이야기하도록 함.
- 판단기준
  해당 역량의 수준, 경험자체의 구체성, 진실성 등
- 특징
  추상적인 생각이나 의견 제시가 아닌 과거 경험 및 행동 중심의 질의가 이루어지므로 지원자는 사전에 본인의 과거 경험 및 사례를 정리하여 면접에 대비할 수 있음.
- 예시

지원분야		지원자		면접관	(인)
경영자원관리 조직이 보유한 인적자원을 효율적으로 활용하여, 조직 내 유·무형 자산 및 재무자원을 효율적으로 관리한다.					
주질문					
A. 어떤 과제를 처리할 때 기존에 팀이 사용했던 방식의 문제점을 찾아내 이를 보완하여 과제를 더욱 효율적으로 처리했던 경험에 대해 이야기해 주시기 바랍니다.					
세부질문					
[상황 및 과제] 사례와 관련해 당시 상황에 대해 이야기해 주시기 바랍니다. [역할] 당시 지원자께서 맡았던 역할은 무엇이었습니까? [행동] 사례와 관련해 구성원들의 설득을 이끌어 내기 위해 어떤 노력을 하였습니까? [결과] 결과는 어땠습니까?					

기대행동	평점
업무진행에 있어 한정된 자원을 효율적으로 활용한다.	① – ② – ③ – ④ – ⑤
구성원들의 능력과 성향을 파악해 효율적으로 업무를 배분한다.	① – ② – ③ – ④ – ⑤
효과적 인적/물적 자원관리를 통해 맡은 일을 무리 없이 잘 마무리한다.	① – ② – ③ – ④ – ⑤

척도해설

1 : 행동증거가 거의 드러나지 않음	2 : 행동증거가 미약하게 드러남	3 : 행동증거가 어느 정도 드러남	4 : 행동증거가 명확하게 드러남	5 : 뛰어난 수준의 행동증거가 드러남
관찰기록 : 총평 :				

※ 실제 적용되는 평가지는 기업/기관마다 다름.

2 상황면접(Situational Interview)

면접 프로세스

- **안내**: 지원자는 입실 후, 면접관을 통해 인사말과 면접에 대한 간단한 안내를 받음.
- **질문**:
  - 지원자는 상황질문지를 검토하거나 면접관을 통해 상황 및 질문을 제공받음.
  - 면접관의 질문이나 질문지의 의도를 파악하여 응답할 수 있도록 함.
- **세부질문**:
  - 지원자가 응답한 내용을 토대로 해당 평가기준들을 충족시키는지 파악하기 위한 세부질문이 이루어짐.
  - 구체적인 행동·생각 등에 대해 응답할수록 높은 점수를 얻을 수 있음.

- 방식
  직무 수행 시 접할 수 있는 상황들을 제시하고, 그러한 상황에서 어떻게 행동할 것인지(행동의도)를 이야기하도록 함.
- 판단기준
  해당 상황에 맞는 해당 역량의 구체적 행동지표
- 특징
  지원자의 가치관, 태도, 사고방식 등의 요소를 평가하는 데 용이함.

• 예시

지원분야		지원자		면접관	(인)
유관부서협업 타 부서의 업무협조요청 등에 적극적으로 협력하고 갈등 상황이 발생하지 않도록 이해관계를 조율하며 관련 부서의 협업을 효과적으로 이끌어 낸다.					
주질문					
당신은 생산관리팀의 팀원으로, 2개월 뒤에 제품 A를 출시하기 위해 생산팀의 생산 계획을 수립한 상황입니다. 그러나 원가가 곧 실적으로 이어지는 구매팀에서는 최대한 원가를 줄여 전반적 단가를 낮추려고 원가절감을 위한 제안을 하였으나, 연구개발팀에서는 구매팀이 제안한 방식으로 제품을 생산할 경우 대부분이 구매팀의 실적으로 산정될 것이므로 제대로 확인도 해보지 않은 채 적합하지 않은 방식이라고 판단하고 있습니다. 당신은 어떻게 하겠습니까?					
세부질문					
[상황 및 과제] 이 상황의 핵심적인 이슈는 무엇이라고 생각합니까? [역할] 당신의 역할을 더 잘 수행하기 위해서는 어떤 점을 고려해야 하겠습니까? 왜 그렇게 생각합니까? [행동] 당면한 과제를 해결하기 위해서 구체적으로 어떤 조치를 취하겠습니까? 그 이유는 무엇입니까? [결과] 그 결과는 어떻게 될 것이라고 생각합니까? 그 이유는 무엇입니까?					

척도해설

1 : 행동증거가 거의 드러나지 않음	2 : 행동증거가 미약하게 드러남	3 : 행동증거가 어느 정도 드러남	4 : 행동증거가 명확하게 드러남	5 : 뛰어난 수준의 행동증거가 드러남
관찰기록 : 총평 :				

※ 실제 적용되는 평가지는 기업/기관마다 다름.

3 발표면접(Presentation)

면접 프로세스

안내
- 입실 후 지원자는 면접관으로부터 인사말과 발표면접에 대해 간략히 안내받음.
- 면접 전 지원자는 과제 검토 및 발표 준비시간을 가짐.

발표
- 지원자들이 과제 주제와 관련하여 정해진 시간 동안 발표를 실시함.
- 면접관은 발표내용 중 평가요소와 관련해 나타난 가점 및 감점요소들을 평가하게 됨.

질문응답
- 발표 종료 후 면접관은 정해진 시간 동안 지원자의 발표내용과 관련해 구체적인 내용을 확인하기 위한 질문을 함.
- 지원자는 면접관의 질문의도를 정확히 파악하여 적절히 응답할 수 있도록 함.
- 응답 시 명확하고 자신있게 전달할 수 있도록 함.

- 방식
  지원자가 특정 주제와 관련된 자료(신문기사, 그래프 등)를 검토하고, 그에 대한 자신의 생각을 면접관 앞에서 발표하며, 추가 질의응답이 이루어짐.
- 판단기준
  지원자의 사고력, 논리력, 문제해결능력 등
- 특징
  과제를 부여한 후, 지원자들이 과제를 수행하는 과정과 결과를 관찰 · 평가함. 과제수행의 결과뿐 아니라 과제수행 과정에서의 행동을 모두 평가함.

4 토론면접(Group Discussion)

면접 프로세스

안내
- 입실 후, 지원자들은 면접관으로부터 토론 면접의 전반적인 과정에 대해 안내받음.
- 지원자는 정해진 자리에 착석함.

토론
- 지원자들이 과제 주제와 관련하여 정해진 시간 동안 토론을 실시함(시간은 기관별 상이).
- 지원자들은 면접 전 과제 검토 및 토론 준비시간을 가짐.
- 토론이 진행되는 동안, 지원자들은 다른 토론자들의 발언을 경청하여 적절히 본인의 의사를 전달할 수 있도록 함. 더불어 적극적인 태도로 토론면접에 임하는 것도 중요함.

마무리 (5분 이내)
- 면접 종료 전, 지원자들은 토론을 통해 도출한 결론에 대해 첨언하고 적절히 마무리 지음.
- 본인의 의견을 전달하는 것과 동시에 다른 토론자를 배려하는 모습도 중요함.

- 방식
  상호갈등적 요소를 가진 과제 또는 공통의 과제를 해결하는 내용의 토론 과제(신문기사, 그래프 등)를 제시하고, 그 과정에서의 개인 간의 상호작용 행동을 관찰함.
- 판단기준
  팀워크, 갈등 조정, 의사소통능력 등
- 특징
  면접에서 최종안을 도출하는 것도 중요하나 주장의 옳고 그름이 아닌 결론을 도출하는 과정과 말하는 자세 등도 중요함.

5 역할연기면접(Role Play Interview)

• 방식
기업 내 발생 가능한 상황에서 부딪히게 되는 문제와 역할을 가상적으로 설정하여 특정 역할을 맡은 사람과 상호작용하고 문제를 해결해 나가도록 함.

• 판단기준
대처능력, 대인관계능력, 의사소통능력 등

• 특징
실제 상황과 유사한 가상 상황에서 지원자의 성격이나 대처 행동 등을 관찰할 수 있음.

6 집단면접(Group Activity)

• 방식
지원자들이 팀(집단)으로 협력하여 정해진 시간 안에 활동 또는 게임을 하며 면접관들은 지원자들의 행동을 관찰함.

• 판단기준
대인관계능력, 팀워크, 창의성 등

• 특징
기존 면접보다 오랜 시간 관찰을 하여 지원자들의 평소 습관이나 행동들을 관찰하려는 데 목적이 있음.

면접 최신 기출 주제

KT 그룹 면접 질문

• 2022 면접 기출 질문

1차 실무면접
통신사를 지원한 이유는 무엇인가?
망중립성 폐지에 찬성하는가, 반대하는가?
APT 공격에 대해 자세히 설명해보시오.
단통법에 대한 생각을 말하시오.
3G와 4G의 차이점에 대해 말하시오.
와이파이에 대해 설명해보시오.
프로젝트 진행 시 갈등이 발생한 적 있다면 그 이유는 무엇인가?
빅데이터의 정의, 사례, 심층 기술 동작 원리에 대해 설명하시오.
4차 산업혁명시대에서 회사가 나아갈 방향은?
대리점주와 갈등이 발생했을 때 어떻게 해결할 것인가?
TCP/UDP에 사용된 프로토콜과 이용 포트는?
2차 임원면접
향후 회사에 기여하고 싶은 분야는 무엇인가?
자신의 노력을 다른 사람이 알아주지 못할 때 어떻게 대처할 것인가?
인턴활동 중 가장 기억에 남는 에피소드는 무엇인가?
다른 직무로 배치되었을 때 어떻게 대처할 것인가?
윤리적으로 옳지 않은 행동을 발견했을 때 어떻게 반응할 것인지 말하시오.
부당한 지시를 받으면 어떻게 행동할 것인가?
KT 서비스를 어디까지 사용해보았는가?
최근 사람에게 화낸 적이 있다면 그 이유는 무엇인가?

• 그 외 면접 기출 질문

1차 PT면접
KT의 주 고객층인 20대를 대상으로 한 마케팅 전략에 대해 말하시오.
3screen 전략 및 콘텐츠 / 단말 통합형 비즈니스 모델기반의 상품 활성화 방안을 제시해 보시오.
우리 회사 상품이나 서비스 / 제품의 경쟁우위 전략을 발표하시오.
CSR / 상권분석 / KT-WIZ와 연계된 마케팅 방안을 말하시오.
KT 제품 & 상품의 영업 / 마케팅전략을 말하시오.
KT가 가지고 있는 인프라와 자회사들의 특성을 고려하여 KT가 고객에게 전혀 새로운 가치를 제공할 수 있는 사업 분야를 개발한다면?
새로운 서비스 개발에 관해 말하시오.
KT 상품 및 브랜드의 경쟁우위전략을 말하시오.
KT의 신사업 방안을 발표하시오.
IPTV 활성화 및 관련 방안을 발표하시오.
영업사원의 실적을 향상시킬 수 있는 방안을 말하시오.
1차 토론면접
A 상권과 B 상권 중 어느 상권에 대리점을 신설해야 하는가?
a 기업과 b 기업의 장단점 자료를 비교하였을 때 어느 기업과 함께 할 것인가?
지도를 보고 대리점을 개설할 곳과 그 이유를 설명하고 합의를 도출한다면?
1차 역량면접
누군가를 설득해 본 경험이 있다면 말해보시오.
집단에서 리더의 역할을 잘 수행해 낸 경험을 말해보시오.
비즈니스 영어가 가능한가?
5G의 장단점은 무엇인가?
5G 관련 KT의 사업 중 아는 것이 있는가?
통신기업들이 에너지 사업으로 진출하는 이유가 무엇인가?
KT의 상품 중 추천하고 싶은 상품은?
우정이란 무엇이라고 생각하는가?

스피치를 할 때 가장 중요한 것은 무엇인가?

KT에 와서 해보고 싶은 일은?

본인만의 차별화된 경쟁력은?

자신의 약점을 극복하기 위해 했던 일을 말해보시오.

아르바이트 경험을 통해 배운 점을 말해보시오.

회사에 잘 적응할 수 있는 본인만의 방법은?

가장 실패했던 경험은 무엇이며 그것을 통해 배운 점은 무엇인가?

2분간 자신을 어필해 보시오.

보안 분야의 이슈를 말해보시오.

2차 임원면접

스스로 리더십을 발휘하여 난관을 극복한 사례를 말해보시오.

본 회사에 대해 얼마나 알고 있는가? 아는 대로 말해보시오.

아이가 아프거나 무슨 일이 생기면 어떻게 대철할 것인가?

본인이 가장 큰 장점이라고 생각하는 부분에 대해 3가지만 말하시오.

Needs와 wants의 차이는?

kt의 계열사를 아는 것이 있는가?

우리 기업을 듣고 떠오르는 이미지와 요즘 이슈 한 가지를 말하시오.

업무로 아프리카 오지로 간다고 하면?

과거 경험 중 자신이 생각하기에 가장 자랑스러운 성취는 무엇인가?

모든 사람들이 악법이라고 말하는 법이 있다 어떻게 대응하겠는가?

어떤 유형의 친구를 좋아하는가?

아무도 없는 한밤중에 운전을 하고 있는데 신호등이 빨간색이다. 어떻게 하겠는가?

회사관점에서 창의적인 사람과 열정적인 사람 중 어느 유형의 사람을 더 필요로 하겠는가?

마지막으로 본인을 채용해야 한다는 사유를 말해보시오.

KT그룹 종합인적성검사

감독관 확인란	

1회 기출예상문제

성명표기란

1	2	3	4	5	6	7	8	9	10	11	12
ㄱ	ㅏ	ㄱ	ㄱ	ㅏ	ㄱ	ㄱ	ㅏ	ㄱ	ㄱ	ㅏ	ㄱ
ㄴ	ㅑ	ㄴ	ㄴ	ㅑ	ㄴ	ㄴ	ㅑ	ㄴ	ㄴ	ㅑ	ㄴ
ㄷ	ㅓ	ㄷ	ㄷ	ㅓ	ㄷ	ㄷ	ㅓ	ㄷ	ㄷ	ㅓ	ㄷ
ㄹ	ㅕ	ㄹ	ㄹ	ㅕ	ㄹ	ㄹ	ㅕ	ㄹ	ㄹ	ㅕ	ㄹ
ㅁ	ㅗ	ㅁ	ㅁ	ㅗ	ㅁ	ㅁ	ㅗ	ㅁ	ㅁ	ㅗ	ㅁ
ㅂ	ㅛ	ㅂ	ㅂ	ㅛ	ㅂ	ㅂ	ㅛ	ㅂ	ㅂ	ㅛ	ㅂ
ㅅ	ㅜ	ㅅ	ㅅ	ㅜ	ㅅ	ㅅ	ㅜ	ㅅ	ㅅ	ㅜ	ㅅ
ㅇ	ㅠ	ㅇ	ㅇ	ㅠ	ㅇ	ㅇ	ㅠ	ㅇ	ㅇ	ㅠ	ㅇ
ㅈ	ㅡ	ㅈ	ㅈ	ㅡ	ㅈ	ㅈ	ㅡ	ㅈ	ㅈ	ㅡ	ㅈ
ㅊ	ㅣ	ㅊ	ㅊ	ㅣ	ㅊ	ㅊ	ㅣ	ㅊ	ㅊ	ㅣ	ㅊ
ㅋ	ㅐ	ㅋ	ㅋ	ㅐ	ㅋ	ㅋ	ㅐ	ㅋ	ㅋ	ㅐ	ㅋ
ㅌ	ㅒ	ㅌ	ㅌ	ㅒ	ㅌ	ㅌ	ㅒ	ㅌ	ㅌ	ㅒ	ㅌ
ㅍ	ㅔ	ㅍ	ㅍ	ㅔ	ㅍ	ㅍ	ㅔ	ㅍ	ㅍ	ㅔ	ㅍ
ㅎ	ㅖ	ㅎ	ㅎ	ㅖ	ㅎ	ㅎ	ㅖ	ㅎ	ㅎ	ㅖ	ㅎ
	ㅘ		ㄲ	ㅘ	ㄲ	ㄲ	ㅘ	ㄲ	ㄲ	ㅘ	ㄲ
	ㅙ		ㄸ	ㅙ	ㄸ	ㄸ	ㅙ	ㄸ	ㄸ	ㅙ	ㄸ
	ㅚ		ㅃ	ㅚ	ㅃ	ㅃ	ㅚ	ㅃ	ㅃ	ㅚ	ㅃ
	ㅝ		ㅆ	ㅝ	ㅆ	ㅆ	ㅝ	ㅆ	ㅆ	ㅝ	ㅆ
	ㅞ		ㅉ	ㅞ	ㅉ	ㅉ	ㅞ	ㅉ	ㅉ	ㅞ	ㅉ
	ㅟ			ㅟ	ㄺ		ㅟ	ㄺ		ㅟ	ㄺ
	ㅢ			ㅢ	ㄻ		ㅢ	ㄻ		ㅢ	ㄻ

수험번호

0	0	0	0	0	0
1	1	1	1	1	1
2	2	2	2	2	2
3	3	3	3	3	3
4	4	4	4	4	4
5	5	5	5	5	5
6	6	6	6	6	6
7	7	7	7	7	7
8	8	8	8	8	8
9	9	9	9	9	9

(주민등록 앞자리 생년제외) 월일

0	0	0	0
1	1	1	1
2	2	2	2
3	3	3	3
4	4	4	4
5	5	5	5
6	6	6	6
7	7	7	7
8	8	8	8
9	9	9	9

수험생 유의사항

※ 답안은 반드시 컴퓨터용 사인펜으로 보기와 같이 바르게 표기해야 합니다.
〈보기〉 ① ② ③ ❹ ⑤

※ 성명표기란 위 칸에는 성명을 한글로 쓰고 아래 칸에는 성명을 정확하게 표기하십시오. (맨 왼쪽 칸부터 성과 이름은 붙여 씁니다)

※ 수험번호/월일 위 칸에는 아라비아 숫자로 쓰고 아래 칸에는 숫자와 일치하게 표기하십시오.

※ 월일은 반드시 본인 주민등록번호의 생년을 제외한 월 두 자리, 일 두 자리를 표기하십시오.
〈예〉 1994년 1월 12일 → 0112

인적성검사

	문번	답란		문번	답란		문번	답란		문번	답란
언어	1	① ② ③ ④ ⑤	언어·수추리	1	① ② ③ ④ ⑤	수리	1	① ② ③ ④ ⑤	도식추리	1	① ② ③ ④ ⑤
	2	① ② ③ ④ ⑤		2	① ② ③ ④ ⑤		2	① ② ③ ④ ⑤		2	① ② ③ ④ ⑤
	3	① ② ③ ④ ⑤		3	① ② ③ ④ ⑤		3	① ② ③ ④ ⑤		3	① ② ③ ④ ⑤
	4	① ② ③ ④ ⑤		4	① ② ③ ④ ⑤		4	① ② ③ ④ ⑤		4	① ② ③ ④ ⑤
	5	① ② ③ ④ ⑤		5	① ② ③ ④ ⑤		5	① ② ③ ④ ⑤		5	① ② ③ ④ ⑤
	6	① ② ③ ④ ⑤		6	① ② ③ ④ ⑤		6	① ② ③ ④ ⑤		6	① ② ③ ④ ⑤
	7	① ② ③ ④ ⑤		7	① ② ③ ④ ⑤		7	① ② ③ ④ ⑤		7	① ② ③ ④ ⑤
	8	① ② ③ ④ ⑤		8	① ② ③ ④ ⑤		8	① ② ③ ④ ⑤		8	① ② ③ ④ ⑤
	9	① ② ③ ④ ⑤		9	① ② ③ ④ ⑤		9	① ② ③ ④ ⑤		9	① ② ③ ④ ⑤
	10	① ② ③ ④ ⑤		10	① ② ③ ④ ⑤		10	① ② ③ ④ ⑤		10	① ② ③ ④ ⑤
	11	① ② ③ ④ ⑤		11	① ② ③ ④ ⑤		11	① ② ③ ④ ⑤		11	① ② ③ ④ ⑤
	12	① ② ③ ④ ⑤		12	① ② ③ ④ ⑤		12	① ② ③ ④ ⑤		12	① ② ③ ④ ⑤
	13	① ② ③ ④ ⑤		13	① ② ③ ④ ⑤		13	① ② ③ ④ ⑤		13	① ② ③ ④ ⑤
	14	① ② ③ ④ ⑤		14	① ② ③ ④ ⑤		14	① ② ③ ④ ⑤		14	① ② ③ ④ ⑤
	15	① ② ③ ④ ⑤		15	① ② ③ ④ ⑤		15	① ② ③ ④ ⑤		15	① ② ③ ④ ⑤
	16	① ② ③ ④ ⑤		16	① ② ③ ④ ⑤		16	① ② ③ ④ ⑤			
	17	① ② ③ ④ ⑤		17	① ② ③ ④ ⑤		17	① ② ③ ④ ⑤			
	18	① ② ③ ④ ⑤		18	① ② ③ ④ ⑤		18	① ② ③ ④ ⑤			
	19	① ② ③ ④ ⑤		19	① ② ③ ④ ⑤		19	① ② ③ ④ ⑤			
	20	① ② ③ ④ ⑤		20	① ② ③ ④ ⑤		20	① ② ③ ④ ⑤			

KT그룹 종합인적성검사

감독관 확인란	

2회 기출예상문제

성명표기란

ㄱ ㄴ ㄷ ㄹ ㅁ ㅂ ㅅ ㅇ ㅈ ㅊ ㅋ ㅌ ㅍ ㅎ	ㅏ ㅑ ㅓ ㅕ ㅗ ㅛ ㅜ ㅠ ㅡ ㅣ ㅐ ㅒ ㅔ ㅖ ㅘ ㅙ ㅚ ㅝ ㅞ ㅟ ㅢ	ㄱ ㄴ ㄷ ㄹ ㅁ ㅂ ㅅ ㅇ ㅈ ㅊ ㅋ ㅌ ㅍ ㅎ	ㄱ ㄴ ㄷ ㄹ ㅁ ㅂ ㅅ ㅇ ㅈ ㅊ ㅋ ㅌ ㅍ ㅎ ㄲ ㄸ ㅃ ㅆ ㅉ	ㅏ ㅑ ㅓ ㅕ ㅗ ㅛ ㅜ ㅠ ㅡ ㅣ ㅐ ㅒ ㅔ ㅖ ㅘ ㅙ ㅚ ㅝ ㅞ ㅟ ㅢ	ㄱ ㄴ ㄷ ㄹ ㅁ ㅂ ㅅ ㅇ ㅈ ㅊ ㅋ ㅌ ㅍ ㅎ ㄲ ㄸ ㅃ ㅆ ㅉ ㄺ ㄻ	ㄱ ㄴ ㄷ ㄹ ㅁ ㅂ ㅅ ㅇ ㅈ ㅊ ㅋ ㅌ ㅍ ㅎ ㄲ ㄸ ㅃ ㅆ ㅉ	ㅏ ㅑ ㅓ ㅕ ㅗ ㅛ ㅜ ㅠ ㅡ ㅣ ㅐ ㅒ ㅔ ㅖ ㅘ ㅙ ㅚ ㅝ ㅞ ㅟ ㅢ	ㄱ ㄴ ㄷ ㄹ ㅁ ㅂ ㅅ ㅇ ㅈ ㅊ ㅋ ㅌ ㅍ ㅎ ㄲ ㄸ ㅃ ㅆ ㅉ ㄺ ㄻ	ㄱ ㄴ ㄷ ㄹ ㅁ ㅂ ㅅ ㅇ ㅈ ㅊ ㅋ ㅌ ㅍ ㅎ ㄲ ㄸ ㅃ ㅆ ㅉ	ㅏ ㅑ ㅓ ㅕ ㅗ ㅛ ㅜ ㅠ ㅡ ㅣ ㅐ ㅒ ㅔ ㅖ ㅘ ㅙ ㅚ ㅝ ㅞ ㅟ ㅢ	ㄱ ㄴ ㄷ ㄹ ㅁ ㅂ ㅅ ㅇ ㅈ ㅊ ㅋ ㅌ ㅍ ㅎ ㄲ ㄸ ㅃ ㅆ ㅉ ㄺ ㄻ

수험번호

0 1 2 3 4 5 6 7 8 9	0 1 2 3 4 5 6 7 8 9	0 1 2 3 4 5 6 7 8 9	0 1 2 3 4 5 6 7 8 9	0 1 2 3 4 5 6 7 8 9	0 1 2 3 4 5 6 7 8 9

(주민등록 앞자리 생년제외) 월일

0 1 2 3 4 5 6 7 8 9	0 1 2 3 4 5 6 7 8 9	0 1 2 3 4 5 6 7 8 9	0 1 2 3 4 5 6 7 8 9

수험생 유의사항

※ 답안은 반드시 컴퓨터용 사인펜으로 보기와 같이 바르게 표기해야 합니다.
〈보기〉 ① ② ③ ❹ ⑤

※ 성명표기란 위 칸에는 성명을 한글로 쓰고 아래 칸에는 성명을 정확하게 표기하십시오. (맨 왼쪽 칸부터 성과 이름은 붙여 씁니다)

※ 수험번호/월일 위 칸에는 아라비아 숫자로 쓰고 아래 칸에는 숫자와 일치하게 표기하십시오.

※ 월일은 반드시 본인 주민등록번호의 생년을 제외한 월 두 자리, 일 두 자리를 표기하십시오.
〈예〉 1994년 1월 12일 → 0112

인적성검사

gosinet (주)고시넷

	문번	답란		문번	답란		문번	답란		문번	답란
언어	1	① ② ③ ④ ⑤	언어·수추리	1	① ② ③ ④ ⑤	수리	1	① ② ③ ④ ⑤	도식추리	1	① ② ③ ④ ⑤
	2	① ② ③ ④ ⑤		2	① ② ③ ④ ⑤		2	① ② ③ ④ ⑤		2	① ② ③ ④ ⑤
	3	① ② ③ ④ ⑤		3	① ② ③ ④ ⑤		3	① ② ③ ④ ⑤		3	① ② ③ ④ ⑤
	4	① ② ③ ④ ⑤		4	① ② ③ ④ ⑤		4	① ② ③ ④ ⑤		4	① ② ③ ④ ⑤
	5	① ② ③ ④ ⑤		5	① ② ③ ④ ⑤		5	① ② ③ ④ ⑤		5	① ② ③ ④ ⑤
	6	① ② ③ ④ ⑤		6	① ② ③ ④ ⑤		6	① ② ③ ④ ⑤		6	① ② ③ ④ ⑤
	7	① ② ③ ④ ⑤		7	① ② ③ ④ ⑤		7	① ② ③ ④ ⑤		7	① ② ③ ④ ⑤
	8	① ② ③ ④ ⑤		8	① ② ③ ④ ⑤		8	① ② ③ ④ ⑤		8	① ② ③ ④ ⑤
	9	① ② ③ ④ ⑤		9	① ② ③ ④ ⑤		9	① ② ③ ④ ⑤		9	① ② ③ ④ ⑤
	10	① ② ③ ④ ⑤		10	① ② ③ ④ ⑤		10	① ② ③ ④ ⑤		10	① ② ③ ④ ⑤
	11	① ② ③ ④ ⑤		11	① ② ③ ④ ⑤		11	① ② ③ ④ ⑤		11	① ② ③ ④ ⑤
	12	① ② ③ ④ ⑤		12	① ② ③ ④ ⑤		12	① ② ③ ④ ⑤		12	① ② ③ ④ ⑤
	13	① ② ③ ④ ⑤		13	① ② ③ ④ ⑤		13	① ② ③ ④ ⑤		13	① ② ③ ④ ⑤
	14	① ② ③ ④ ⑤		14	① ② ③ ④ ⑤		14	① ② ③ ④ ⑤		14	① ② ③ ④ ⑤
	15	① ② ③ ④ ⑤		15	① ② ③ ④ ⑤		15	① ② ③ ④ ⑤		15	① ② ③ ④ ⑤
	16	① ② ③ ④ ⑤		16	① ② ③ ④ ⑤		16	① ② ③ ④ ⑤			
	17	① ② ③ ④ ⑤		17	① ② ③ ④ ⑤		17	① ② ③ ④ ⑤			
	18	① ② ③ ④ ⑤		18	① ② ③ ④ ⑤		18	① ② ③ ④ ⑤			
	19	① ② ③ ④ ⑤		19	① ② ③ ④ ⑤		19	① ② ③ ④ ⑤			
	20	① ② ③ ④ ⑤		20	① ② ③ ④ ⑤		20	① ② ③ ④ ⑤			

KT그룹 종합인적성검사

감독관 확인란	

3회 기출예상문제

성명표기란

수험번호

(주민등록 앞자리 생년제외) 월일

수험생 유의사항

※ 답안은 반드시 컴퓨터용 사인펜으로 보기와 같이 바르게 표기해야 합니다.
〈보기〉 ① ② ③ ❹ ⑤

※ 성명표기란 위 칸에는 성명을 한글로 쓰고 아래 칸에는 성명을 정확하게 표기하십시오. (맨 왼쪽 칸부터 성과 이름은 붙여 씁니다)

※ 수험번호/월일 위 칸에는 아라비아 숫자로 쓰고 아래 칸에는 숫자와 일치하게 표기하십시오.

※ 월일은 반드시 본인 주민등록번호의 생년을 제외한 월 두 자리, 일 두 자리를 표기하십시오.
〈예〉 1994년 1월 12일 → 0112

인적성검사

문번		답란	문번		답란	문번		답란	문번		답란
언어	1	① ② ③ ④ ⑤	언어·수추리	1	① ② ③ ④ ⑤	수리	1	① ② ③ ④ ⑤	도식추리	1	① ② ③ ④ ⑤
	2	① ② ③ ④ ⑤		2	① ② ③ ④ ⑤		2	① ② ③ ④ ⑤		2	① ② ③ ④ ⑤
	3	① ② ③ ④ ⑤		3	① ② ③ ④ ⑤		3	① ② ③ ④ ⑤		3	① ② ③ ④ ⑤
	4	① ② ③ ④ ⑤		4	① ② ③ ④ ⑤		4	① ② ③ ④ ⑤		4	① ② ③ ④ ⑤
	5	① ② ③ ④ ⑤		5	① ② ③ ④ ⑤		5	① ② ③ ④ ⑤		5	① ② ③ ④ ⑤
	6	① ② ③ ④ ⑤		6	① ② ③ ④ ⑤		6	① ② ③ ④ ⑤		6	① ② ③ ④ ⑤
	7	① ② ③ ④ ⑤		7	① ② ③ ④ ⑤		7	① ② ③ ④ ⑤		7	① ② ③ ④ ⑤
	8	① ② ③ ④ ⑤		8	① ② ③ ④ ⑤		8	① ② ③ ④ ⑤		8	① ② ③ ④ ⑤
	9	① ② ③ ④ ⑤		9	① ② ③ ④ ⑤		9	① ② ③ ④ ⑤		9	① ② ③ ④ ⑤
	10	① ② ③ ④ ⑤		10	① ② ③ ④ ⑤		10	① ② ③ ④ ⑤		10	① ② ③ ④ ⑤
	11	① ② ③ ④ ⑤		11	① ② ③ ④ ⑤		11	① ② ③ ④ ⑤		11	① ② ③ ④ ⑤
	12	① ② ③ ④ ⑤		12	① ② ③ ④ ⑤		12	① ② ③ ④ ⑤		12	① ② ③ ④ ⑤
	13	① ② ③ ④ ⑤		13	① ② ③ ④ ⑤		13	① ② ③ ④ ⑤		13	① ② ③ ④ ⑤
	14	① ② ③ ④ ⑤		14	① ② ③ ④ ⑤		14	① ② ③ ④ ⑤		14	① ② ③ ④ ⑤
	15	① ② ③ ④ ⑤		15	① ② ③ ④ ⑤		15	① ② ③ ④ ⑤		15	① ② ③ ④ ⑤
	16	① ② ③ ④ ⑤		16	① ② ③ ④ ⑤		16	① ② ③ ④ ⑤			
	17	① ② ③ ④ ⑤		17	① ② ③ ④ ⑤		17	① ② ③ ④ ⑤			
	18	① ② ③ ④ ⑤		18	① ② ③ ④ ⑤		18	① ② ③ ④ ⑤			
	19	① ② ③ ④ ⑤		19	① ② ③ ④ ⑤		19	① ② ③ ④ ⑤			
	20	① ② ③ ④ ⑤		20	① ② ③ ④ ⑤		20	① ② ③ ④ ⑤			

KT그룹 종합인적성검사

감독관 확인란	

4회 기출예상문제

성명표기란

초성	중성	종성
ㄱ ㄴ ㄷ ㄹ ㅁ ㅂ ㅅ ㅇ ㅈ ㅊ ㅋ ㅌ ㅍ ㅎ	ㅏ ㅑ ㅓ ㅕ ㅗ ㅛ ㅜ ㅠ ㅡ ㅣ ㅐ ㅒ ㅔ ㅖ ㅘ ㅙ ㅚ ㅝ ㅞ ㅟ ㅢ	ㄱ ㄴ ㄷ ㄹ ㅁ ㅂ ㅅ ㅇ ㅈ ㅊ ㅋ ㅌ ㅍ ㅎ ㄲ ㄸ ㅃ ㅆ ㅉ ㄳ ㄺ

수험번호

⓪ ① ② ③ ④ ⑤ ⑥ ⑦ ⑧ ⑨	⓪ ① ② ③ ④ ⑤ ⑥ ⑦ ⑧ ⑨	⓪ ① ② ③ ④ ⑤ ⑥ ⑦ ⑧ ⑨	⓪ ① ② ③ ④ ⑤ ⑥ ⑦ ⑧ ⑨	⓪ ① ② ③ ④ ⑤ ⑥ ⑦ ⑧ ⑨	⓪ ① ② ③ ④ ⑤ ⑥ ⑦ ⑧ ⑨

(주민등록 앞자리 생년제외) 월일

⓪ ① ② ③ ④ ⑤ ⑥ ⑦ ⑧ ⑨	⓪ ① ② ③ ④ ⑤ ⑥ ⑦ ⑧ ⑨	⓪ ① ② ③ ④ ⑤ ⑥ ⑦ ⑧ ⑨	⓪ ① ② ③ ④ ⑤ ⑥ ⑦ ⑧ ⑨

수험생 유의사항

※ 답안은 반드시 컴퓨터용 사인펜으로 보기와 같이 바르게 표기해야 합니다.
〈보기〉 ① ② ③ ❹ ⑤

※ 성명표기란 위 칸에는 성명을 한글로 쓰고 아래 칸에는 성명을 정확하게 표기하십시오. (맨 왼쪽 칸부터 성과 이름은 붙여 씁니다)

※ 수험번호/월일 위 칸에는 아라비아 숫자로 쓰고 아래 칸에는 숫자와 일치하게 표기하십시오.

※ 월일은 반드시 본인 주민등록번호의 생년을 제외한 월 두 자리, 일 두 자리를 표기하십시오.
〈예〉 1994년 1월 12일 → 0112

	문번	답란		문번	답란		문번	답란		문번	답란
언어	1	① ② ③ ④ ⑤	언어·수추리	1	① ② ③ ④ ⑤	수리	1	① ② ③ ④ ⑤	도식추리	1	① ② ③ ④ ⑤
	2	① ② ③ ④ ⑤		2	① ② ③ ④ ⑤		2	① ② ③ ④ ⑤		2	① ② ③ ④ ⑤
	3	① ② ③ ④ ⑤		3	① ② ③ ④ ⑤		3	① ② ③ ④ ⑤		3	① ② ③ ④ ⑤
	4	① ② ③ ④ ⑤		4	① ② ③ ④ ⑤		4	① ② ③ ④ ⑤		4	① ② ③ ④ ⑤
	5	① ② ③ ④ ⑤		5	① ② ③ ④ ⑤		5	① ② ③ ④ ⑤		5	① ② ③ ④ ⑤
	6	① ② ③ ④ ⑤		6	① ② ③ ④ ⑤		6	① ② ③ ④ ⑤		6	① ② ③ ④ ⑤
	7	① ② ③ ④ ⑤		7	① ② ③ ④ ⑤		7	① ② ③ ④ ⑤		7	① ② ③ ④ ⑤
	8	① ② ③ ④ ⑤		8	① ② ③ ④ ⑤		8	① ② ③ ④ ⑤		8	① ② ③ ④ ⑤
	9	① ② ③ ④ ⑤		9	① ② ③ ④ ⑤		9	① ② ③ ④ ⑤		9	① ② ③ ④ ⑤
	10	① ② ③ ④ ⑤		10	① ② ③ ④ ⑤		10	① ② ③ ④ ⑤		10	① ② ③ ④ ⑤
	11	① ② ③ ④ ⑤		11	① ② ③ ④ ⑤		11	① ② ③ ④ ⑤		11	① ② ③ ④ ⑤
	12	① ② ③ ④ ⑤		12	① ② ③ ④ ⑤		12	① ② ③ ④ ⑤		12	① ② ③ ④ ⑤
	13	① ② ③ ④ ⑤		13	① ② ③ ④ ⑤		13	① ② ③ ④ ⑤		13	① ② ③ ④ ⑤
	14	① ② ③ ④ ⑤		14	① ② ③ ④ ⑤		14	① ② ③ ④ ⑤		14	① ② ③ ④ ⑤
	15	① ② ③ ④ ⑤		15	① ② ③ ④ ⑤		15	① ② ③ ④ ⑤		15	① ② ③ ④ ⑤
	16	① ② ③ ④ ⑤		16	① ② ③ ④ ⑤		16	① ② ③ ④ ⑤			
	17	① ② ③ ④ ⑤		17	① ② ③ ④ ⑤		17	① ② ③ ④ ⑤			
	18	① ② ③ ④ ⑤		18	① ② ③ ④ ⑤		18	① ② ③ ④ ⑤			
	19	① ② ③ ④ ⑤		19	① ② ③ ④ ⑤		19	① ② ③ ④ ⑤			
	20	① ② ③ ④ ⑤		20	① ② ③ ④ ⑤		20	① ② ③ ④ ⑤			

고용보건복지_NCS

SOC_NCS

금융_NCS

저마다의 일생에는,
특히 그 일생이 동터 오르는 여명기에는
모든 것을 결정짓는 한 순간이 있다.
그 순간을 다시 찾아내는 것은 어렵다.
그것은 다른 수많은 순간들의 퇴적 속에
깊이 묻혀있다.

– 장 그르니에, 섬 LES ILES

고시넷

2022 하반기

KT그룹 종합인적성검사 기출예상모의고사

인문계·이공계
최신 기출 유형

언어/언어 · 수추리/수리/도식추리
+ 인성검사

4회분

- 2022년 하반기 KT그룹 종합인적성검사 대비
- 최신 기출유형의 모의고사 4회분

정답과 해설

gosinet
(주)고시넷

고시넷

2022 하반기

KT그룹 종합인적성검사 기출예상모의고사

[인문계·이공계
최신 기출 유형
언어/언어 · 수추리/수리/도식추리
+ 인성검사]

4회분

- 2022년 하반기 KT그룹 종합인적성검사 대비
- 최신 기출유형의 모의고사 4회분

정답과 해설

gosinet
(주)고시넷

1회 기출예상문제

1회 언어

문제 18쪽

01	①	02	③	03	③	04	⑤	05	①
06	③	07	④	08	④	09	③	10	⑤
11	⑤	12	①	13	②	14	③	15	④
16	⑤	17	⑤	18	③	19	⑤	20	⑤

01

| 정답 | ①

| 해설 | 원시공동체에서는 사냥감을 저장할 수 없어 탐할 수 있는 이익이 많이 없었기 때문에 탐욕을 절제하는 생활을 할 수밖에 없었다. 하지만 신석기시대에 이르러 저장 가능한 가축과 곡물의 생산이 시작되고 잉여 생산물이 생겨나면서 약탈로부터 얻는 이익이 커졌고 이에 따라 착취와 전쟁이 본격적으로 시작되었다. 즉 이 글은 식량의 저장과 잉여생산물의 탄생으로 인한 약탈의 본격화로 요약될 수 있다.

02

| 정답 | ③

| 해설 | FDMA는 형성 전 단절 방식을, CDMA는 단절 전 형성 방식을 사용하는데, 핸드오버의 명령이 어느 방식에서 더 빠르게 이루어지는지와 어떤 방식의 연결이 더 간편한지에 대해서는 제시된 글을 통해 알 수 없다.

| 오답풀이 |

① 핸드오버는 이동단말기와 기지국 사이의 신호 세기가 특정 값 이하로 떨어지면 명령되는데, 신호는 이동단말기와 기지국의 거리가 가까울수록 강해지고 멀수록 약해진다.

②, ④ CDMA에서 사용하는 단절 전 형성 방식은 각 기지국이 같은 주파수를 사용하고 있을 경우에 사용되는 방식으로, 이동단말기와 기존 기지국 간 통화 채널이 단절되기 전 새로운 기지국과 통화 채널을 형성하여 두 기지국과 동시에 통화 채널을 형성할 수 있다.

⑤ 이동단말기와 기지국 사이의 신호 세기가 특정 값 이하로 떨어지게 되면 핸드오버가 명령된다고 하였으므로 신호의 세기가 특정 값보다 높다면 핸드오버가 명령되지 않음을 알 수 있다.

03

| 정답 | ③

| 해설 | (나)에서 '그는'이라고 시작되므로 특정 인물에 대해 앞서 이야기하는 (라)가 (나) 앞에 나와야 한다. (가)에서 자신의 이름을 따서 도시 명을 정했다고 말하므로 (나)에 나온 도시건설에 대한 부연설명임을 알 수 있다. 그러므로 (라)-(나)-(가)의 순서대로 문단이 배치된다. 다음으로 (마)에서 '이 도시는'이 나오므로 상트페테르부르크에 대해 말하는 (가) 뒤에 배치된다. (마)에서 이후 발전 상황에 대해 이야기하고 있고 (다)는 이러한 위상이 지금가지 이어진다고 했으므로 (마)-(다)로 배치된다. 따라서 글의 (라)-(나)-(가)-(마)-(다) 순이 적절하다.

04

| 정답 | ⑤

| 해설 | 모든 선택지가 (라)로 시작하고 있으므로 (라)의 내용을 먼저 살펴보면 19세기 일부 인류학자들의 주장에 대한 설명임을 알 수 있다. (마)에서는 '그들'이라는 단어로 19세기 일부 인류학자들을 포괄하며 (라)의 주장에 대해 구체적으로 설명하고 있다. 따라서 (라)-(마)로 이어짐을 알 수 있다. (다)에서는 역접의 접속사 '그러나'를 사용하여 (라), (마)에서 언급한 일부 인류학자의 주장이 비판을 받게 되었다고 내용을 전환하고 있으며, (가)에서는 비판을 받은 이유를, (나)에서는 비판을 받은 이후 20세기 인류학자들의 변화에 대해 설명하고 있으므로 (다)-(가)-(나)로 이어지게 된다. 따라서 (라)-(마)-(다)-(가)-(나) 순이 적절하다.

05

| 정답 | ①

| 해설 | 선택지 모두 ㉣부터 시작하기 때문에 ㉣과 이어지는 문장을 찾는다. ㉣에서 농촌의 고령화 심각성을 언급하고 있으므로 그 원인을 이야기하고 있는 ㉠이 오는 것이 자연스럽다. 다음으로 ㉠의 상황에서 고령층이 하고 있는 일들을 설명하는 ㉡이 이어지고, 이런 노력들에도 불구하고 고령화 문제 해결의 어려움을 이야기하고 있는 ㉢이 온다.

06

| 정답 | ③

| 해설 | (마)에서 멜라민이 주로 공업용에서 쓰이는 화학물질이라는 일반적 용도를 언급하였고, (가)는 멜라민이 인체에 들어왔을 때 초래하는 악영향을 설명하였다. 이를 이어받아 (다)에서는 미국 FDA가 멜라민 제한섭취량을 권고한 것을 부연하고 있으며, (나)와 (라)는 그러한 권고에도 불구하고 기준치를 넘은 멜라민을 사용하여 인명 사고를 일으킨 중국의 사례를 소개하고 있다. 따라서 (마)－(가)－(다)－(나)－(라) 순이 적절하다.

07

| 정답 | ④

| 해설 | 퍼퓸은 향이 12시간 정도 지속된다고 하였으므로 향이 아침부터 밤까지 지속되기를 원한다면 퍼퓸을 구입해야 한다.

| 오답풀이 |

① 향수 원액의 농도와 가격의 관계에 대해서는 언급되어 있지 않다.

② 라스팅 노트가 6시간 지속되는 향수가 가장 좋은 향수라고 언급되어 있다.

③ '귀 뒤나 손목, 팔꿈치 안쪽 등 맥박이 뛰는 부분'이라고 언급했으나 목에 대한 언급은 없다.

⑤ 라스팅 노트에서는 향수 본래의 향취가 나므로 알코올이 향취를 다 날아가게 한다는 설명은 옳지 않다.

08

| 정답 | ④

| 해설 | 빈칸의 앞 문장과 뒤 문장을 살펴보면 앞 문장에서는 ○○제작사의 변호사 A가 디자인 등록에 대한 부정적 의견을 말하고 있으며 뒤 문장에서는 △○제작사의 변호사 B가 이에 반하는 목소리를 내고 있다. 각 변호사의 주장이 서로 상반되기 때문에 빈칸에는 '반면'이 들어가야 한다.

09

| 정답 | ③

| 해설 | 제시된 글에서는 몸과 마음을 이원론적으로 분리하여 구분하면서, 신체로부터 독립되어 존재할 수 있는 것을 '능동적 지성', '비물질적인 지성', '비물질적 영혼'과 같은 단어로 표현하고 있다. '심신의 유기체'는 몸과 마음을 분리하지 않고 하나로 보는 것을 의미한다.

10

| 정답 | ⑤

| 해설 | • 주지 : 첫 문장에서 이야기를 이해하고 기억하는 데에는 글의 구조가 큰 영향을 미친다는 글의 주제가 나타난다.

• 부연 : 두 번째 문장은 그러한 글의 구조에는 상위 구조와 하위 구조가 있는데, 상위 구조에 속한 요소들이 더 잘 기억된다고 주제를 덧붙여 설명하고 있다.

• 예시 : 왜 상위 구조가 더 잘 기억되는지를 심청전을 예로 들어 설명하고 있다.

11

| 정답 | ⑤

| 해설 | 단보는 백성을 해치지 않기 위해 오랑캐에게 땅을 내주었으므로, 돈이나 물질보다 사람의 생명이 가장 소중함을 뜻하는 속담인 ⑤가 가장 적절하다.

| 오답풀이 |

① 백성의 소리가 곧 하늘의 소리이므로, 지도자는 백성의 마음에 귀를 기울여야 함을 뜻한다.

② 개인뿐 아니라 나라조차도 남의 가난한 살림을 돕는 데는 끝이 없다는 뜻이다.

③ 말 못 하는 사람이 가뜩이나 말이 안 통하는 오랑캐와 만났다는 뜻으로, 말을 하지 않는 경우를 이른다.

④ 사또가 길을 떠날 때 일을 돕는 비장은 그 준비를 갖추느라 바쁘다는 뜻으로, 윗사람의 일 때문에 고된 일을 하게 됨을 이른다.

12

| 정답 | ①

| 해설 | 제시된 글은 이동통신에 사용되는 주파수 대역의 전자파가 성인에 비해 어린이들에게 더 많이 흡수되며, 이러한 전자파가 어린이들에게 안 좋은 영향을 미칠 수 있다는 내용을 담고 있다. 따라서 '휴대폰 전자파는 성인보다 어린이들에게 더 해로울 수 있다'고 요약할 수 있다.

| 오답풀이 |

② 휴대폰의 전자파가 어린이에게 좋지 않은 영향을 미친다고 하였지만, 어린이에게 휴대폰을 사용하게 해서는 안 된다는 당위적인 표현이 나타나 있지는 않다.

13

| 정답 | ②

| 해설 | 제시된 글은 이분법적 사고와 부분만을 보고 전체를 판단하는 것의 위험성을 예시로 들어 설명하고 있다. 3문단에서는 '으스댔다', '우겼다', '푸념했다', '넋두리했다', '뇌까렸다', '잡아뗐다', '말해서 빈축을 사고 있다' 등의 서술어를 열거해 주관적 서술로 감정적 심리 반응을 유발하는 것이 극단적인 이분법적 사고로 이어질 수 있음을 강조하고 있다.

14

| 정답 | ③

| 해설 | ㉠의 뒤에서 옷차림새나 말투 등으로 느낌이 형성될 수 있음을 이야기하고 있다. 따라서 ③이 적절하다.

15

| 정답 | ④

| 해설 | 오프라 윈프리는 출연자의 마음을 이해하는 데 있어 뛰어났으며 상대방을 설득하기 위한 방법으로 이해와 공감을 제시했다. 따라서 ④가 적절하다.

16

| 정답 | ⑤

| 해설 | (가)는 저소득층 가정에 보급한 정보 통신기기가 아이들의 성적향상에 별다른 영향을 미치지 못한다는 것을, (나)는 정보 통신기기의 활용에 대한 부모들의 관리와 통제가 학업성적에 영향을 준다는 것을 설명하고 있다. 따라서 아이들의 학업성적에는 정보 통신기기의 보급보다 기기 활용에 대한 관리와 통제가 더 중요하다는 것을 결론으로 도출할 수 있다.

17

| 정답 | ⑤

| 해설 | 제시된 글의 중심내용은 언어결정론자들은 우리의 생각과 판단이 언어에 의해 결정된다고 주장하지만, 인간의 사고는 언어보다 경험에 의해 영향을 받는다는 것이다. 따라서 ⑤가 가장 적절하다.

18

| 정답 | ③

| 해설 | 제시된 글은 도시공원의 역할과 중요성에 관해 설명하고 있으며 현재 도시공원의 문제점에 대해 언급하고 있다. 또한 도시공원의 문제점을 개선하여 모두가 동등하게 이용할 수 있게 해야 한다는 점을 강조하고 있다. 따라서 글의 제목으로 가장 적절한 것은 ③이다.

19

| 정답 | ⑤

| 해설 | 글의 주제와 결론이 서로 연관될 수 있도록 (마)에는 '생활 체육 활성화를 위한 정책 수립과 지원 촉구'가 들어가는 것이 적합하다.

| 오답풀이 |

① 서론의 두 번째 내용이 생활 체육의 필요성을 사회적인 측면에서 바라본 것이므로, 첫 번째 내용에는 개인적인 측면이 들어가는 것이 적절하다.

②, ③, ④ 본론 1의 장애 요인과 본론 2의 활성화 방안이 서로 연관되어 있으므로 적절한 내용이 들어갔다고 볼 수 있다.

20

| 정답 | ⑤

| 해설 | 지원금 액수가 증가하였음에도 불구하고 출산율이 오르지 않았다는 것을 강조하는 내용이므로 단순한 지원금 증액보다 출산을 유도하기 위한 근본적인 대책이 필요하다는 문제제기가 글의 주된 내용이다. 따라서 ⑤는 적절하지 않다.

1회 언어 · 수추리

문제 32쪽

01	①	02	①	03	①	04	②	05	④
06	④	07	⑤	08	③	09	⑤	10	④
11	④	12	④	13	②	14	③	15	①
16	③	17	③	18	④	19	③	20	②

01

| 정답 | ①

| 해설 | 2개 이상의 동호회 활동을 할 수 없으므로 마라톤부원과 산악회 부원, 축구부원 수의 총합은 13명이다. 또한 제시된 정보로부터 각 동호회의 활동 인원수는 축구부 > 마라톤부 > 산악회 순으로 많으며, 활동 인원수가 각각 모두 다름을 알 수 있다. 이 조건을 만족하는 경우의 수는 축구부, 마라톤부, 산악회 순으로 (10, 2, 1), (9, 3, 1), (8, 4, 1), (8, 3, 2), (7, 5, 1), (7, 4, 2), (6, 5, 2), (6, 4, 3) 총 8가지이다.

A. 마라톤부원이 4명이라면 축구부원은 8명일 수도, 7명일 수도, 6명일 수도 있다.

| 오답풀이 |

B. 산악회 부원이 3명이라면 축구부원은 반드시 6명이다.

C. 축구부원이 9명이라면 산악회 부원은 반드시 1명이다.

02

| 정답 | ①

| 해설 | 갑의 진술 중 갑이 찬성한 것이 진실, 을이 기권한 것이 거짓이라면, 을의 진술에서 을이 기권한 것이 거짓, 병이 찬성한 것이 진실이 된다. 병의 진술에서 병이 기권한 것은 거짓이 되는데 을이 기권한 것이 진실이 되면 앞의 진술들과 모순이 된다. 따라서 갑, 을, 병의 진술에서 을이 기권한 것이 진실이 되고 다른 진술은 거짓이 된다. 정과 무의 진술에서는 다음의 두 가지 경우가 발생한다.

1) 무가 반대한 것이 진실인 경우

정이 찬성한 것은 거짓이고, 갑이 반대한 것도 거짓이

된다. 이 경우, 갑은 찬성도, 반대도 하지 않고 기권을 했을 것이라 추론할 수 있다.

2) 무가 반대한 것이 거짓인 경우
정은 찬성하였고, 갑은 반대한 것이 진실이다. 이 경우, 갑은 찬성하지 않고 반대를 한 것이라 추론할 수 있다.

| 오답풀이 |

④ 정은 찬성하지 않을 수도 있고, 찬성할 수도 있기 때문에 반드시 진실이라고 단정지을 수 없다.

03

| 정답 | ①

| 해설 | 학생처를 두 번째에 배치하면 교무처와의 사이에 두 팀이 배치되므로 교무처는 다섯 번째에 배치된다. 교무처와 연구처는 연이어 배치되는데 연구처가 네 번째에 배치될 경우 사무국과 입학본부가 연이어 있지 못하므로 연구처는 여섯 번째 자리에 배치된다. 따라서 최종 배치는 순서는 기획협력처 – 학생처 – 사무국(입학본부) – 입학본부(사무국) – 교무처 – 연구처이다.

04

| 정답 | ②

| 해설 | 1, 3 ~ 6번째 진술을 표로 정리하면 다음과 같다.

첫 번째 방	두 번째 방	세 번째 방	네 번째 방
	C	B	
	~~종로~~	잠실	송파

두 번째 진술에서 B는 D의 옆방에 있다고 했으므로 B와 D는 세 번째 방, 네 번째 방 중 각각 한 곳에 살고 있음을 알 수 있다. 그런데 B는 세 번째 방에 살고 있지 않으므로 D가 세 번째 방, B는 네 번째 방에 살고 있다.

첫 번째 방	두 번째 방	세 번째 방	네 번째 방
A	C	D	B
	~~종로~~	잠실	송파

이에 따라 A는 종로, C는 왕십리에 집을 뒀음을 알 수 있다. 정리하면 다음과 같다.

첫 번째 방	두 번째 방	세 번째 방	네 번째 방
A	C	D	B
종로	왕십리	잠실	송파

따라서 왕십리에 집을 둔 학생은 C이다.

| 오답풀이 |

① D는 세 번째 방을 사용하고 있다.

③ A는 첫 번째 방을 사용하고 있다.

④ A ~ D는 순서대로 각각 종로, 송파, 왕십리, 잠실에 집을 두고 있다.

⑤ B는 네 번째 방을 사용하고 있다.

05

| 정답 | ④

| 해설 | 제시된 조건은 모두 거짓이므로 각 신입사원이 배정받은 팀이 아닌 곳을 표에 정리하면 다음과 같다.

구분	영업팀	홍보팀	재무팀	개발팀	설계팀
김정식			×		
김병연	×	×			×
허초희		×			×
백기행	×		×	×	×
정지용	×		×		

따라서 배정받은 팀을 정확하게 알 수 있는 신입사원은 백기행이다.

06

| 정답 | ④

| 해설 | 네 번째 조건에 따라 B, C는 1, 3, 5등이 가능하고 D는 2, 4등이 가능하다. 세 번째 조건에 따라 E와 C의 등수는 연속해야 하므로 E는 2, 4등이 가능하고 두 번째 조건에 따라 A와 D의 등수는 연속해야 하므로 A는 1, 3, 5등이 가능함을 알 수 있다. 정리하면 A, B, C 중 1, 3, 5등이 있고 D, E 중 2, 4등이 있다.

그런데 첫 번째 조건에 따라 D는 E보다 등수가 높아야 하므로 D가 2등, E가 4등이 되며, B는 E보다 등수가 높으므

로 5등이 될 수 없다. 또한 D가 2등이므로 두 번째 조건에 따라 A도 5등이 될 수 없다. 따라서 C가 5등이 된다.

따라서 가능한 달리기 등수는 A－D－B－E－C 혹은 B－D－A－E－C로, E는 어떠한 경우에도 4등이 된다.

07

| 정답 | ⑤

| 해설 | 진술들에 의하면 먼저 퇴근한 순서는 다음과 같다.

D 사원－A 사원－C 사원－E 사원 또는 B 사원

E 사원과 B 사원 중 누가 먼저 퇴근했는지를 알 수 없으므로 E 사원보다 먼저 퇴근한 사람이 모두 몇 명인지 정확히 알 수 없다.

08

| 정답 | ③

| 해설 | 첫 번째 명제는 '사람을 사귀는 것이 쉬운 사람은 성격이 외향적이다'로 볼 수 있고, 두 번째 명제는 '말하는 것을 좋아하는 사람은 외국어를 쉽게 배운다'로 볼 수 있다. 두 번째 명제의 '말하는 것을 좋아하는 사람'의 자리에 '외향적인 성격'이 들어가면 '외향적인 성격은 외국어를 쉽게 배운다'가 성립한다. 따라서 이를 위해 '외향적인 성격은 말하는 것을 좋아한다'라는 명제가 필요하다.

09

| 정답 | ⑤

| 해설 | 세 번째 조건을 통해 1층에 위치한 팀은 기획팀임을 알 수 있다.

첫 번째 조건부터 마지막까지 맞춰 나열해 보면 다음과 같다.

• 홍보팀은 회계팀보다 아래층에 위치한다.

층	팀
2～6층	회계팀 홍보팀
1층	기획팀

• 영업팀은 홍보팀보다 아래층에 위치한다.

층	팀
2～6층	회계팀 홍보팀 영업팀
1층	기획팀

• 총무팀은 영업팀의 바로 아래층에 위치한다.

층	팀
2～6층	회계팀 홍보팀 영업팀 총무팀
1층	기획팀

• 인사팀은 회계팀의 바로 위층에 위치한다.

층	팀
6층	인사팀
5층	회계팀
4층	홍보팀
3층	영업팀
2층	총무팀
1층	기획팀

따라서 2층과 5층에 위치한 팀은 각각 총무팀과 회계팀이다.

10

| 정답 | ④

| 해설 | 모임은 모든 사람이 도착해야 시작되는데 민아와 천호가 모임에 참가하는 사람의 전부인지는 언급되지 않았으므로 천호가 도착하면 모임이 시작되는지 알 수 없다.

| 오답풀이 |

① 모임에 참가하는 사람은 민아, 천호를 포함하여 최소 2명이다.

② 민아가 벌금을 낸 것으로 보아 민아는 19시까지 약속장소에 도착하지 못했다.

③ 천호는 벌금을 낸 민아보다 늦게 도착하므로 벌금을 내야 한다.

⑤ 민아와 천호가 3시간이 소요되는 모임에 19시 이후에 도착하였으므로 22시가 넘어서 끝날 것이다.

11

| 정답 | ④

| 해설 |

$21 \xrightarrow[-2^1]{} 19 \xrightarrow[-2^2]{} 15 \xrightarrow[-2^3]{} 7 \xrightarrow[-2^4]{} (\quad) \xrightarrow[-2^5]{} -41 \xrightarrow[-2^6]{} -105$

따라서 빈칸에 들어갈 숫자는 −9이다.

12

| 정답 | ④

| 해설 |

$+5$: 7 → 12, $+4$: 12 → 16, $+3$: 16 → 19, $+2$: 19 → ( )

7 15 12 13 16 12 19 12 ( )

-2: 15 → 13, -1: 13 → 12, 0: 12 → 12

따라서 빈칸에 들어갈 숫자는 21이다.

13

| 정답 | ②

| 해설 |

$2.2 \xrightarrow[+2.1]{} 4.3 \xrightarrow[+2.3]{} 6.6 \xrightarrow[+2.5]{} 9.1 \xrightarrow[+2.7]{} 11.8 \xrightarrow[+2.9]{} 14.7 \xrightarrow[+3.1]{} (\quad)$

따라서 빈칸에 들어갈 숫자는 17.8이다.

14

| 정답 | ③

| 해설 |

3	4	9	8	15	12	21	16	27	20	( )
3×1	2×2	3×3	2×4	3×5	2×6	3×7	2×8	3×9	2×10	3×11

따라서 빈칸에 들어갈 숫자는 33이다.

15

| 정답 | ①

| 해설 |

$3 \xrightarrow[+2]{} 5 \xrightarrow[+3]{} 8 \xrightarrow[+5]{} 13 \xrightarrow[+8]{} 21 \xrightarrow[+12]{} (\quad) \xrightarrow[+17]{} 50$

$+2 \xrightarrow[+1]{} +3 \xrightarrow[+2]{} +5 \xrightarrow[+3]{} +8 \xrightarrow[+4]{} +12 \xrightarrow[+5]{} +17$

따라서 빈칸에 들어갈 숫자는 33이다.

16

| 정답 | ③

| 해설 |

$1 \xrightarrow[+4]{} 5 \xrightarrow[\times 4]{} 20 \xrightarrow[-4]{} 16 \xrightarrow[+3]{} 19 \xrightarrow[\times 3]{} 57$

$\xrightarrow[-3]{} 54 \xrightarrow[+2]{} 56 \xrightarrow[\times 2]{} (\quad) \xrightarrow[-2]{} 110$

따라서 빈칸에 들어갈 숫자는 112이다.

17

| 정답 | ③

| 해설 | 세 번째 수는 첫 번째와 두 번째 수를 곱하고 3을 더한 값이다.

- 6 4 27 → 6×4+3=27
- 5 ( ) 33 → 5×( )+3=33
- 5 5 28 → 5×5+3=28

따라서 빈칸에 들어갈 숫자는 6이다.

18

| 정답 | ④

| 해설 | 네 번째 수는 첫 번째 수와 두 번째 수의 합을 제곱한 뒤 세 번째 수를 곱한 값이다.

- 2 1 2 18 → $(2+1)^2 \times 2 = 18$
- 2 3 10 250 → $(2+3)^2 \times 10 = 250$
- 3 4 5 ( ) → $(3+4)^2 \times 5 = (\quad)$

따라서 빈칸에 들어갈 숫자는 245이다.

19

| 정답 | ③

| 해설 |

2 → 7 → 10 → 17 → 23 → 34 → 43 → ( )

+5, +7, +11, +19 (차이: $+2^1$, $+2^2$, $+2^3$)

+3, +6, +9 (차이: +3, +3)

따라서 빈칸에 들어갈 숫자는 62이다.

20

| 정답 | ②

| 해설 |

2.3 → 3.9 → 6.7 → 10.7 → 15.9 → ( )

+1.6 → +2.8 → +4 → +5.2 → +6.4 (차이: +1.2, +1.2, +1.2, +1.2)

따라서 빈칸에 들어갈 숫자는 22.3이다.

1회 수리 문제 41쪽

01	④	02	②	03	⑤	04	②	05	⑤
06	④	07	④	08	④	09	③	10	②
11	①	12	⑤	13	③	14	⑤	15	②
16	①	17	③	18	④	19	⑤	20	①

01

| 정답 | ④

| 해설 | 20X6년은 40,406명, 20X7년은 42,630명, 20X8년은 44,121명, 20X9년은 48,042명으로 20X6년부터 20X9년까지 소방인력은 매년 4만 명 이상임을 알 수 있다.

| 오답풀이 |

① 전년 대비 소방인력 수의 증가율은

$$\frac{\text{현 시점의 소방인력 수} - \text{전년 소방인력 수}}{\text{전년 소방인력 수}} \times 100$$으로

계산할 수 있는데, 가장 큰 비율로 증가한 해는 20X9년 $\left(\frac{48,042-44,121}{44,121} \times 100 \fallingdotseq 8.9(\%)\right)$이다.

② 20X1년에는 전체 공무원 대비 소방인력 비율이 3.8%로 4%를 초과하지 않는다.

③ 20X9년의 소방인력 수는 48,042명이고 8년 전인 20X1년에는 33,992명이므로, 20X9년 소방인력 수는 20X1년에 비해 14,050명 늘어났음을 알 수 있다.

⑤ 20X1년 전체 공무원 수는 $\frac{33,992}{0.038} \fallingdotseq 894,526$(명)으로 100만 명 미만이다.

02

| 정답 | ②

| 해설 | 연구 인력과 지원 인력의 평균연령 차이를 살펴보면 20X5년 1.7세, 20X6년 2세, 20X7년 4.9세, 20X8년 4.9세, 20X9년 5.7세이므로 20X7년과 20X8년의 차이가 같아 전년 대비 계속 커진다고 볼 수 없다.

| 오답풀이 |

① 20X8년의 지원 인력 정원은 20명이고 현원은 21명이므로 충원율은 $\frac{21}{20}\times100=105(\%)$로 100을 넘는다.

③ 매년 지원 인력은 늘어나지만 박사학위 소지자 수는 동일하므로 그 비율은 줄어든다.

④ 20X6년 이후 지원 인력의 평균 연봉 지급액은 20X9년까지 계속 연구 인력보다 적었다.

⑤ $\frac{120-95}{95}\times100=26.3157\cdots(\%)$로 정원 증가율은 26%를 초과한다.

03

| 정답 | ⑤

| 해설 | 2020년의 스마트폰 사용 실태 조사 응답자 수가 제시되어 있지 않기 때문에 알 수 없다.

| 오답풀이 |

① 2021년 국내 이동통신 가입자 수는 약 5천만 명이고, 국내 스마트폰 가입자 수는 약 4천만 명이므로 5명 중 4명이 스마트폰을 사용한다고 볼 수 있다.

② • 2020년 하루 평균 스마트폰 사용 시간 : 2시간 13분 =133분

• 2021년 하루 평균 스마트폰 사용 시간 : 2시간 51분 =171분

따라서 2021년 하루 평균 스마트폰 사용 시간은 전년 대비 $\frac{171-133}{133}\times100=28.57\cdots≒28(\%)$ 증가하였다.

③ 스마트폰 하루 사용 시간이 2시간 이상이라고 대답한 응답자의 비율은 2020년에는 29.8+27=56.8(%), 2021년에는 26.3+45.7=72(%)이므로, 72−56.8=15.2(%p) 증가했다.

④ • 2021년 주 사용 서비스 1위 응답자 수 :

$12,561,236\times\frac{79.4}{100}=9,973,621.384$(명)

• 2021년 주사용 서비스 4, 5위 응답자 수 :

$12,561,236\times\frac{(40+29.6)}{100}=8,742,620.256$(명)

따라서 그 차이는 9,973,621−8,742,620=1,231,001(명)으로, 약 120만 명이 된다.

04

| 정답 | ②

| 해설 | ㉠ 1차 고객기관 중 2차 고객기관에게 공공데이터를 제공하는 기관수는 $1,200\times\frac{50}{100}=600$(개)이고, 개인고객에게 공공데이터를 제공하는 기관수는 $1,200\times\frac{60}{100}=720$(개)이다. 이 기관수에는 서로 중복된 기관수가 있으므로 2차 고객기관에만 공공데이터를 제공하는 기관수를 X개, 개인고객에게만 공공데이터를 제공하는 기관수를 Y개, 중복되는 기관수를 Z개라고 하면, X+Z=600, Y+Z=720이 성립된다.

1차 고객기관은 '(공공데이터의) 자체활용+2차 고객기관+개인고객'으로 구성되는데, 1차 고객기관 중 공공데이터를 자체활용만 한 기관수는 $1,200\times\frac{25}{100}=300$(개)이므로 X+Y+Z+300=1,200에 적용하여 계산하면, X는 180개, Y는 300개, Z는 420개가 된다. 따라서 1차 고객기관 중 개인고객에게만 공공데이터를 제공하는 기관의 수가 2차 고객기관에만 공공데이터를 제공하는 기관의 수보다 더 많다.

㉢ 2차 고객기관 중 개인고객에게 공공데이터를 제공하는 기관의 수는 $600\times\frac{70}{100}=420$(개)이고, 1차 고객기관 중 개인고객에게만 공공데이터를 제공하는 기관의 수는 300개이므로, 420÷300=1.4(배)이다.

| 오답풀이 |

㉡ 2차 고객기관 중 공공데이터를 자체활용만 하는 기관의 수는 600×0.3=180(개)이고, 1차 고객기관 중 공공데이터를 자체활용만 하는 기관의 수는 1,200×0.25=300(개)이므로, 60%를 차지한다.

㉣ 1차 고객기관 중 2차 고객기관에게만 공공데이터를 제공하는 기관의 수는 180개, 2차 고객기관 중 공공데이터를 자체활용만 하는 기관의 수는 180개로 동일하다.

05

| 정답 | ⑤

| 해설 | 2021년 일반 신문을 본다고 응답한 남자의 비율은 79.5% 중 61.9%, 여자의 비율은 65.8% 중 50.0%이다. 2021년 조사 대상 남녀의 수가 같으므로 전체 인구를 1이라 했을 때 남자의 비율은 0.795×0.619≒0.49(%), 여자의 비율은 0.658×0.5≒0.33(%)로 남자가 더 많음을 알 수 있다.

| 오답풀이 |

① 일반 신문을 보는 사람의 비율이 인터넷 신문을 보는 사람의 비율보다 더 적으므로 최대 67.8%이다.

②, ④ 주어진 정보만으로는 알 수 없다.

③ $79.5\times\frac{80.6}{100}\fallingdotseq 64.08(\%)$이다.

06

| 정답 | ④

| 해설 | ㉢ 2022년의 수입금액을 x억 달러라 하면, $\frac{x-4,257}{4,257}\times 100=14.6(\%)$, x는 약 4,878억 달러가 된다.

㉤ 2021년 전체 무역금액인 $4,674+4,257=8,931$(억 달러)에서 수출금액의 비율을 구하면 $\frac{4,674}{8,931}\times 100=52.334\cdots$로, 약 52.3%를 차지한다.

| 오답풀이 |

㉠ • 2019 ~ 2021년의 평균 수출액 :

$\frac{4,220+3,635+4,674}{3}\fallingdotseq 4,176$(억 달러)

• 2019 ~ 2021년의 평균 수입액 :

$\frac{4,353+3,231+4,257}{3}=3,947$(억 달러)

따라서 평균 무역금액은 $\frac{4,176+3,947}{2}=4,061.5$, 약 4,062억 달러이다.

㉡ 수출과 수입의 격차를 보려면 무역수지(수출 – 수입)를 보면 된다. 무역수지가 417로 가장 높은 2021년이 수출과 수입의 차이가 가장 크다.

㉣ 무역수지가 적자였던 해는 2019년도이다.

07

| 정답 | ④

| 해설 | 2021년 전체 수출액은 4,674억 달러로, 그중 자동차가 39.3%를 차지한다고 하면 $4,674\times\frac{39.3}{100}=1,836.882$, 즉, 자동차의 수출금액은 약 1,836억 달러이다.

08

| 정답 | ④

| 해설 | 20X5년 대비 20X6년 전체 지원자 수의 감소율을 구하면 $\frac{2,652-3,231}{3,231}\times 100\fallingdotseq -17.9(\%)$이므로 25%가 아닌 약 17.9% 감소하였다.

| 오답풀이 |

① 〈자료 2〉에서 해외 지원자 비율을 보면 전반적으로 감소하는 추세임을 알 수 있다.

② 〈자료 1〉에서 20X9년 전체 지원자 수 대비 국내 지원자의 비율을 계산해 보면 $\frac{1,462}{2,475}\times 100\fallingdotseq 59.1(\%)$이다.

③ 〈자료 1〉의 수치를 통해 20X3년 대비 20X9년 전체 지원자 수는 3,899−2,475=1,424(명) 감소했음을 알 수 있다.

⑤ 〈자료 1〉을 통해 (A)와 (B)를 구하면 다음과 같다.

$(A)=\frac{1,462}{2,475}\times 100\fallingdotseq 59.1(\%)$

$(B)=\frac{1,013}{2,475}\times 100\fallingdotseq 40.9(\%)$

따라서 (A)−(B)는 18.2%p이다.

09

| 정답 | ③

| 해설 | 선택지에 제시된 지역의 재해율을 계산하면 다음과 같다.

• 서울특별시 : $\frac{13,660}{2,974,209}\times 100\fallingdotseq 0.46(\%)$

• 강원도 : $\frac{3,934}{375,840}\times 100 ≒ 1.05(\%)$

• 전라북도 : $\frac{3,594}{334,537}\times 100 ≒ 1.07(\%)$

• 경상남도 : $\frac{11,412}{1,182,260}\times 100 ≒ 0.97(\%)$

• 인천광역시 : $\frac{5,517}{602,112}\times 100 ≒ 0.92(\%)$

따라서 재해율이 가장 높은 지역은 전라북도이다.

10

| 정답 | ②

| 해설 | 두 사람이 만나기까지 이동한 시간을 x시간으로 두면 다음과 같은 식이 성립한다.

$4x+6x=12$

$10x=12$

$\therefore\ x=1+\frac{12}{60}$

따라서 인성이와 효진이는 1시간 12분이 지난 후 만난다.

11

| 정답 | ①

| 해설 | • 화요일에 눈이 올 경우 : 월요일에 눈이 내렸으므로 화요일에 눈이 올 확률은 $\frac{2}{5}$이며, 그 다음 날인 수요일에도 눈이 내릴 확률은 $\frac{2}{5}\times\frac{2}{5}=\frac{4}{25}$이다.

• 화요일에 눈이 오지 않을 경우 : 화요일에 눈이 오지 않을 확률은 $1-\frac{2}{5}=\frac{3}{5}$이며, 그 다음 날인 수요일에 눈이 내릴 확률은 $\frac{3}{5}\times\frac{1}{6}=\frac{1}{10}$이 된다. 따라서 수요일에 눈이 올 확률은 $\frac{4}{25}+\frac{1}{10}=\frac{13}{50}$이다.

12

| 정답 | ⑤

| 해설 | 6명의 사원 중 나란히 앉는 두 명의 직원을 하나로 묶어서 생각하면 5명을 원탁에 앉히는 모든 경우의 수를 구하는 것과 같으므로 $4!=4\times3\times2\times1=24$(가지)이다. 이때 나란히 앉는 두 명이 서로 자리를 바꿀 수 있으므로 모든 경우의 수는 $24\times2=48$(가지)이 된다.

13

| 정답 | ③

| 해설 | 흰색 A4 용지 한 박스의 단가를 x원이라 하면, 컬러 A4 용지 한 박스의 단가는 $2x$원이므로

$(50\times x)+(10\times 2x)-5,000=1,675,000$

$70x=1,680,000$

$x=24,000$

따라서 흰색 A4 용지 한 박스의 단가는 24,000원이다.

14

| 정답 | ⑤

| 해설 | A는 16일 모두 일한 것이므로 일한 양은 $\frac{1}{18}\times 16$이고, B가 일한 양은 $1-\left(\frac{1}{18}\times 16\right)=\frac{1}{9}$이다. B가 일한 기간을 x(일)이라고 했을 때, B는 $\frac{1}{9}$만큼 일을 했으므로 $\frac{1}{27}\times x=\frac{1}{9}$의 식이 성립하고, $x=3$(일)이 된다. 따라서 B가 일에 참여하지 않은 날은 $16-3=13$(일)이다.

15

| 정답 | ②

| 해설 | 사용금액을 x원이라 하면 다음과 같은 식이 성립한다.

$x+0.04x=54,080 \quad x(1+0.04)=54,080$

$x=52,000$

따라서 이자는 청구금액에서 사용금액을 제한 $54,080-52,000=2,080$(원)이다.

16

| 정답 | ①

| 해설 | 현재 아버지의 나이를 x세라 하면, 현재 어머니의 나이는 $\frac{4}{5}x$세이다.

2년 후의 조건으로 식을 세우면 다음과 같다.

$\frac{4}{5}x+2+\left\{\frac{1}{3}(x+2)\right\}=65$

$12x+30+5x+10=975$

$17x=935 \quad x=55$

따라서 아버지의 나이는 55세, 어머니와 인성의 나이는 각각 44세와 17세로, 이들 3명의 나이를 모두 합하면 55+44+17=116(세)이 된다.

17

| 정답 | ③

| 해설 | 각각의 평균을 식으로 나타내면 다음과 같다.

$\frac{A+B+C+D}{4}=18 \quad A+B+C+D=72$ ……… ㉠

$\frac{B+C}{2}=17 \quad B+C=34$ ……… ㉡

$\frac{B+C+D}{3}=20 \quad B+C+D=60$ ……… ㉢

㉠, ㉡, ㉢을 연립하여 풀면 $A=12$, $D=26$

따라서 A와 D의 평균은 $\frac{12+26}{2}=19$이다.

18

| 정답 | ④

| 해설 | 연수원에 있는 방의 수를 x개, 신입사원의 수를 y명이라 하면 다음과 같은 식이 성립한다.

$6x+4=y$ ……… ㉠

$8(x-3)-6=y$ ……… ㉡

㉠, ㉡을 연립하여 풀면

$6x+4=8(x-3)-6 \quad x=17$

따라서 신입사원의 수는 6×17+4=106(명)이 된다.

19

| 정답 | ⑤

| 해설 | 맞힌 문제의 개수를 x, 틀린 문제의 개수를 y라 하면, 전체 문제 개수가 25개이며 맞혔을 때 4점, 틀렸을 때 −2점이므로 다음 두 식이 성립한다.

$x+y=25$ ……… ㉠

$4x-2y=58$ ……… ㉡

㉠×2+㉡을 하면 $x=18$, $y=7$이 됨을 알 수 있다.

따라서 맞힌 문제는 모두 18개이다.

20

| 정답 | ①

| 해설 | 하루에 최대 3명까지 10명을 4일로 나누는 방법은 (3명, 3명, 3명, 1명) 또는 (3명, 3명, 2명, 2명)으로 두 가지이다. 날짜가 4개이므로 첫 번째 방법을 날짜별로 배치하는 경우의 수는 ${}_4C_1=4$(가지), 두 번째 방법은 ${}_4C_2=6$(가지)이다. 따라서 전체 경우의 수는 4+6=10(가지)이다.

1회 도식추리 문제 52쪽

01	①	02	②	03	④	04	③	05	②
06	⑤	07	④	08	③	09	①	10	②
11	①	12	④	13	④	14	④	15	②

01

| 정답 | ①

| 해설 | 기호의 규칙을 살펴보면 다음과 같다.

- ⊙ : 색 반전
- ☆ : 가장 바깥쪽에 원 추가
- ⊠ : 180° 회전(원점 대칭)
- ♀ : 좌우대칭(Y축 대칭)
- ◇ : 시계방향으로 90° 회전
- ☼ : 상하대칭(X축 대칭)

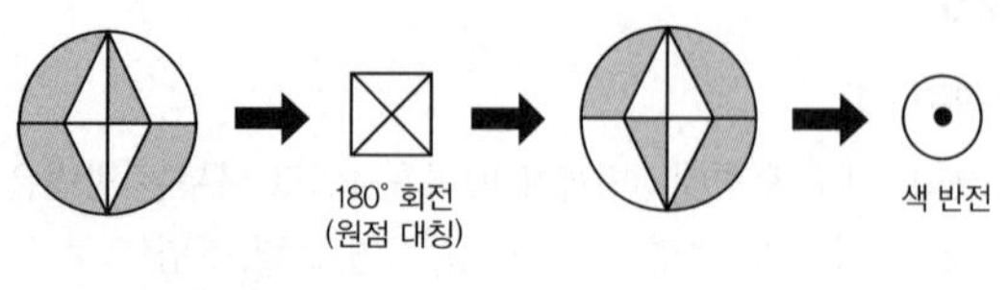

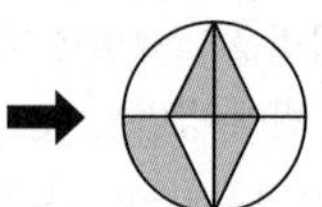

02

| 정답 | ②

| 해설 | 01의 해설을 참고하면 다음과 같다.

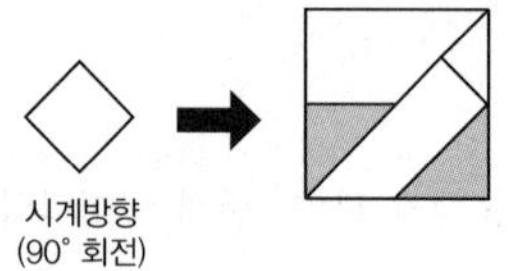

03

| 정답 | ④

| 해설 | 01의 해설을 참고하면 다음과 같다.

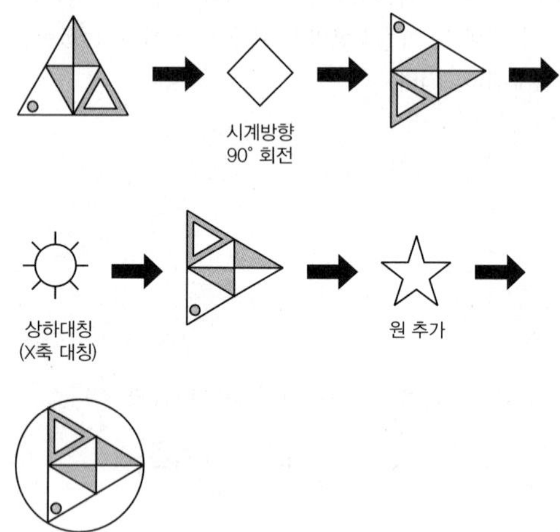

04

| 정답 | ③

| 해설 | ㄷㅅㅇ ➡ △ ➡ ◎ ➡ ㅅㅅㅇㄷㄷ를 보면 맨 앞자리의 ㅅ과 맨 뒷자리에 ㄷ이 하나씩 증가하였고, ㅌㅂ ➡ ◎ ➡ ✚ ➡ ○ ➡ ㅂㅌㅂ를 보면 ㅂ이 하나 더 증가하였는데, 두 열에는 공통적으로 ◎가 적용된다. 또한 ㅅㅊㅎㅌㅈ ➡ ○ ➡ ✚ ➡ ◎ ➡ ㅌㅌㅊㅎㅅㅅ에도 ◎가 적용되는데 맨 앞 문자인 ㅌ와 맨 끝 문자인 ㅅ이 하나씩 증가하였으므로 ◎는 맨 앞 · 뒷자리 문자를 하나씩 더 붙이는 암호로 볼 수 있다. 또한 ㄷㅅㅇ ➡ △ ➡ ㅅㅇㄷ ➡ ◎ ➡ ㅅㅅㅇㄷㄷ에 의해 △는 맨 앞자리 문자를 맨 뒤로 보내는 암호임을 알 수 있고 ㅌㅂ열과 ㅅㅊㅎㅌㅈ열의 도형 변환 순서가 정반대로 되어 있고, ㅅㅊㅎㅌㅈ열의 끝 문자 ㅈ과 ㅌㅂ열에서 생성된 문자 ㅌ이 삭제된 것으로

보아 ○나 ✚ 중 하나가 특정 문자를 삭제하는 것임을 알 수 있다.

그리고 ㅌㅌㅊㅎㅅㅅ ➡ ○ ➡ ㅌㅌㅊㅎㅅ ➡ △ ➡ ㅌㅊㅎㅅㅌ에 의해 ○가 맨 뒷자리 문자를 삭제하는 암호가 되고, ㅌㅂ열에서 ○에 의해 끝 문자 ㅌ가 삭제되므로 ㅌㅂ ➡ ◎ ➡ ㅌㅌㅂㅂ ➡ ✚ ➡ ㅂㅌㅂㅌ ➡ ○ ➡ ㅂㅌㅂ에 의해 ✚는 맨 앞자리 문자와 맨 뒷자리 문자의 위치를 바꾸어주는 암호가 됨을 알 수 있다.

이를 정리하면 다음과 같다.

1. ◎ : 맨 앞 · 뒷자리 문자 하나씩 더 붙이기
2. △ : 맨 앞자리 문자 맨 뒤로 보내기
3. ○ : 맨 뒷자리 문자 삭제하기
4. ✚ : 맨 앞자리 문자와 맨 뒷자리 문자의 위치 바꾸기

따라서 ㅎㅍㅂ은 △에 의해 맨 앞자리 문자 ㅎ을 맨 뒤로 보내고, ◎에 의해 맨 앞자리 문자 ㅍ과 맨 뒷자리 문자 ㅎ을 하나씩 더 붙인 후, ✚에 의해 맨 앞자리 문자 ㅍ과 맨 뒷자리 문자 ㅎ의 위치를 바꾸어 주어야 하므로 빈칸에 들어갈 문자는 ㅎㅍㅂㅎㅍ이다.

ㅎㅍㅂ ➡ △ ➡ ㅍㅂㅎ ➡ ◎ ➡ ㅍㅍㅂㅎㅎ ➡ ✚ ➡ ㅎㅍㅂㅎㅍ

05

| 정답 | ②

| 해설 | ○에 의해 맨 뒷자리 문자 ㄹ을 삭제하고, △에 의해 맨 앞자리 문자 ㅋ을 맨 뒤로 보낸다.

ㅋㄴㅂㄹ ➡ ○ ➡ ㅋㄴㅂ ➡ △ ➡ ㄴㅂㅋ

따라서 빈칸에 들어갈 문자는 ㄴㅂㅋ이다.

06

| 정답 | ⑤

| 해설 | ◎에 의해 맨 앞 · 뒷자리 문자인 ㅅ과 ㅁ을 하나씩 더 붙이고, ○에 의해 맨 뒷자리 문자 ㅁ을 삭제한 후, ✚에 의해 맨 앞 문자와 끝 문자인 ㅅ과 ㅁ의 위치를 바꾼다.

ㅅㅊㅌㅁ ➡ ◎ ➡ ㅅㅅㅊㅌㅁㅁ ➡ ○ ➡ ㅅㅅㅊㅌㅁ ➡ ✚ ➡ ㅁㅅㅊㅌㅅ

따라서 빈칸에 들어갈 문자는 ㅁㅅㅊㅌㅅ이다.

07

| 정답 | ④

| 해설 | ✚은 맨 앞자리와 맨 뒷 자리 문자의 위치를 바꿔야 하므로 ㄷㄹㄷ이 되는데 이 ㄷㄹㄷ은 빈칸과 ✚을 거쳐 ㄷㄷㄹ이 되므로 빈칸에는 △가 들어가야 한다.

ㄷㄹㄷ ➡ ✚ ➡ ㄷㄹㄷ ➡ △ ➡ ㄹㄷㄷ ➡ ✚ ➡ ㄷㄷㄹ

08

| 정답 | ③

| 해설 | ㅒㅗㅖㅑㅓ열과 ㅒㅠㅗㅕ열은 문자 수가 동일하고, 주어진 문자열과 문자 수가 다른 열을 살펴보면 ㅜㅣㅒㅓㅖ열에서 맨 앞의 ㅜ가 삭제된 4자리 문자로 변화되어 있다. 따라서 ㅒㅗㅖㅑㅓ열과 공통으로 들어 있는 ●이 한 개의 문자를 삭제하라는 암호이며, ♡가 한 개의 문자를 추가하는 암호임을 추측해 볼 수 있다.

또한 ㅜㅣㅒㅓㅖ열은 ☆을 거치면서 ㅖㅓㅒㅣ가 되었으므로, ●는 맨 앞자리 문자를 삭제하는 암호이고, ☆은 문자의 정렬 순서를 역순으로 바꾸는 암호임을 알 수 있다. 또한 ♡는 맨 뒷자리 문자를 하나 더 추가하라는 의미임을 확인할 수 있다.

ㅏㅛㅜㅕ열의 변화과정을 보면, ㅏㅛㅜㅕ ➡ ♡ ➡ ㅏㅛㅜㅕㅕ이고, ♤를 거쳐 ㅓㅠㅗㅑㅑ가 되므로 ♤는 각 문자를 180° 회전하라는 의미의 암호임을 짐작해 볼 수 있다.

마지막으로 ㅖㅓㅒㅣ열에서 ㅖㅓㅒㅣ ➡ ▲ ➡ ( ) ➡ ● ➡ ㅓㅣㅒ가 되는데, ●를 거치면서 맨 앞자리의 ㅖ가 삭제되므로 ㅖㅓㅒㅣ ➡ ▲ ➡ ㅖㅓㅣㅒ, 즉 ▲는 맨 뒤의 문자 2개의 위치를 바꾸는 암호임을 알 수 있다.

이를 정리하면 다음과 같다.

1. ● : 맨 앞자리 문자 삭제하기
2. ☆ : 문자의 정렬 순서 역순으로 바꾸기

3. ♡ : 맨 뒷자리 문자 하나 더 추가하기
4. ♤ : 각 문자 180° 회전시키기
5. ▲ : 맨 뒤의 문자 2개 위치 바꾸기

ㅕㅠㅒㅏㅛ ➡ ♤ ➡ ㅑㅛㅒㅓㅠ ➡ ▲ ➡ ㅑㅛㅒㅠㅓ

따라서 빈칸에 들어갈 문자는 'ㅑㅛㅒㅠㅓ'이다.

09

| 정답 | ①

| 해설 | 암호가 적용되기 이전의 문자를 구하는 것이므로 암호를 거꾸로 적용해 나아가면, ㅏㅏㅔㅠㅑ ➡ ☆ ➡ ㅑㅠㅔㅏㅏ ➡ ♡ ➡ ㅑㅠㅔㅏ ➡ ▲ ➡ ㅑㅠㅏㅔ가 된다. 따라서 빈칸에 들어갈 문자는 'ㅑㅠㅏㅔ'이다.

10

| 정답 | ②

| 해설 | ㅔㅜㅠㅛㅣ에 ●를 적용하면 ㅜㅠㅛㅣ이고, ㅜㅠㅛㅣ ➡ ( ) ➡ ㅜㅠㅛㅣㅣ가 되었으므로, 빈칸에는 맨 뒷자리 문자를 하나 더 추가하는 암호인 ♡가 들어가야 한다.

ㅔㅜㅠㅛㅣ ➡ ● ➡ ㅜㅠㅛㅣ ➡ ♡ ➡ ㅜㅠㅛㅣㅣ

11

| 정답 | ①

| 해설 | ➡ △ ➡ 를 통해 △가 좌우대칭(Y축 대칭)이라는 것을 알 수 있다. 첫 번째 세로열과 두 번째 가로열에는 공통으로 ◈가 들어가 있고, 두 열 모두 마지막 도형이 처음 도형과 색이 반대인 것으로 보아 ◈는 색 반전 기호임을 알 수 있다. 이를 적용하면 두 번째 가로열 변화를 통해 ♡는 반시계방향으로 90°회전 기호인 것도 알 수 있다.

나머지 열의 변화도 역의 과정을 거쳐 살펴 이를 종합해 보면 다음과 같다.

1. ◎ : 180° 회전(원점 대칭)
2. ◈ : 색 반전(흑 ↔ 백)
3. ☆ : 시계방향으로 90° 회전
4. ♡ : 반시계방향으로 90° 회전
5. △ : 좌우대칭(Y축 대칭)

따라서 문제의 과정을 거친 결과는 다음과 같다.

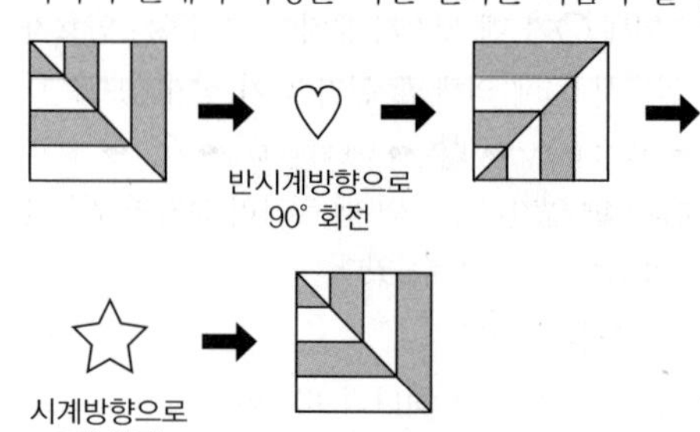

12

| 정답 | ④

| 해설 | 문제의 과정을 거친 결과는 다음과 같다.

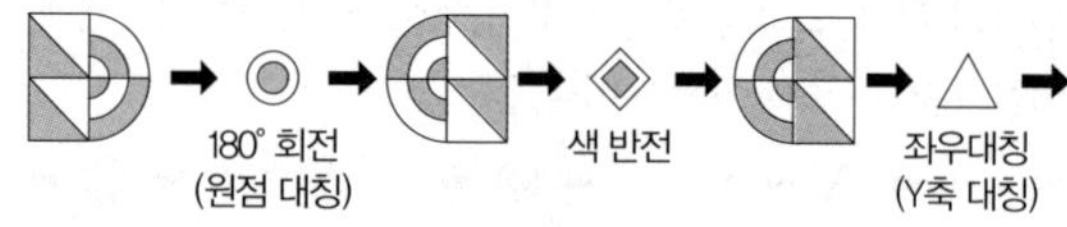

13

| 정답 | ④

| 해설 | ♡의 반시계방향 90° 회전 후 ◎의 180° 회전(원점 대칭) 시계방향으로 90° 회전하는 것과 결과가 같다. 따라서 문제의 과정을 거친 결과는 다음과 같다.

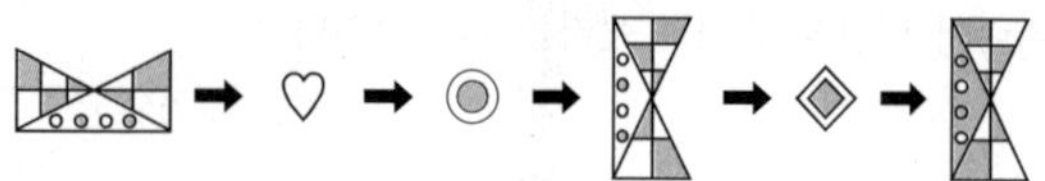

14

| 정답 | ④

| 해설 | RIP ➡ ♡ ➡ ⧄ ➡ IR과 DAY ➡ ⧄ ➡ ☾ ➡ ♧ ➡ YDAQ의 과정을 보면, 공통적으로 ⧄가 존재하며 문자의 순서가 둘 다 역순이 되었으므로 ⧄는 문자의 정렬 순서를 역순으로 하는 암호임을 알 수 있다. 또한 RIP ➡

♡ ➡ RI ➡ ⧐ ➡ IR에 의해 ♡는 특정 문자 P 혹은 맨 뒤의 문자를 삭제하는 암호라 추측할 수 있다. 그런데 ♡가 들어간 다른 열(UNITY열과 MOTO열)에는 문자 P가 없으므로 ♡는 맨 뒤의 문자를 삭제하는 암호임을 알 수 있다. 그리고 DAY열과 ABC ➡ ⧐ ➡ ♧ ➡ ◖ ➡ CBQA를 보면 ♧과 ◖의 도형 변환 순서가 정반대로 되어 있어 두 개의 암호는 문자 Q를 추가하거나 연속하는 두 자리의 문자 위치를 바꾸는 것임을 유추할 수 있다. 두 가지를 모두 적용해 보면, ◖는 맨 뒤의 문자 2개의 위치를 바꾸고, ♧는 맨 뒤에 문자 Q를 추가하는 암호임을 확인할 수 있다. 또한 MOTO ➡ ♡ ➡ MOT ➡ △ ➡ MO ➡ ◖ ➡ OM에 의해 △는 문자 T를 삭제하는 암호가 된다(UNITY ➡ ♡ ➡ ◖ ➡ UNTI ➡ △ ➡ UNI도 동일).

1. ⧐ : 문자의 정렬 순서를 역순으로 바꾸기
2. ♡ : 맨 뒤의 문자 삭제하기
3. ◖ : 맨 뒤의 문자 2개 위치 바꾸기
4. ♧ : 맨 뒤에 문자 Q 추가하기
5. △ : 문자 T 삭제하기

따라서 ◖에 의해 맨 뒤의 문자 M과 G의 위치를 바꾸고, ♡에 의해 뒷자리 문자 M을 삭제한 후, ♧에 의해 맨 뒤에 문자 Q를 추가한 결과는 다음과 같다.

OMG ➡ ◖ ➡ OGM ➡ ♡ ➡ OG ➡ ♧ ➡ OGQ

15

| 정답 | ②

| 해설 | ⧐에 의해 문자의 정렬 순서를 역순으로 바꾸고, △에 의해 문자 T를 삭제하고, ◖에 의해 맨 뒤의 문자 O와 H의 위치를 바꾼 결과는 다음과 같다.

THOR ➡ ⧐ ➡ ROHT ➡ △ ➡ ROH ➡ ◖ ➡ RHO

2회 기출예상문제

2회 언어

문제 62쪽

01	③	02	⑤	03	⑤	04	③	05	①
06	③	07	③	08	②	09	②	10	②
11	③	12	②	13	④	14	②	15	②
16	②	17	③	18	③	19	④	20	③

01

| 정답 | ③

| 해설 | 첫 번째 문단과 두 번째 문단에서는 실재했던 전쟁을 배경으로 한 소설들의 허구화에 대해 구체적인 예를 들며 설명하고 있으며, 세 번째 문단에서는 이러한 소설 작품에 나타난 전쟁을 새롭게 조명함으로써 폭력성 · 비극성과도 같은 전쟁의 성격을 확인할 수 있는 등 전쟁에 대한 새로운 인식을 제공한다는 내용이 제시되어 있다. 따라서 ③이 가장 적절하다.

| 오답풀이 |

② 전쟁을 소재로 한 문학에 관해 이야기하고 있지만, 문학에 의해 영향을 받은 전쟁에 대한 내용은 제시되어 있지 않다.

④ 소설에 나타난 전쟁의 비극성이 아닌 소설을 통해 새롭게 인식된 전쟁의 비극성에 관해 설명하고 있다.

02

| 정답 | ⑤

| 해설 | 마지막 문단에서 내용을 찾을 수 있으며 두 번째 문단과 네 번째 문단에서도 확인할 수 있다.

| 오답풀이 |

① 구실 만들기 전략은 자기반성은 하지 않고 남의 탓으로 돌리는 행위이며 마지막 문단에서 찾을 수 있다.

② 이기적 편향을 나타내는 적절한 말로 두 번째 문단에서 찾을 수 있다.

③ 타인이 아닌 자신의 자존심을 위한 행위임을 글 전체에서 말하고 있다.

④ 긍정적인 행동의 이유에 대해서는 내부적 요소로 부정적 행동의 이유에 대해서는 외부적 요소로 돌리는 행위이며 두 번째 문단에서 볼 수 있다.

03

| 정답 | ⑤

| 해설 | 제시된 글에서는 남성과 여성이라는 이분법적 젠더 구조가 이성과 감성, 주체와 객체 등과 같은 이항 대립구조를 발생시키는데 이들은 두 요소 간의 위계질서를 양산한다는 점에서 문제적이라고 지적하였다. 따라서 남성이 더 우월하다는 견해를 억압한다고 보기 어렵다.

04

| 정답 | ③

| 해설 | 제시된 글의 마지막 문장을 통해 사료 고증에만 의존하는 것에 대한 드로이젠의 부정적 견해를 알 수 있다.

| 오답풀이 |

① 랑케와 드로이젠의 상반된 주장에 대해 소개하고 있으므로 필자의 개인적인 주관 또는 어떤 의견에 대한 절대적인 입장에 대해서는 알 수 없다.

05

| 정답 | ①

| 해설 | 제시된 글에서는 언어에 대한 작가의 책임이 막중함을 말하고 있는데, 이러한 주장에는 작가가 산출하는 문학작품이 언어에 지대한 영향을 미친다는 사실이 전제되어 있어야 한다.

06

| 정답 | ③

| 해설 | 두 번째 문단에서 이순신 장군을 표상하거나 지시한다고 해서 반드시 이순신 장군의 모습과 유사하다고 할 수는 없다고 하였다. 즉, 나타내려는 대상의 모습과 유사하지 않더라도 그 대상을 표상할 수 있다는 것인데 ③은 유사성이 없다면 표상이 될 수 없다고 하였으므로 글의 내용과 상반되어 적절하지 않은 추론이다.

07

| 정답 | ③

| 해설 | 제시된 글은 일과 삶의 균형(work and life balance)의 내용으로 볼 수 있다. 유연근무제, 정시 퇴근, PC오프제 등은 단순히 업무시간을 줄이려는 목적을 위한 수단으로 볼 수는 없으며, 이는 업무시간 이후 개인의 시간 사용을 질적 · 양적으로 향상시켜 일과 삶의 균형을 유도해내기 위한 조치들로 보아야 한다.

08

| 정답 | ②

| 해설 | 첫 번째 문단에서 물질적인 존재만이 물질적 존재에 영향을 줄 수 있다고 설명하고 있으며 두 번째 문단에서는 감각의 주요한 원인이 영혼에 있고 몸은 감각의 원인을 영혼에 제공한 후 자신도 감각 속성의 몫을 영혼으로부터 얻는다고 하였다. 즉, 몸과 영혼의 두 물질적 존재는 서로 영향을 주고받는 관계이자 필요조건이다. 감각 능력을 가지기 위해선 몸과 영혼이 서로 작용해야 하며 둘 중 하나가 사라지면 감각은 소유할 수 없게 된다. 따라서 몸은 감각 능력을 스스로 가진 적이 없으며 영혼이 몸에게 감각 능력을 주었다는 설명을 하고 있는 ②가 정답이다.

09

| 정답 | ②

| 해설 | 빈칸은 문단의 처음이므로 내용 전체를 이끌 수 있는 문장이 들어가야 한다. 빈칸 뒤의 문장을 살펴보면 중세

시대에는 견고한 중세 지배체제로 인해 농민들의 저항이 이루어지지 못하였고, 산업사회에서는 시민이나 노동자들이 자신들의 안락한 생활을 위협받을 때에만 저항이 나타났다고 하였다. 이를 통해 살고 있는 시대와 처해진 상황에 따라 저항이 이루어질 수도, 그렇지 못할 수도 있고, 저항의 이유 또한 달라질 수 있다는 내용이 빈칸에 올 수 있다. 따라서 ②가 가장 적절하다.

10

| 정답 | ②

| 해설 | 접속어와 지시어로 시작하는 문장은 첫 문장이 될 수 없으므로 첫 문장이 될 수 있는 것은 (나)뿐이다. (가)의 '그러나'는 역접의 접속어이므로 (나)의 뒤에 올 수 있다. 또한 (다)의 '그런'은 '인문적 교양을 갖추지 못한'을 의미하므로 (가)의 뒤에 오는 것이 바람직하다. 따라서 (나)-(가)-(다)의 순서가 된다.

11

| 정답 | ③

| 해설 | 접속어는 주로 문장과 문장을 연결하는 데 쓰이므로 '그럼에도 불구하고'로 시작하는 (다)와 '즉'으로 시작하는 (라)는 첫 문장이 될 수 없다. '그럼에도 불구하고'는 앞 문장과 뒤 문장을 역접의 관계로 연결하는 접속어이므로 과학과 기술이 제휴한다는 (다)의 내용과 상반되는 (나) 또는 (라) 뒤에 오게 된다. 반대로 '즉'은 앞 문장을 다시 한 번 설명하는 접속어이므로 문장의 내용이 서로 일치하는 (나)의 뒤에 오는 것이 바람직하다. 따라서 (나)-(라)-(다)의 순서가 되며, 문맥상 (가)는 가장 마지막에 오는 것이 적절하다.

12

| 정답 | ②

| 해설 | ㉡ 두 번째 문단에서 WLTP가 NEDC보다 조건이 까다롭다고 하였으므로, 허용이 더 수월한 것은 NEDC이다.

㉣ 인증을 받지 못해도 한국은 2018년 9월까지, 유럽은 2019년까지 판매를 허용된다고 나와 있으므로 바로 판매가 중단된다는 추론은 적절하지 않다.

| 오답풀이 |

㉠ 마지막 문단에서 WLTP를 적용하는 국가는 한국과 유럽, 일본이며, 미국은 WLTP를 도입하지 않는다고 하고 있다. 이를 통해 각 나라마다 배기가스를 측정하는 방식이 다르다는 사실을 추론할 수 있다.

㉢ 첫 번째 문단에서 내연기관이 연료 속의 탄소를 연소시킨다고 하였고, 그로 인해 생성되는 기체가 배기가스라고 나와 있다. 또한 두 번째 문단에서 '배기가스 허용 기준은 질소산화물배출량'이라고 하였으므로 배출되는 기체, 즉 배기가스에 질소산화물이 포함되어 있음을 추론할 수 있다.

13

| 정답 | ④

| 해설 | 자유방임형이나 상담형의 리더십이 상황에 따라 더 유효하게 기능하는 경우도 있다고 했을 뿐 현대에 더 적합하다는 내용은 제시되지 않았다.

14

| 정답 | ②

| 해설 | 제시된 글은 현대의 물신주의에 따른 무한정한 속도 경쟁의 현실을 인간 중심의 사고로 돌이켜보고자 하는 내용이다. 글에서 궁극적으로 말하고자 하는 바는 느림의 즐거움, 즉 정신적 여유를 되찾아야 한다는 내용이므로 ②가 주제로 적절하다.

15

| 정답 | ②

| 해설 | 제시된 글은 외부성의 개념을 정리하고, 외부성으로 인해 발생되는 비효율성 문제에 대한 구체적 사례(과수원과

양봉업자의 관계)를 설명하고 있다. 이어서 외부성으로 인한 비효율성의 해결 방안으로 보조금이나 벌금과 같은 정부의 개입을 주장한 전통적인 경제학을 소개하고 있다.

16

| 정답 | ②

| 해설 | 첫 번째 문단으로 창조 도시의 개념을 소개하고 있는 (가)가 오고, 그 다음으로 창조 도시의 주된 동력을 창조 산업으로 보는 (라)와 창조 계층의 관점으로 바라보는 (나)가 이어진다. 마지막은 창조 산업과 창조 계층의 두 가지 관점보다 창조 환경이 먼저 마련되어야 한다는 주장의 (다)로 마무리된다. 따라서 글의 순서는 (가)－(라)－(나)－(다)이다.

17

| 정답 | ③

| 해설 | 먼저 1980년대 배경에 대해 설명하는 (나)가 나온다. 다음으로 (나)에 제시된 주택난을 해결하는 제도인 선분양제도가 언급되는 (가)가 이어지며, '그러나 이 제도는'으로 시작하며 제도의 문제점을 설명하는 (라)가 이어지는 것이 적절하다. 이어 문제점을 해결하기 위한 (다)로 마무리되는 것이 적절하다. 따라서 글의 순서는 (나)－(가)－(라)－(다)이다.

18

| 정답 | ③

| 해설 | • 다 : 자사 신제품의 장점과 특징을 타사의 제품과 비교하여 정리하고 홍보 및 판촉 성공 국내 사례를 분석하는 것은 개발부의 업무이다.

• 라 : 홍보물 유통 경로를 체크하고, 신제품 홍보 및 판촉 행사 방안을 구상하는 것은 영업부의 업무이다.

| 오답풀이 |

• 가 : 해외 판촉 사례 분석은 마케팅부의 업무이다.

• 나 : 자사의 홍보 및 판촉 행사 분석은 영업부의 업무이다.

19

| 정답 | ④

| 해설 | 회의록에 최신 홍보 · 트렌드를 따라 간다고 명시되어 있고, 제시글은 기업들이 SNS를 활용한 마케팅 전략을 시행한다는 내용이다. 따라서 오프라인 강연을 제시한 ④는 적절하지 않다.

| 오답풀이 |

① SNS상의 유명 인사를 상품 모델로 내세워 영상을 제작한 A 기업의 사례를 참고하여 영상 홍보 대신 후기 글을 통한 홍보를 기획할 수 있다.

② 친숙한 해시태그를 만들어 홍보하는 사례를 참고하여 보다 특색 있고 자사 신제품의 특성을 잘 살리는 해시태그를 만들 수 있다.

③ 확산 속도가 매우 빠른 해시태그의 특성을 파악하여 실제 홍보 과정에서 적용할 수 있다.

⑤ 화장법을 알리는 영상을 유통한 B 기업의 사례를 참고하여 최신 유행 화장법을 소개하는 게시글을 올릴 수 있다.

20

| 정답 | ③

| 해설 | 두 번째 문단에서 식수가 분변으로 오염되어 있다면 분변에 있는 병원체 수와 비례하여 존재하는 비병원성 세균을 지표생물로 이용한다고 하면서, 이에 대표적인 것이 대장균이라고 하였다. 따라서 채취된 시료 속의 총대장균군의 세균 수와 병원체 수는 비례하여 존재한다는 것을 알 수 있다.

| 오답풀이 |

① 세 번째 문단에서 총대장균군에 포함된 세균이 모두 온혈동물의 분변에서 기원한 것은 아니라고 하고 있다.

② 세 번째 문단에서 총대장균군은 염소 소독과 같은 수질 정화과정에서도 병원체와 유사한 저항성을 가진다고 하고 있다.

④ 첫 번째 문단에서 병원성 세균, 바이러스, 원생동물, 기생체 소낭 등과 같은 병원체를 직접 검출하는 것은 비싸고 시간이 많이 걸릴 뿐 아니라 숙달된 기술을 요구하지만 지표생물을 이용하면 이러한 문제를 많이 해결할 수 있다고 하고 있다.

⑤ 세 번째 문단에서 분변성 연쇄상구균군은 잔류성이 높고 장 밖에서는 증식하지 않기 때문에 시료에서도 그 수가 일정하게 유지되어 좋은 상수소독 처리지표로 활용된다고 하고 있다.

2회 언어 · 수추리

문제 79쪽

01	③	02	③	03	⑤	04	④	05	②
06	①	07	③	08	②	09	⑤	10	②
11	③	12	⑤	13	②	14	④	15	①
16	④	17	②	18	③	19	③	20	④

01

| 정답 | ③

| 해설 | 삼단논법에 따라 'A → B이고, B → C이면 A → C이다'가 성립하므로 '진달래를 좋아하는 사람 → 감성적', '감성적 → 보라색을 좋아한다'이므로 '진달래를 좋아하는 사람 → 보라색을 좋아한다'가 성립한다.

02

| 정답 | ③

| 해설 | 비행기 티켓을 예매한다 : A, 여행가방을 경품으로 받는다 : B, 태국으로 여행을 간다 : C, 연예인을 만난다 : D라고 할 때, 주어진 명제를 기호로 나타내면, A → B, C → D가 되고 마지막 문장은 ~D → ~A가 된다. 명제의 대우도 항상 참임에 따라 A → D가 성립하므로, 주어진 명제에서 A → D라는 결론을 도출하기 위해서는 A → C나 B → C, 또는 B → D라는 명제가 필요하다.

따라서 밑줄 친 부분에 알맞은 것은 B → C의 대우인 '태국으로 여행을 가지 않는다면 여행가방을 경품으로 받지 않을 것이다'가 된다.

보충 플러스+

첫 번째 · 두 번째 문장의 대우를 활용해도 가능하다.
연예인 만남 × → 태국 여행 × → 여행가방 경품 × → 비행기 티켓 예매 ×

03

| 정답 | ⑤

| 해설 | 주어진 명제와 각각의 대우를 정리하면 다음과 같다.

명제		대우
장갑 ○ → 운동화 ×	대우 ⇔	운동화 ○ → 장갑 ×
양말 ○ → 운동화 ○		운동화 × → 양말 ×
운동화 ○ → 모자 ○		모자 × → 운동화 ×
장갑 × → 목도리 ×		목도리 ○ → 장갑 ○

(가) 첫 번째 명제에서 장갑을 낀 사람은 운동화를 신지 않고, 두 번째 명제의 대우에서 운동화를 신지 않은 사람은 양말을 신지 않는다고 하였으므로 "장갑을 낀 사람은 양말을 신지 않는다."는 참이 된다.

(다) 두 번째 명제에서 양말을 신은 사람은 운동화를 신었고, 첫 번째 명제의 대우에서 운동화를 신은 사람은 장갑을 끼지 않았으며, 네 번째 명제에서 장갑을 끼지 않은 사람은 목도리를 하지 않았다고 하였으므로, "양말을 신은 사람은 목도리를 하지 않는다."는 참이 된다.

따라서 (가), (다) 모두 항상 옳다.

| 오답풀이 |

(나) 마지막 명제에서 수민이는 목도리를 하고 있고, 네 번째 명제의 대우에서 목도리를 한 사람은 장갑을 꼈으며, 첫 번째 명제에서 장갑을 낀 사람은 운동화를 신지 않는다고 하였으므로 "수민이는 운동화를 신고 있다."는 거짓이 된다.

04

| 정답 | ④

| 해설 | 주어진 명제와 각각의 대우를 정리하면 다음과 같다.

• 셜록 홈즈○ → 반지의 제왕 × • 반지의 제왕 × → 해리포터 × • 반지의 제왕 ○ → 스타트랙○	대우 ⇔	• 반지의 제왕 ○ → 셜록 홈즈 × • 해리포터 ○ → 반지의 제왕○ • 스타트랙 × → 반지의 제왕 ×

(가) 지연이는 해리포터를 좋아하고, 해리포터를 좋아하는 사람은 반지의 제왕을 좋아하며, 반지의 제왕을 좋아하는 사람은 스타트랙을 좋아하므로 지연이는 스타트랙을 좋아한다.

(나) 지연이는 해리포터를 좋아하고, 해리포터를 좋아하는 사람은 반지의 제왕을 좋아하는데, 반지의 제왕을 좋아하는 사람은 셜록 홈즈를 좋아하지 않으므로 지연이는 셜록 홈즈를 좋아하지 않는다.

따라서 (가), (나) 모두 항상 옳다.

| 오답풀이 |

(다) 이 결론이 참이 되기 위해서는 '스타트랙을 좋아하는 사람은 반지의 제왕을 좋아한다.'가 참이 되어야 한다. 이는 세 번째 명제의 역에 해당하는데 참인 명제의 역과 이는 참일 수도 있고 거짓일 수도 있으므로 참 · 거짓을 알 수 없다.

05

| 정답 | ②

| 해설 | B의 말이 거짓이므로 C는 검사가 아니다. A와 B 둘 중 한 명이 검사인데, 만약 A가 검사라면 A는 진실만 말한다는 문제의 조건과 검사는 거짓말을 한다는 A의 진술이 상충된다. 따라서 검사는 B이고, B가 변호사라고 한 C의 진술은 거짓이다.

판사	검사	변호사
A	B	C
C	B	A

| 오답풀이 |

① 검사는 B이다.

③ 변호사가 A라면 진실을 말하고 있고 C라면 거짓을 말하고 있다.

④ 모든 경우의 수는 두 가지이다.

⑤ 판사가 A라면 진실을 말하고 있고 C라면 거짓을 말하고 있다.

06

| 정답 | ①

| 해설 | A의 자리를 고정시키고 그 주위 자리에 기호를 붙이면 E가 앉은 자리는 ㉡ 혹은 ㉣이 되므로 두 경우를 나눠 생각한다.

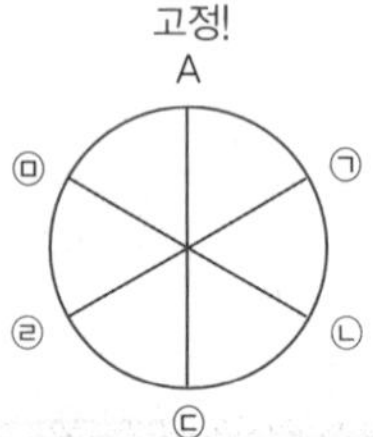

1. E가 ㉡에 앉은 경우

   B와 D는 (나)에 따라 마주 보고 앉아야 하므로 ㉠과 ㉣이 되고, C의 양 옆은 모두 커피를 주문했으므로 C는 콜라를 주문한 E 옆에 앉을 수 없다. 따라서 C의 자리는 ㉤이 되고 그 양 옆은 커피를 주문하게 된다.

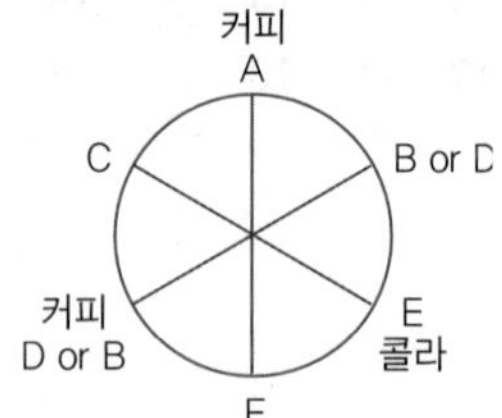

2. E가 ㉣에 앉은 경우

   B와 D는 ㉡과 ㉤으로 마주 보고 C는 ㉠에 앉게 되며, 그 양 옆이 커피를 주문하게 된다.

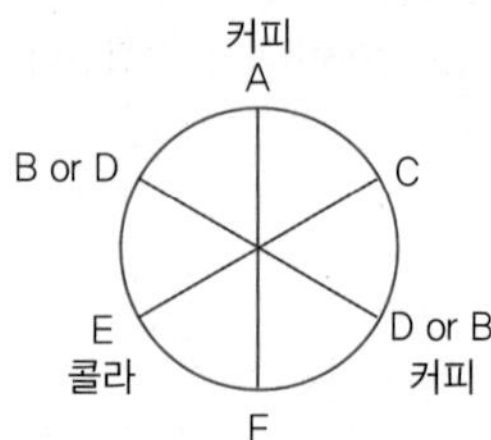

두 경우 모두 C의 옆에 앉는 사람은 A이고, C의 양 옆은 커피를 주문했으므로 A는 커피를 주문한 것이 된다. 따라서 확실하게 알 수 있는 사실은 'A는 커피를 주문했다'이다.

07

| 정답 | ③

| 해설 | 각각의 진술이 거짓일 경우를 나누어 생각해 보면 다음과 같다.

1) A의 진술이 거짓일 경우 : B와 C의 진술이 상충되므로 조건에 부합하지 않는다.
2) B의 진술이 거짓일 경우 : 모든 진술이 상충되지 않고 C의 진술이 진실이므로 B가 범인이다.
3) C의 진술이 거짓일 경우 : A와 B의 진술이 상충되므로 조건에 부합하지 않는다.

따라서 거짓을 말하는 사람과 범인 모두 B이다.

08

| 정답 | ②

| 해설 | 각각의 진술이 진실일 경우를 나누어 생각해 보면 다음과 같다.

1) A의 진술이 진실일 경우 : B와 C의 진술이 거짓인데, B가 거짓을 말하고 있다는 C의 진술이 거짓(=B가 진실을 말하고 있다)이므로 상충된다.
2) B의 진술이 진실일 경우 : 모든 진술이 상충되지 않으므로 A가 범인이다.
3) C의 진술이 진실일 경우 : A와 B의 진술이 상충되므로 조건에 부합하지 않는다.

따라서 진실을 말하는 사람은 B이고 범인은 A이다.

09

| 정답 | ⑤

| 해설 | 첫 번째 조건에 따라 여자 박 씨가 맨 끝자리에 앉는 경우와 남자 이 씨가 맨 끝자리에 앉는 경우를 나누어 생각하면 다음과 같다.

i) 여자 박 씨가 맨 끝자리에 앉는 경우

박(여)	이(여)	김(남)	이(남)	김(여)	박(남)

맨 끝자리가 왼쪽인지 오른쪽인지 명시되어 있지 않으므로, 좌우를 반전한 경우도 이와 동일하다. 모든 조건에 부합하므로 적절한 배치이다.

ii) 남자 이 씨가 맨 끝자리에 앉는 경우

이(남)	김(남)	이(여)	박(여)	박(남)	김(여)

맨 끝자리가 왼쪽인지 오른쪽인지 명시되어 있지 않으므로, 좌우를 반전한 경우도 이와 동일하다. 남매끼리는 서로 옆에 앉지 않아야 하는데, 박 씨 남매는 서로 옆에 앉게 되므로 적절하지 않다.

따라서 ㉠, ㉡, ㉢, ㉣ 모두 항상 참이다.

10

| 정답 | ②

| 해설 | ㉣을 살펴보면 신입사원 C가 하는 말이 모두 거짓이라고 하였으므로 C는 B가 말한 사원이 아니다. 따라서 B가 말한 사원은 D가 되며, D는 진실만을 말하는 여자사원임을 알 수 있다.

| 오답풀이 |

㉠, ㉡ 주어진 글의 내용만으로는 알 수 없다.

㉢ 남자사원 A가 신입사원 D는 남자라고 하였는데 A가 하는 말은 모두 거짓이므로 D는 여자이다. 또한 진실만을 말하는 여자사원 B가 신입사원 중 여자사원이 하는 말은 모두 진실이라고 하였으므로 D가 하는 말은 모두 진실이 된다.

11

| 정답 | ③

| 해설 | • $2^2+6^2+3^2=49$

• $6^2+3^2+2^2=(\quad)$

• $3^2+2^2+8^2=77$

• $2^2+8^2+4^2=84$

따라서 빈칸에 들어갈 숫자는 49이다.

12

| 정답 | ⑤

| 해설 |

$0.14 \xrightarrow[+0.07]{} 0.21 \xrightarrow[+0.07]{} 0.28 \xrightarrow[+0.07]{} (\quad)$

따라서 빈칸에 들어갈 숫자는 0.35이다.

13

| 정답 | ②

| 해설 |

97 60 37 23 14 9 ( )

60－37＝23, 23－14＝9

97－60＝37, 37－23＝14, 14－9＝5

따라서 빈칸에 들어갈 숫자는 5이다.

14

| 정답 | ④

| 해설 |

$\frac{5}{10} \xrightarrow[\frac{5\times2-1}{10\times3-1}]{} (\quad) \xrightarrow[\frac{9\times2-1}{29\times3-1}]{} \frac{17}{86} \xrightarrow[\frac{17\times2-1}{86\times3-1}]{} \frac{33}{257} \xrightarrow[\frac{33\times2-1}{257\times3-1}]{} \frac{65}{770}$

따라서 빈칸에 들어갈 숫자는 $\frac{9}{29}$이다.

15

| 정답 | ①

| 해설 |

$\frac{3}{4} \xrightarrow[\times\frac{2}{3}]{} \frac{1}{2} \xrightarrow[\times\frac{2}{3}]{} \frac{1}{3} \xrightarrow[\times\frac{2}{3}]{} \frac{2}{9} \xrightarrow[\times\frac{2}{3}]{} (\quad)$

따라서 빈칸에 들어갈 숫자는 $\frac{4}{27}$이다.

16

| 정답 | ④

| 해설 |

$10.5 \xrightarrow[\times0.2+1]{} 3.1 \xrightarrow[\times0.2+1]{} 1.62 \xrightarrow[\times0.2+1]{} (\quad) \xrightarrow[\times0.2+1]{} 1.2648$

따라서 빈칸에 들어갈 숫자는 1.324이다.

17

| 정답 | ②

| 해설 |

$2.25 \xrightarrow[+0.34]{} 2.59 \xrightarrow[+0.35]{} 2.94 \xrightarrow[+0.36]{} 3.3 \xrightarrow[+0.37]{} (\quad)$

따라서 빈칸에 들어갈 숫자는 3.67이다.

18

| 정답 | ③

| 해설 | 세 번째 수는 첫 번째 수와 두 번째 수를 곱한 뒤 2로 나눈 값이다.

6 13 39 → 6×13÷2=39

3 16 24 → 3×16÷2=24

9 12 ( )→ 9×12÷2=54

따라서 빈칸에 들어갈 숫자는 54이다.

19

| 정답 | ③

| 해설 | 세 번째 수는 첫 번째 수에서 두 번째 수를 뺀 뒤에 3을 곱한 값이다.

8 6 6 → (8－6)×3=6

4 1 9 → (4－1)×3=9

3 2 ( )→ (3－2)×3=3

따라서 빈칸에 들어갈 숫자는 3이다.

20

| 정답 | ④

| 해설 | 네 번째 수는 첫 번째 수와 두 번째 수의 곱에 세 번째 수를 더한 값이다.

3 2 6 12 → $(3\times2)+6=12$

2 2 5 9 → $(2\times2)+5=9$

12 3 10 ( ) → $(12\times3)+10=46$

따라서 빈칸에 들어갈 숫자는 46이다.

2회 수리

문제 88쪽

01	②	02	④	03	②	04	③	05	②
06	④	07	④	08	③	09	②	10	③
11	①	12	④	13	④	14	④	15	④
16	③	17	③	18	②	19	①	20	④

01

| 정답 | ②

| 해설 | 2018년 이후 쿠웨이트로부터 수입한 석유의 양은 매년 증가하나, 국제 유가를 고려한 석유 수입 가격은 2019년에 오히려 감소하였다.

- 2018년 : $136.5\times93.17=12,717.705$(백만 달러)
- 2019년 : $141.9\times48.66=6,904.854$(백만 달러)
- 2020년 : $159.3\times43.29=6,896.097$(백만 달러)
- 2021년 : $160.4\times50.8=8,148.32$(백만 달러)

02

| 정답 | ④

| 해설 | • 2021년 발효유 소비량의 증가율 :

$$\frac{551,595-516,687}{516,687}\times100 ≒ 6.76(\%)$$

- 2021년 발효유 생산량의 증가율 :

$$\frac{557,639-522,005}{522,005}\times100 ≒ 6.83(\%)$$

따라서 2021년 발효유 소비량의 증가율은 생산량의 증가율보다 낮다.

| 오답풀이 |

① 2021년의 연유 생산량은 전년 대비 $4,214-2,620=1,594$(톤) 증가하였고, 연유 소비량은 전년 대비 $1,728-1,611=117$(톤) 증가하였다. 따라서 연유 생산량이 더 많이 증가하였다.

② 2년간 치즈의 소비량은 $99,520+99,243=198,763$(톤)이고 생산량은 $24,708+22,522=47,230$(톤)으로, 소비량이 생산량보다 약 $\frac{198,763}{47,230} ≒ 4.2$(배) 많았다.

③ 2021년 유제품별 생산량은 높은 순서대로 발효유－치즈－연유－버터이고, 2020년 유제품별 생산량도 발효유－치즈－연유－버터로 순서가 같다.

⑤ 2020년 생산량 대비 소비량을 구하면 다음과 같다.

- 연유 : $\frac{1,611}{2,620} ≒ 0.61$(배)
- 버터 : $\frac{9,800}{1,152} ≒ 8.51$(배)
- 치즈 : $\frac{99,520}{24,708} ≒ 4.03$(배)
- 발효유 : $\frac{516,687}{522,005} ≒ 0.99$(배)

따라서 2020년에 소비량이 생산량에 비해 가장 많은 유제품은 버터이다.

03

| 정답 | ②

| 해설 | 고속도로별 평균 차량 통행속도는 오전, 낮, 오후 시간의 속도의 평균으로 구할 수 있다.

- 도시고속도로 : $(54.9+59.2+40.2)\div3 ≒ 51.4$(km/h)
- 주간선도로 : $(27.9+24.5+20.8)\div3=24.4$(km/h)
- 보조간선도로 : $(25.2+22.4+19.6)\div3=22.4$(km/h)
- 기타도로 : $(23.1+20.5+18.6)\div3 ≒ 20.7$(km/h)

따라서 도시고속도로－주간선도로－보조간선도로－기타도로의 순으로 평균 속도가 빠른 것을 알 수 있다.

04

| 정답 | ③

| 해설 | 2005년 온실가스 총배출량 중 에너지 부문을 제외한 나머지 부문이 차지하는 비율은 $\frac{49.9+21.6+18.8}{500.9}\times 100 \fallingdotseq 18(\%)$이다.

| 오답풀이 |

① 온실가스 총배출량에서 에너지, 산업공장, 농업, 폐기물의 배출량을 보면 에너지의 배출량이 현저히 크다는 것을 알 수 있다.

② 2020년 1인당 온실가스 배출량은 13.5톤 CO_2eq/명으로, 1990년의 6.8톤 CO_2eq/명에 비해 $\frac{13.5}{6.8}\fallingdotseq 1.99$(배) 증가하였다.

④ 온실가스 총배출량은 계속해서 증가한 것을 확인할 수 있고, 2019년 온실가스 총배출량은 690.2로 1995년의 292.9에 비해 $\frac{690.2}{292.9}\fallingdotseq 2.4$배 증가하여 2배 이상 증가하였다.

⑤ GDP 대비 온실가스 배출량을 보면 계속 감소한 것을 볼 수 있는데, 이는 온실가스 배출량(분자에 해당)의 증가 속도보다 GDP(분모에 해당)의 증가 속도가 상대적으로 더 빠르기 때문이다.

05

| 정답 | ②

| 해설 | 매출액의 경우 비교적 꾸준한 증가 추세를 보이고 있으나, 수출액을 보면 2020년에서 2021년 사이 출판 산업(357,881→283,439)에서, 2019년에서 2020년 사이 영화 산업(14,122→13,583)과 광고 산업(93,152→75,554)에서 감소 추세를 보였다.

| 오답풀이 |

① 2020년 문화콘텐츠 산업의 총매출액 전년 대비 증가율은 $\frac{73.32-67.08}{67.08}\times 100 \fallingdotseq 9.3(\%)$이다.

③ 고용현황을 보면 애니메이션 산업이 2019년 4,170명, 2020년 4,349명, 2021년 4,646명으로 가장 낮은 통계 수치를 보였다.

④ 2019 ~ 2021년의 수출액에서 가장 큰 비중을 차지한 분야는 게임 산업이며, 다음으로 지식정보 산업이 뒤를 잇고 있다.

⑤ 2019년 캐릭터 산업의 매출액 비중은 $\frac{5.36}{67.08}\times 100 \fallingdotseq 7.99(\%)$이고, 2020년 캐릭터 산업의 매출액 비중은 $\frac{5.90}{73.32}\times 100 \fallingdotseq 8.05(\%)$이다.

06

| 정답 | ④

| 해설 | 문화콘텐츠 산업의 분야별 전년 대비 2021년 매출액 증가율을 계산하면 다음과 같다.

- 출판 : 변화 없음(0%).
- 만화 : $\frac{0.75-0.74}{0.74}\times 100 \fallingdotseq 1.4(\%)$
- 음악 : $\frac{3.82-2.96}{2.96}\times 100 \fallingdotseq 29.1(\%)$
- 게임 : $\frac{8.80-7.43}{7.43}\times 100 \fallingdotseq 18.4(\%)$
- 영화 : $\frac{3.77-3.43}{3.43}\times 100 \fallingdotseq 9.9(\%)$
- 애니메이션 : $\frac{0.53-0.51}{0.51}\times 100 \fallingdotseq 3.9(\%)$
- 방송(영상) : $\frac{12.75-11.18}{11.18}\times 100 \fallingdotseq 14.0(\%)$
- 광고 : $\frac{12.17-10.32}{10.32}\times 100 \fallingdotseq 17.9(\%)$
- 캐릭터 : $\frac{7.21-5.90}{5.90}\times 100 \fallingdotseq 22.2(\%)$
- 지식정보 : $\frac{9.05-7.24}{7.24}\times 100 = 25(\%)$
- 콘텐츠솔루션 : $\frac{2.87-2.36}{2.36}\times 100 \fallingdotseq 21.6(\%)$

따라서 두 자릿수 이상의 증가율을 보이는 산업은 음악, 게임, 방송(영상), 광고, 캐릭터, 지식정보, 콘텐츠솔루션으로 총 7개 부문이다.

07

| 정답 | ④

| 해설 | 보유 부품 현황을 감안한 팀별 필요 부품과 비용을 계산하면 다음과 같다.

- CS 1팀 : 앞바퀴 1개, 뒷바퀴 2개
  최소발주수량에 의해 22,000×20+23,000×20 =900,000(원)
- CS 2팀 : 지팡이 완제품 2개
  최소발주수량에 의해 34,000×30=1,020,000(원)
- CS 3팀 : 배터리 장치 3개
  최소발주수량에 의해 54,000×5=270,000(원)
- CS 4팀 : 브레이크 부품 1개, 핸들용품 2개
  최소발주수량에 제한이 없으므로 86,000+(47,000×2) =180,000(원)

따라서 총 구입비용은 2,370,000원이 된다.

08

| 정답 | ③

| 해설 | CS 3팀에서는 전동 휠체어 배터리 장치가 총 4개 필요한데 창고 보유 수량이 1개이므로 3개가 추가로 필요하다.

| 오답풀이 |

① 앞바퀴는 필요수량 3개 중 2개를 보유하고 있으므로 1개가 추가로 필요하다.

② 지팡이 완제품은 필요수량 4개 중 2개를 보유하고 있으므로 2개가 추가로 필요하다.

④ 브레이크 부품은 필요수량 3개 중 2개를 보유하고 있으므로 1개가 추가로 필요하다.

⑤ 핸들용품은 필요수량 5개 중 3개를 보유하고 있으므로 2개가 추가로 필요하다.

09

| 정답 | ②

| 해설 | 부품 발주일과 납기일, 작업 소요일을 감안하여 각 팀별로 작업이 완료되는 날을 정리하면 다음과 같다.

구분	발주일	납기일	작업 소요일	작업 완료일
CS 1팀	7월 2일	+6일	+3일	7월 11일
CS 2팀	7월 5일	+7일	+1일	7월 13일
CS 3팀	7월 3일	+4일	+5일	7월 12일
CS 4팀	7월 7일	+3일	+7일	7월 17일

따라서 CS 1팀－3팀－2팀－4팀의 순으로 작업이 완료된다.

10

| 정답 | ③

| 해설 | A/S 요청된 휠체어 바퀴를 수리하고 난 다음 남은 바퀴는 앞바퀴가 19개, 뒷바퀴가 18개이다. 따라서 A/S 요청 처리 후 남은 바퀴의 수는 19+18=37(개)이다.

11

| 정답 | ①

| 해설 | 순서를 생각하지 않고 뽑으므로 조합을 사용한다.

$$_6C_2=\frac{6\times5}{2\times1}=15$$

따라서 가능한 경우의 수는 15가지이다.

12

| 정답 | ④

| 해설 | A와 B가 이동한 시간을 t시간이라고 한다면

- A의 이동 거리 : $3t$
- B의 이동 거리 : $5t$

두 사람이 이동한 거리의 합은 16km이므로

$16=8t$

$\therefore\ t=2$(시간)

따라서 두 사람이 이동한 시간은 2시간이고 A의 이동 거리는 3×2=6(km), B의 이동 거리는 5×2=10(km)이고 두 사람이 이동한 거리의 차이는 10−6=4(km)이다.

13

| 정답 | ④

| 해설 | 인터넷 사이트 접속 시간을 x초, 파일 다운로드 시간을 y초라 하고 식을 세우면 다음과 같다.

$x+y=75$ ………………………… ㉠

$y=4x$ ………………………… ㉡

두 식을 연립해서 풀면,

$5x=75 \quad x=15,\ y=60$

따라서 다운로드 속도는 초당 600KB이므로 A가 다운받은 파일의 크기는 60×600=36,000(KB)이다.

14

| 정답 | ④

| 해설 | 적어도 1명의 대리가 포함되어 있을 확률은 전체인 1에서 2명 모두 대리가 아닐 확률을 뺀 것과 같다.

2개의 종이를 차례로 꺼냈을 때 2명 모두 대리가 아닐 확률은 $\frac{4}{7}\times\frac{3}{6}\times\frac{2}{7}$이므로 적어도 1명의 대리가 포함되어 있을 확률은 $1-\frac{2}{7}=\frac{5}{7}$가 된다.

15

| 정답 | ④

| 해설 | 작년 A 공장의 컴퓨터 생산량을 x대, B 공장의 컴퓨터 생산량을 y대라 하면 다음 두 식이 성립한다.

$x+y=2,500$ ………………………… ㉠

$0.1x : 0.2y=1:3 \rightarrow y=1.5x$ ………… ㉡

㉡을 ㉠에 대입하여 계산하면

$x=1,000$(대), $y=1,500$(대)임을 알 수 있다.

따라서 작년 A 공장의 컴퓨터 생산량은 1,000대이므로 올해의 생산량은 $1,000\times\frac{110}{100}=1,100$(대)가 된다.

16

| 정답 | ③

| 해설 | A 제품의 원가를 x원, 정가를 y원, 할인판매 가격을 z원이라 하면

$y=1.1x$ ………………………… ㉠

$z=y-2,000$ ………………………… ㉡

$z-x=1,000$ ………………………… ㉢

이 연립방정식을 계산하면 다음과 같다.

$z-1.1x=-2,000$ ………………………… ㉣

$0.1x=3,000 \quad x=30,000$

따라서 A 제품의 원가는 30,000원이고, 할인판매 가격은 30,000+1,000=31,000(원)이다.

17

| 정답 | ③

| 해설 | 5%의 소금물은 xg, 10%의 소금물은 yg이라 할 때,

$x+y=500$ ………………………… ㉠

$\frac{5}{100}x+\frac{10}{100}y=\frac{7}{100}\times 500$

$5x+10y=3,500$ ………………………… ㉡

㉠, ㉡을 연립하여 풀면,

$x=300$(g), $y=200$(g)

따라서 10%의 소금물 200g을 더하면 된다.

18

| 정답 | ②

| 해설 | 유정이는 15일간 일을 했으므로 유정이가 일한 양은 $\frac{1}{A}\times 15=\frac{15}{A}$이며 세영이가 일한 양은 전체에서 유정이가 일한 만큼을 뺀 $1-\frac{15}{A}=\frac{A-15}{A}$가 된다. 따라서 세영이가 일한 날이 $\frac{A-15}{A}\div\frac{1}{B}=\frac{B(A-15)}{A}$(일)이므로 일을 하지 않은 날은 $15-\frac{B(A-15)}{A}$(일)이다.

19

| 정답 | ①

| 해설 | 현재 최 대리의 나이를 x살이라 하면, 김 부장의 나이는 $(x+12)$살이 된다. 주어진 조건을 식으로 정리하면 다음과 같다.

$3(x-4)=2(x+12-4)$

$3x-12=2x+16 \qquad x=28$

따라서 현재 최 대리의 나이는 28살이다.

20

| 정답 | ④

| 해설 | n명을 원형 탁자에 앉히는 경우의 수는 $(n-1)!$가 지인데, 회의를 위해 모인 6명 중 A와 B가 서로 이웃하는 경우이므로 이 둘을 한 명으로 묶어서 5명의 자리를 배열해야 한다. 또한 서로 이웃한 A와 B 간의 순서가 2가지로 존재하므로 모든 경우의 수는 $(5-1)! \times 2=48$(가지)이다.

2회 도식추리

문제 97쪽

01	②	02	⑤	03	④	04	②	05	④
06	①	07	③	08	④	09	②	10	③
11	③	12	③	13	④	14	①	15	③

01

| 정답 | ②

| 해설 | ㅑㅛㅡㅖㅔ열과 ㅗㅘㅒㅟㅢ열의 변화과정을 보면 ☆이 공통으로 포함되어 있고, 변화과정을 거쳐 주어진 문자에서 한 문자씩 줄어들어 있으므로 ☆은 문자 한 개가 삭제되는 의미의 암호임을 유추할 수 있다. 그런데 ㅠㅏㅛㅓ ➡ ㅏㅛ의 변화과정에서 맨 앞자리 문자인 ㅠ와 맨 뒷자리 문자인 ㅓ가 삭제된 것을 통해, ♧ 또한 문자 한 개를 삭제하라는 의미를 지녔을 것이라 생각해볼 수 있는데, ♧가 공통으로 들어간 ㅝㅠㅑㅗ ➡ ㅑㅠㅝ의 변화과정에서 맨 뒷자리 문자인 ㅗ가 삭제된 것으로 보아 ♧은 맨 뒷자리 문자, ☆은 맨 앞자리 문자를 삭제하라는 의미임을 유추해 볼 수 있다.

이를 통해 다시 ㅑㅛㅡㅖㅔ ➡ ㅖㅡㅑㅛ의 변화과정을 보면, ㅖㅡㅑㅛ가 ☆을 거치기 전에는 ㅔㅖㅡㅑㅛ이고, 맨 앞의 문자 2개의 위치가 바뀐 다음에 문자의 정렬 순서가 역순으로 바뀌었다는 것을 알 수 있다. 따라서 먼저 나온 ◇가 맨 앞의 문자 2개의 위치를 바꾸는 암호, 뒤에 이어지는 ◎가 문자의 정렬 순서를 역순으로 바꾸는 암호가 된다. 그리고 마지막으로 ▽를 확인하기 위해 ㅒㅙㅓㅕ열에서 ㅒㅕㅙㅓ를 역순으로 보면, ㅕㅒㅙㅓ ➡ ◇ ➡ ㅒㅕㅙㅓ이므로, ㅒㅙㅓㅕ에서 ㅕㅒㅙㅓ가 되기 위한 암호인 ▽는 맨 뒷자리 문자를 맨 앞으로 보내는(문자열 한 칸씩 뒤로 밀기) 암호임을 알 수 있다.

- ♧ : 맨 뒷자리 문자 삭제하기
- ☆ : 맨 앞자리 문자 삭제하기
- ▽ : 맨 뒷자리 문자를 맨 앞으로 보내기(문자열 한 칸씩 뒤로 밀기)
- ◇ : 맨 앞의 문자 2개 위치 바꾸기
- ◎ : 문자의 정렬 순서 역순으로 바꾸기

따라서 문제에서는 ◎에 따라 문자의 정렬 순서를 역순으로 바꾸고, ▽에 따라 맨 뒷자리 문자를 맨 앞으로 보내면 된다.

ㅒㅑㅜㅞㅛ ➡ ◎ ➡ ㅛㅞㅜㅑㅒ ➡ ▽ ➡ ㅒㅛㅞㅜㅑ

02

| 정답 | ⑤

| 해설 | ☆에 따라 맨 앞자리의 문자를 삭제하고, ◇에 따라 맨 앞의 문자 2개의 위치를 바꾸며, ♧에 따라 맨 뒷자리의 문자를 삭제한다.

ㅑㅕㅜㅠㅖㅔ ➡ ☆ ➡ ㅕㅜㅠㅖㅔ ➡ ◇ ➡ ㅜㅕㅠㅖㅔ ➡ ♧ ➡ ㅜㅕㅠㅖ

03

| 정답 | ④

| 해설 | ◇에 따라 맨 앞의 문자 2개 위치를 바꾸면 ㅒㅣㅗㅟ가 되고, ㅒㅣㅗㅟ가 ㅒㅟㅗㅣ로 변화하는 과정에서 맨 앞자리 문자를 제외한 나머지 문자의 순서가 역순으로 바뀌었으므로 ◎이 먼저 들어가며, 맨 앞자리에는 ㅒ가 와야 하므로 맨 뒷자리 문자를 맨 앞으로 보내는 ▽가 필요하다.

ㅣㅒㅗㅟ ➡ ◇ ➡ ㅒㅣㅗㅟ ➡ ◎ ➡ ㅟㅗㅣㅒ ➡ ▽ ➡ ㅒㅟㅗㅣ

04

| 정답 | ②

| 해설 | 우선 두 번째 가로열의 ▽➡□ 변화와 두 번째 세로열의 △➡□ 변화를 보면, 모두 바깥에 있던 삼각형이 사각형으로 바뀌었고, 이 두 열에는 공통으로 ☆이 들어가 있으므로, ☆은 바깥의 도형을 사각형으로 바꾸는 기호임을 알 수 있다. 이를 두 번째 세로열에 적용시키면 처음 도형과 마지막 도형의 색깔이 서로 바뀌는 것으로 보아 ♡은 색 반전 기호임을 유추할 수 있다.

♡색 반전 기호를 첫 번째 가로열에 역으로 적용시키면 ⦶는 반시계 방향으로 90° 회전하는 기호임을 알 수 있다. 이를 토대로 나머지 규칙을 함께 정리하면 다음과 같다.

1. ⦶ : 반시계방향으로 90° 회전
2. ♡ : 색 반전(흑 ↔ 백)
3. ◘ : 180° 회전(원점 대칭)
4. ☆ : 가장 바깥의 도형을 사각형으로 바꿈.
5. ◎ : 좌우대칭(Y축 대칭)

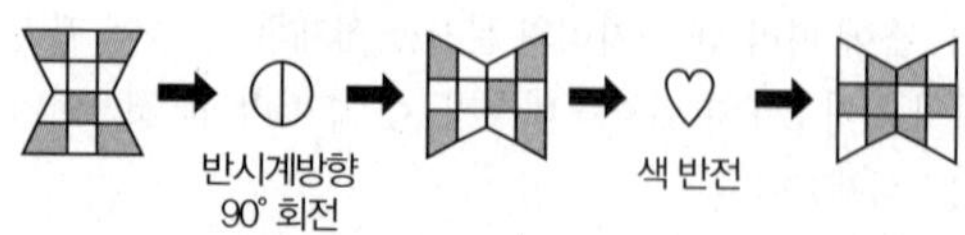

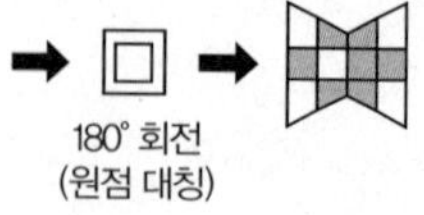

05

| 정답 | ④

| 해설 | **04**의 해설을 참고하면 다음과 같다.

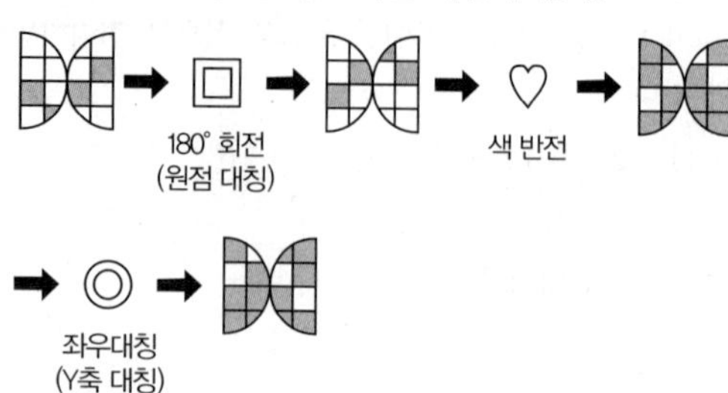

06

| 정답 | ①

| 해설 | **04**의 해설을 참고하면 다음과 같다.

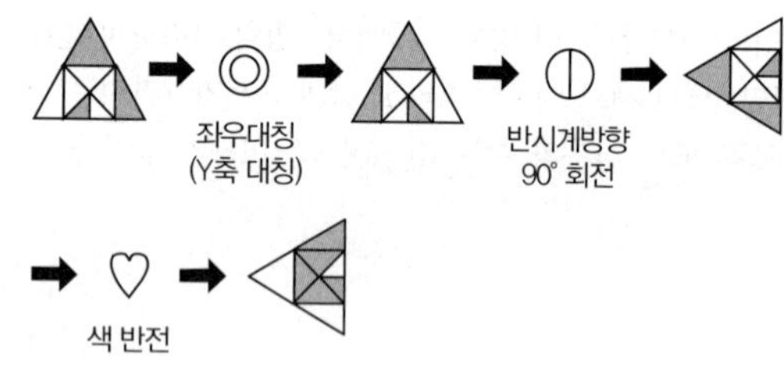

07

| 정답 | ③

| 해설 | ㄷㅅㄹ 열과 ㅇㄴㅂㅅ 열에는 ◇가 공통적으로 들어가는데, 변화과정 이후 맨 앞자리 문자 ㄷ과 맨 뒷자리 문자 ㅅ이 하나씩 더 붙으므로 ◇는 맨 앞자리 또는 맨 뒷자리 문자를 하나 더 추가하는 암호임을 생각해 볼 수 있다. 그런데 ㅇㄴㅂㅅ열에서 ◇의 이전과 이후에 ✚를 거친 후 ㅅ이 하나 더 추가된 것 외에는 변화가 없는 것으로 보아 ✚는 문자의 정렬 순서를 바꾸는 암호, 즉 문자의 정렬 순서를 역순으로 바꾸는 암호임을 유추할 수 있으며, 이에 ◇는 맨 앞자리 문자를 하나 더 추가하는 암호가 된다(ㅇㄴㅂㅅ ➡ ✚ ➡ ㅅㅂㄴㅇ ➡ ◇ ➡ ㅅㅅㅂㄴㅇ ➡ ✚ ➡ ㅇㄴㅂㅅㅅ).

이에 따라 ㅍㅍㅊ ➡ ✚ ➡ ㅊㅍㅍ ➡ △ ➡ ㅍㅊㅍ에

의해 △는 맨 뒷자리 문자를 맨 앞으로 보내거나 맨 앞 문자 2개의 위치를 바꾸는 암호임을 유추할 수 있고, ㅁㅈㄱ ➡ ✚ ➡ ㄱㅈㅁ ➡ □ ➡ ✚ ➡ ㄱㅁㅈ은 ㅈㅁㄱ ➡ ✚ ➡ ㄱㅁㅈ에 의해 ㄱㅈㅁ ➡ □ ➡ ㅈㅁㄱ이 되므로 □는 맨 앞자리 문자를 맨 뒤로 보내는 암호임을 알 수 있다.

이를 ㄷㅅㄹ열에 적용해보면, ㄷㅅㄹ ➡ ◇ ➡ ㄷㄷㅅㄹ ➡ ☆ ➡ △ ➡ ㅅㄷㄷ에서 ㄷㄷㅅ ➡ △ ➡ ㅅㄷㄷ 또는 ㄷㅅㄷ ➡ △ ➡ ㅅㄷㄷ가 되는데, ㄷㄷㅅㄹ ➡ ☆ ➡ ㄷㄷㅅ의 경우 ☆은 맨 뒷자리 문자를 삭제하는 암호로 가능하나 ㄷㄷㅅㄹ ➡ ☆ ➡ ㄷㅅㄷ는 불가능하다. 따라서 △는 맨 뒷자리 문자를 맨 앞으로 보내는 암호, ☆은 맨 뒷자리 문자를 삭제하는 암호가 된다.

1. ◇ : 맨 앞자리 문자 하나 더 추가하기
2. ✚ : 문자의 정렬 순서 역순으로 바꾸기
3. △ : 맨 뒷자리 문자 맨 앞으로 보내기
4. □ : 맨 앞자리 문자 맨 뒤로 보내기
5. ☆ : 맨 뒷자리 문자 삭제하기

따라서 문제에서는 ☆에 의해 맨 뒷자리 문자 ㄴ을 삭제한 후, □에 의해 맨 앞자리 문자 ㅊ을 맨 뒤로 보낸다.

ㅊㅂㅁㄴ ➡ ☆ ➡ ㅊㅂㅁ ➡ □ ➡ ㅂㅁㅊ

08

| 정답 | ④

| 해설 | **07**의 해설을 참고하여 △에 의해 맨 뒷자리 문자 ㅁ을 맨 앞으로 보낸 후 ✚에 의해 문자의 정렬 순서를 역순으로 바꾸어준다.

ㄷㄹㅇㅁ ➡ △ ➡ ㅁㄷㄹㅇ ➡ ✚ ➡ ㅇㄹㄷㅁ

09

| 정답 | ②

| 해설 | **07**의 해설을 참고하여 △에 의해 맨 뒷자리 문자 ㅈ을 맨 앞으로 보내고, ☆에 의해 맨 뒷자리 문자 ㅁ을 삭제한 후, ◇에 의해 맨 앞자리 문자 ㅈ을 하나 더 붙여준다.

ㅍㄹㅁㅈ ➡ △ ➡ ㅈㅍㄹㅁ ➡ ☆ ➡ ㅈㅍㄹ ➡ ◇➡ ㅈㅈㅍㄹ

10

| 정답 | ③

| 해설 | **07**의 해설을 참고하여 우선 ✚을 적용하면 ㅋㄱㅇㅎㅂ ➡ ✚ ➡ ㅂㅎㅇㄱㅋ가 되고, ㅂㅎㅇㄱㅋ ➡ (　) ➡ ㅂㅎㅇㄱㅋㅂ가 되는데 빈칸에 의해 문자 ㅂ이 하나 더 추가되었으므로 맨 앞자리 문자를 하나 더 추가하는 암호인 ◇가 들어가는 것을 알 수 있다. 그런데 앞자리에 있어야할 ㅂ이 맨 뒤에 위치해 있는 것으로 보아, 맨 앞자리 문자를 맨 뒤로 보내는 암호 □이 이어서 적용되어야 한다.

ㅋㄱㅇㅎㅂ ➡ ✚ ➡ ㅂㅎㅇㄱㅋ ➡ ◇ ➡ ㅂㅂㅎㅇㄱㅋ ➡ □ ➡ ㅂㅎㅇㄱㅋ

11

| 정답 | ③

| 해설 | ROSE열과 LESP열의 변화과정을 보면 ✜가 공통으로 들어가 있다. 처음의 ROSE와 LESP에서 각각 O와 S가 하나씩 더 생긴 것으로 보아 ✜ 암호는 두 번째 문자 혹은 세 번째 문자가 하나씩 더 추가된다는 의미임을 유추할 수 있다. 그런데 LESP 열에서 L이 삭제된 것을 통해 ▼는 첫 번째 문자를 삭제하라는 의미를 지녔을 가능성을 파악할 수 있다. 여기서 LESP ➡ ▼ ➡ ESP ➡ ✜ ➡ ESSP가 되어 ▼는 첫 번째 문자 삭제, ✜는 두 번째 문자를 하나 더 추가하라는 암호로 정리할 수 있다. 따라서 ROSE ➡ ✜ ➡ ROOSE ➡ ● ➡ ROOES에서 ●는 끝에 있는 문자 2개의 순서를 바꾸라는 암호로 추론할 수 있으며, 앞에서 파악된 ●과 ✜를 NDSL 열에 적용하면 NDSL ➡ ● ➡ NDLS ➡ ⬠ ➡ NDS ➡ ✜ ➡ NDDS가 되어, ⬠는 세 번째 문자를 삭제하라는 암호가 된다. 또한 ✜와 ▼를 HKGS 열에 적용하면 HKGS ➡ ✜ ➡ HKKGS ➡ □ ➡ KKGSH ➡ ▼ ➡ KGSH가 되어, □는 첫 번째 문자를 맨 뒤로 보내라는 암호임을 알 수 있다.

1. ✜ : 두 번째 문자 하나 더 추가하기
2. ▼ : 첫 번째 문자 삭제하기
3. ● : 마지막 문자를 바로 앞의 문자와 바꾸기
4. ⬠ : 세 번째 문자 삭제하기
5. □ : 첫 번째 문자 맨 뒤로 보내기

따라서 문제에서는 ⬠에 의해 세 번째 문자 M을 삭제하고, ✚에 의해 두 번째 문자 H를 하나 더 추가한 뒤, ▼에 의해 첫 번째 문자 D를 삭제한다.

DHMK ➡ ⬠ ➡ DHK ➡ ✚ ➡ DHHK ➡ ▼ ➡ HHK

12

| 정답 | ③

| 해설 | **11**의 해설을 참고하여 ▼에 의해 첫 번째 문자 K를 삭제하고, □에 의해 첫 번째 문자 O를 맨 뒤에 보낸 다음, ●에 의해 맨 뒷자리 문자 A와 O의 위치를 바꾸고, ⬠에 의해 세 번째 문자 O를 삭제한다.

KOREA ➡ ▼ ➡ OREA ➡ □ ➡ REAO ➡ ● ➡ REOA ➡ ⬠ ➡ REA

13

| 정답 | ④

| 해설 | **11**의 해설을 참고하여 UUPRES를 역행으로 살펴보면 SUUPRE ➡ □ ➡ UUPRES, SUUPER ➡ ● ➡ SUUPRE이므로, SUPER ➡ (　　) ➡ SUUPER가 된다. 따라서 SUPER가 SUUPER가 되기 위해서는 두 번째 문자 U를 하나 더 추가하라는 암호인 ✚가 들어가야 한다.

SUPER ➡ ✚ ➡ SUUPER ➡ ● ➡ SUUPRE ➡ □ ➡ UUPRES

14

| 정답 | ①

| 해설 | 조건에서 주어진 각 기호가 나타내는 변화의 규칙은 다음과 같다.

1. ⊙ : 각 도형을 색 반전(흑↔백)
2. ♡ : 각 도형을 180° 회전(원점 대칭)
3. ⋈ : 각 도형을 시계방향으로 90° 회전
4. ☆ : 각 도형을 상하대칭(X축 대칭)

따라서 문제의 과정을 거친 결과는 다음과 같다.

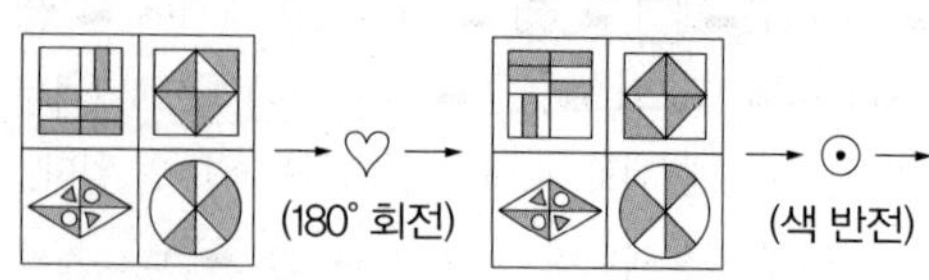

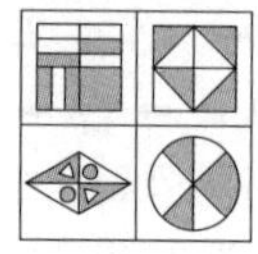

15

| 정답 | ③

| 해설 | 문제의 과정을 거친 결과는 다음과 같다.

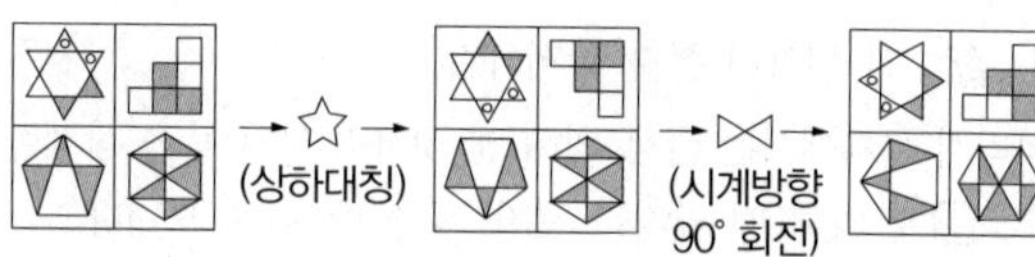

3회 기출예상문제

3회 언어

문제 106쪽

01	④	02	②	03	①	04	⑤	05	④
06	①	07	③	08	④	09	②	10	④
11	②	12	①	13	③	14	③	15	③
16	②	17	②	18	③	19	③	20	③

01

| 정답 | ④

| 해설 | 제시된 글은 기후 변화의 원인이 인간의 활동으로 인한 온실가스가 아닌 태양 표면의 폭발이나 흑점의 변화와 같은 태양의 활동이라고 밝히고 있다. 따라서 ④가 주제로 가장 적절하다.

02

| 정답 | ②

| 해설 | 제시된 글은 이웃이 전보다 인접해 있으나 가까이 사귀지 못하는 도시의 생활 모습에 대하여 설명하고 있다. 따라서 글의 중심내용이 되는 ㉠에는 이로 인한 도시 생활의 문제점인 '가구의 고립화'가 들어가는 것이 적절하다.

| 오답풀이 |

⑤ 도시가 전통적 이웃 형태에 비해 더 가깝고, 더 많은 이웃을 갖게 되었다고 언급하였을 뿐 전반적인 내용은 가구의 고립화에 초점이 맞추어져 있다.

03

| 정답 | ①

| 해설 | '무엇'을 따지고 의심스럽게 보고 검토하여야 하는지가 빠졌으므로 본문에서 설명하고 있는 성분 실종에 해당한다.

| 오답풀이 |

② 문장 호응이 잘못 이루어지고 있다. '성역 없는 수사를 한다고 해서'와 어우러지려면 '수사 결과를 두고 볼 일이 아니다' 혹은 '수사 결과를 두고 볼 일은 아니다'로 바꿔야 적절하다.

③ '접수(신청이나 신고 따위를 구두나 문서로 받음)'는 받는 입장에서 쓸 수 있고 '제출(문안이나 의견, 법안 따위를 냄)'은 내는 입장에서 사용할 수 있는 단어다. 주체가 '응시하실 분들'이기 때문에 '접수'가 아니라 '제출'이 적절하다.

④ '다솜이의 여름방학 숙제로 제출한'은 '그림'을 꾸미는 관형절인데 누가 제출했는지를 명확히 하기 위해서 '다솜이의'를 '다솜이가'로 바꾸는 것이 적절하다.

⑤ 재원이와 철현이가 따로 갔는지 함께 갔는지 정확히 알 수 없으므로 중의문에 해당한다.

04

| 정답 | ⑤

| 해설 | 빈칸은 전체 내용의 결론에 해당되는 부분이므로, 글의 흐름을 통해 결론을 찾아내야 한다. 먼저 첫 번째 문단은 죽음의 편재성에 대해 설명하면서 우리는 보통 그것을 회피대상으로 인식하고 있다는 결론을 내린다. 그러나 역접 접속어인 '그런데'로 시작하는 두 번째 문단은 첫 번째 문단과 달리 죽음의 공포를 무릅쓰는 스카이다이버들을 사례로 들어 죽음의 공포가 반드시 회피대상은 아니라는 것을 설명한다. 이를 통해 빈칸에는 죽음의 편재성이 죽음의 공포를 불러일으킨다고 하여 그것을 반드시 회피대상이라고 볼 수 없다는 결론을 이끌어 낼 수 있다. 따라서 ⑤가 가장 적절하다.

05

| 정답 | ④

| 해설 | 빈칸의 앞뒤 문장인 '겉으로는 동작이 거의 없는 듯하면서도 그 속에 잠겨 흐르는 미묘한 움직임이 있다는 것이다'와 '가장 간소한 형태로 가장 많은 의미를 담아내고 ~'

를 통해, 빈칸에 들어갈 내용은 간결한 동작의 춤인 정중동에 대한 설명이라는 것을 알 수 있다. 따라서 ④가 가장 적절하다.

06

| 정답 | ①

| 해설 | 실학은 근대를 준비하는 시기의 사상이며, 근대정신의 내재적인 태반 역할을 하였다고 글에서 밝히고 있으므로 ①의 질문은 적절하지 않다.

| 오답풀이 |

② 실학의 봉건적 가치에 대한 비판의 기조가 유교적인 중국 고대 사상에 있다고 하였으므로 이 둘의 일맥상통하는 사항에 대해 심층적인 질문을 제기할 수 있다.

③ 서양의 문예부흥이 봉건적 가치를 완전히 척결하였다는 내용에 대해 구체적인 예와 근거를 물음으로써 의문을 제기할 수 있다.

④ 근대정신은 반(反)봉건의 특징을 가지므로 동양과 서양에 있어 봉건사회를 규정짓는 관점의 차이에 대한 의문을 제기할 수 있다.

⑤ 근대의 정의와 그 기준이 과연 정확한 것인지, 또 다른 시각은 없는지에 대해 의문을 제기할 수 있다.

07

| 정답 | ③

| 해설 | 정상 초파리는 약물 B의 존재 유무와 상관없이 위로 올라가는 성질을 보이고, 약물 B를 넣은 배양기에서는 유전자 A가 돌연변이인 초파리가 위로 올라가지 못하며, 약물 B를 넣지 않은 배양기에서는 위로 올라가는 운동성을 보였다고 하였다. 따라서 유전자 A가 돌연변이인 초파리는 약물 B를 섭취하면 파킨슨병에 걸린다는 것을 알 수 있다.

| 오답풀이 |

① 돌연변이 유전자 A가 약물 B를 섭취할 경우에는 파킨슨병에 걸리나, 정상 초파리의 경우는 약물 B를 섭취해도 파킨슨병에 걸리지 않는다. 그러나 파킨슨병에 걸리지 않았다고 해도 약물 B의 섭취로 인해 유전자 A가 돌연변이로 변할지는 제시된 글만으로 알 수 없다.

② 약물 B가 들어 있는 배양기의 정상 초파리는 물리적 자극에 의해 위로 올라가는 성질을 보였으므로 옳지 않다.

④ 파킨슨병에 걸린 초파리가 운동성이 결여된 것이지, 운동성이 결여된 모든 초파리가 파킨슨병에 걸린 것이라고는 볼 수 없다.

⑤ 약물 B를 섭취한 정상 초파리는 위로 올라갔으나 약물 B를 섭취한 돌연변이 초파리는 위로 올라가지 못했으므로 옳지 않다.

08

| 정답 | ④

| 해설 | 제시된 글에 의하면 경험론자들은 정신에 타고난 관념 또는 선험적 지식이 있다는 것을 부정하고 모든 지식은 감각적 경험과 학습을 통해 형성된다고 보았으므로 생물학적 진화보다는 학습을 중요시하였음을 알 수 있다.

| 오답풀이 |

① 학습과 생물학적 진화 간의 우월성을 비교하는 내용은 나타나 있지 않다.

② 진화된 대부분의 동물들에게 학습 능력이 존재한다고 하였다.

③ 인간 사회의 변화는 생물학적 진화보다는 문화적 진화에 의한 것이라고 하였다.

⑤ 인간과 동물 모두 생물학적 진화와 학습이라는 두 가지 주요한 방식으로 환경에 적응한다고 하였다.

09

| 정답 | ②

| 해설 | 활의 사거리와 관통력을 결정하는 것은 복원력으로, 복원력은 물리학적 에너지 전환 과정, 즉 위치 에너지가 운동 에너지로 전환되는 힘이라 볼 수 있다.

| 오답풀이 |

① 고려 시대 때 한 가지 재료만으로 활을 제작했는지는 알 수 없다.

③ 활대가 많이 휘면 휠수록 복원력이 커지는 것은 맞지만 그로 인해 가격이 비싸지는 것은 제시된 글을 통해 추론할 수 없다.

④ 다양한 재료의 조합으로 만들어진 각궁이 탄력이 좋아서 시위를 풀었을 때 활이 반대 방향으로 굽는 것이 맞지만 이는 탄력이 좋아서 생긴 현상일 뿐이다.

⑤ 시위를 당길 때 발생하는 것은 위치 에너지이다.

10

| 정답 | ④

| 해설 | 제시된 글은 김치의 향신료인 고추의 역사에 대한 내용으로, 먼저 고추가 생각만큼 오랜 역사를 지니지 않고 있음을 언급하는 (다)가 첫 문장으로 오고, 고추가 어떻게 전래되어 김치에 쓰이게 되었는지를 설명하는 (가)가 그 뒤에 올 수 있다. 그리고 조선 전기의 향신료에 대해 설명하면서, 19세기에 고추가 향신료로서 우위를 차지하게 되어 다른 향신료들의 대우나 쓰임이 변하게 되었다는 내용의 (마)－(나)－(라)가 순서대로 연결되는 것이 자연스럽다. 따라서 (다)－(가)－(마)－(나)－(라) 순이 적절하다.

11

| 정답 | ②

| 해설 | 선택지에 따라 가장 앞에 제시된 (나)와 (다)를 살펴보면, (다)의 1960년대 이후 급속한 근대화에 따라 농촌에서 도시로 이주하는 사람이 급격히 증가하였다는 것은 (나)에 제시된 한국 사회의 근대화 과정에 대한 내용이므로 (다)가 (나)의 뒤에 오는 것이 적절하다. 이어서 (마)에서는 (다)에 설명된 과정 속에서 가족주의가 강조되었음을 언급하고, 그 이유에 대해 (가)에서는 가족이 매우 중요한 역할을 담당했기 때문이며, (라)에서는 가족이 담당한 중요한 역할이 노동력의 재생산 비용이라고 부연 설명하고 있다. 따라서 (나)－(다)－(마)－(가)－(라) 순이 적절하다.

12

| 정답 | ①

| 해설 | 빈칸 이후 문장에서 '소득 불평등 해소를 위한 구체적 정책 방향을 모색해야 한다'고 하였으므로 빈칸이 포함된 문장에서는 구체적이지 않은 이해 수준에서 벗어나야 한다고 언급하는 것이 가장 매끄럽다. 따라서 '구체적'과 가장 반대되는 뜻인 '관념적'이 가장 적절하다.

13

| 정답 | ③

| 해설 | 제시된 글은 지속가능한 노동시장의 경쟁력과 고용가능성을 갖추는 것은 개인뿐 아니라 국가 차원에서도 중요한 문제로 대두되고 있다고 설명하면서, 이를 위해 국가 차원에서 체계적인 정책 수립이 필요하다고 언급하고 있다. 또한 전 생애에 걸쳐 지속가능한 경력개발과 고용가능성 함양을 위해 정책적 지원이 요구되고 있다고 주장하고 있으므로, '생애경력개발을 위한 정책 지원의 필요성'이 글의 제목으로 가장 적절하다.

| 오답풀이 |

① 미시적 관점이 아닌 거시적 관점에서 바라보고 있다.

② 지속가능 성장을 위해 국가 차원에서 체계적으로 정책을 수립해야 한다고 하였으므로 적절하지 않다.

④ 청소년의 경우 4차 산업혁명에 따른 변화에 대비할 수 있는 방안을 마련해야 한다는 내용이 제시되어 있지만, 4차 산업혁명으로 인한 고용시장의 변화와 전망이 글 전체의 핵심 내용은 아니므로 적절하지 않다.

⑤ 생산가능인구 감소 시대의 경제성장과 노동시장에 대한 내용은 언급되지 않았으므로 적절하지 않다.

14

| 정답 | ③

| 해설 | 문제의 복잡성이 제한된 수준을 넘어서면 지도들은 혼자서 문제를 해결하지 못하고, 무의식 속 지도는 뒤로 물러나 느낌이 나선다고 서술하고 있다. 따라서 신경 지도들이 연합한다는 설명은 적절하지 않다.

| 오답풀이 |

① 다양한 신체 기관을 표상하는 지도가 필요하다고 하였고, 이 지도를 신경 지도라고 칭하였으므로 뇌가 신체 기능을 조율하기 위해서는 신경 지도가 필요함을 알 수 있다.

② 뇌가 의식적인 느낌의 도움 없이 신경 지도를 통해 생명 현상을 조율하고 생리적 과정을 실행할 수 있다는 주장은 부분적으로만 옳다고 하였다.

④ 뇌가 생명이 의존하고 있는 수많은 신체 기능을 조율하기 위해서는 다양한 신체 기관을 표상하는 지도가 필요하다고 하였다. 이는 뇌가 신체 각 부분에서 발생하고 있는 현상들을 알아야 생명 조절 기능이 원활히 수행될 수 있음을 의미한다.

⑤ 지도들은 문제의 복합성이 어느 정도를 넘어서면 혼자서 문제를 해결하지 못한다고 하였다.

15

| 정답 | ③

| 해설 | 제시된 글에서는 관객은 영화가 현실의 복잡성을 똑같이 모방하기를 원하지 않고, 영화 역시 그러기 위해 애쓰지 않는다고 하였다. 즉, 사실적이라는 평가를 받는 영화란 영화적 관습에 의해 관객들이 영화 속 내용을 현실처럼 보는 데에 동의했기 때문이지 현실을 그대로 모방해서가 아님을 알 수 있다.

16

| 정답 | ②

| 해설 | 상민은 독자적인 신분 결정 요인으로 구별된 것이 아니라 양인 중에서 다른 계층을 제하고 남은 사람들을 가리키는 말이었음을 서술하고 있다.

| 오답풀이 |

① 양인 남자에게만 부과되는 국역 성격의 역과 달리 천인에게는 남녀 모두에게 징벌 의미의 신역이 부과된 것으로 보아, 천인에게 역에 대한 부담이 더 컸음을 알 수 있다.

③, ④, ⑤ 상민은 법적으로 양반과 동등한 권리를 가지고 있었고 관학의 교육과 과거 응시가 가능하였으나 경제력과 정치적 권력의 부족으로 인해 권리를 누리기 어려웠다.

17

| 정답 | ②

| 해설 | 두 번째 문단의 마지막 부분을 살펴보면, 국회의원의 모든 권한은 국민으로부터 나오므로 헌법 제1조 제2항에 모순되지 않는다고 서술되어 있다.

| 오답풀이 |

①, ④ ㉠은 입법 활동 시에 대표자가 국민의 뜻에 따라야 한다는 것이고, ㉡은 대표자의 소신에 따라도 된다는 것이다. 즉, ㉠과 ㉡은 입법 활동을 할 때 누구의 의사가 우선시되어야 하는가에 따라 구분된다.

③ 대표자가 그의 권한을 국민의 뜻에 따라 행사해야 한다는 말은 국민이 국회의원의 입법 활동을 직접적으로 통제한다는 말과 상통한다.

⑤ ㉡에서 국민은 대표자 선출권을 통해 간접적으로 대표자를 통제한다고 하였으므로 국민의 의견이 간과되지 않음을 알 수 있다.

18

| 정답 | ③

| 해설 | '함께 추구한다'라는 경쟁의 어원처럼 본래의 경쟁은 사회의 여러 부문에서 상생 · 상보적인 요소로 작용하였으나, 오늘날의 경쟁은 지배 이데올로기로 자리 잡아 어원과는 다른 의미로 사용되고 있음을 소개하고 있다. 따라서 '경쟁의 변모'가 주제로 가장 적절하다.

19

| 정답 | ③

| 해설 | 제시된 글은 경제 위기가 여성 노동에 미치는 영향에 관한 세 가지 가설을 통해, 각각의 가설을 경험적으로

검토하면서 세 가지 가설로는 설명될 수 없는 2가지 반례를 들어 가설의 설명력이 차별적이라 결론을 내리고 있다. 그 중 1970 ~ 1980년대 경기 침체기의 상황에서 불황의 초기 국면에서는 여성 고용이 감소하였다고 하였으므로, 경기 변동과 관계없이 여성의 경제 활동 참여가 지속적으로 증가하고 있다고 유추하기는 어렵다.

| 오답풀이 |

① 분절 가설에서 여성 고용이 경기 변화의 영향을 남성 노동과 무관하게 받는다고 했지만, 실제로는 경제 위기보다 산업별 · 규모별 · 직업별 구조적 변동이 여성 노동에 더 큰 영향을 미친다고 하였다. 이러한 변동은 여성 노동에 더 큰 영향을 미치므로 성별 직무 분리까지 포함하는 개념이라 하여 ①의 내용을 추론해 볼 수 있다.

20

| 정답 | ③

| 해설 | 〈보기〉의 내용은 신축 아파트 주변의 개발과 교통량이 원인이 되어 새 아파트의 내부 대기가 오래된 아파트보다 좋지 않다는 내용인데, 이는 오래된 아파트가 새 아파트와 같은 지역에 있을 때에는 적절한 근거가 될 수 없어 논리적으로 타당하지 못하다.

따라서 새로 지은 아파트의 내부 대기에는 오래된 아파트보다 유해물질이 더 많이 포함되어 있다는 주장을 하기 위해 공통으로 작용하는 주변의 환경적 요인이 아닌 신축 아파트 자체에 따른 오염 원인을 추가해야 한다. 그러므로 새 아파트에 들어가는 내부 벽지나 건축자재 등에서 발생하는 발암 · 오염물질을 근거로 삼은 ③을 추가하는 것이 적절하다.

3회 언어 · 수추리

문제 120쪽

01	③	02	③	03	①	04	②	05	③
06	③	07	①	08	③	09	③	10	④
11	④	12	①	13	⑤	14	③	15	②
16	②	17	③	18	②	19	④	20	③

01

| 정답 | ③

| 해설 | 다섯 번째 조건에서 (가) 선임과 팀을 이룬 사람은 1명이라고 하였는데, 두 번째 조건에서 B와 E는 같은 팀, 3번째 조건에서 (다) 선임은 C와 같은 팀, 네 번째 조건에서 D는 (가) 선임과 다른 팀이라고 하였으므로 (가) 선임과는 A가 같은 팀이다. 마지막 조건을 바탕으로 팀을 구성하면 (가)－A, (나)－B, E, (다)－C, D이다.

02

| 정답 | ③

| 해설 | 조건에서 제시하는 것은 C와 E가 다른 팀이어야 한다는 것과 A, B 또는 B, F가 반드시 같은 팀이어야 한다는 것이다. 제시된 선택지의 5개 팀은 모두 C와 E가 구분되고 있으므로 A, B 또는 B, F의 조건에 부합되는지를 살펴보면 된다.

선택지 ③의 A, E, F 조합은 'B가 속한 팀에는 A와 F 중 한 명이 반드시 속해 있어야 한다'는 조건을 충족하지 않는다.

03

| 정답 | ①

| 해설 | A의 대우는 참이므로 '운동을 싫어하는 사람은 게으르다'는 참이다. B 명제와 B의 대우를 삼단논법으로 정리하면 ①의 '긍정적이지 않은 사람은 게으르다'라는 명제가 참임을 알 수 있다.

04

| 정답 | ②

| 해설 | 다섯 개의 명제들 중 첫 번째, 두 번째, 세 번째 명제는 단순 삼단논법으로 연결되어 1호선→2호선→5호선→~3호선의 관계가 성립됨을 알 수 있다. 따라서 그 대우 명제인 3호선→~1호선(3호선을 타 본 사람은 1호선을 타 보지 않았다)도 참인 명제가 된다.

05

| 정답 | ③

| 해설 | 명제가 참이면 대우도 참이라는 것과 명제의 삼단논법 관계를 이용한다.

- 두 번째 명제 : 헤드폰을 쓴다. → 소리가 크게 들린다.
- 세 번째 명제의 대우 : 소리가 크게 들린다. → 안경을 쓰지 않는다.

따라서 '헤드폰을 쓰면 안경을 쓰지 않는다'가 성립하므로 ③은 참인 문장이다.

| 오답풀이 |

① 세 번째 명제와 두 번째 명제의 대우를 통해 '안경을 쓰면 헤드폰을 쓰지 않는다'가 성립하므로 주어진 문장은 틀린 문장이다.

② 두 번째 명제의 역에 해당하므로 반드시 참이라고 할 수는 없다.

④ 첫 번째 명제의 역에 해당하므로 반드시 참이라고 할 수는 없다.

⑤ 주어진 문장이 성립하려면 첫 번째 명제를 이용하여 '소리가 작게 들리면 안경을 쓴다'가 성립되어야 하는데, 이는 세 번째 명제의 역에 해당하므로 반드시 참인 문장이 아니다.

06

| 정답 | ③

| 해설 | '법학을 공부하는 사람'을 A로, '행정학 수업을 듣는다'를 B로, '경제학 수업을 듣는 사람'을 C로, '역사를 공부한다'를 D로, '철학을 공부한다'를 E로 나타낼 때, 제시된 조건에 의해서 A → B, C → ~D, A → E, ~C → ~B가 되고, 이 대우 명제에 의해 ~B → ~A, D → ~C, ~E → ~A, B → C임을 알 수 있다. 명제와 대우의 참·거짓은 일치하므로 이들로부터 명제를 정리하면 D → ~C → ~B → ~A의 관계가 성립한다. 따라서 '역사를 공부하는 사람은 법학을 공부하지 않는다'는 진술은 참이다.

07

| 정답 | ①

| 해설 | '지금 출전하는 선수는 공격수이다'라는 명제와 '공격수는 골을 많이 넣는다'라는 명제가 둘 다 참이므로, 삼단논법에 의해 '지금 출전하는 선수는 골을 많이 넣는다'라는 명제도 반드시 참이 된다.

08

| 정답 | ③

| 해설 | 직사각형 테이블의 각 위치를 a ~ h로 표기하여 설명하면 다음과 같다.

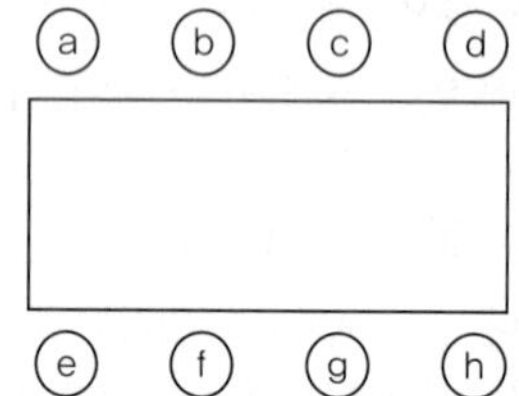

우선 '나'에 의해 C와 E는 네 끝자리인 a, d, e, h에 앉아 있게 된다. '가'와 '다'에 의해 확정 조건을 알아낼 수는 없으나, '라'에서 B도 C와 같은 줄의 끝자리에 앉아 있다는 것을 알 수 있다. 따라서 어느 한쪽 줄은 C - G - F - B가 확정 조건이 됨을 알 수 있다. 이 경우, '가'에 의해 건너편 A의 자리와 '나'에 의해 E의 자리가 결정된다.

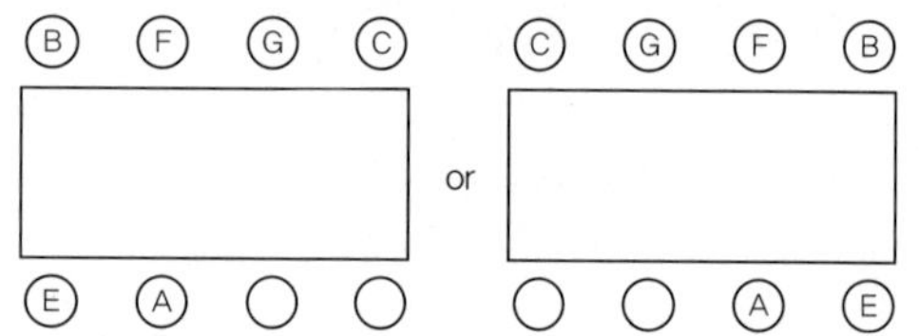

※ 위 아래가 바뀔 수도 있다.

그러므로 A의 한쪽 옆자리에 D가 앉아 있다면 H는 끝자리가 되어 C와 마주 보고 앉아 있게 된다.

| 오답풀이 |

① E−A−H 또는 H−A−E의 순으로 앉을 수도 있다.

② B와 마주 보고 앉아 있는 사람은 항상 E가 된다.

④ G는 H 또는 D와 맞은편에 앉게 된다.

⑤ B는 H 또는 D와 가장 멀리 떨어져 앉게 된다.

09

| 정답 | ③

| 해설 | 월요일부터 금요일까지 갑과 을은 한 명씩 번갈아서 근무하고 일요일은 정과 무가 근무하므로 2명이 근무한다. 마지막 조건에 의해 정과 무는 같이 근무하지 않는다. 정은 평일 3일을 근무하므로 평일 1일을 근무하는 무와는 같이 근무를 설 수 없고 평일 4일을 근무하는 병과 함께 근무를 서게 된다. 월요일에는 무가 근무를 서고, 화요일에는 병이 쉬므로 정은 수, 목, 금요일에 근무를 선다는 것을 알 수 있다. 이를 정리하면 아래의 표와 같다.

월	화	수	목	금	토	일
병(여) 무(여) 갑(남) or 을(남)	갑(남) or 을(남)	갑(남) or 을(남) 병(여) 정(여)	갑(남) or 을(남) 병(여) 정(여)	갑(남) or 을(남) 병(여) 정(여)	휴무	정(여) 무(여)

즉 가장 적은 부서원이 근무하는 날은 한 명만 근무를 서는 화요일이다.

10

| 정답 | ④

| 해설 | 네 번째 조건에 의해 C의 점수가 가장 낮음을 알 수 있다. 두 번째 조건과 다섯 번째 조건에 의해 F는 세 번째, B는 첫 번째, E는 두 번째로 점수가 높음을 알 수 있다. 세 번째 조건에서 G는 A보다 점수가 낮지만 D보다는 점수가 높다고 했으므로 A는 네 번째, G는 다섯 번째, D는 여섯 번째로 점수가 높다. 따라서 점수가 높은 순서대로 나열하면 B, E, F, A, G, D, C이다.

| 오답풀이 |

① A는 7명의 기획팀 직원 중 네 번째로 높은 점수를 받았다.

② 점수가 가장 낮은 1명만 직무교육을 받으므로 C만 직무교육을 받는다.

③ E보다 업무평가에서 좋은 점수를 받은 사람은 B 1명이다.

⑤ G보다 업무평가 점수가 낮은 사람의 수는 2명이고, 높은 사람의 수는 4명이다.

11

| 정답 | ④

| 해설 |

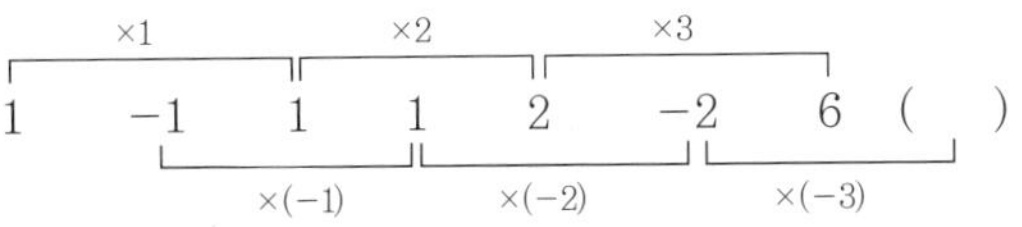

따라서 빈칸에 들어갈 숫자는 6이다.

12

| 정답 | ①

| 해설 | 2부터 시작하여 점점 큰 소수를 더하고 있다.

2 ⟶ 4 ⟶ 7 ⟶ 12 ⟶ 19 ⟶ 30 ⟶ ( )
(+2, +3, +5, +7, +11, +13)

따라서 빈칸에 들어갈 숫자는 43이다.

13

| 정답 | ⑤

| 해설 |

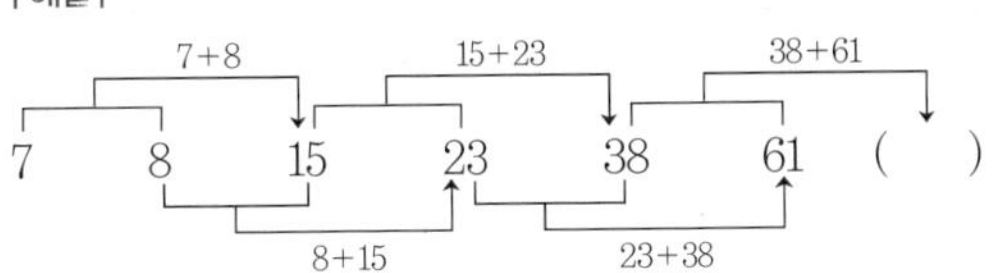

따라서 빈칸에 들어갈 숫자는 99이다.

14

| 정답 | ③

| 해설 |

$3 \xrightarrow{+3} 6 \xrightarrow{+5} 11 \xrightarrow{+9} 20 \xrightarrow{+17} 37 \xrightarrow{+33} (\quad)$

(차이: $+2^1$, $+2^2$, $+2^3$, $+2^4$)

따라서 빈칸에 들어갈 숫자는 70이다.

15

| 정답 | ②

| 해설 |

$\frac{3}{7} \xrightarrow[\times 3]{+2} \frac{5}{21} \xrightarrow[\times 3]{+2} \frac{7}{63} \xrightarrow[\times 3]{+2} (\quad) \xrightarrow[\times 3]{+2} \frac{11}{567}$

따라서 빈칸에 들어갈 숫자는 $\frac{9}{189}$이다.

16

| 정답 | ②

| 해설 |

1.2 2 1.5 5 2.1 11 2.4 14 ( ) 20

(홀수 항: +0.3, +0.6, +0.3, +0.6 / 짝수 항: +3, +6, +3, +6)

따라서 빈칸에 들어갈 숫자는 3이다.

17

| 정답 | ③

| 해설 |

$2 \xrightarrow[\times2-1]{} 3 \xrightarrow[\times2+1]{} 7 \xrightarrow[\times2-1]{} 13 \xrightarrow[\times2+1]{} 27 \xrightarrow[\times2-1]{} (\quad) \xrightarrow[\times2+1]{} 107 \xrightarrow[\times2-1]{} 213$

따라서 빈칸에 들어갈 숫자는 53이다.

18

| 정답 | ②

| 해설 |

$0.8 \xrightarrow[-0.21]{} 0.59 \xrightarrow[-0.21]{} 0.38 \xrightarrow[-0.21]{} (\quad) \xrightarrow[-0.21]{} -0.04$

따라서 빈칸에 들어갈 숫자는 0.17이다.

19

| 정답 | ④

| 해설 |

2 −1 2 1 4 −2 12 ( )

(홀수 항: ×1, ×2, ×3 / 짝수 항: ×(−1), ×(−2), ×(−3))

따라서 빈칸에 들어갈 숫자는 6이다.

20

| 정답 | ③

| 해설 |

$15 \xrightarrow[+2^1]{} 17 \xrightarrow[+2^2]{} 21 \xrightarrow[+2^3]{} 29 \xrightarrow[+2^4]{} 45 \xrightarrow[+2^5]{} (\quad)$

따라서 빈칸에 들어갈 숫자는 77이다.

3회 수리

문제 128쪽

01	③	02	③	03	③	04	①	05	②
06	②	07	④	08	①	09	②	10	③
11	⑤	12	①	13	①	14	④	15	④
16	③	17	④	18	③	19	⑤	20	⑤

01

|정답| ③

|해설| 2019년의 전체 유선방송에서 중계유선방송이 차지하는 비율은 $\frac{216,573}{15,229,800}\times 100 ≒ 1.42(\%)$이다.

|오답풀이|

① 2021년 전년 대비 IPTV 가입자 수 증가율은 $\frac{2,578,122-2,373,911}{2,373,911}\times 100 ≒ 8.6(\%)$이다.

② 2020년의 아날로그방송 무료시청 가입자 수는 2019년에 비해 86,119단자/IP가 증가하였으므로 적절하지 않다.

④ 2019 ~ 2021년간 유료방송 전체 가입자 수의 평균은 $\frac{19,419,782+22,062,740+22,294,159}{3}$ $=21,258,893.6666\cdots$

유료방송서비스의 전체 가입자 수는 중복 가입자가 포함된 수이기 때문에 이보다 더 적다.

⑤ 디지털 방송의 유료시청 가입자 수뿐만 아니라 디지털 방송의 무료시청 가입자 수도 증가하고 있다. 따라서 아날로그 방송의 유료시청 가입자 수가 감소하는 이유가 디지털 방송의 유료시청 가입자 수의 증가 때문이라고 단정지을 수 없다.

02

|정답| ③

|해설| 경상도, 경기도, 전라도, 충청도, 서울, 강원도, 제주도 순으로 전체 학교 개수와 대학교 개수가 많다.

|오답풀이|

① 각 지역별로 고등학교 졸업생 수가 모두 다르므로, 주어진 자료만으로는 전국 고등학교 졸업생의 대학진학률 평균을 알 수 없다.

② 대학교 개수가 가장 많은 지역은 경상도, 경기도, 전라도의 순서인데, 대학진학률이 가장 높은 지역의 순서는 해마다 다르므로 이 둘이 서로 밀접한 관련이 있다고 볼 수 없다.

④ 20X6년 대비 20X9년의 대학진학률 감소폭은 다음과 같다.

- 서울 : 65.6−62.8=2.8(%p)
- 경기도 : 81.1−74.7=6.4(%p)
- 강원도 : 92.9−84.2=8.7(%p)
- 충청도 : 88.2−80.1=8.1(%p)
- 전라도 : 91.3−81.9=9.4(%p)
- 경상도 : 91.8−83.8=8(%p)
- 제주도 : 92.6−87.6=5(%p)

따라서 가장 작은 감소폭을 보인 지역은 서울이다.

⑤ 전라도의 20X8년 대학진학률은 86.9%, 20X7년 대학진학률은 88.1%이다.

따라서 88.1−86.9=1.2%p 감소했다.

03

|정답| ③

|해설| 정보를 정리해 보면 안내 책자는 단면 60권, 양면 30권 제작, 안내 책자 비치대는 내부용 1개, 외부용 2개를 제작해야 한다. 이에 따라 총 제작비용을 계산하면 다음과 같다.

- 안내 책자 제작비용 : (10,000×60)+(18,000×30) =1,140,000(원)
- 안내 책자 비치대 제작비용 : 8,000+(12,000×2) =32,000(원)

따라서 총 제작비용은 1,140,000+32,000=1,172,000(원)이다.

04

| 정답 | ①

| 해설 | 팀장의 지시 사항에 따라 정문에 2m×8m 크기 한 개, 후문과 별관 앞에 3m×5m 크기 각 한 개씩 하여, 총 세 개의 행사 안내판을 제작해야 한다. 총 제작비용을 계산해 보면 다음과 같다.

- 2m×8m(=16m^2) 크기 행사 안내판 제작비용 : 4,000+{(16−6)×1,500}=19,000(원)
- 3m×5m(=15m^2) 크기 행사 안내판 제작비용 : [4,000+{(15−6)×1,500}]×2=35,000(원)

따라서 행사 안내판 총 제작비용은 19,000+35,000=54,000(원)이다.

05

| 정답 | ②

| 해설 | 운임은 실비로 지급한다고 하였으므로 23,500+26,500=50,000(원)이고, 일비는 출장 기간이 총 3일이므로 16,000×3=48,000(원)이다. 또한 숙박비는 75,000원과 60,000원이 쓰였지만 1일당 상한액이 70,000원이므로 여비로 지급이 가능한 금액은 70,000+60,000=130,000(원)이다. 그리고 식비는 1일 2식비가 18,000원이므로 1식비는 9,000원인데, 1일차와 2일차에는 숙박을 하므로 기본 2식비에 1식비를 더해 18,000+9,000=27,000(원), 3일차에는 2식비로 18,000원을 지급하므로 식비는 27,000+27,000+18,000=72,000(원)이다. 따라서 J가 받을 총 여비는 50,000+48,000+130,000+72,000=300,000(원)이다.

06

| 정답 | ②

| 해설 | ㉠ 20X7년 A사와 C사의 매출액 합계는 3,969+2,603=6,572(백만 달러)이고, 4대 이동통신업자 전체 매출액은 13,582백만 달러이므로 $\frac{6,572}{13,582}\times 100 \fallingdotseq 48.4$(%)로 전체 매출액의 50%를 넘지 않는다.

㉣ 20X8년의 전체 인구를 x명이라 하고 주어진 보급률 공식에 따라 식을 세우면 다음과 같다.

$$125.3(\%)=\frac{76,900,000}{x}\times 100$$

$$x=61,372,705.50\cdots$$

따라서 20X8년의 전체 인구는 대략 6천 1백만여 명임을 알 수 있다.

| 오답풀이 |

㉡ 4대 이동통신사업자의 매출액 순위는 20X6년과 20X7년에 A사>B사>D사>C사 순이었고, 20X8년은 B사>A사>D사>C사 순이었다. 따라서 20X8년 A사와 B사의 매출액 순위가 서로 바뀐 것 외에 나머지 순위는 변하지 않았음을 알 수 있다.

㉢ A사의 20X9년 10 ~ 12월 월평균 매출액이 1 ~ 9월의 월평균 매출액과 동일하다고 가정할 경우, 1 ~ 9월의 월평균 매출액은 2,709÷9=301(백만 달러)이므로, 10 ~ 12월 매출액은 301×3=903(백만 달러)가 된다. 따라서 A사의 20X9년 한 해의 전체 매출액은 2,709+903=3,612(백만 달러)이다.

07

| 정답 | ④

| 해설 | 먼저 4점 이하를 받은 적이 있는 A, C, E를 제외하고, 나머지 사람의 점수를 주어진 기준에 따라 환산하여 정리하면 다음과 같다.

(단위 : 점)

구분	1차 시험	2차 시험	3차 시험	합계
B	12	24	30	66
D	18	18	30	66
F	16	18	35	69
G	16	21	30	67

따라서 환산 점수의 합이 가장 높은 F가 핵심 인재로 선정된다.

08

| 정답 | ①

| 해설 | 부서별로 결원 수와 희망자 수를 정리하면 다음과 같다.

(단위 : 명)

부서	결원 수	희망자 수	부서	결원 수	희망자 수
경영 관리팀	2	1	토목 관리팀	1	0
전력 관리팀	1	2	전산 관리팀	2	2
성장 사업팀	1	0	기획 운영팀	2	2

전력관리팀의 결원 수는 1명이고 희망자 수는 2명이므로 1명은 원하는 부서에 배치되지 못한다. 따라서 전력관리팀을 희망한 B와 G의 시험 점수를 비교하면, B는 20점, G는 21점으로 G가 전력관리팀으로 배치 받게 된다.

09

| 정답 | ②

| 해설 | 조건에 따라 사원들의 평가 결과를 정리하면 다음과 같다.

구분	사원명	팀	인센티브	통과 여부	연수
1	김성현	국내팀	20%	통과	국내연수
2	신지민	국외팀	5%	통과	국내연수
3	강소진	국외팀	–	미달	국내연수
4	이희진	본사팀	10%	통과	국내연수
5	이동선	국내팀	–	미달	국내연수
6	김민기	국외팀	20%	미달	국내연수
7	구연정	국외팀	5%	통과	해외연수
8	조정연	국내팀	–	통과	국내연수
9	오원석	본사팀	10%	통과	해외연수
10	양동욱	본사팀	–	통과	국내연수

강소진 사원과 김민기 사원은 영어회화 능력 점수가 60점 미만이므로 미달이며, 이동선 사원은 세 항목에서 모두 60점 이상을 받았지만 평균이 70점 점수 미달로 통과하지 못한 역시 미달이 된다. 따라서 미달인 사원은 총 3명이다.

10

| 정답 | ③

| 해설 | 〈표 2〉의 시간별 이용률에서 청소년의 스마트폰 이용 시간은 3시간 이상대가 가장 높은 비중을 차지하고 있으며, 이는 일평균 이용 시간인 2.7시간(2020년), 2.6시간(2021년)보다 높다.

| 오답풀이 |

① 〈표 1〉에서 청소년의 일평균 스마트폰 이용 현황을 보면, 문자메시지 이용률이 가장 높다.

② 〈표 2〉에서 청소년의 스마트폰 일평균 이용 시간은 2021년과 2020년에 각각 2.6시간, 2.7시간으로 비슷한 수준을 보이고 있다.

④ 〈표 1〉에서 청소년의 스마트폰 이용률은 2020년에는 40.0%, 2021년에는 80.7%로 40.7%p 급증하였다.

⑤ 2020년과 2021년 각각의 총 응답자 수를 제시해 주지 않았으므로 알 수 없다.

11

| 정답 | ⑤

| 해설 | 박스의 칸을 선택할 수 있는 모든 경우의 수는 25가지이고, 이 중 빈칸은 20개이므로 처음 선택 시 빈칸을 고를 확률은 $\frac{20}{25}$이다. 그리고 두 번째 선택에서 쿠폰이 있는 칸을 고를 확률은 처음 선택한 빈칸을 제외한 $\frac{5}{24}$가 된다. 따라서 두 번째 선택에서 쿠폰이 있는 칸을 고를 확률은 $\frac{20}{25}\times\frac{5}{24}=\frac{1}{6}$, 즉 16.666…(%)로 약 17%가 된다.

12

| 정답 | ①

| 해설 | 회사에서 붉은 벽돌집 카페(이하 카페)까지의 거리를 xm라 하면 카페에서 거래처까지의 거리는 $(3{,}000-x)$m가 된다. 회사에서 카페까지의 이동 시간은 $\frac{x}{60}$분이고, 카페

에서 거래처까지의 이동 시간은 $\frac{3,000-x}{80}$분인데, 거래처에 도착하기까지 총 걸린 시간이 40분이므로 $\frac{x}{60}+\frac{3,000-x}{80}=40$이다. 이를 풀면 다음과 같다.

$4x+3(3,000-x)=40\times240$

$4x-3x=9,600-9,000$

$x=600$

따라서 회사에서 '붉은 벽돌집 카페'까지의 거리는 600m이다.

13

| 정답 | ①

| 해설 | 큰 활자가 들어가는 장 수를 x장, 작은 활자가 들어가는 장 수를 y장이라 하면,

$x+y=16$ ······························ ㉠

$1,200x+1,500y=21,000$ ··········· ㉡

이 식을 연립하여 풀면 다음과 같다.

$1,200(16-y)+1,500y=21,000$

$19,200-1,200y+1,500y=21,000$

$300y=1,800$

$y=6,\ x=10$

따라서 작은 활자를 사용한 종이는 총 6장이다.

14

| 정답 | ④

| 해설 | 가습기의 정가를 x원, 서랍장의 정가를 y원이라고 하면, 다음과 같은 식이 성립한다.

$0.85x+0.75y=183,520$ ·············· ㉠

$0.8(x+y)=183,520$ ···················· ㉡

이 식을 연립해서 풀면 다음과 같다.

$0.05x=0.05y$

$x=y$

$0.85x+0.75x=183,520$

$1.6x=183,520$

$x=114,700$

따라서 가습기의 정가는 114,700원이다.

15

| 정답 | ④

| 해설 | 현 지점에서 A 지점까지 왕복하는 데 3시간 이내의 시간이 걸려야 하므로, 먼저 현 지점에서 A 지점까지 가는 데 걸린 시간을 구해 3시간에서 빼면 A 지점에서 현 지점으로 돌아오는 데 필요한 최대 시간을 얻어 최소 속력을 구할 수 있다.

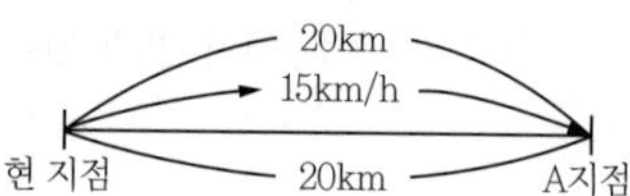

우선 현 지점에서 A 지점까지 가는 데 걸린 시간은 $\frac{20}{15}=\frac{4}{3}$, 즉 2시간 20분이다. 따라서 A 지점에서 현 지점가지 돌아오는 데 필요한 최대 시간은 1시간 40분이며 1시간 40분은 $\frac{5}{3}$시간이므로 최소 $20\div\frac{5}{3}=12$(km/h)의 속력으로 돌아와야 한다.

16

| 정답 | ③

| 해설 | 호수 둘레의 길이를 xm라 하면 다음과 같은 식이 성립한다.

$\frac{x}{10}-\frac{x}{15}=5$

$3x-2x=150 \quad x=150$

따라서 호수 둘레의 길이가 150m이므로 25m 간격으로 나무를 심는다면 $\frac{150}{25}=6$(그루)를 심을 수 있다.

17

| 정답 | ④

| 해설 | 사원 Y명의 월급 총합은 XY원이며, 이 회사에 다니는 모든 사람의 수는 (Y+1)명이다.

따라서 $\frac{\text{모든 사람의 월급 총합}}{\text{모든 사람의 수}} = \frac{XY+3X}{Y+1}$이므로

이를 정리하면 $\frac{X(Y+3)}{Y+1}$원이다.

18

| 정답 | ③

| 해설 | 전체 일의 양을 1로 볼 때, 우진이가 하루에 일한 양은 $\frac{1}{A}$, 정은이가 하루에 일한 양은 $\frac{1}{B}$이다.

따라서 우진이가 혼자 일을 한 기간은

$\left(1-\frac{3}{B}\right) \div \frac{1}{A} = \frac{A(B-3)}{B}$일이 된다.

19

| 정답 | ⑤

| 해설 | 굴렁쇠가 굴러간 도로의 길이를 cm로 환산하면 6,000cm이다. 이를 굴렁쇠 둘레 길이인 $25\times2\times3.14=157$(cm)로 나누어 회전수를 구하면, $\frac{6,000}{157} \fallingdotseq 38$(번) 회전한 것이 된다.

20

| 정답 | ⑤

| 해설 | 25%의 소금물 600g에 녹아 있는 소금의 양을 xg이라고 하면 식은 다음과 같다.

$\frac{x}{600}\times100=25 \quad \frac{x}{6}=25 \quad \therefore x=150(\text{g})$

30%의 소금물을 만들기 위해 증발시켜야 하는 물의 양을 y라고 하면 식은 다음과 같다.

$\frac{150}{600-y}\times100=30 \quad \frac{150}{600-y}=\frac{3}{10}$

$1,500=1,800-3y \quad \therefore y=100$

따라서 100g의 물을 증발시켜야 한다.

3회 도식추리

문제 140쪽

01	④	02	③	03	②	04	②	05	④
06	⑤	07	②	08	③	09	①	10	⑤
11	④	12	④	13	⑤	14	④	15	①

01

| 정답 | ④

| 해설 | 두 번째 열과 첫 번째 행에 공통적으로 ♧와 ♡가 들어 있으므로, 둘 중 하나는 반시계방향으로 90° 회전, 하나는 색을 빗금으로 바꾸는 암호임을 알 수 있다. 하지만 ♡가 포함되어 있는 첫 번째 열에서는 색이 빗금으로 바뀌지 않았으므로 ♡는 반시계방향으로 90° 회전, ♧는 색을 빗금으로 바꾸는 기호가 된다. 두 번째 열의 △을 통해 △은 상하대칭(X축 대칭)임을 알 수 있고, 세 번째 열의 ◑를 통해 ◑은 좌우대칭(Y축 대칭)임을 알 수 있다. 마지막으로 첫 번째 열을 통해 ⊠은 색을 반전하는 기호임을 확인할 수 있다. 이를 종합해 보면 다음과 같다.

1. ♡ : 반시계방향으로 90° 회전
2. ⊠ : 색 반전(흑↔백)
3. ♧ : 색을 빗금으로 바꿈
4. ◑ : 좌우대칭(Y축 대칭)
5. △ : 상하대칭(X축 대칭)

따라서 문제의 과정을 거친 결과는 다음과 같다.

→ ⊠ (색 반전) → → △ (상하대칭) →

02

| 정답 | ③

| 해설 | 문제의 과정을 거친 결과는 다음과 같다.

➡ (좌우대칭) ➡ ➡ (상하대칭) ➡ ➡ (빗금) ➡

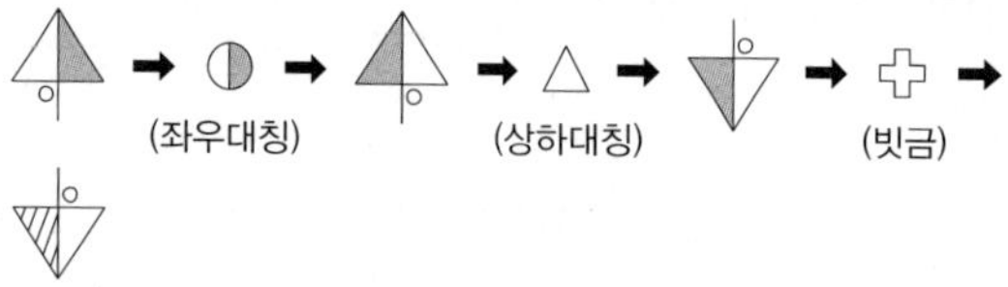

03

| 정답 | ②

| 해설 | 문제의 과정을 거친 결과는 다음과 같다.

➡ (색 반전) ➡ ➡ (−90° 회전) ➡

➡ (좌우대칭) ➡

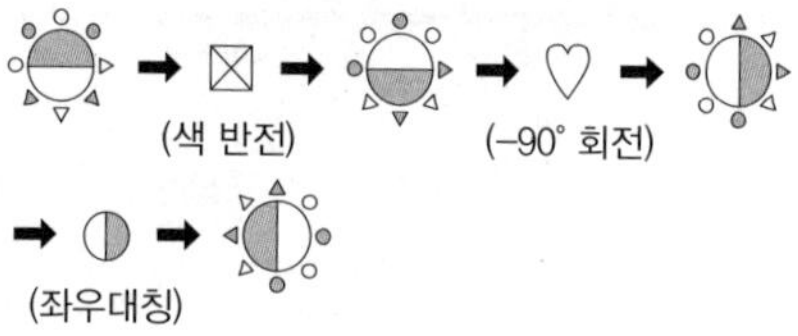

04

| 정답 | ②

| 해설 | 9948 ➡ ⊕ ➡ ◫ ➡ 89948과 T5AX ➡ ◇ ➡ ⊕ ➡ XA5TT에는 공통적으로 ⊕가 존재하며, 문자열에 있는 문자 하나가 더 추가되어 있는 것을 알 수 있다. 따라서 ⊕은 문자 하나를 더 붙이라는 암호이며, 9948열에서 8이 추가되어 있는 것으로 보아 맨 뒷자리 문자 하나를 더 붙이라는 암호임을 추측할 수 있다.

또한, 9948 ➡ ⊕ ➡ 99488➡ ◫ ➡ 89948에 의해 ◫는 맨 뒷자리 문자를 맨 앞으로 보내라는 암호이며, ◇는 T5AX ➡ ◇ ➡ XA5T ➡ ⊕ ➡ XA5TT에 의해 문자 정렬 순서를 역순으로 바꾸는 암호가 된다. 그리고 ☆은 BESTO ➡ ◫ ➡ OBEST, YOBEST ➡ ⊕ ➡ YOBESTT에 의해 OBEST ➡ ☆ ➡ YOBEST가 되므로 맨 앞에 Y를 추가하라는 암호이며, ✣는 COST ➡ ✣ ➡ OST ➡ ☆ ➡ YOST에 의해 맨 앞자리 문자를 삭제하라는 암호임을 알 수 있다.

이를 정리하면 다음과 같다.

1. ⊕ : 맨 뒷자리 문자 하나 더 붙이기
2. ◫ : 맨 뒷자리 문자 맨 앞으로 보내기
3. ◇ : 문자 정렬 순서를 역순으로 바꾸기
4. ☆ : 맨 앞에 Y 추가하기
5. ✣ : 맨 앞자리 문자 삭제하기

따라서 빈칸에 들어갈 숫자는 S3OS5가 ✣에 의해 맨 앞자리 문자 S를 삭제한 후, ◇에 의해 문자 정렬 순서를 역순으로 바꿔야 하므로 5S03이 된다.

S30S5 ➡ ✣ ➡ 30S5 ➡ ◇ ➡ 5S03

05

| 정답 | ④

| 해설 | ☆에 의해 맨 앞에 Y를 추가하고, ◇에 의해 문자 정렬 순서를 역순으로 바꾼 후, ✣에 의해 맨 앞자리 문자(숫자) 3을 삭제한다.

EX63 ➡ ☆ ➡ YEX63 ➡ ◇ ➡ 36XEY ➡ ✣ ➡ 6XEY

따라서 빈칸에 들어갈 기호는 6XEY이다.

06

| 정답 | ⑤

| 해설 | ✣에 의해 맨 앞자리 문자 M을 삭제하고, ⊕에 의해 맨 뒷자리 문자 E를 하나 더 붙인 후, ◫에 의해 맨 뒷자리 문자 E를 맨 앞으로 보낸다.

MATE ➡ ✣ ➡ ATE ➡ ⊕ ➡ ATEE ➡ ◫ ➡ EATE

따라서 빈칸에 들어갈 기호는 EATE이다.

07

| 정답 | ②

| 해설 | JIELD ➡ ⬠ ➡ ✣ ➡ FIELDJ와 PASION ➡ ✣

➡ ● ➡ FPASIO에서 공통적으로 ✣가 존재하며 문자 F가 추가되었는데, ✣가 JIELD열의 마지막에 위치하므로 이는 맨 앞에 F를 추가하는 암호가 된다. 또한 F를 추가하기 전은 JIELD ➡ ⬠ ➡ IELDJ인 셈이므로 ⬠는 맨 앞자리 문자를 맨 뒤로 보내는(문자열 한 칸씩 앞으로 밀기) 암호가 되고, PASION ➡ ✣ ➡ FPASION ➡ ● ➡ FPASIO에 의해 ●는 맨 뒷자리 문자를 삭제하는 암호가 된다. 그리고 SUIT ➡ ⬠ ➡ UITS ➡ ✣ ➡ FUITS ➡ ▽ ➡ FUIST에 의해 ▽는 맨 뒤의 문자 2개의 위치를 바꾸어주는 암호이며, DOHC ➡ ✣ ➡ FDOHC ➡ ● ➡ FDOH ➡ △ ➡ HODF에 의해 △는 문자의 정렬 순서를 역순으로 바꾸어 주는 암호가 된다.

이를 정리하면 다음과 같다.

1. ✣ : 맨 앞에 F 추가하기
2. ⬠ : 맨 앞자리 문자를 맨 뒤로 보내기(문자열 한 칸씩 앞으로 밀기)
3. ● : 맨 뒷자리 문자 삭제하기
4. ▽ : 맨 뒤의 문자 2개 위치 바꾸기
5. △ : 문자의 정렬 순서 역순으로 바꾸기

따라서 SPRING는 ✣에 의해 맨 앞에 F를 붙인 후, ⬠에 의해 맨 앞자리 문자 F를 맨 뒤로 보내야 하므로 빈칸에는 SPRINGF가 들어가야 한다.

SPRING ➡ ✣ ➡ FSPRING ➡ ⬠ ➡ SPRINGF

08

| 정답 | ③

| 해설 | ⬠에 의해 맨 앞자리 문자 C를 맨 뒤로 보내고, △에 의해 문자의 정렬을 역순으로 바꾼 후 ▽에 의해 맨 뒤의 문자 F와 A의 위치를 바꿔야 하므로 빈칸에는 CIRAF가 들어가야 한다.

CAFRI ➡ ⬠ ➡ AFRIC ➡ △ ➡ CIRFA ➡ ▽ ➡ CIRAF

09

| 정답 | ①

| 해설 | BLUE의 E가 삭제되었으므로 맨 뒷자리 문자를 삭제하는 ●가 먼저 들어가고, L과 U의 순서가 바뀌었으므로 맨 뒤의 문자 2개의 위치를 바꾸어 주는 ▽가 필요하다.

BLUE ➡ ● ➡ BLU ➡ ▽ ➡ BUL

따라서 빈칸에는 ● ➡ ▽가 들어가야 한다.

10

| 정답 | ⑤

| 해설 | KRST ➡ ◎ ➡ □ ➡ TKSR에서는 끝 문자인 T가 맨 앞으로 오고 맨 뒤의 두 글자인 S와 R의 자리가 바뀌어 있으며, 공통적으로 ◎가 존재하는 YAABS ➡ ○ ➡ ☆ ➡ ◎ ➡ SYAAB에서는 맨 뒤의 글자인 S가 맨 앞으로 와 있다. 따라서 ◎는 맨 뒷자리의 문자를 맨 앞으로 보내는 암호가 되고, 남아 있는 □은 맨 뒷자리 문자 2개의 위치를 바꾸는 암호임을 알 수 있다. 이를 통해 TKRAN ➡ □ ➡ ☆ ➡ ▷ ➡ ANRKTY에서 □ 과정을 거친 TKRNA가 ☆과 ▷로 인해 ANRKTY로 바뀐 것과 BROSP ➡ ▷ ➡ ☆ ➡ YPSORB을 보고 ☆이 맨 앞에 Y를 추가하는 암호이고, ▷가 문자의 정렬 순서를 역순으로 바꾸는 암호임을 알 수 있다. 앞에서 파악된 ☆과 ◎을 YAABS열에 거꾸로 적용하면 YAABS ➡ ◎ ➡ SYAAB, AABS ➡ ☆ ➡ YAABS, YAABS ➡ ○ ➡ AABS이므로, ○는 맨 앞의 문자를 삭제하라는 의미의 암호임을 알 수 있다.

1. ◎ : 맨 뒤의 문자 맨 앞으로 보내기
2. □ : 맨 뒤의 문자 2개 위치 바꾸기
3. ☆ : 맨 앞에 Y 추가하기
4. ▷ : 문자의 정렬 순서를 역순으로 바꾸기
5. ○ : 맨 앞의 문자 삭제하기

따라서 ☆에 의해 맨 앞에 문자 Y를 추가하고, □에 의해 맨 뒤의 문자인 P와 Y의 위치를 바꾸어 준 다음, ○에 의해 맨 앞의 문자인 Y를 삭제한 결과는 다음과 같다.

HAPPY ➡ ☆ ➡ YHAPPY ➡ □ ➡ YHAPYP ➡ ○ ➡ HAPYP

11

| 정답 | ④

| 해설 | ▷에 의해 문자의 정렬 순서를 역순으로 바꾸고, ☆에 의해 맨 앞에 Y를 추가한 뒤, ◎에 의해 맨 뒤의 문자인 H를 맨 앞으로 보낸 결과는 다음과 같다.

HOST ➡ ▷ ➡ TSOH ➡ ☆ ➡ YTSOH ➡ ◎ ➡ HYTSO

12

| 정답 | ④

| 해설 | ☆에 의해 맨 앞에 Y를 추가한다. Y2475가 Y742에 ◎를 반영하기 전인 742Y가 되기 위해서는 우선 문자의 정렬 순서를 역순으로 바꾼 다음 맨 앞의 5를 삭제해야 하므로 ▷ ➡ ○가 들어가는 것이 적절하다.

2475 ➡ ☆ ➡ Y2475 ➡ ▷ ➡ 5742Y ➡ ○ ➡ 742Y ➡ ◎ ➡ Y742

13

| 정답 | ⑤

| 해설 | 우선 흐름도의 5476 ➡ ☆ ➡ 6385를 통해 ☆이 +1, −1, +1, −1 암호임을 알 수 있다. 이 암호를 BEFI열에 적용해 보면, BEFI를 알파벳 순서에 맞게 변환한 2569에 +1, −1, +1, −1를 적용하면 3478이 되고, 이를 다시 알파벳으로 변환하면 CDGH가 된다. 이 CDGH가 ♡를 거치면서 GHCD가 되었으므로 ♡는 4개의 문자군(또는 숫자군)을 두 개씩 나누어 앞뒤를 바꾸는 암호임을 알 수 있다. 여기서 파악한 ☆과 ♡의 암호를 4657열에 적용해 보면, 4657 ➡ ♡ ➡ 5746 ➡ ☆ ➡ 6655가 되므로 위에서 유추한 암호가 맞음이 확인된다.

마지막으로 4567열은 4567 ➡ ♡ ➡ 6745 ➡ □ ➡ 5476이 되므로, □는 4개의 숫자군(또는 문자군)을 역순으로 나열하는 것임을 알 수 있다. 따라서 주어진 문자를 ABCD로 가정해 정리하면 각 도형의 규칙은 다음과 같다.

1. ♡ : 문자군 또는 숫자군을 두 개씩 묶어 앞뒤 바꾸기
2. ☆ : 각 자릿수 각각 +1, −1, +1, −1 적용하기
3. □ : 문자 정렬 순서를 역순으로 바꾸기

따라서 □에 따라 역순으로 바꾸고, ☆에 따라 +1, −1, +1, −1를 적용한 결과는 다음과 같다.

3895 ➡ □ ➡ 5983 ➡ ☆ ➡ 6892

14

| 정답 | ④

| 해설 | ♡에 의해 98과 13을 나누어 앞뒤로 순서를 바꾸고, □에 따라 문자 정렬 순서를 역순으로 바꾼 다음, ☆에 의해 각각의 자리 수에 +1, −1, +1, −1을 적용한 결과는 다음과 같다.

9813 ➡ ♡ ➡ 1398 ➡ □ ➡ 8931 ➡ ☆ ➡ 9840

15

| 정답 | ①

| 해설 | 결과인 FCDG(6347)에 과정의 역을 진행시키면 EDCH (5438) ➡ ☆ ➡ FCDG(6347)이고, CHED ➡ (　) ➡ EDCH이므로 빈칸에는 문자군을 두 개씩 묶어 앞뒤로 자리를 바꾸는 ♡가 들어가야 한다.

CHED ➡ ♡ ➡ EDCH ➡ ☆ ➡ FCDG

4회 기출예상문제

4회 언어

문제 150쪽

01	②	02	③	03	⑤	04	④	05	⑤
06	①	07	②	08	④	09	⑤	10	①
11	①	12	③	13	④	14	①	15	④
16	②	17	②	18	④	19	②	20	②

01

| 정답 | ②

| 해설 | 이 글은 다도해가 개방성과 고립성의 양가적 특성을 가졌음에도 불구하고 다도해의 문화적 특징을 말할 때는 흔히들 고립성 측면에만 주목하는 경향이 있음을 말하며 이런 일방적인 관점에서 접근해서는 안 된다는 것을 주장하고 있다. 따라서 ②가 주제로 가장 적절하다.

02

| 정답 | ③

| 해설 | 기사문의 내용을 보면 스마트폰의 자원으로 쓰이는 콜탄의 1위 생산국은 민주콩고이며, 이 콜탄이 민주콩고의 내전 장기화에 한몫을 하고 있다는 주장에 대해 설명하고 있다. 따라서 '폰을 바꿀 때마다 콩고 주민 죽는다.'는 제목이 가장 적절하다.

03

| 정답 | ⑤

| 해설 | 우선 '상대성'이라는 단어에 관해 말하고 있는 부분은 (가)와 (바)이다. (가)와 (바)는 모두 가치의 상대성이 발생하는 함정'에 대해 논하고 있는데, (가)는 '그런데'라는 역접 관계의 접속사로 시작하므로 (바) 뒤에 (가)가 올 수 없어 (가)-(바)가 되어야 한다. (나)에는 '이에 따라'라는 지시어가 나오므로, (나)는 '자기 자신의 아이덴티티를 형성한다'라는 글이 포함되는 (라) 뒤에 오게 된다. 또한, (라)에는 '그 문화적 풍토'라는 지시어가 있고, 이는 (마)의 '각각의 형태를 갖고 있다'와 연결되기 때문에 (마)-(라)-(나)가 된다. 따라서 (마)-(라)-(나)-(가)-(바)-(다) 순이 적절하다.

04

| 정답 | ④

| 해설 | 이 글은 목재의 연결 기술에 관한 글로, 선택지에서 첫 번째 문장으로 (나)와 (라)를 제시하고 있으므로 이를 중심으로 살펴보도록 한다.

우선 (나)의 '쇠못으로 결합하는 방법'에 대한 설명은 (라)에서 '짜 맞춤 기법'과 더불어 제시된 목재 연결 기술의 하나이므로 (라)-(나)의 순서가 적합하다. 또한 (나)의 바로 뒤에는 짜 맞춤 기법에 대한 설명이 올 것을 예측할 수 있는데, (다)의 '그에 비해 짜 맞춤 기법은 ~'으로 보아 (나)-(다)의 순서가 자연스럽다. 그리고 (다)는 짜 맞춤 기법을 이용하면 많은 시간이 소요된다는 내용이므로, 튼튼하게 맞물린다는 강점을 제시하는 (가)가 (다)의 뒤에 올 수 있다. 그러면서 '이러한 ~'을 통해 짜 맞춤 기법에도 다양한 종류가 있음을 설명하는 (마)가 글의 마지막에 위치하게 된다. 따라서 (라)-(나)-(다)-(가)-(마) 순이 적절하다.

05

| 정답 | ⑤

| 해설 | 선택지가 (가) 또는 (라)로 시작하고 있으므로 이를 먼저 살펴보면, (가)는 (라)의 본질에 대한 질문의 답변에 해당되므로 (라) 뒤에 이어지는 것이 적절하다. 그리고 (나)는 책상을 예로 들어 본질적 기능에 대해 설명하는데, 이는 본질주의자가 사물의 핵심적인 측면을 중시한다는 (가)의 예시에 해당하므로 (라)-(가)-(나)의 순임을 알 수 있다. (마)는 '그런데'라는 역접 관계의 접속사로 시작하므로 (나) 뒤에 올 수 있다.

(다) 또한 책상을 예로 들고 있는데, 본질은 인간의 경험을 통해 결정된 것이라는 설명을 하고 있어 사물의 본질이란 사후적으로 구성된 것이라는 (마)의 뒤에 오는 것이 적절하다. 따라서 (라)-(가)-(나)-(마)-(다) 순이 적절하다.

06

| 정답 | ①

| 해설 | 선택지의 맨 앞에 (나)와 (마)가 있으므로 이들 문장을 먼저 살펴봐야 한다. (나)에서는 환자와 의사의 관계 및 의사소통은 중요한 진료수단이 된다고 하였고, (마)는 그 중요성을 단적으로 보여 주는 사실에 대해 말하고 있으므로 (나)-(마)의 순서가 되는 것이 자연스럽다. 이어서 (바)에서는 (마)에서 언급한 의사소통의 새로운 변화인 통신 매체에 대해 언급하며 원격 진료의 등장을 소개하고 있다. 나머지 문장들의 접속어 또는 지시어의 관계를 파악해 보면, (라)에서는 역접의 접속사인 '그러나'를 사용하여 원격 진료의 한계를 지적하며 흐름을 반전하고 있다. 이어 (다)에서는 '이는'이라는 지시어로 (라)에서 언급한 원격 진료의 한계를 부연해 설명하고 있으며, (가)에서는 또다시 역접의 접속사 '하지만'을 사용하여 앞에서 언급한 원격 진료의 한계를 해결해 줄 수 있는 화상통화의 등장에 대해 제시하고 있다. 따라서 (나)-(마)-(바)-(라)-(다)-(가) 순이 적절하다.

07

| 정답 | ②

| 해설 | 이 글에서는 피부 질병이 생기는 원인과 성별 간의 관계에 대해서는 언급되어 있지 않다.

08

| 정답 | ④

| 해설 | 결론은 글 전체에 대한 요약 및 정리의 역할을 해야 하므로 가족 내 갈등의 심화를 해소하기 위하여 가족 차원, 사회 차원에서의 노력이 촉구된다는 내용이 와야 한다. ①은 개요의 주제를 나타내고, ②, ③은 주제에서 벗어난 내용이다. 사회 제도 및 정책의 개선만으로는 가족 차원의 원인들에 대처할 수 없으므로 ⑤는 결론에 적합하지 않다.

09

| 정답 | ⑤

| 해설 | 두 번째 문단에서 인간이 생산적인 사회에서 살 수 있을 경우에만 사회로부터 지식 교환의 가치를 얻을 수 있다고 하였다. 따라서 인간이 지식 교환의 가치를 얻을 수 없는 사회는 생산적인 사회가 아님을 알 수 있다.

| 오답풀이 |

① 글에 나타나 있지 않은 내용이다.

② 첫 번째 문장에서 인간은 누구나 생산적인 사회에서 평화롭게 살기를 원한다고 하였다.

③ 두 번째 문단에서 물리적 힘의 사용이 허용되는 경우에 개인의 권리가 침해당한다고 하였다.

④ 두 번째 문단에서 이성적인 수단의 예시인 토론과 설득을 언급했을 뿐, 토론과 설득 이외에 이성적인 수단이 있는지에 대해서는 이 글을 통해서 알 수 없다.

10

| 정답 | ①

| 해설 | 파놉티콘은 중앙에 존재하는 감시탑의 주위를 독방들이 원형으로 둘러싸도록 배치된 구조로, 독방에 있는 죄수들은 간수 또는 감시자의 관찰에 노출되지만 죄수는 감시자를 볼 수 없는 '권력에 따른 시선의 불균형'을 확인시켜 주는 장치이다.

| 오답풀이 |

② 파놉티콘은 타자로부터 감시당할 수도 있지만 감시 권력이 보이지 않는다. 때문에 언제, 어디서든 감시당하고 있을지도 모른다는 생각이 지속적인 통제를 가능하게 해 주어 스스로 자신을 감시하는 '주체'가 되도록 한다.

③ 벤담은 파놉티콘이 사회 개혁을 가능하게 해 주는 효율적인 수단이라고 생각했고 이는 결국 받아들여지지 않았다고 설명되어 있지만, 파놉티콘의 원리가 다른 사회 부문에 적용될 수 없다는 언급은 찾을 수 없다.

④ 파놉티콘의 가장 큰 장점은 스스로를 감시하는 주체적 통제에 의해 최소한의 비용, 최소한의 감시로 최대의 효과를 누릴 수 있다는 점이다.

⑤ 파놉티콘은 감시 권력을 비가시화함으로써 죄수들에게 언제, 어디서든 감시받고 있을지도 모른다는 불안감을 조성한다.

11

| 정답 | ①

| 해설 | 세 번째 문장에서 소비자는 같은 제품이라도 겉모습이 화려한 것을 구입하려고 한다고 제시되어 있다.

| 오답풀이 |

② 마지막 문장에서 자본주의 사회에서는 인간까지 상품미를 추구하는 대상으로 보고 있다는 내용이 나오지만, 그것이 비난받을 일이라는 언급은 나와 있지 않다.

③ 지문에 제시되어 있지 않다.

④ 두 번째 문장에서 상품미는 이윤을 얻기 위한 것임을 알 수 있으므로 상품미가 이익과 관련이 없다는 설명은 잘못되었다.

⑤ 네 번째 문장에서 우리가 주위에서 보는 거의 모든 상품은 상품미를 추구하고 있다고 하였으므로 그런 상품을 보기 어렵다는 설명은 잘못되었다.

12

| 정답 | ③

| 해설 | 이 글을 통해 사람들은 전염성 질병으로부터 스스로를 지키기 위하여 외형적 단서를 보이는 사람 외에도 낯선 병원균을 가지고 있을 수 있는 외지인을 배척하였음을 알 수 있다. 그리고 그러한 외지인을 판단하기 위한 단서로 다른 문화와 가치관을 언급하고 있으나, 이를 통해 지역 간의 교류가 더욱 단절되었다는 내용은 찾아볼 수 없다.

| 오답풀이 |

① '병원체가 몸 안으로 들어오고 난 다음에야 비로소 침입한 병원체를 제거하는 과정을 시작한다'는 부분을 통해 알 수 있다.

② '결과적으로 그 지역의 토착 병원균들을 다스리는 면역 능력을 비슷하게 가진 사람들이 한 곳에 모여 살게 되는 것이다'라는 부분을 통해 알 수 있다.

④ '외지인을 배척하고 같은 지역 사람들끼리 결속하는 성향은 전염성 질병으로부터 스스로를 보호하는 효율적인 장치였다'는 부분을 통해 알 수 있다.

⑤ '인류의 진화과정은 이러한 개체군의 번영을 훼방하는 비용을 치러야 할 상황을 미리 제거하거나 줄이는 방향으로 진행되었다'는 부분을 통해 알 수 있다.

13

| 정답 | ④

| 해설 | 향신료가 음식에 향미를 더해 주거나 생선만 먹을 때의 단조로움을 없애주는 등의 역할을 하였음을 알 수 있으나 음식 자체를 대신하였다는 언급은 없다.

14

| 정답 | ①

| 해설 | 12세기 이전의 독서 역시 '신앙심 고취'라는 목적을 위해 이루어졌으므로, 12세기 이후에 와서 독서가 목적을 위한 도구가 되었다고 볼 수는 없다. 또한 12세기 전후로 변화된 독서의 형태에 대해 비교하며 설명하고 있을 뿐, 두 방식 중 어떤 방식이 더 우수한지에 대한 주장은 제시되어 있지 않으므로 '전락했다'라는 표현은 적절하지 않다.

| 오답풀이 |

② 두 번째 문단의 '독자들은 다양한 정보와 해석을 편리하게 찾고'를 통해 효율성을 극대화했음을 알 수 있다.

③, ⑤ 두 번째 문단에서 차례나 찾아보기 같은 보조 장치를 '새로운 편집 방식'이라고 표현했으므로 12세기 이전에는 존재하지 않았음을 알 수 있다.

④ 세 번째 문단의 '사람들은 점차 원전 독서를 등한시하여 원전이 담고 있는 풍부함을 맛볼 수 없게 되었다'를 통해 알 수 있다.

15

| 정답 | ④

| 해설 | 이 글은 본인이 느끼는 감각을 하나의 용어로 칭하여 사용할 수 없음에 대해 이야기하고 있다. 그러므로 혼자만의 감각을 통해 생성된 용어는 무의미하다는 ④가 결론으로 적절하다.

16

| 정답 | ②

| 해설 | 이 글은 언어 현실과 어문 규범과의 괴리를 줄이기 위한 방법으로 어문 규범을 없애고 언중의 자율에 맡기자는 주장과 어문 규범의 큰 틀만 유지하고 세부적인 것은 사전에 맡기자는 주장이 사회에 등장하고 있음을 설명하고 있다. 이를 통해 언어 현실과 어문 규범의 괴리를 해소하기 위한 방법을 모색하는 노력이 나타나고 있다는 글의 주제를 도출해 낼 수 있다.

17

| 정답 | ②

| 해설 | 영토 분할을 위임받은 로마 교회는 조세 수입이나 영토 면적보다는 '세속어'를 경계의 기준으로 삼는 것이 더 공정하다는 결론을 내렸다.

| 오답풀이 |

① 네 번째 줄에서 동맹군이었던 루이와 샤를의 승리로 전쟁이 끝났다고 하였다.

③ 두 번째 문단에 따르면 루이와 샤를은 서로의 동맹을 다지는 서약 문서를 상대방이 분할 받은 영토의 세속어로 작성하여 교환하였다고 했다. 샤를이 분할 받은 영토의 세속어는 로망어였으므로 루이는 로망어로 서약 문서를 작성했음을 알 수 있다.

④ 루이와 샤를은 각자 자신의 군사들로부터 분할 받은 영토의 세속어로 된 충성 맹세를 받았다고 했으므로 샤를은 로망어로 된 충성 맹세를 받았음을 추론할 수 있다.

⑤ 그들의 군대는 필요에 따라 여기저기서 수시로 징집된 다양한 언어권의 병사들로 구성되어 있었다.

18

| 정답 | ④

| 해설 | 비서술 정보는 자극의 횟수에 의해 기억 여부가 결정된다는 설명은 제시된 글을 통해 추론할 수 없다.

| 오답풀이 |

① 서술 정보는 말로 표현할 수 있는 정보를 말하고 비서술 정보는 말로 표현할 수 없는 정보를 말한다.

② 많은 학자들이 서술정보가 오랫동안 저장되는 곳으로 대뇌피질을 들고 있다.

③ 뇌가 받아들인 기억 정보는 그 유형에 따라 해마, 대뇌피질, 대뇌의 선조체나 소뇌 등 각각 다른 장소에 저장된다.

⑤ 첫 번째 문단에 교통사고로 해마 부위가 손상된 이후 서술 기억 능력이 손상된 사람의 예가 나온다.

19

| 정답 | ②

| 해설 | 빈칸의 전후 문장을 살펴보면, 보는 놀이는 주체적이고 능동적인 생각을 촉진시키지 못하므로 생각하는 사회를 만들기 위해서는 읽는 문화가 중요하다는 내용이 나온다. 따라서 그 사이에는 읽는 문화가 사라지면 생각 없는 사회가 될 수 있다는 우려를 나타내는 내용이 들어가는 것이 자연스럽다.

20

| 정답 | ②

| 해설 | 글에서 연고에 대한 집착이 강하면 연고주의라는 비판을 받는다고 하였는데, 연고주의란 혈연 · 지연 · 학연으로 이루어진 관계를 다른 사회적 관계보다 우선시하는 태도를 뜻한다. 따라서 ②가 가장 적절하다.

| 오답풀이 |

① 인연(因緣)

③ 연고(緣故)의 뜻이기도 하지만 지문에서 쓰인 연고의 의미와 부합하지 않는다. 유의어로는 사유(事由)가 있다.

④ 연로(年老)

⑤ 연분(緣分)

4회 언어 · 수추리

문제 165쪽

01	③	02	⑤	03	④	04	③	05	②
06	②	07	④	08	③	09	④	10	①
11	①	12	①	13	③	14	④	15	①
16	②	17	⑤	18	③	19	④	20	④

01

| 정답 | ③

| 해설 | • P : A 거래처에 발주

• Q : B 거래처에 발주

• R : C 거래처에 발주

• S : D 거래처에 발주

라고 했을 때, 제시된 세 가지 조건을 순서대로 정리해 보면 P → ~Q, ~R → S, S → Q이다. 선택지 ③은 ~Q → ~R로 나타낼 수 있는데, 이는 주어진 조건과 그 대우를 통해 거짓임을 알 수 있는 명제이다.

| 오답풀이 |

① 첫 번째 조건에 의해 P → ~Q가 성립하며, 세 번째 조건의 대우에 의해 ~Q → ~S로 이어진다. 이는 두 번째 조건의 대우인 ~S → R로 연계되므로 P → R이 성립함을 알 수 있다.

② 첫 번째 조건에 의해 P → ~Q가 성립하며, 세 번째 조건의 대우에 의해 ~Q → ~S로 이어지므로 P → ~S는 참이다.

④ 두 번째 조건에 의해 ~R → S가 성립하며, 세 번째 조건에 의해 S → Q로 이어진다. 이는 첫 번째 조건의 대우인 Q → ~P로 이어지므로 ~R → ~P가 성립한다.

⑤ 세 번째 조건에 의해 S → Q가 성립하며, 첫 번째 조건의 대우에 의해 Q → ~P로 이어지므로 S → ~P는 참이다.

02

| 정답 | ⑤

| 해설 | 사원 중 한 명을 골라 거짓을 말하는 경우와 참을 말하는 경우로 나눈다. 두 경우에서 불확실성을 최소화할 수 있는 것을 골라야 하므로 D가 참, 거짓인 경우를 나누어 판단한다.

D가 참이라고 가정할 경우 참석자는 A, B, C, D이다. 이때 진실을 말하는 사람은 A, B, D로 3명이고 거짓말을 하는 사람은 C, E로 2명으로 조건을 충족한다. 따라서 회의에 참석하지도 않고 거짓말을 하는 사람은 E이다.

03

| 정답 | ④

| 해설 | 주어진 명제를 순서대로 p : "음악을 감상한다", q : "졸리다", r : "책을 읽는다", s : "자전거를 탄다", t : "커피를 마신다"라고 정의한다.

주어진 명제와 그 대우들은 다음과 같이 나타낼 수 있다.

• $p \rightarrow \sim q \Leftrightarrow q \rightarrow \sim p$

• $\sim q \rightarrow r \Leftrightarrow \sim r \rightarrow q$

• $s \rightarrow \sim t \Leftrightarrow t \rightarrow \sim s$

• $\sim t \rightarrow \sim r \Leftrightarrow r \rightarrow t$

• $t \rightarrow \sim q \Leftrightarrow q \rightarrow \sim t$

〈보기〉의 문장으로 진위여부를 판단할 경우 다음과 같다.

㉠ $s \rightarrow \sim p$: $s \rightarrow \sim t \rightarrow \sim r \rightarrow q \rightarrow \sim p$로서 도출된다.

㉡ $\sim t \rightarrow q$: $\sim t \rightarrow \sim r \rightarrow q$로서 도출된다.

㉢ $t \rightarrow \sim p$: 도출할 수 없다.

㉣ $r \rightarrow \sim q$: $\sim t \rightarrow \sim r$의 대우와 $t \rightarrow \sim q$을 결합하여 도출할 수 있다.

㉤ $q \rightarrow s$: 도출할 수 없다.

04

| 정답 | ③

| 해설 | 들찬이는 아름이보다 크고 윤슬이 들찬보다 크므로 아름－들찬－윤슬 순이 된다. 도담이 제일 작고 윤슬이 제일 큰 사람은 아니므로 작은 순서대로 나열하면 도담－아름－들찬－윤슬－벼리이다.

05

| 정답 | ②

| 해설 | 주어진 명제만으로 추론할 수 없다.

| 오답풀이 |

① 첫 번째 명제의 대우에 해당하므로 참이다.

③ 두 번째 명제의 대우에 해당하므로 참이다.

④ 두 번째 명제－세 번째 명제－첫 번째 명제로 이어지므로 참이다.

⑤ 세 번째 명제－첫 번째 명제로 이어지므로 참이다.

06

| 정답 | ②

| 해설 | A는 자율주행 면허증이 없고 운행 여부를 알 수 없으므로 조사가 필요하다.

D는 자율주행 자동차를 운행한 것이 확실하지만 면허증 여부를 알 수 없으므로 조사가 필요하다.

따라서 조사해야 하는 사람은 A, D이다.

07

| 정답 | ④

| 해설 | 두 번째～마지막 조건을 정리하면, 영업팀＞마케팅팀＝생산팀＞비서팀＝연구팀, 경리팀이다.

비서팀(＝연구팀)과 경리팀의 예산을 추론하기 위해 숫자를 임의로 대입할 수 있다.

첫 번째 조건에서 마케팅팀 예산은 경리팀 예산의 세 배 이상이라고 했으므로 경리팀 예산을 1로 잡고 마케팅팀 예산을 3으로 하여 정리하면, 경리팀과 비서팀 예산의 합이 마케팅팀의 예산이라고 했으므로 비서팀 예산은 2가 된다. 따라서 예산이 적은 팀부터 순서대로 나열하면 경리팀－비서팀＝연구팀－마케팅팀＝생산팀－영업팀이다.

08

| 정답 | ③

| 해설 | B, C, F가 뽑은 사탕은 딸기맛, 포도맛, 사과맛 사탕이 각각 한 개씩 있고, A와 D는 같은 맛을 뽑아야 하는데 두 개를 뽑을 수 있는 맛은 딸기맛뿐이므로 A와 D는 딸기맛을 뽑았다. 이에 따라 E는 포도맛을 뽑게 된다.

(ㄱ) E는 포도맛을 뽑아 5점을 얻으므로 10점을 얻지 못했다는 것은 옳다.

(ㄷ) E와 F가 같은 맛의 사탕을 뽑았다면 B와 C는 딸기맛과 사과맛을 뽑은 것이 되므로 두 사람 점수의 합은 11점이다.

(ㄹ) E는 포도맛을 뽑았으므로 1점을 얻을 수 없다.

| 오답풀이 |

(ㄴ) A와 D는 모두 딸기맛을 뽑았으므로 점수의 합은 2점이다.

(ㅁ) C가 뽑은 사탕이 딸기맛이면 F가 뽑은 사탕은 사과맛 또는 포도맛이다.

09

| 정답 | ④

| 해설 | 두 번째 조건을 보면 두 개의 편집부가 따로 위치한다는 것을 알 수 있고, 네 번째 조건과 다섯 번째 조건을 통해 두 편집부 모두가 마케팅부서보다 위층에 연달아 있다는 것을 알 수 있다.

세 번째 조건에 따르면 NCS전문 편집부에서 배송관리부로 가기 위해서는 2개 층을 올라가야 한다. 그러므로 다음과 같은 순서로 있음을 알 수 있다.

층	부서
5층 ↑ 1층	배송관리부 자격시험전문 편집부 NCS전문 편집부 마케팅부서

법무부서는 마케팅부서와 한 층을 같이 사용하고, 디자인부서를 가려면 4층을 이동해야 하므로 다음과 같이 구성된다.

층	부서	
5층	디자인부서	
4층	배송관리부	
3층	자격시험전문 편집부	
2층	NCS전문 편집부	
1층	법무부서	마케팅부서

따라서 배송관리부는 4층이다.

10

| 정답 | ①

| 해설 | 1, 2, 3학년을 첫 번째부터 여섯 번째 줄까지 순서대로 배열하는 문제와 같다. 세 번째 정보를 통해 첫 번째 줄과 다섯 번째 줄은 항상 3학년 자리로 고정된다. 다섯 번째 정보를 통해 3학년은 세 줄이 있고, 1학년과 2학년은 각각 한 줄 또는 두 줄이 있음을 추론할 수 있다(줄의 수는 자연수일 수밖에 없음을 고려한다). 네 번째 정보에 따라 같은 학년끼리는 연속하여 배치될 수 없다. 따라서 첫 번째 줄과 다섯 번째 줄이 3학년 자리임을 고려하면 나머지 3학년은 세 번째 줄에 배치될 수밖에 없다. 따라서 ㉠은 항상 참이다. 1학년 또는 2학년이 배치될 수 있는 자리는 두 번째, 네 번째, 여섯 번째 줄이다. 두 번째, 네 번째, 여섯 번째 줄은 연속된 줄이 아니기에 네 번째 정보는 문제되지 않는다.

| 오답풀이 |

㉡ 2학년 줄과 1학년 줄의 수는 경우에 따라 각각 1 또는 2가 될 수 있다. 따라서 항상 같지 않다.

㉢ 두 번째 줄이 1학년 줄이면 네 번째 줄에 2학년이 배치되는 것도 가능하다. 그 경우 여섯 번째 줄에 1학년이 배치된다. 따라서 여섯 번째 줄이 항상 2학년 줄이라고 볼 수 없다.

11

| 정답 | ①

| 해설 |

$20 \xrightarrow[+1]{} 21 \xrightarrow[-2]{} 19 \xrightarrow[+3]{} 22 \xrightarrow[-4]{} 18 \xrightarrow[+5]{} 23 \xrightarrow[-6]{} (\quad)$

따라서 빈칸에 들어갈 숫자는 17이다.

12

| 정답 | ①

| 해설 |

1 2 4 7 13 17 40 ( ) 121

(1→4→13→40→121: ×3+1, 2→7→17→( ): ×2+3)

따라서 빈칸에 들어갈 숫자는 37이다.

13

| 정답 | ③

| 해설 |

15 4 25 15 35 26 45 ( )

(15−11=4, 25−10=15, 35−9=26, 45−8=( ): −11, −10, −9, −8 (+1씩); 4+21=25, 15+20=35, 26+19=45: +21, +20, +19 (−1씩))

따라서 빈칸에 들어갈 숫자는 37이다.

14

| 정답 | ④

| 해설 |

$\frac{2}{7} \xrightarrow[\times\frac{1}{2}]{} \frac{2}{14}=\frac{1}{7} \xrightarrow[\times\frac{2}{3}]{} \frac{2}{21} \xrightarrow[\times\frac{3}{4}]{} \frac{6}{84}=\frac{1}{14}$

$\xrightarrow[\times\frac{4}{5}]{} \frac{4}{70}=\frac{2}{35} \xrightarrow[\times\frac{5}{6}]{} \frac{10}{210}=\frac{1}{21} \xrightarrow[\times\frac{6}{7}]{} (\quad) \xrightarrow[\times\frac{7}{8}]{}$

$\frac{14}{392}=\frac{1}{28}$

따라서 빈칸에 들어갈 숫자는 $\frac{2}{49}$이다.

15

| 정답 | ①

| 해설 |

−1 −2 −4 −4 −7 −8 −10 −16 ( )

(−1→−4→−7→−10→( ): −3, −2→−4→−8→−16: ×2)

따라서 빈칸에 들어갈 숫자는 −13이다.

16

| 정답 | ②

| 해설 |

$$2 \xrightarrow{\times\frac{1}{2}} 1 \xrightarrow{+2} 3 \xrightarrow{\times\frac{1}{2}} \frac{3}{2} \xrightarrow{+2} \frac{7}{2} \xrightarrow{\times\frac{1}{2}} \frac{7}{4} \xrightarrow{+2} \frac{15}{4} \xrightarrow{\times\frac{1}{2}} (\quad)$$

따라서 빈칸에 들어갈 숫자는 $\frac{15}{8}$이다.

17

| 정답 | ⑤

| 해설 |

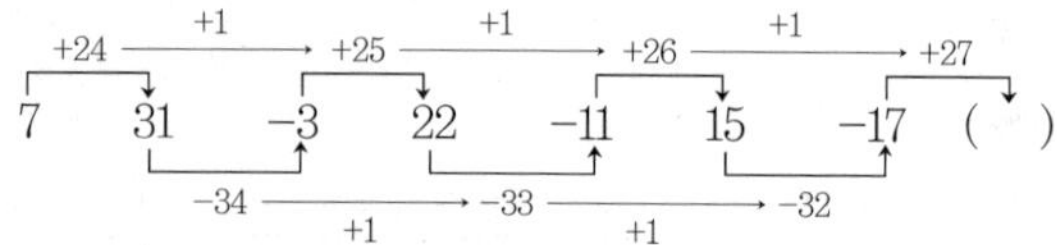

따라서 빈칸에 들어갈 숫자는 10이다.

18

| 정답 | ③

| 해설 |

$$3.1 \xrightarrow{+2.1} 5.2 \xrightarrow{+3.2} 8.4 \xrightarrow{+4.3} 12.7 \xrightarrow{+5.4} 18.1 \xrightarrow{+6.5} (\quad)$$

(+2.1 → +3.2 → +4.3 → +5.4 → +6.5 : +1.1 +1.1 +1.1 +1.1)

따라서 빈칸에 들어갈 숫자는 24.6이다.

19

| 정답 | ④

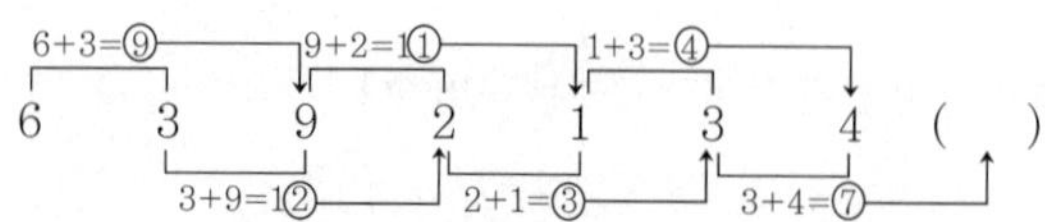

따라서 빈칸에 들어갈 숫자는 7이다.

20

| 정답 | ④

| 해설 |

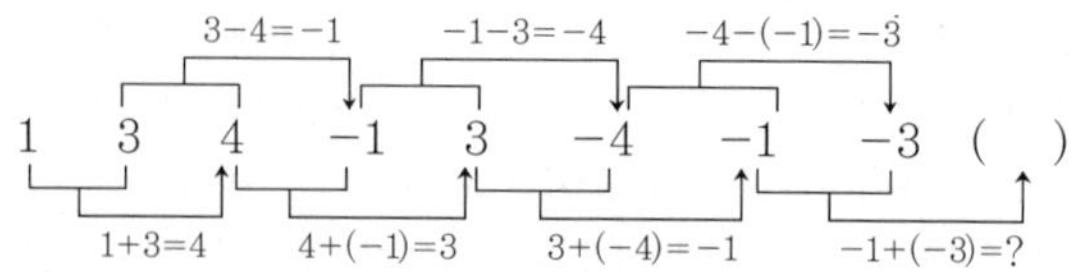

따라서 빈칸에 들어갈 숫자는 −4이다.

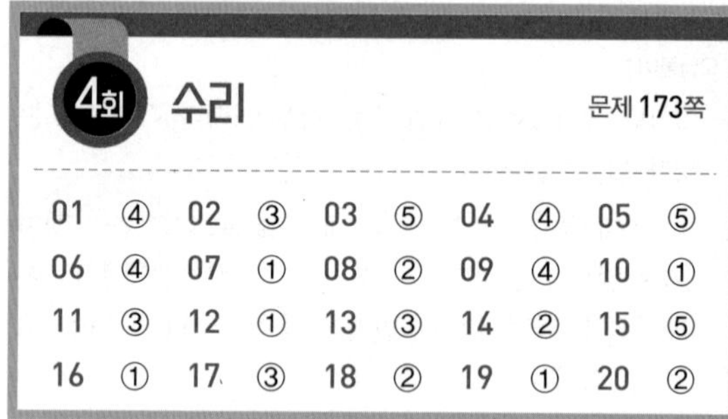

4회 수리 문제 173쪽

01	④	02	③	03	⑤	04	④	05	⑤
06	④	07	①	08	②	09	④	10	①
11	③	12	①	13	③	14	②	15	⑤
16	①	17	③	18	②	19	①	20	②

01

| 정답 | ④

| 해설 | 연도별 전체 임직원 중 사원이 차지하는 비율을 구해보면,

- 2017년 전체 임직원 중 사원 비율 :

$$\frac{12,365}{15,247} \times 100 = 81.097 \cdots (\%)$$

- 2018년 전체 임직원 중 사원 비율 :

$$\frac{14,800}{17,998} \times 100 = 82.231 \cdots (\%)$$

- 2019년 전체 임직원 중 사원 비율 :

$$\frac{15,504}{18,857} \times 100 = 82.218 \cdots (\%)$$

따라서 전체 임직원 중 사원이 차지하는 비율이 매년 증가하지 않았다.

| 오답풀이 |

① 2019년 임직원의 수가 전년 대비 증가한 국적은 한국을 제외한 중국, 일본, 대만, 기타로, 각 국적별로 중국 국적은 1,105명, 일본 국적은 396명, 대만 국적은 447명, 기타 국적은 38명이 증가하였다. 따라서 중국 국적의 임직원이 가장 많이 증가하였으며, 이는 다른 국적의 임직원 수가 증가한 합인 396+447+38=881(명)보다 더 크다.

② 2018년 비정규직 임직원이 차지하는 비율은 전체 직원의 $\frac{1,991}{17,998} \times 100 ≒ 11.06\%$였고, 2019년 비정규직 임직원이 차지하는 비율은 $\frac{1,516}{18,857} \times ≒ 8.04\%$로 약 3%p 감소하였다.

③ 2017년 대비 2019년 연령별 임직원 수의 증가율을 구하면,

- 30대 이하 : $\frac{10,947-8,914}{8,914} \times 100 = 22.806 \cdots (\%)$
- 40대 : $\frac{6,210-5,181}{5,181} \times 100 = 19.861 \cdots (\%)$
- 50대 이상 : $\frac{1,700-1,152}{1,152} \times 100 = 47.569 \cdots (\%)$

따라서 2017년 대비 2019년 연령별 임직원 수 증가율이 가장 높은 연령대는 50대 이상이다.

⑤ • 2018년 40대 이상 임직원 비율 :

$\frac{7,113+1,952}{17,998} \times 100 ≒ 50.37(\%)$

• 2019년 40대 이상 임직원 비율 :

$\frac{6,210+1,700}{18,857} \times 100 ≒ 41.95(\%)$

따라서 2018년과 2019년의 40대 이상 임직원 비율은 약 8.42%p 차이난다.

02

| 정답 | ③

| 해설 | 2015 ~ 2018년의 순이동자 수가 음수이므로 전출인구가 전입 인구보다 더 많음을 알 수 있다.

| 오답풀이 |

⑤ 2019년 국내 이동자수는 전년 대비 약 3% 감소하였다

$\left(\frac{7,154-7,378}{7,378}\right) \times 100 ≒ -3(\%)$.

03

| 정답 | ⑤

| 해설 | 2019년 11월 일본어선과 중국어선의 한국 EEZ 내 어획량 합은 2,176+9,445=11,621(톤)으로, 같은 기간 중국 EEZ와 일본 EEZ 내 한국어선 어획량 합인 64+500=564(톤)의 약 20.6배이다.

| 오답풀이 |

① 2019년 12월 중국 EEZ 내 한국어선 조업일수는 1,122일로, 전월인 2019년 11월 중국 EEZ 내 한국어선 조업일수인 789일에 비해 증가하였다.

② 2019년 11월 한국어선의 일본 EEZ 입어척수는 242척이지만, 전년 동월인 2010년 11월 한국어선의 일본 EEZ 입어척수는 자료에 없으므로 비교할 수 없다.

③ 2019년 12월 일본 EEZ 내 한국어선의 조업일수는 3,236일이며, 같은 기간 중국 EEZ 내 한국어선의 조업일수는 1,122일로 약 2.9배이다.

④ 2019년 12월 일본어선의 한국 EEZ 내 입어척수당 조업일수는 277÷57≒4.9일로 전년 동월인 2018년 12월 일본어선의 한국 EEZ 내 입어척수당 조업일수인 1,061÷70≒5.5(일)에 비해 감소하였다.

04

| 정답 | ④

| 해설 | 정상인 자동차 180대를 출고한다고 할 때 최종 검수 전까지 생산된 자동차 수량을 x(대)라고 하면,

$x-\frac{10}{100}x = 180(\text{대}) \qquad x = 200(\text{대})$

1차 검수 전까지 생산된 자동차 수량을 y(대)라고 하면,

$y-\frac{20}{100}y = 200(\text{대}) \qquad y = 250(\text{대})$

따라서 정상인 자동차 180대를 출고하려면 250대를 기준으로 작업해야 한다.

05

| 정답 | ⑤

| 해설 | 업무 혁신 전 자동차 1대를 생산하는 총비용은 75+55+10+30+40+10+5=225(만 원)이고, 업무 혁신 후 자동차 1대를 생산하는 총비용은 50+55+10+20+15+5+5=160(만 원)이다. 따라서 업무 혁신 후 자동차 1대를 생산하는 총비용은 혁신 전에 비해 65만 원 감소하였다.

06

| 정답 | ④

| 해설 | 최종 검수의 감소율을 계산하여 보면,

$\frac{10-5}{10}\times 100=50(\%)$이므로 평가는 C가 되어야 한다.

| 오답풀이 |

① $\frac{75-50}{75}\times 100=33.3333\cdots(\%)$

② $\frac{30-20}{30}\times 100=33.3333\cdots(\%)$

③ $\frac{40-15}{40}\times 100=62.5(\%)$

⑤ $\frac{5-5}{5}=0$

07

| 정답 | ①

| 해설 | 각 기업별 조사 회답자 수를 100%로 하고 각각의 회답 비율을 집계하면 다음과 같다.

(단위 : 명)

구분	불만	어느 쪽도 아니다	만족	계
A사	29 (25.9%)	36 (32.1%)	47 (42.0%)	112 (100.0%)
B사	73 (51.4%)	11 (7.7%)	58 (40.8%)	142 (100.0%)
C사	71 (52.2%)	41 (30.1%)	24 (17.6%)	136 (100.0%)
계	173 (44.4%)	88 (22.6%)	129 (33.1%)	390 (100.0%)

㉠ '불만'이라고 응답한 사원의 수(173명)의 총 인원수 (390명)에 대한 비율은 44.4%로 과반수가 되지 않는다.

㉡ '불만'이라고 응답한 사람의 수가 가장 많은 것은 B사(73명)이지만, B사는 대상이 된 142명 중 73명으로 51.4%이고 C사는 136명 중 71명으로 52.2%가 되어, 근소하긴 하나 C사의 비율이 더 높다.

| 오답풀이 |

㉢ '어느 쪽도 아니다'라고 답한 사람이 가장 적다는 것은 근무조건의 좋고 나쁨과는 관계가 없다.

㉣ '만족'을 나타낸 사람의 수가 높다는 것만으로 근무조건이 좋다고 단정할 수 없다.

08

| 정답 | ②

| 해설 | 20X5년 한국 섬유산업 수출액은 전년 대비 15,802−15,696=106(백만 달러) 감소하였다.

| 오답풀이 |

③ 20X8년 한국 섬유산업 수입액은 20X5년 대비 14,305−11,730=2,575(백만 달러) 증가했다.

④ 20X9년 이탈리아의 섬유 수출액은 33,400백만 달러로 한국 섬유 수출액인 13,607백만 달러의 약 2.45배이다. 따라서 한국의 섬유 수출액보다 약 145% 더 많다.

⑤ 20X6년 한국의 섬유 수출액은 16,072백만 달러로 20X9년 프랑스의 섬유 수출액 15,000백만 달러보다 더 많다.

09

| 정답 | ④

| 해설 | 정성훈 대리가 운행한 거리는 41+59+50+37=187(km)로 200km를 넘지 않는다.

| 오답풀이 |

① 11월 29일 사용된 A1 차량에 반납 서명이 없는 것으로 보아 반납 확인이 되지 않았음을 알 수 있다.

② 11월 21일 작성된 기록을 보면 사용자는 이상민 부장이지만 서명은 이현준으로 되어 있다.

③ 11월 동안 A1 차량은 5회, A2 차량은 2회, B1 차량은 3회, B2 차량은 1회 이용되었다.

⑤ 11월 동안 거래처 방문 5회, 지역사무소 방문 3회, 박람회 참석 2회, 비품 구매 1회를 위해 차량 대여가 이루어졌다.

10

| 정답 | ①

| 해설 | 차량별로 11월 운행거리를 구하면 다음과 같다.

- A1 : 42+43+74+37+31=227(km)
- A2 : 49+50=99(km)
- B1 : 41+59+75=175(km)
- B2 : 92km

따라서 12월에 사용할 수 없는 차량은 없다.

11

| 정답 | ③

| 해설 | 소희와 민희가 처음으로 다시 만날 때까지 걸리는 시간을 x시간이라 하면 다음과 같은 식이 성립한다.

$$\mathrm{A}x+\mathrm{B}x=10 \qquad (\mathrm{A}+\mathrm{B})x=10 \qquad x=\frac{10}{\mathrm{A}+\mathrm{B}}$$

따라서 소희와 민희가 다시 만날 때까지 걸리는 시간은 $\frac{10}{\mathrm{A}+\mathrm{B}}$시간이다.

12

| 정답 | ①

| 해설 | S 야구팀이 1차전에서 패배했을 경우 2차전에서 승리할 확률은 $\frac{3}{5}$이고, 패배할 확률은 $\frac{2}{5}$이다. 따라서 2차전에서 승리하고 3차전에서도 승리할 확률은 $\frac{3}{5}\times\frac{1}{5}=\frac{3}{25}$, 2차전에서 패배하고 3차전에서 승리할 확률은 $\frac{2}{5}\times\frac{3}{5}=\frac{6}{25}$이다. 이때 두 경우는 동시에 일어나지 않으므로 확률은 $\frac{3}{25}+\frac{6}{25}=\frac{9}{25}$가 된다.

13

| 정답 | ③

| 해설 | 20, 30, 45의 최소공배수는 180이므로 180분 동안 A, B, C가 심는 나무의 수를 구한다.

A가 심는 나무 수의 비율은 20 : 3=180 : 27

B가 심는 나무 수의 비율은 30 : 4=180 : 24

C가 심는 나무 수의 비율은 45 : 5=180 : 20

따라서 일정 시간 동안 A, B, C가 심는 나무 수의 비율은 27 : 24 : 20이다.

14

| 정답 | ②

| 해설 | 전체 일의 양을 1이라고 하면, A가 1분간 할 수 있는 작업량은 $\frac{1}{30}$, B가 1분간 할 수 있는 작업량은 $\frac{1}{45}$이다.

A 혼자 데이터를 입력한 시간을 x분이라 하면 B 혼자 데이터를 입력한 시간은 $(x-15)$분이므로 다음과 같은 식이 성립한다.

$$\frac{x}{30}+\frac{x-15}{45}=1 \qquad 5x-30=90 \qquad 5x=120$$

$x=24$(분)

따라서 A는 24분, B는 9분간 데이터를 입력한 것이므로, 총 33분이 걸렸다.

15

| 정답 | ⑤

| 해설 | 정아의 현재 나이를 x세라 하고 A년 후 부부 나이의 합이 자녀들 나이 합의 4배가 된다고 하였으므로,

$(x+\text{A})+(43+\text{A})=4\{(10+\text{A})+(6+\text{A})\}$,

$x+43+2\text{A}=4(16+2\text{A})$, $x=6\text{A}+21$이다.

또한 A년 후 남편의 나이가 자녀들의 나이 합보다 24살이 많아진다고 하였으므로,

$43+\text{A}=\{(10+\text{A})+(6+\text{A})\}+24$,

$43+\text{A}=16+2\text{A}+24$, A=3(년)이다.

따라서 정아의 현재 나이는 $6\times3+21=39$(세)이다.

16

| 정답 | ①

| 해설 | 8%의 소금물 500g에 들어있는 소금의 양 : $\frac{8}{100}\times 500=40(\text{g})$

여기에 추가할 소금의 양을 xg으로 놓으면 소금물의 농도가 20%가 될 때는 다음과 같다.

$\frac{40+x}{500+x}\times 100=20(\%)$ $x=75(\text{g})$

따라서 20%의 소금물을 만들기 위해서는 75g의 소금을 더 넣어야 한다.

17

| 정답 | ③

| 해설 | 각각 낼 수 있는 것은 가위, 바위, 보 3종류이므로 3명이 한 번의 가위, 바위, 보에서 내놓을 수 있는 경우의 수는 모두 $3\times3\times3=27$(가지)이다. 이 중 적어도 한 명이 지는 경우는 한 명이 지거나, 두 명이 지는 경우까지 모두 포함하는 것이므로 전체 경우의 수에서 아무도 이기지 않는 경우의 수를 빼는 것과 같다.

따라서 아무도 이기지 않는 경우의 수를 구하면, 3명 모두 같은 종류를 내놓을 경우인 3가지와 모두 다른 종류를 내놓을 경우인 6가지(${}_3P_3=3!$)로 총 9가지가 된다. 그러므로 구하는 경우의 수는 $27-(3+6)=18$(가지)이다.

18

| 정답 | ②

| 해설 | 십의 자리의 수를 x, 일의 자리의 수를 y라 하면 다음과 같은 식이 나온다.

$x+y=7$ ··· ㉠

$10y+x=2(10x+y)+2$ ················· ㉡

㉠, ㉡을 연립하여 풀면, $x=2$, $y=5$이다.

따라서 처음 수는 $10\times2+5=25$이다.

19

| 정답 | ①

| 해설 | 100개당 2개의 불량품이 나오므로 판매한 700개 중 14개가 불량품이다. 따라서 총 이익에서 불량품으로 인한 손해를 빼면 된다.

$(300\times700)-(1,600\times14)=210,000-22,400=187,600$(원)

20

| 정답 | ②

| 해설 | 이번 주 근무시간의 평균은 $\frac{9+8+9+10+7}{5}=8.6$(시간)이다. 분산$=\frac{\text{편차제곱의 합}}{\text{데이터 개수}}$이므로

$\frac{(9-8.6)^2+(8-8.6)^2+(9-8.6)^2+(10-8.6)^2+(7-8.6)^2}{5}=\frac{5.2}{5}=1.04$이다.

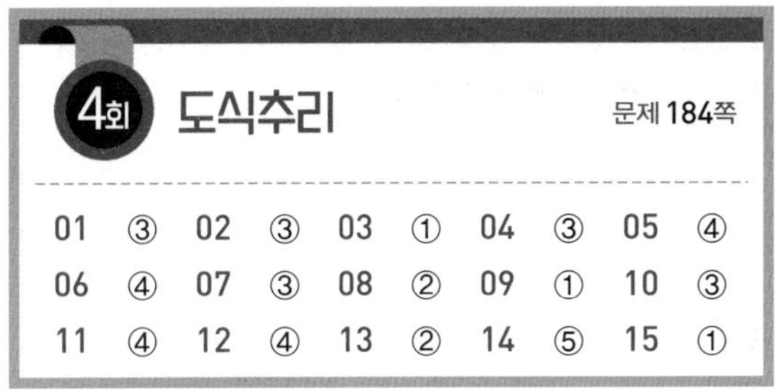

4회 도식추리 문제 184쪽

01	③	02	③	03	①	04	③	05	④
06	④	07	③	08	②	09	①	10	③
11	④	12	④	13	②	14	⑤	15	①

01

| 정답 | ③

| 해설 | 첫 번째 가로열 첫 번째 세로열, 두 번째 세로열에 공통으로 ◎가 들어가 있고, 세 열 모두 마지막 그림에서 색이 반전되었으므로 ◎는 색 반전 기호임을 알 수 있다. 이를 첫 번째 가로열과 두 번째 세로열에 적용해 보면 ▣는 반시계 방향으로 90° 회전, ☆는 180° 회전임을 알 수 있다. 또한 첫 번째 세로열과 ▣과 ◎을 적용해 보면 ◇는 시계방향으로 90° 회전 기호임을 알 수 있다. 마지막으로 두 번째 가로열에 ◇과 ☆을 적용하는데 시계방향으로 90° 회전과 180° 회전이 함께 진행되면 결국 반시계방향으로 90° 회전하는 것과 같으므로 ○는 상하대칭(X축 대칭)의 기호가 된다. 따라서 이를 종합해 보면 다음과 같다.

1. ▣ : 반시계방향으로 90° 회전
2. ◎ : 색 반전(흑 ↔ 백)
3. ◇ : 시계방향으로 90° 회전
4. ☆ : 180° 회전(원점 대칭)
5. ○ : 상하 대칭(X축 대칭)

따라서 문제의 과정을 거친 결과는 다음과 같다.

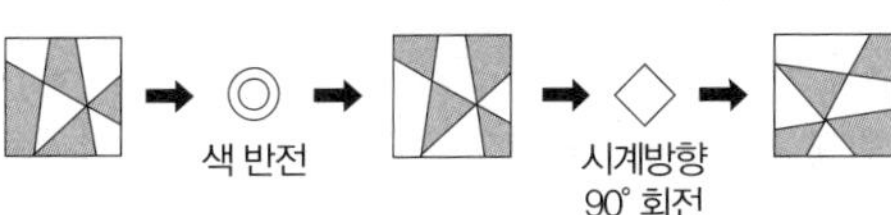

02

| 정답 | ③

| 해설 | ☆의 180° 회전과 ▣의 반시계방향 90° 회전은 시계방향으로 90° 회전과 같다. 따라서 문제의 과정을 거친 결과는 다음과 같다.

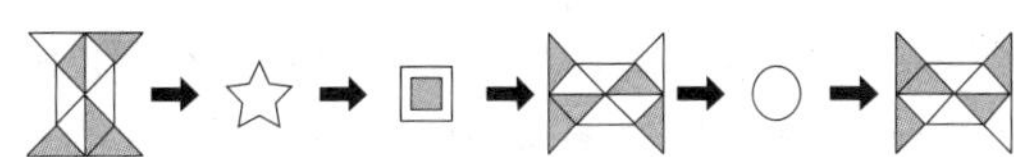

03

| 정답 | ①

| 해설 | 문제의 과정을 거친 결과는 다음과 같다.

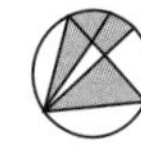

04

| 정답 | ③

| 해설 | EL80 ➡ ♡ ➡ ○ ➡ △ ➡ 8LLE0에서는 문자 L이 하나 더 추가되었고, DHLYK ➡ ○ ➡ ♡ ➡ ♧ ➡ UKYYLHD에서는 문자 U가 새로 추가되고 문자 Y가 하나 더 추가되었는데, 이 두 열에는 공통적으로 ♡와 ○가 존재한다. 문자 U의 추가·삭제는 EL80열에서는 성립되지 않으므로 ♧가 문자 U와 관련된 암호일 것인데 그 위치가 제일 마지막에 있으므로 맨 앞에 문자 U를 추가하는 암호임을 알 수 있다. 또한 ♡와 ○ 중 하나가 문자를 하나 더 추가하는 암호일 것인데 DHLYK열에 따라 ○를 네 번째 문자를 하나 더 추가하는 암호로 보면 ♡는 정렬을 역순으로 바꾸는 암호가 된다. 이를 EL80열에 적용하면 변화가 성립되지 않고, 또 다른 ♡가 존재하는 IRDO ➡ ♡ ➡ ▦ ➡ ♧ ➡ UIDO에서도 두 번째 문자 R이 삭제되어 ▦이 이와 관련된 암호가 되므로 ♡의 암호가 일치하지 않는다. 따라서 EL80열에서 ♡의 위치가 처음에 있으므로 이것은

두 번째 문자를 하나 더 추가하는 암호, ○는 문자의 순서를 역순으로 바꿔 주는 암호임을 알 수 있으며, EL80 ➡ ♡ ➡ ELL80 ➡ ○ ➡ 08LLE ➡ △ ➡ 8LLE0에 의해 △은 맨 앞의 문자를 맨 뒤로 보내는 암호가 된다. 또한 MPRLE ➡ ■ ➡ ○ ➡ ♧ ➡ UELPM에서는 세 번째 문자 R이 삭제되었으므로 ■은 위치에 관계없이 문자 R을 삭제하는 암호임을 알 수 있으며, MPRLE ➡ ■ ➡ MPLE ➡ ○ ➡ ELPM ➡ ♧ ➡ UELPM에 의해 ○가 문자의 정렬 순서를 역순으로 바꾸는 암호임을 확인할 수 있다.

1. ♧ : 맨 앞에 문자 U 추가하기
2. ♡ : 두 번째 문자 하나 더 추가하기
3. ○ : 문자의 정렬 순서를 역순으로 바꾸기
4. △ : 맨 앞의 문자 맨 뒤로 보내기
5. ■ : 문자 R 삭제하기

따라서 △에 의해 맨 앞의 문자 G를 맨 뒤로 보내고, ♧에 의해 맨 앞에 문자 U를 추가한 후 ■에 의해 문자 R을 삭제한 결과는 다음과 같다.

GRILL ➡ △ ➡ RILLG ➡ ♧ ➡ URILLG ➡ ■ ➡ UILLG

05

| 정답 | ④

| 해설 | ♧에 의해 맨 앞에 문자 U를 추가하고, ○에 의해 문자의 정렬 순서를 역순으로 바꾼 후 ♡에 의해 두 번째 숫자 8을 하나 더 추가한 결과는 다음과 같다.

284 ➡ ♧ ➡ U284 ➡ ○ ➡ 482U ➡ ♡ ➡ 4882U

06

| 정답 | ④

| 해설 | ○에 의해 문자의 정렬을 역순으로 바꾼다. REPAP가 EPAPE에 △를 적용하기 전인 EEPAP가 되기 위해서는 두 번째 문자 E가 하나 더 추가된 후 문자 R이 삭제되어야 하므로 빈칸에는 ♡ ➡ ■가 들어가는 것이 적절하다.

PAPER ➡ ○ ➡ REPAP ➡ ♡ ➡ REEPAP ➡ ■ ➡ EEPAP ➡ △ ➡ EPAPE

07

| 정답 | ③

| 해설 | ㅟㅗㅏㅝ ➡ ㅝㅏㅗ의 변화과정에서 ㅟ가 삭제되고 문자가 역순으로 정렬되었으며, ㅔㅒㅣㅜㅖ ➡ ㅜㅣㅒㅖ의 변화과정에서 ㅔ가 삭제되었다. 이 두 과정에는 공통으로 ▨이 들어가므로 ▨은 맨 앞자리 문자를 삭제하는 암호이고 ◎은 문자를 역순으로 정렬하는 암호임을 추측해 볼 수 있다. 따라서 ▨를 ㅔㅒㅣㅜㅖ열에 적용해 보면 ㅔㅒㅣㅜㅖ ➡ ▨ ➡ ㅒㅣㅜㅖ ➡ ◈ ➡ ㅜㅣㅒㅖ의 변화를 통해, ◈은 첫 번째 문자와 세 번째 문자를 바꾸는 암호임을 알 수 있다. 이에 따라 ㅕㅛㅞ ➡ ◈ ➡ ㅞㅛㅕ, ㅕㅞㅛ ➡ ▨ ➡ ㅞㅛ에 의해 ㅞㅛㅕ ➡ ◇ ➡ ㅕㅞㅛ가 되므로 ◇은 맨 뒷자리의 문자를 맨 앞으로 보내는 암호(문자열 한 칸씩 뒤로 당기기)가 된다. 그리고 ㅙㅗㅑㅐ ➡ ◈ ➡ ㅑㅗㅙㅐ ➡ ◇ ➡ ㅐㅑㅗㅙ ➡ ▷ ➡ ㅐㅑㅗㅙㅔ를 통해 ▷은 맨 뒷자리에 문자를 추가하는 암호임을 확인할 수 있다. 각 도형의 규칙은 다음과 같다.

1. ▨ : 맨 앞자리 문자 삭제하기
2. ◎ : 문자의 정렬 순서를 역순으로 바꾸기
3. ◈ : 첫 번째와 세 번째 문자 위치 바꾸기
4. ◇ : 맨 뒷자리의 문자를 맨 앞으로 보내기(문자열 한 칸씩 뒤로 당기기)
5. ▷ : 맨 뒷자리에 문자 추가하기

따라서 ▨에 의해 맨 앞자리 문자인 ㅢ를 삭제하고, ◈에 의해 첫 번째 문자와 세 번째 문자의 위치를 바꾼 결과는 다음과 같다.

ㅢㅐㅏㅛㅖ ➡ ▨ ➡ ㅐㅏㅛㅖ ➡ ◈ ➡ ㅛㅏㅐㅖ

08

| 정답 | ②

| 해설 | ◇에 의해 맨 뒷자리의 문자를 맨 앞으로 보내고, ◉에 의해 문자의 정렬 순서를 역순으로 바꾼 후 ◈에 의해 첫 번째 문자와 세 번째 문자의 위치를 바꾼 결과는 다음과 같다.

ㅟㅔㅑㅠ ➡ ◇ ➡ ㅠㅟㅔㅑ ➡ ◉ ➡ ㅑㅔㅟㅠ ➡ ◈ ➡ ㅟㅔㅑㅠ

09

| 정답 | ①

| 해설 | ◉에 의해 문자의 정렬 순서를 역순으로 바꾼 후 ◇에 의해 맨 뒷자리의 문자를 맨 앞으로 보낸 다음 ▨에 의해 맨 앞자리의 문자를 삭제한 결과는 다음과 같다.

ㅗㅜㅣㅙ ➡ ◉ ➡ ㅙㅣㅜㅗ ➡ ◇ ➡ ㅗㅙㅣㅜ ➡ ▨ ➡ ㅙㅣㅜ

10

| 정답 | ③

| 해설 | 우선 3246열의 마지막에 위치한 8342 ➡ ◎ ➡ 8243을 통해 ◎가 두 번째 자리와 네 번째 자리에 있는 숫자 또는 문자의 위치를 서로 바꾸는 암호임을 알 수 있다. 이를 ACGI열에 적용해보면, ACGI에서 두 번째와 네 번째 자리의 알파벳이 서로 바뀌어 AIGC가 되는데, 이 AIGC가 ♤를 거치면서 CGIA가 되었으므로 ♤는 문자의 정렬 순서를 역순으로 바꾸는 암호임을 알 수 있다. 이를 확인하기 위해 2154열에 적용해보면 2154 ➡ ♤ ➡ 4512 ➡ ◎ ➡ 4215가 되므로 위에 유추한 암호가 맞는 암호임을 확인할 수 있으며, 3246열은 3246 ➡ ♤ ➡ 6423 ➡ ◈ ➡ 8342가 되므로 ◈는 각 자리의 수에 각각 +2, −1, +2, −1을 하는 암호, KJTP ➡ ◎ ➡ KPTJ ➡ ※ ➡ PTJK가 되므로 ※은 맨 앞자리 문자를 맨 뒤로 보내는 암호임을 알 수 있다. 이를 정리하면 다음과 같다.

1. ◎ : 두 번째와 네 번째 자리의 숫자 또는 문자의 위치 서로 바꾸기
2. ♤ : 문자의 정렬 순서 역순으로 바꾸기
3. ◈ : 각 자리의 수에 각각 +2, −1, +2, −1 적용하기
4. ※ : 맨 앞자리의 숫자 또는 문자를 맨 뒤로 보내기

따라서 빈칸에 들어갈 숫자는 ※에 따라 맨 앞자리의 5를 맨 뒤로 보내고, ◈에 따라 +2, −1, +2, −1를 적용해야 하므로 5644이다.

5372 ➡ ※ ➡ 3725 ➡ ◈ ➡ 5644

11

| 정답 | ④

| 해설 | 7495를 ♤에 의해 문자의 정렬 순서를 역순으로 바꾸고, ◈에 의해 각 숫자에 +2, −1, +2, −1를 적용한 다음, ※에 의해 맨 앞자리의 7을 맨 뒤로 보내야 하므로 빈칸에 들어갈 숫자는 8667이다.

7495 ➡ ♤ ➡ 5947 ➡ ◈ ➡ 7866 ➡ ※ ➡ 8667

12

| 정답 | ④

| 해설 | BJKM을 ◎에 따라 두 번째와 네 번째의 J와 M의 자리를 서로 바꾸고, ♤에 의해 문자의 정렬 순서를 역순으로 바꾼 다음, ◈에 의해 각 자리에 +2, −1, +2, −1를 적용해야 하는데 숫자가 아닌 알파벳이므로 알파벳의 순서에 따라 이를 적용해보면 JKMB(10 · 11 · 13 · 2)는 LJOA(12 · 10 · 15 · 1)가 된다. 따라서 빈칸에 들어갈 알파벳은 LJOA이다.

BJKM ➡ ◎ ➡ BMKJ ➡ ♤ ➡ JKMB ➡ ◈ ➡ LJOA

보충 플러스+

알파벳 순서(순환 패턴)

A	B	C	D	E	F	G	H	I	J	K	L	M	N
1	2	3	4	5	6	7	8	9	10	11	12	13	14
O	P	Q	R	S	T	U	V	W	X	Y	Z		
15	16	17	18	19	20	21	22	23	24	25	26		

13

| 정답 | ②

| 해설 | MEDIA ➡ ◎ ➡ ☆ ➡ □ ➡ IMMED와 BMK ➡ ◎ ➡ □ ➡ KBBM에서 ◎와 □가 공통적으로 존재하는데 MEDIA에서 A가 삭제되었으므로 ☆은 문자를 삭제하는 암호임을 유추할 수 있다. 또한 ◎가 공통적으로 가장 먼저 적용되면서 첫 문자인 M과 B가 하나씩 더 붙으므로 ◎는 맨 앞 문자를 하나 더 붙이는 암호이며, BMK ➡ ◎ ➡ BBMK ➡ □ ➡ KBBM에 의해 □는 맨 뒤의 문자를 맨 앞으로 보내는(문자열 한 칸씩 뒤로 당기기) 암호, MEDIA ➡ ◎ ➡ MMEDIA ➡ ☆ ➡ MMEDI ➡ □ ➡ IMMED에 의해 ☆은 맨 뒤의 문자를 삭제하는 암호임을 확인할 수 있다. 그리고 BMK ➡ ● ➡ ▽ ➡ KB와 LINK ➡ □ ➡ KLIN ➡ ▽ ➡ ◇ ➡ XLIN에 ▽이 공통적으로 존재하며 둘 다 각각 문자 M과 K가 삭제되었으므로 ▽는 맨 앞 문자를 삭제하는 암호이며, LIN ➡ ◇ ➡ XLIN에 의해 ◇는 맨 앞에 X를 추가하는 암호, MKB ➡ ▽ ➡ KB에 의해 BMK ➡ ● ➡ MKB가 되므로 ●는 맨 앞의 문자를 맨 뒤로 보내는(문자열 한 칸씩 앞으로 밀기) 암호가 된다.

1. ◎ : 맨 앞의 문자 하나 더 붙이기
2. □ : 맨 뒤의 문자 맨 앞으로 보내기
3. ☆ : 맨 뒤의 문자 삭제하기
4. ▽ : 맨 앞에 문자 삭제하기
5. ◇ : 맨 앞에 문자 X 추가하기
6. ● : 맨 앞의 문자 맨 뒤로 보내기

따라서 ◇에 의해 맨 앞에 X를 추가하고, □에 의해 맨 뒷자리 숫자 4를 맨 앞으로 보낸 결과는 다음과 같다.

1954 ➡ ◇ ➡ X1954 ➡ □ ➡ 4X195

14

| 정답 | ⑤

| 해설 | ◇에 의해 맨 앞에 X를 추가하고, □에 의해 맨 뒤의 문자 L을 맨 앞으로 보낸 후 ◎에 의해 맨 앞에 문자 L을 하나 더 붙인 결과는 다음과 같다.

HTML ➡ ◇ ➡ XHTML ➡ □ ➡ LXHTM ➡ ◎ ➡ LLXHTM

15

| 정답 | ①

| 해설 | 우선 ☆에 의해 맨 뒤의 문자 E를 삭제한다. CABL이 XLCAB가 되기 위해서는 먼저 맨 뒤의 문자 L을 맨 앞으로 보낸 후 맨 앞에 X를 붙여야 하므로 □ ➡ ◇가 들어가는 것이 적절하다.

CABLE ➡ ☆ ➡ CABL ➡ □ ➡ LCAB ➡ ◇ ➡ XLCAB

KT그룹 종합인적성검사

기출예상모의고사

gosinet
(주)고시넷

모듈형_NCS

코레일_NCS

철도공기업_NCS

에너지_NCS